中國報關報檢
法律法規規章彙編

喻智成 編

財經錢線

前 言

目前專門講述中國報關與報檢實務的書目不少,涉及報關報檢法規的書目寥寥無幾。從事報關報檢工作本身政策性強,要求業務人員通曉與報關報檢相關的法律法規,瞭解最新的管理規定。本書從報關部分和報檢部分兩個維度,從法律、行政法規、部門規章、部分公告四個層次對報關報檢的管理規定進行匯編。我們希望將最新的法規和政策呈現給讀者,為讀者的學習和工作帶來助益。

一、法律部分匯編了六部法律。其中,報關部分主要匯編了《海關法》和《外貿法》兩部法律。報檢部分匯編了《商檢法》《動植物檢疫法》《國境衛生檢疫法》《食品安全法》四部法律。

1.《海關法》從 1987 年頒布實施,2000 年第一次修訂,2013 年兩次修訂,本書沿用的是 2017 年 11 月的第四次修訂版。

2.《外貿法》1994 年頒布實施,只經歷了 2004 年 4 月一次修改,本書沿用的是 2004 年 7 月施行的修訂版。

3.《商檢法》1989 年頒布實施,分別於 2002 年 4 月和 2013 年 6 月修訂,本書沿用的是 2013 年 6 月修訂版。

4.《動植物檢疫法》在 1982—1992 年期間沿用的是國務院在 1982 年發布《動植物檢疫條例》,在 1992 年 4 月才開始實行本法律,迄今無修訂版。

5.《國境衛生檢疫法》是 1986 年通過,1987 年實施,2007 年修訂實施。

6.《食品安全法》是 2009 年發布施行,2015 年修訂實施。

二、行政法規部分匯編了 13 部條例。其中,報關部分主要匯編了《貨物進出口管理條例》《反傾銷條例》《反補貼條例》《保障措施條例》《關稅條例》《海關行政處罰實施條例》《海關稽查條例》《知識產權海關保護條例》《海關統計條例》九部條例。報檢部分匯編了《商檢法實施條例》《動植物檢疫法實施條例》《食品安全法實施條例》《缺陷汽車產品召回管理條例》四部條例。

三、部門規章部分匯編了 19 部實施細則或管理辦法。其中,報關部分主要匯編了《進出口貨物申報管理規定》《進出口貨物報關單修改和撤銷管理辦法》《加工貿易貨

物監管辦法》《進口貨物直接退運管理辦法》《〈海關稽查條例〉實施辦法》《〈知識產權海關保護條例〉實施辦法》《報關單位註冊登記管理規定》《海關企業信用管理暫行辦法》《中華人民共和國海關政府信息公開辦法》《保稅港區管理暫行辦法》十部管理規定。報檢部分主要匯編了《國境衛生檢疫法實施細則》《報檢企業管理辦法》《快件檢驗檢疫管理辦法》《出入境檢驗檢疫報檢規定》《出入境檢驗檢疫企業信用管理辦法》《國境口岸衛生處理監督管理辦法》《出入境人員攜帶檢疫管理辦法》《進出口乳品檢驗檢疫監督管理辦法》《進口棉花檢驗監督管理辦法》九部管理辦法。

　　四、公告部分匯編了十部通知或公告。其中，報關部分主要匯編了《關於正式實施中韓海關「經認證的經營者（AEO）」互認的公告》《關於進口原產於新西蘭的部分未濃縮乳及奶油、黃油及其他脂和油、乳酪實施特殊保障措施的公告》《關於自2014年起不再組織報關員資格全國統一考試的公告》《海關總署關於廢止部分海關規章的決定》《國家外匯管理局公告2012年第1號關於貨物貿易外匯管理制度改革的公告》《關於修訂〈中華人民共和國海關進出口貨物報關單填製規範〉》的公告》《關於跨境電子商務零售進口稅收政策的通知》八部公告。報檢部分主要匯編了《質檢總局關於發布〈平潭綜合實驗區出入境檢驗檢疫監督管理辦法〉公告》《質檢總局關於代理報檢企業和報檢人員管理有關問題的公告》兩部公告。

　　《報關報檢法律法規規章匯編》在編寫過程中，既注意了層次高的法律，也注意了層次低的部門規定；既注意了歷史性，也注意了前沿性。但是由於近年來進出口貨物的形式（跨境電商等）多種多樣，貿易越來越往便利化方向發展，要求報關報檢管理規定與時俱進，雖然編者也注意吸收最新管理規定，但是由於時間倉促，編者水準有限，書中難免有遺漏之處，敬請讀者諒解並提出寶貴意見。本書在編寫過程中得到了馮梅、蔣興紅等的大力支持，在此一併致謝。

編　者

目 錄

第一篇 報關部分

一 法律 ……………………………………………………………………（3）
　（一）中華人民共和國海關法 ……………………………………………（3）
　（二）中華人民共和國對外貿易法 ………………………………………（16）

二 行政法規 ………………………………………………………………（24）
　（一）中華人民共和國貨物進出口管理條例 ……………………………（24）
　（二）中華人民共和國反傾銷條例 ………………………………………（32）
　（三）中華人民共和國反補貼條例 ………………………………………（39）
　（四）中華人民共和國保障措施條例 ……………………………………（47）
　（五）中華人民共和國進出口關稅條例 …………………………………（50）
　（六）中華人民共和國海關行政處罰實施條例 …………………………（59）
　（七）中華人民共和國海關稽查條例 ……………………………………（69）
　（八）中華人民共和國知識產權海關保護條例 …………………………（73）
　（九）中華人民共和國海關統計條例 ……………………………………（77）

三 部門規章 ………………………………………………………………（80）
　（一）中華人民共和國海關進出口貨物申報管理規定 …………………（80）
　（二）中華人民共和國進出口貨物報關單修改和撤銷管理辦法 ………（85）
　（三）中華人民共和國加工貿易貨物監管辦法 …………………………（88）
　（四）中華人民共和國進口貨物直接退運管理辦法 ……………………（93）
　（五）《中華人民共和國海關稽查條例》實施辦法 ……………………（95）
　（六）《中華人民共和國知識產權海關保護條例》實施辦法 …………（100）
　（七）中華人民共和國報關單位註冊登記管理規定 ……………………（107）
　（八）中華人民共和國海關企業信用管理暫行辦法 ……………………（114）

（九）中華人民共和國海關政府信息公開辦法……………………（117）
　　（十）中華人民共和國海關保稅港區管理暫行辦法………………（123）

四　部分公告…………………………………………………………………（129）
　　（一）關於正式實施中韓海關「經認證的經營者（AEO）」互認的公告 …（129）
　　（二）關於調整《進口廢物管理目錄》的聯合公告………………（130）
　　（三）關於進口原產於新西蘭的部分未濃縮乳及奶油、黃油及其他脂和油、乳酪實施特殊保障措施的公告……………………………（130）
　　（四）關於自2014年起不再組織報關員資格全國統一考試的公告………（131）
　　（五）海關總署關於廢止部分海關規章的決定……………………（131）
　　（六）國家外匯管理局公告2012年第1號關於貨物貿易外匯管理制度改革的公告……………………………………………………………（132）
　　（七）關於修訂《中華人民共和國海關進出口貨物報關單填製規範》的公告……………………………………………………………（140）
　　　　　附件　中華人民共和國海關進出口貨物報關單填製規範………（140）
　　（八）關於跨境電子商務零售進口稅收政策的通知………………（157）

第二篇　報檢部分

一　法律………………………………………………………………………（161）
　　（一）中華人民共和國進出口商品檢驗法…………………………（161）
　　（二）中華人民共和國進出境動植物檢疫法………………………（165）
　　（三）中華人民共和國國境衛生檢疫法……………………………（171）
　　（四）中華人民共和國食品安全法…………………………………（174）

二　行政法規…………………………………………………………………（202）
　　（一）中華人民共和國進出口商品檢驗法實施條例………………（202）
　　（二）中華人民共和國進出境動植物檢疫法實施條例……………（210）
　　（三）中華人民共和國食品安全法實施條例………………………（219）

（四）缺陷汽車產品召回管理條例……………………………………………（228）

三　部門規章………………………………………………………………………（232）
　　（一）中華人民共和國國境衛生檢疫法實施細則……………………………（232）
　　（二）出入境檢驗檢疫報檢企業管理辦法……………………………………（248）
　　（三）出入境快件檢驗檢疫管理辦法…………………………………………（251）
　　（四）出入境檢驗檢疫報檢規定………………………………………………（255）
　　（五）出入境檢驗檢疫企業信用管理辦法……………………………………（258）
　　（六）國境口岸衛生處理監督管理辦法………………………………………（264）
　　（七）出入境人員攜帶物檢疫管理辦法………………………………………（266）
　　（八）進出口乳品檢驗檢疫監督管理辦法……………………………………（272）
　　（九）進口棉花檢驗監督管理辦法……………………………………………（280）

四　部分公告………………………………………………………………………（285）
　　（一）質檢總局關於發布《平潭綜合實驗區出入境檢驗檢疫監督管理辦法》
　　　　　公告……………………………………………………………………（285）
　　（二）質檢總局關於代理報檢企業和報檢人員管理有關問題的公告………（288）

第一篇　報關部分

一　法　律

(一)中華人民共和國海關法

(全國人大常委會 1987 年 1 月 22 日通過，1987 年 7 月 1 日起施行。2000 年 7 月 8 日、2013 年 6 月 29 日、2013 年 12 月 28 日、2016 年 11 月 7 日、2017 年 11 月 4 日相繼修訂)

第一章　總　則
第二章　進出境運輸工具
第三章　進出境貨物
第四章　進出境物品
第五章　關稅
第六章　海關事務擔保
第七章　執法監督
第八章　法律責任
第九章　附　則

第一章　總　則

第一條　為了維護國家的主權和利益，加強海關監督管理，促進對外經濟貿易和科技文化交往，保障社會主義現代化建設，特製定本法。

第二條　中華人民共和國海關是國家的進出關境（以下簡稱進出境）監督管理機關。海關依照本法和其他有關法律、行政法規，監管進出境的運輸工具、貨物、行李物品、郵遞物品和其他物品（以下簡稱進出境運輸工具、貨物、物品），徵收關稅和其他稅、費，查緝走私，並編製海關統計和辦理其他海關業務。

第三條　國務院設立海關總署，統一管理全國海關。

國家在對外開放的口岸和海關監管業務集中的地點設立海關。海關的隸屬關係，不受行政區劃的限制。

海關依法獨立行使職權，向海關總署負責。

第四條　國家在海關總署設立專門偵查走私犯罪的公安機構，配備專職緝私警察，負責對其管轄的走私犯罪案件的偵查、拘留、執行逮捕、預審。

海關偵查走私犯罪公安機構履行偵查、拘留、執行逮捕、預審職責，應當按照《中華人民共和國刑事訴訟法》的規定辦理。

海關偵查走私犯罪公安機構根據國家有關規定，可以設立分支機構。各分支機構辦理其管轄的走私犯罪案件，應當依法向有管轄權的人民檢察院移送起訴。

地方各級公安機關應當配合海關偵查走私犯罪公安機構依法履行職責。

第五條　國家實行聯合緝私、統一處理、綜合治理的緝私體制。海關負責組織、協調、管理查緝走私工作。有關規定由國務院另行制定。

各有關行政執法部門查獲的走私案件，應當給予行政處罰的，移送海關依法處理；涉嫌犯罪的，應當移送海關偵查走私犯罪公安機構、地方公安機關依據案件管轄分工和法定程序辦理。

第六條　海關可以行使下列權力：

（一）檢查進出境運輸工具，查驗進出境貨物、物品；對違反本法或者其他有關法律、行政法規的，可以扣留。

（二）查閱進出境人員的證件；查問違反本法或者其他有關法律、行政法規的嫌疑人，調查其違法行為。

（三）查閱、複製與進出境運輸工具、貨物、物品有關的合同、發票、帳冊、單據、記錄、文件、業務函電、錄音錄像製品和其他資料；對其中與違反本法或者其他有關法律、行政法規的進出境運輸工具、貨物、物品有牽連的，可以扣留。

（四）在海關監管區和海關附近沿海沿邊規定地區，檢查有走私嫌疑的運輸工具和有藏匿走私貨物、物品嫌疑的場所，檢查走私嫌疑人的身體；對有走私嫌疑的運輸工具、貨物、物品和走私犯罪嫌疑人，經直屬海關關長或者其授權的隸屬海關關長批准，可以扣留；對走私犯罪嫌疑人，扣留時間不超過二十四小時，在特殊情況下可以延長至四十八小時。

在海關監管區和海關附近沿海沿邊規定地區以外，海關在調查走私案件時，對有走私嫌疑的運輸工具和除公民住處以外的有藏匿走私貨物、物品嫌疑的場所，經直屬海關關長或者其授權的隸屬海關關長批准，可以進行檢查，有關當事人應當到場；當事人未到場的，在有見證人在場的情況下，可以逕行檢查；對其中有證據證明有走私嫌疑的運輸工具、貨物、物品，可以扣留。

海關附近沿海沿邊規定地區的範圍，由海關總署和國務院公安部門會同有關省級人民政府確定。

（五）在調查走私案件時，經直屬海關關長或者其授權的隸屬海關關長批准，可以查詢案件涉嫌單位和涉嫌人員在金融機構、郵政企業的存款、匯款。

（六）進出境運輸工具或者個人違抗海關監管逃逸的，海關可以連續追至海關監管區和海關附近沿海沿邊規定地區以外，將其帶回處理。

（七）海關為履行職責，可以配備武器。海關工作人員佩帶和使用武器的規則，由海關總署會同國務院公安部門制定，報國務院批准。

（八）法律、行政法規規定由海關行使的其他權力。

第七條　各地方、各部門應當支持海關依法行使職權，不得非法干預海關的執法

活動。

第八條　進出境運輸工具、貨物、物品，必須通過設立海關的地點進境或者出境。在特殊情況下，需要經過未設立海關的地點臨時進境或者出境的，必須經國務院或者國務院授權的機關批准，並依照本法規定辦理海關手續。

第九條　進出口貨物，除另有規定的外，可以由進出口貨物收發貨人自行辦理報關納稅手續，也可以由進出口貨物收發貨人委託海關準予註冊登記的報關企業辦理報關納稅手續。

進出境物品的所有人可以自行辦理報關納稅手續，也可以委託他人辦理報關納稅手續。

第十條　報關企業接受進出口貨物收發貨人的委託，以委託人的名義辦理報關手續的，應當向海關提交由委託人簽署的授權委託書，遵守本法對委託人的各項規定。

報關企業接受進出口貨物收發貨人的委託，以自己的名義辦理報關手續的，應當承擔與收發貨人相同的法律責任。

委託人委託報關企業辦理報關手續的，應當向報關企業提供所委託報關事項的真實情況；報關企業接受委託人的委託辦理報關手續的，應當對委託人所提供情況的真實性進行合理審查。

第十一條　進出口貨物收發貨人、報關企業辦理報關手續，必須依法經海關註冊登記。未依法經海關註冊登記，不得從事報關業務。

報關企業和報關人員不得非法代理他人報關，或者超出其業務範圍進行報關活動。

第十二條　海關依法執行職務，有關單位和個人應當如實回答詢問，並予以配合，任何單位和個人不得阻撓。

海關執行職務受到暴力抗拒時，執行有關任務的公安機關和人民武裝警察部隊應當予以協助。

第十三條　海關建立對違反本法規定逃避海關監管行為的舉報制度。

任何單位和個人均有權對違反本法規定逃避海關監管的行為進行舉報。

海關對舉報或者協助查獲違反本法案件的有功單位和個人，應當給予精神的或者物質的獎勵。

海關應當為舉報人保密。

第二章　進出境運輸工具

第十四條　進出境運輸工具到達或者駛離設立海關的地點時，運輸工具負責人應當向海關如實申報，交驗單證，並接受海關監管和檢查。

停留在設立海關的地點的進出境運輸工具，未經海關同意，不得擅自駛離。

進出境運輸工具從一個設立海關的地點駛往另一個設立海關的地點的，應當符合海關監管要求，辦理海關手續，未辦結海關手續的，不得改駛境外。

第十五條　進境運輸工具在進境以後向海關申報以前，出境運輸工具在辦結海關手續以後出境以前，應當按照交通主管機關規定的路線行進；交通主管機關沒有規定

的，由海關指定。

　　第十六條　進出境船舶、火車、航空器到達和駛離時間、停留地點、停留期間更換地點以及裝卸貨物、物品時間，運輸工具負責人或者有關交通運輸部門應當事先通知海關。

　　第十七條　運輸工具裝卸進出境貨物、物品或者上下進出境旅客，應當接受海關監管。

　　貨物、物品裝卸完畢，運輸工具負責人應當向海關遞交反應實際裝卸情況的交接單據和記錄。

　　上下進出境運輸工具的人員攜帶物品的，應當向海關如實申報，並接受海關檢查。

　　第十八條　海關檢查進出境運輸工具時，運輸工具負責人應當到場，並根據海關的要求開啓艙室、房間、車門；有走私嫌疑的，並應當開拆可能藏匿走私貨物、物品的部位，搬移貨物、物料。

　　海關根據工作需要，可以派員隨運輸工具執行職務，運輸工具負責人應當提供方便。

　　第十九條　進境的境外運輸工具和出境的境內運輸工具，未向海關辦理手續並繳納關稅，不得轉讓或者移作他用。

　　第二十條　進出境船舶和航空器兼營境內客、貨運輸，應當符合海關監管要求。

　　進出境運輸工具改營境內運輸，需向海關辦理手續。

　　第二十一條　沿海運輸船舶、漁船和從事海上作業的特種船舶，未經海關同意，不得載運或者換取、買賣、轉讓進出境貨物、物品。

　　第二十二條　進出境船舶和航空器，由於不可抗力的原因，被迫在未設立海關的地點停泊、降落或者拋擲、起卸貨物、物品，運輸工具負責人應當立即報告附近海關。

第三章　進出境貨物

　　第二十三條　進口貨物自進境起到辦結海關手續止，出口貨物自向海關申報起到出境止，過境、轉運和通運貨物自進境起到出境止，應當接受海關監管。

　　第二十四條　進口貨物的收貨人、出口貨物的發貨人應當向海關如實申報，交驗進出口許可證件和有關單證。國家限制進出口的貨物，沒有進出口許可證件的，不予放行，具體處理辦法由國務院規定。

　　進口貨物的收貨人應當自運輸工具申報進境之日起十四日內，出口貨物的發貨人除海關特準的外應當在貨物運抵海關監管區後、裝貨的二十四小時以前，向海關申報。

　　進口貨物的收貨人超過前款規定期限向海關申報的，由海關徵收滯報金。

　　第二十五條　辦理進出口貨物的海關申報手續，應當採用紙質報關單和電子數據報關單的形式。

　　第二十六條　海關接受申報後，報關單證及其內容不得修改或者撤銷，但符合海關規定情形的除外。

　　第二十七條　進口貨物的收貨人經海關同意，可以在申報前查看貨物或者提取貨

樣。需要依法檢疫的貨物，應當在檢疫合格後提取貨樣。

第二十八條　進出口貨物應當接受海關查驗。海關查驗貨物時，進口貨物的收貨人、出口貨物的發貨人應當到場，並負責搬移貨物，開拆和重封貨物的包裝。海關認為必要時，可以徑行開驗、復驗或者提取貨樣。

經收發貨人申請，海關總署批准，其進出口貨物可以免驗。

第二十九條　除海關特准的外，進出口貨物在收發貨人繳清稅款或者提供擔保後，由海關簽印放行。

第三十條　進口貨物的收貨人自運輸工具申報進境之日起超過三個月未向海關申報的，其進口貨物由海關提取依法變賣處理，所得價款在扣除運輸、裝卸、儲存等費用和稅款後，尚有餘款的，自貨物依法變賣之日起一年內，經收貨人申請，予以發還；其中屬於國家對進口有限制性規定，應當提交許可證件而不能提供的，不予發還。逾期無人申請或者不予發還的，上繳國庫。

確屬誤卸或者溢卸的進境貨物，經海關審定，由原運輸工具負責人或者貨物的收發貨人自該運輸工具卸貨之日起三個月內，辦理退運或者進口手續；必要時，經海關批准，可以延期三個月。逾期未辦手續的，由海關按前款規定處理。

前兩款所列貨物不宜長期保存的，海關可以根據實際情況提前處理。

收貨人或者貨物所有人聲明放棄的進口貨物，由海關提取依法變賣處理；所得價款在扣除運輸、裝卸、儲存等費用後，上繳國庫。

第三十一條　按照法律、行政法規、國務院或者海關總署規定暫時進口或者暫時出口的貨物，應當在六個月內復運出境或者復運進境；需要延長復運出境或復運進境期限的，應當根據海關總署的規定辦理延期手續。

第三十二條　經營保稅貨物的儲存、加工、裝配、展示、運輸、寄售業務和經營免稅商店，應當符合海關監管要求，經海關批准，並辦理註冊手續。

保稅貨物的轉讓、轉移以及進出保稅場所，應當向海關辦理有關手續，接受海關監管和查驗。

第三十三條　企業從事加工貿易，應當持有關批准文件和加工貿易合同向海關備案，加工貿易製成品單位耗料量由海關按照有關規定核定。

加工貿易製成品應當在規定的期限內復出口。其中使用的進口料件，屬於國家規定準予保稅的，應當向海關辦理核銷手續；屬於先徵收稅款的，依法向海關辦理退稅手續。

加工貿易保稅進口料件或者製成品因故轉為內銷的，海關憑準予內銷的批准文件，對保稅的進口料件依法徵稅；屬於國家對進口有限制性規定的，還應當向海關提交進口許可證件。

第三十四條　經國務院批准在中華人民共和國境內設立的保稅區等海關特殊監管區域，由海關按照國家有關規定實施監管。

第三十五條　進口貨物應當由收貨人在貨物的進境地海關辦理海關手續，出口貨物應當由發貨人在貨物的出境地海關辦理海關手續。

經收發貨人申請，海關同意，進口貨物的收貨人可以在設有海關的指運地、出口

貨物的發貨人可以在設有海關的啟運地辦理海關手續。上述貨物的轉關運輸，應當符合海關監管要求；必要時，海關可以派員押運。

經電纜、管道或者其他特殊方式輸送進出境的貨物，經營單位應當定期向指定的海關申報和辦理海關手續。

第三十六條　過境、轉運和通運貨物，運輸工具負責人應當向進境地海關如實申報，並應當在規定期限內運輸出境。

海關認為必要時，可以查驗過境、轉運和通運貨物。

第三十七條　海關監管貨物，未經海關許可，不得開拆、提取、交付、發運、調換、改裝、抵押、質押、留置、轉讓、更換標記、移作他用或者進行其他處置。

海關加施的封志，任何人不得擅自開啟或者損毀。

人民法院判決、裁定或者有關行政執法部門決定處理海關監管貨物的，應當責令當事人辦結海關手續。

第三十八條　經營海關監管貨物倉儲業務的企業，應當經海關註冊，並按照海關規定，辦理收存、交付手續。

在海關監管區外存放海關監管貨物，應當經海關同意，並接受海關監管。

違反前兩款規定或者在保管海關監管貨物期間造成海關監管貨物損毀或者滅失的，除不可抗力外，對海關監管貨物負有保管義務的人應當承擔相應的納稅義務和法律責任。

第三十九條　進出境集裝箱的監管辦法、打撈進出境貨物和沉船的監管辦法、邊境小額貿易進出口貨物的監管辦法，以及本法未具體列明的其他進出境貨物的監管辦法，由海關總署或者由海關總署會同國務院有關部門另行制定。

第四十條　國家對進出境貨物、物品有禁止性或者限制性規定的，海關依據法律、行政法規、國務院的規定或者國務院有關部門依據法律、行政法規的授權作出的規定實施監管。具體監管辦法由海關總署制定。

第四十一條　進出口貨物的原產地按照國家有關原產地規則的規定確定。

第四十二條　進出口貨物的商品歸類按照國家有關商品歸類的規定確定。

海關可以要求進出口貨物的收發貨人提供確定商品歸類所需的有關資料；必要時，海關可以組織化驗、檢驗，並將海關認定的化驗、檢驗結果作為商品歸類的依據。

第四十三條　海關可以根據對外貿易經營者提出的書面申請，對擬作進口或者出口的貨物預先作出商品歸類等行政裁定。

進口或者出口相同貨物，應當適用相同的商品歸類行政裁定。

海關對所作出的商品歸類等行政裁定，應當予以公布。

第四十四條　海關依照法律、行政法規的規定，對與進出境貨物有關的知識產權實施保護。

需要向海關申報知識產權狀況的，進出口貨物收發貨人及其代理人應當按照國家規定向海關如實申報有關知識產權狀況，並提交合法使用有關知識產權的證明文件。

第四十五條　自進出口貨物放行之日起三年內或者在保稅貨物、減免稅進口貨物的海關監管期限內及其後的三年內，海關可以對與進出口貨物直接有關的企業、單位

的會計帳簿、會計憑證、報關單證以及其他有關資料和有關進出口貨物實施稽查。具體辦法由國務院規定。

第四章　進出境物品

第四十六條　個人攜帶進出境的行李物品、郵寄進出境的物品，應當以自用、合理數量為限，並接受海關監管。

第四十七條　進出境物品的所有人應當向海關如實申報，並接受海關查驗。

海關加施的封志，任何人不得擅自開啓或者損毀。

第四十八條　進出境郵袋的裝卸、轉運和過境，應當接受海關監管。郵政企業應當向海關遞交郵件路單。

郵政企業應當將開拆及封發國際郵袋的時間事先通知海關，海關應當按時派員到場監管查驗。

第四十九條　郵運進出境的物品，經海關查驗放行後，有關經營單位方可投遞或者交付。

第五十條　經海關登記準予暫時免稅進境或者暫時免稅出境的物品，應當由本人復帶出境或者復帶進境。

過境人員未經海關批准，不得將其所帶物品留在境內。

第五十一條　進出境物品所有人聲明放棄的物品、在海關規定期限內未辦理海關手續或者無人認領的物品，以及無法投遞又無法退回的進境郵遞物品，由海關依照本法第三十條的規定處理。

第五十二條　享有外交特權和豁免的外國機構或者人員的公務用品或者自用物品進出境，依照有關法律、行政法規的規定辦理。

第五章　關　稅

第五十三條　准許進出口的貨物、進出境物品，由海關依法徵收關稅。

第五十四條　進口貨物的收貨人、出口貨物的發貨人、進出境物品的所有人，是關稅的納稅義務人。

第五十五條　進出口貨物的完稅價格，由海關以該貨物的成交價格為基礎審查確定。成交價格不能確定時，完稅價格由海關依法估定。

進口貨物的完稅價格包括貨物的貨價、貨物運抵中華人民共和國境內輸入地點起卸前的運輸及其相關費用、保險費；出口貨物的完稅價格包括貨物的貨價、貨物運至中華人民共和國境內輸出地點裝載前的運輸及其相關費用、保險費，但是其中包含的出口關稅稅額，應當予以扣除。

進出境物品的完稅價格，由海關依法確定。

第五十六條　下列進出口貨物、進出境物品，減徵或者免徵關稅：

（一）無商業價值的廣告品和貨樣；

（二）外國政府、國際組織無償贈送的物資；

（三）在海關放行前遭受損壞或者損失的貨物；

（四）規定數額以內的物品；

（五）法律規定減徵、免徵關稅的其他貨物、物品；

（六）中華人民共和國締結或者參加的國際條約規定減徵、免徵關稅的貨物、物品。

第五十七條 特定地區、特定企業或者有特定用途的進出口貨物，可以減徵或者免徵關稅。特定減稅或者免稅的範圍和辦法由國務院規定。

依照前款規定減徵或者免徵關稅進口的貨物，只能用於特定地區、特定企業或者特定用途，未經海關核准並補繳關稅，不得移作他用。

第五十八條 本法第五十六條、第五十七條第一款規定範圍以外的臨時減徵或者免徵關稅，由國務院決定。

第五十九條 暫時進口或者暫時出口的貨物，以及特準進口的保稅貨物，在貨物收發貨人向海關繳納相當於稅款的保證金或者提供擔保後，准予暫時免納關稅。

第六十條 進出口貨物的納稅義務人，應當自海關填發稅款繳款書之日起十五日內繳納稅款；逾期繳納的，由海關徵收滯納金。納稅義務人、擔保人超過三個月仍未繳納的，經直屬海關關長或者其授權的隸屬海關關長批准，海關可以採取下列強制措施：

（一）書面通知其開戶銀行或者其他金融機構從其存款中扣繳稅款；

（二）將應稅貨物依法變賣，以變賣所得抵繳稅款；

（三）扣留並依法變賣其價值相當於應納稅款的貨物或者其他財產，以變賣所得抵繳稅款。

海關採取強制措施時，對前款所列納稅義務人、擔保人未繳納的滯納金同時強制執行。

進出境物品的納稅義務人，應當在物品放行前繳納稅款。

第六十一條 進出口貨物的納稅義務人在規定的納稅期限內有明顯的轉移、藏匿其應稅貨物以及其他財產跡象的，海關可以責令納稅義務人提供擔保；納稅義務人不能提供納稅擔保的，經直屬海關關長或者其授權的隸屬海關關長批准，海關可以採取下列稅收保全措施：

（一）書面通知納稅義務人開戶銀行或者其他金融機構暫停支付納稅義務人相當於應納稅款的存款；

（二）扣留納稅義務人價值相當於應納稅款的貨物或者其他財產。

納稅義務人在規定的納稅期限內繳納稅款的，海關必須立即解除稅收保全措施；期限屆滿仍未繳納稅款的，經直屬海關關長或者其授權的隸屬海關關長批准，海關可以書面通知納稅義務人開戶銀行或者其他金融機構從其暫停支付的存款中扣繳稅款，或者依法變賣所扣留的貨物或者其他財產，以變賣所得抵繳稅款。

採取稅收保全措施不當，或者納稅義務人在規定期限內已繳納稅款，海關未立即解除稅收保全措施，致使納稅義務人的合法權益受到損失的，海關應當依法承擔賠償

責任。

第六十二條　進出口貨物、進出境物品放行後，海關發現少徵或者漏徵稅款，應當自繳納稅款或者貨物、物品放行之日起一年內，向納稅義務人補徵。因納稅義務人違反規定而造成的少徵或者漏徵，海關在三年以內可以追徵。

第六十三條　海關多徵的稅款，海關發現後應當立即退還；納稅義務人自繳納稅款之日起一年內，可以要求海關退還。

第六十四條　納稅義務人同海關發生納稅爭議時，應當繳納稅款，並可以依法申請行政復議；對復議決定仍不服的，可以依法向人民法院提起訴訟。

第六十五條　進口環節海關代徵稅的徵收管理，適用關稅徵收管理的規定。

第六章　海關事務擔保

第六十六條　在確定貨物的商品歸類、估價和提供有效報關單證或者辦結其他海關手續前，收發貨人要求放行貨物的，海關應當在其提供與其依法應當履行的法律義務相適應的擔保後放行。法律、行政法規規定可以免除擔保的除外。

法律、行政法規對履行海關義務的擔保另有規定的，從其規定。

國家對進出境貨物、物品有限制性規定，應當提供許可證件而不能提供的，以及法律、行政法規規定不得擔保的其他情形，海關不得辦理擔保放行。

第六十七條　具有履行海關事務擔保能力的法人、其他組織或者公民，可以成為擔保人。法律規定不得為擔保人的除外。

第六十八條　擔保人可以以下列財產、權利提供擔保：

（一）人民幣、可自由兌換貨幣；

（二）匯票、本票、支票、債券、存單；

（三）銀行或者非銀行金融機構的保函；

（四）海關依法認可的其他財產、權利。

第六十九條　擔保人應當在擔保期限內承擔擔保責任。擔保人履行擔保責任的，不免除被擔保人應當辦理有關海關手續的義務。

第七十條　海關事務擔保管理辦法，由國務院規定。

第七章　執法監督

第七十一條　海關履行職責，必須遵守法律，維護國家利益，依照法定職權和法定程序嚴格執法，接受監督。

第七十二條　海關工作人員必須秉公執法，廉潔自律，忠於職守，文明服務，不得有下列行為：

（一）包庇、縱容走私或者與他人串通進行走私；

（二）非法限制他人人身自由，非法檢查他人身體、住所或者場所，非法檢查、扣留進出境運輸工具、貨物、物品；

（三）利用職權為自己或者他人謀取私利；
（四）索取、收受賄賂；
（五）洩露國家秘密、商業秘密和海關工作秘密；
（六）濫用職權，故意刁難，拖延監管、查驗；
（七）購買、私分、占用沒收的走私貨物、物品；
（八）參與或者變相參與營利性經營活動；
（九）違反法定程序或者超越權限執行職務；
（十）其他違法行為。

第七十三條　海關應當根據依法履行職責的需要，加強隊伍建設，使海關工作人員具有良好的政治、業務素質。

海關專業人員應當具有法律和相關專業知識，符合海關規定的專業崗位任職要求。

海關招收工作人員應當按照國家規定，公開考試，嚴格考核，擇優錄用。

海關應當有計劃地對其工作人員進行政治思想、法制、海關業務培訓和考核。海關工作人員必須定期接受培訓和考核，經考核不合格的，不得繼續上崗執行職務。

第七十四條　海關總署應當實行海關關長定期交流制度。

海關關長定期向上一級海關述職，如實陳述其執行職務情況。海關總署應當定期對直屬海關關長進行考核，直屬海關應當定期對隸屬海關關長進行考核。

第七十五條　海關及其工作人員的行政執法活動，依法接受監察機關的監督；緝私警察進行偵查活動，依法接受人民檢察院的監督。

第七十六條　審計機關依法對海關的財政收支進行審計監督，對海關辦理的與國家財政收支有關的事項，有權進行專項審計調查。

第七十七條　上級海關應當對下級海關的執法活動依法進行監督。上級海關認為下級海關作出的處理或者決定不適當的，可以依法予以變更或者撤銷。

第七十八條　海關應當依照本法和其他有關法律、行政法規的規定，建立健全內部監督制度，對其工作人員執行法律、行政法規和遵守紀律的情況，進行監督檢查。

第七十九條　海關內部負責審單、查驗、放行、稽查和調查等主要崗位的職責權限應當明確，並相互分離、相互制約。

第八十條　任何單位和個人均有權對海關及其工作人員的違法、違紀行為進行控告、檢舉。收到控告、檢舉的機關有權處理的，應當依法按照職責分工及時查處。收到控告、檢舉的機關和負責查處的機關應當為控告人、檢舉人保密。

第八十一條　海關工作人員在調查處理違法案件時，遇有下列情形之一的，應當迴避：

（一）是本案的當事人或者是當事人的近親屬；
（二）本人或者其近親屬與本案有利害關係；
（三）與本案當事人有其他關係，可能影響案件公正處理的。

第八章　法律責任

第八十二條　違反本法及有關法律、行政法規，逃避海關監管，偷逃應納稅款、逃避國家有關進出境的禁止性或者限制性管理，有下列情形之一的，是走私行為：

（一）運輸、攜帶、郵寄國家禁止或者限制進出境貨物、物品或者依法應當繳納稅款的貨物、物品進出境的；

（二）未經海關許可並且未繳納應納稅款、交驗有關許可證件，擅自將保稅貨物、特定減免稅貨物以及其他海關監管貨物、物品、進境的境外運輸工具，在境內銷售的；

（三）有逃避海關監管，構成走私的其他行為的。

有前款所列行為之一，尚不構成犯罪的，由海關沒收走私貨物、物品及違法所得，可以並處罰款；專門或者多次用於掩護走私的貨物、物品，專門或者多次用於走私的運輸工具，予以沒收，藏匿走私貨物、物品的特製設備，責令拆毀或者沒收。

有第一款所列行為之一，構成犯罪的，依法追究刑事責任。

第八十三條　有下列行為之一的，按走私行為論處，依照本法第八十二條的規定處罰：

（一）直接向走私人非法收購走私進口的貨物、物品的；

（二）在內海、領海、界河、界湖，船舶及所載人員運輸、收購、販賣國家禁止或者限制進出境的貨物、物品，或者運輸、收購、販賣依法應當繳納稅款的貨物，沒有合法證明的。

第八十四條　偽造、變造、買賣海關單證，與走私人通謀為走私人提供貸款、資金、帳號、發票、證明、海關單證，與走私人通謀為走私人提供運輸、保管、郵寄或者其他方便，構成犯罪的，依法追究刑事責任；尚不構成犯罪的，由海關沒收違法所得，並處罰款。

第八十五條　個人攜帶、郵寄超過合理數量的自用物品進出境，未依法向海關申報的，責令補繳關稅，可以處以罰款。

第八十六條　違反本法規定有下列行為之一的，可以處以罰款，有違法所得的，沒收違法所得：

（一）運輸工具不經設立海關的地點進出境的；

（二）不將進出境運輸工具到達的時間、停留的地點或者更換的地點通知海關的；

（三）進出口貨物、物品或者過境、轉運、通運貨物向海關申報不實的；

（四）不按照規定接受海關對進出境運輸工具、貨物、物品進行檢查、查驗的；

（五）進出境運輸工具未經海關同意，擅自裝卸進出境貨物、物品或者上下進出境旅客的；

（六）在設立海關的地點停留的進出境運輸工具未經海關同意，擅自駛離的；

（七）進出境運輸工具從一個設立海關的地點駛往另一個設立海關的地點，尚未辦結海關手續又未經海關批准，中途擅自改駛境外或者境內未設立海關的地點的；

（八）進出境運輸工具，不符合海關監管要求或者未向海關辦理手續，擅自兼營或

者改營境內運輸的；

（九）由於不可抗力的原因，進出境船舶和航空器被迫在未設立海關的地點停泊、降落或者在境內拋擲、起卸貨物、物品，無正當理由，不向附近海關報告的；

（十）未經海關許可，擅自將海關監管貨物開拆、提取、交付、發運、調換、改裝、抵押、質押、留置、轉讓、更換標記、移作他用或者進行其他處置的；

（十一）擅自開啓或者損毀海關封志的；

（十二）經營海關監管貨物的運輸、儲存、加工等業務，有關貨物滅失或者有關記錄不真實，不能提供正當理由的；

（十三）有違反海關監管規定的其他行為的。

第八十七條　海關準予從事有關業務的企業，違反本法有關規定的，由海關責令改正，可以給予警告，暫停其從事有關業務，直至撤銷註冊。

第八十八條　未經海關註冊登記從事報關業務的，由海關予以取締，沒收違法所得，可以並處罰款。

第八十九條　報關企業非法代理他人報關或者超出其業務範圍進行報關活動的，由海關責令改正，處以罰款；情節嚴重的，撤銷其報關註冊登記。

報關人員非法代理他人報關或者超出其業務範圍進行報關活動的，由海關責令改正，處以罰款。

第九十條　進出口貨物收發貨人、報關企業向海關工作人員行賄的，由海關撤銷其報關註冊登記，並處以罰款；構成犯罪的，依法追究刑事責任，並不得重新註冊登記為報關企業。

報關人員向海關工作人員行賄的，處以罰款；構成犯罪的，依法追究刑事責任。

第九十一條　違反本法規定進出口侵犯中華人民共和國法律、行政法規保護的知識產權的貨物的，由海關依法沒收侵權貨物，並處以罰款；構成犯罪的，依法追究刑事責任。

第九十二條　海關依法扣留的貨物、物品、運輸工具，在人民法院判決或者海關處罰決定作出之前，不得處理。但是，危險品或者鮮活、易腐、易失效等不宜長期保存的貨物、物品以及所有人申請先行變賣的貨物、物品、運輸工具，經直屬海關關長或者其授權的隸屬海關關長批准，可以先行依法變賣，變賣所得價款由海關保存，並通知其所有人。

人民法院判決沒收或者海關決定沒收的走私貨物、物品、違法所得、走私運輸工具、特製設備，由海關依法統一處理，所得價款和海關決定處以的罰款，全部上繳中央國庫。

第九十三條　當事人逾期不履行海關的處罰決定又不申請復議或者向人民法院提起訴訟的，作出處罰決定的海關可以將其保證金抵繳或者將其被扣留的貨物、物品、運輸工具依法變價抵繳，也可以申請人民法院強制執行。

第九十四條　海關在查驗進出境貨物、物品時，損壞被查驗的貨物、物品的，應當賠償實際損失。

第九十五條　海關違法扣留貨物、物品、運輸工具，致使當事人的合法權益受到

損失的，應當依法承擔賠償責任。

第九十六條　海關工作人員有本法第七十二條所列行為之一的，依法給予行政處分；有違法所得的，依法沒收違法所得；構成犯罪的，依法追究刑事責任。

第九十七條　海關的財政收支違反法律、行政法規規定的，由審計機關以及有關部門依照法律、行政法規的規定作出處理；對直接負責的主管人員和其他直接責任人員，依法給予行政處分；構成犯罪的，依法追究刑事責任。

第九十八條　未按照本法規定為控告人、檢舉人、舉報人保密的，對直接負責的主管人員和其他直接責任人員，由所在單位或者有關單位依法給予行政處分。

第九十九條　海關工作人員在調查處理違法案件時，未按照本法規定進行迴避的，對直接負責的主管人員和其他直接責任人員，依法給予行政處分。

第九章　附　則

第一百條　本法下列用語的含義：

直屬海關，是指直接由海關總署領導，負責管理一定區域範圍內的海關業務的海關；隸屬海關，是指由直屬海關領導，負責辦理具體海關業務的海關。

進出境運輸工具，是指用以載運人員、貨物、物品進出境的各種船舶、車輛、航空器和馱畜。

過境、轉運和通運貨物，是指由境外啓運、通過中國境內繼續運往境外的貨物。其中，通過境內陸路運輸的，稱過境貨物；在境內設立海關的地點換裝運輸工具，而不通過境內陸路運輸的，稱轉運貨物；由船舶、航空器載運進境並由原裝運輸工具載運出境的，稱通運貨物。

海關監管貨物，是指本法第二十三條所列的進出口貨物，過境、轉運、通運貨物，特定減免稅貨物，以及暫時進出口貨物、保稅貨物和其他尚未辦結海關手續的進出境貨物。

保稅貨物，是指經海關批准未辦理納稅手續進境，在境內儲存、加工、裝配後復運出境的貨物。

海關監管區，是指設立海關的港口、車站、機場、國界孔道、國際郵件互換局（交換站）和其他有海關監管業務的場所，以及雖未設立海關，但是經國務院批准的進出境地點。

第一百零一條　經濟特區等特定地區同境內其他地區之間往來的運輸工具、貨物、物品的監管辦法，由國務院另行規定。

第一百零二條　本法自1987年7月1日起施行。1951年4月18日中央人民政府公布的《中華人民共和國暫行海關法》同時廢止。

(二)中華人民共和國對外貿易法

(全國人大常委會1994年5月12日通過,2004年7月1日起施行,2004年4月6日、2016年11月7日相繼修訂)

第一章　總　則
第二章　對外貿易經營者
第三章　貨物進出口與技術進出口
第四章　國際服務貿易
第五章　與對外貿易有關的知識產權保護
第六章　對外貿易秩序
第七章　對外貿易調查
第八章　對外貿易救濟
第九章　對外貿易促進
第十章　法律責任
第十一章　附　則

第一章　總　則

第一條　為了擴大對外開放,發展對外貿易,維護對外貿易秩序,保護對外貿易經營者的合法權益,促進社會主義市場經濟的健康發展,制定本法。

第二條　本法適用於對外貿易以及與對外貿易有關的知識產權保護。

本法所稱對外貿易,是指貨物進出口、技術進出口和國際服務貿易。

第三條　國務院對外貿易主管部門依照本法主管全國對外貿易工作。

第四條　國家實行統一的對外貿易制度,鼓勵發展對外貿易,維護公平、自由的對外貿易秩序。

第五條　中華人民共和國根據平等互利的原則,促進和發展同其他國家和地區的貿易關係,締結或者參加關稅同盟協定、自由貿易區協定等區域經濟貿易協定,參加區域經濟組織。

第六條　中華人民共和國在對外貿易方面根據所締結或者參加的國際條約、協定,給予其他締約方、參加方最惠國待遇、國民待遇等待遇,或者根據互惠、對等原則給予對方最惠國待遇、國民待遇等待遇。

第七條　任何國家或者地區在貿易方面對中華人民共和國採取歧視性的禁止、限制或者其他類似措施的,中華人民共和國可以根據實際情況對該國家或者該地區採取相應的措施。

第二章　對外貿易經營者

第八條　本法所稱對外貿易經營者，是指依法辦理工商登記或者其他執業手續，依照本法和其他有關法律、行政法規的規定從事對外貿易經營活動的法人、其他組織或者個人。

第九條　從事貨物進出口或者技術進出口的對外貿易經營者，應當向國務院對外貿易主管部門或者其委託的機構辦理備案登記；但是，法律、行政法規和國務院對外貿易主管部門規定不需要備案登記的除外。備案登記的具體辦法由國務院對外貿易主管部門規定。對外貿易經營者未按照規定辦理備案登記的，海關不予辦理進出口貨物的報關驗放手續。

第十條　從事國際服務貿易，應當遵守本法和其他有關法律、行政法規的規定。

從事對外勞務合作的單位，應當具備相應的資質。具體辦法由國務院規定。

第十一條　國家可以對部分貨物的進出口實行國營貿易管理。實行國營貿易管理貨物的進出口業務只能由經授權的企業經營；但是，國家允許部分數量的國營貿易管理貨物的進出口業務由非授權企業經營的除外。實行國營貿易管理的貨物和經授權經營企業的目錄，由國務院對外貿易主管部門會同國務院其他有關部門確定、調整並公布。

違反本條第一款規定，擅自進出口實行國營貿易管理的貨物的，海關不予放行。

第十二條　對外貿易經營者可以接受他人的委託，在經營範圍內代為辦理對外貿易業務。

第十三條　對外貿易經營者應當按照國務院對外貿易主管部門或者國務院其他有關部門依法作出的規定，向有關部門提交與其對外貿易經營活動有關的文件及資料。有關部門應當為提供者保守商業秘密。

第三章　貨物進出口與技術進出口

第十四條　國家准許貨物與技術的自由進出口。但是，法律、行政法規另有規定的除外。

第十五條　國務院對外貿易主管部門基於監測進出口情況的需要，可以對部分自由進出口的貨物實行進出口自動許可並公布其目錄。

實行自動許可的進出口貨物，收貨人、發貨人在辦理海關報關手續前提出自動許可申請的，國務院對外貿易主管部門或者其委託的機構應當予以許可；未辦理自動許可手續的，海關不予放行。

進出口屬於自由進出口的技術，應當向國務院對外貿易主管部門或者其委託的機構辦理合同備案登記。

第十六條　國家基於下列原因，可以限制或者禁止有關貨物、技術的進口或者出口：

（一）為維護國家安全、社會公共利益或者公共道德，需要限制或者禁止進口或者出口的；

（二）為保護人的健康或者安全，保護動物、植物的生命或者健康，保護環境，需要限制或者禁止進口或者出口的；

（三）為實施與黃金或者白銀進出口有關的措施，需要限制或者禁止進口或者出口的；

（四）國內供應短缺或者為有效保護可能用竭的自然資源，需要限制或者禁止出口的；

（五）輸往國家或者地區的市場容量有限，需要限制出口的；

（六）出口經營秩序出現嚴重混亂，需要限制出口的；

（七）為建立或者加快建立國內特定產業，需要限制進口的；

（八）對任何形式的農業、牧業、漁業產品有必要限制進口的；

（九）為保障國家國際金融地位和國際收支平衡，需要限制進口的；

（十）依照法律、行政法規的規定，其他需要限制或者禁止進口或者出口的；

（十一）根據中國締結或者參加的國際條約、協定的規定，其他需要限制或者禁止進口或者出口的。

第十七條　國家對與裂變、聚變物質或者衍生此類物質的物質有關的貨物、技術進出口，以及與武器、彈藥或者其他軍用物資有關的進出口，可以採取任何必要的措施，維護國家安全。

在戰時或者為維護國際和平與安全，國家在貨物、技術進出口方面可以採取任何必要的措施。

第十八條　國務院對外貿易主管部門會同國務院其他有關部門，依照本法第十六條和第十七條的規定，制定、調整並公布限制或者禁止進出口的貨物、技術目錄。

國務院對外貿易主管部門或者由其會同國務院其他有關部門，經國務院批准，可以在本法第十六條和第十七條規定的範圍內，臨時決定限制或者禁止前款規定目錄以外的特定貨物、技術的進口或者出口。

第十九條　國家對限制進口或者出口的貨物，實行配額、許可證等方式管理；對限制進口或者出口的技術，實行許可證管理。

實行配額、許可證管理的貨物、技術，應當按照國務院規定經國務院對外貿易主管部門或者經其會同國務院其他有關部門許可，方可進口或者出口。

國家對部分進口貨物可以實行關稅配額管理。

第二十條　進出口貨物配額、關稅配額，由國務院對外貿易主管部門或者國務院其他有關部門在各自的職責範圍內，按照公開、公平、公正和效益的原則進行分配。具體辦法由國務院規定。

第二十一條　國家實行統一的商品合格評定制度，根據有關法律、行政法規的規定，對進出口商品進行認證、檢驗、檢疫。

第二十二條　國家對進出口貨物進行原產地管理。具體辦法由國務院規定。

第二十三條　對文物和野生動物、植物及其產品等，其他法律、行政法規有禁止或者限制進出口規定的，依照有關法律、行政法規的規定執行。

第四章　國際服務貿易

第二十四條　中華人民共和國在國際服務貿易方面根據所締結或者參加的國際條約、協定中所作的承諾，給予其他締約方、參加方市場准入和國民待遇。

第二十五條　國務院對外貿易主管部門和國務院其他有關部門，依照本法和其他有關法律、行政法規的規定，對國際服務貿易進行管理。

第二十六條　國家基於下列原因，可以限制或者禁止有關的國際服務貿易：

（一）為維護國家安全、社會公共利益或者公共道德，需要限制或者禁止的；

（二）為保護人的健康或者安全，保護動物、植物的生命或者健康，保護環境，需要限制或者禁止的；

（三）為建立或者加快建立國內特定服務產業，需要限制的；

（四）為保障國家外匯收支平衡，需要限制的；

（五）依照法律、行政法規的規定，其他需要限制或者禁止的；

（六）根據中國締結或者參加的國際條約、協定的規定，其他需要限制或者禁止的。

第二十七條　國家對與軍事有關的國際服務貿易，以及與裂變、聚變物質或者衍生此類物質的物質有關的國際服務貿易，可以採取任何必要的措施，維護國家安全。

在戰時或者為維護國際和平與安全，國家在國際服務貿易方面可以採取任何必要的措施。

第二十八條　國務院對外貿易主管部門會同國務院其他有關部門，依照本法第二十六條、第二十七條和其他有關法律、行政法規的規定，制定、調整並公布國際服務貿易市場准入目錄。

第五章　與對外貿易有關的知識產權保護

第二十九條　國家依照有關知識產權的法律、行政法規，保護與對外貿易有關的知識產權。

進口貨物侵犯知識產權，並危害對外貿易秩序的，國務院對外貿易主管部門可以採取在一定期限內禁止侵權人生產、銷售的有關貨物進口等措施。

第三十條　知識產權權利人有阻止被許可人對許可合同中的知識產權的有效性提出質疑、進行強制性一攬子許可、在許可合同中規定排他性返授條件等行為之一，並危害對外貿易公平競爭秩序的，國務院對外貿易主管部門可以採取必要的措施消除危害。

第三十一條　其他國家或者地區在知識產權保護方面未給予中華人民共和國的法人、其他組織或者個人國民待遇，或者不能對來源於中華人民共和國的貨物、技術或者服務提供充分有效的知識產權保護的，國務院對外貿易主管部門可以依照本法和其他有關法律、行政法規的規定，並根據中華人民共和國締結或者參加的國際條約、協定，對與該國家或者該地區的貿易採取必要的措施。

第六章　對外貿易秩序

第三十二條　在對外貿易經營活動中，不得違反有關反壟斷的法律、行政法規的規定實施壟斷行為。

在對外貿易經營活動中實施壟斷行為，危害市場公平競爭的，依照有關反壟斷的法律、行政法規的規定處理。有前款違法行為，並危害對外貿易秩序的，國務院對外貿易主管部門可以採取必要的措施消除危害。

第三十三條　在對外貿易經營活動中，不得實施以不正當的低價銷售商品、串通投標、發布虛假廣告、進行商業賄賂等不正當競爭行為。

在對外貿易經營活動中實施不正當競爭行為的，依照有關反不正當競爭的法律、行政法規的規定處理。

有前款違法行為，並危害對外貿易秩序的，國務院對外貿易主管部門可以採取禁止該經營者有關貨物、技術進出口等措施消除危害。

第三十四條　在對外貿易活動中，不得有下列行為：

（一）偽造、變造進出口貨物原產地標記，偽造、變造或者買賣進出口貨物原產地證書、進出口許可證、進出口配額證明或者其他進出口證明文件；

（二）騙取出口退稅；

（三）走私；

（四）逃避法律、行政法規規定的認證、檢驗、檢疫；

（五）違反法律、行政法規規定的其他行為。

第三十五條　對外貿易經營者在對外貿易經營活動中，應當遵守國家有關外匯管理的規定。

第三十六條　違反本法規定，危害對外貿易秩序的，國務院對外貿易主管部門可以向社會公告。

第七章　對外貿易調查

第三十七條　為了維護對外貿易秩序，國務院對外貿易主管部門可以自行或者會同國務院其他有關部門，依照法律、行政法規的規定對下列事項進行調查：

（一）貨物進出口、技術進出口、國際服務貿易對國內產業及其競爭力的影響；

（二）有關國家或者地區的貿易壁壘；

（三）為確定是否應當依法採取反傾銷、反補貼或者保障措施等對外貿易救濟措施，需要調查的事項；

（四）規避對外貿易救濟措施的行為；

（五）對外貿易中有關國家安全利益的事項；

（六）為執行本法第七條、第二十九條第二款、第三十條、第三十一條、第三十二條第三款、第三十三條第三款的規定，需要調查的事項；

（七）其他影響對外貿易秩序，需要調查的事項。

第三十八條　啟動對外貿易調查，由國務院對外貿易主管部門發布公告。

調查可以採取書面問卷、召開聽證會、實地調查、委託調查等方式進行。

國務院對外貿易主管部門根據調查結果，提出調查報告或者作出處理裁定，並發布公告。

第三十九條　有關單位和個人應當對對外貿易調查給予配合、協助。

國務院對外貿易主管部門和國務院其他有關部門及其工作人員進行對外貿易調查，對知悉的國家秘密和商業秘密負有保密義務。

第八章　對外貿易救濟

第四十條　國家根據對外貿易調查結果，可以採取適當的對外貿易救濟措施。

第四十一條　其他國家或者地區的產品以低於正常價值的傾銷方式進入中國市場，對已建立的國內產業造成實質損害或者產生實質損害威脅，或者對建立國內產業造成實質阻礙的，國家可以採取反傾銷措施，消除或者減輕這種損害或者損害的威脅或者阻礙。

第四十二條　其他國家或者地區的產品以低於正常價值出口至第三國市場，對中國已建立的國內產業造成實質損害或者產生實質損害威脅，或者對中國建立國內產業造成實質阻礙的，應國內產業的申請，國務院對外貿易主管部門可以與該第三國政府進行磋商，要求其採取適當的措施。

第四十三條　進口的產品直接或者間接地接受出口國家或者地區給予的任何形式的專向性補貼，對已建立的國內產業造成實質損害或者產生實質損害威脅，或者對建立國內產業造成實質阻礙的，國家可以採取反補貼措施，消除或者減輕這種損害或者損害的威脅或阻礙。

第四十四條　因進口產品數量大量增加，對生產同類產品或者與其直接競爭的產品的國內產業造成嚴重損害或者嚴重損害威脅的，國家可以採取必要的保障措施，消除或者減輕這種損害或者損害的威脅，並可以對該產業提供必要的支持。

第四十五條　因其他國家或者地區的服務提供者向中國提供的服務增加，對提供同類服務或者與其直接競爭的服務的國內產業造成損害或者產生損害威脅的，國家可以採取必要的救濟措施，消除或者減輕這種損害或者損害的威脅。

第四十六條　因第三國限制進口而導致某種產品進入中國市場的數量大量增加，對已建立的國內產業造成損害或者產生損害威脅，或者對建立國內產業造成阻礙的，國家可以採取必要的救濟措施，限制該產品進口。

第四十七條　與中華人民共和國締結或者共同參加經濟貿易條約、協定的國家或者地區，違反條約、協定的規定，使中華人民共和國根據該條約、協定享有的利益喪失或者受損，或者阻礙條約、協定目標實現的，中華人民共和國政府有權要求有關國家或者地區政府採取適當的補救措施，並可以根據有關條約、協定中止或者終止履行相關義務。

第四十八條　國務院對外貿易主管部門依照本法和其他有關法律的規定，進行對外貿易的雙邊或者多邊磋商、談判和爭端的解決。

第四十九條　國務院對外貿易主管部門和國務院其他有關部門應當建立貨物進出口、技術進出口和國際服務貿易的預警應急機制，應對對外貿易中的突發和異常情況，維護國家經濟安全。

第五十條　國家對規避本法規定的對外貿易救濟措施的行為，可以採取必要的反規避措施。

第九章　對外貿易促進

第五十一條　國家制定對外貿易發展戰略，建立和完善對外貿易促進機制。

第五十二條　國家根據對外貿易發展的需要，建立和完善為對外貿易服務的金融機構，設立對外貿易發展基金、風險基金。

第五十三條　國家通過進出口信貸、出口信用保險、出口退稅及其他促進對外貿易的方式，發展對外貿易。

第五十四條　國家建立對外貿易公共信息服務體系，向對外貿易經營者和其他社會公眾提供信息服務。

第五十五條　國家採取措施鼓勵對外貿易經營者開拓國際市場，採取對外投資、對外工程承包和對外勞務合作等多種形式，發展對外貿易。

第五十六條　對外貿易經營者可以依法成立和參加有關協會、商會。

有關協會、商會應當遵守法律、行政法規，按照章程對其成員提供與對外貿易有關的生產、行銷、信息、培訓等方面的服務，發揮協調和自律作用，依法提出有關對外貿易救濟措施的申請，維護成員和行業的利益，向政府有關部門反應成員有關對外貿易的建議，開展對外貿易促進活動。

第五十七條　中國國際貿易促進組織按照章程開展對外聯繫，舉辦展覽，提供信息、諮詢服務和其他對外貿易促進活動。

第五十八條　國家扶持和促進中小企業開展對外貿易。

第五十九條　國家扶持和促進民族自治地方和經濟不發達地區發展對外貿易。

第十章　法律責任

第六十條　違反本法第十一條規定，未經授權擅自進出口實行國營貿易管理的貨物的，國務院對外貿易主管部門或者國務院其他有關部門可以處五萬元以下罰款；情節嚴重的，可以自行政處罰決定生效之日起三年內，不受理違法行為人從事國營貿易管理貨物進出口業務的申請，或者撤銷已給予其從事其他國營貿易管理貨物進出口的授權。

第六十一條　進出口屬於禁止進出口的貨物的，或者未經許可擅自進出口屬於限制進出口的貨物的，由海關依照有關法律、行政法規的規定處理、處罰；構成犯罪的，依法追究刑事責任。

進出口屬於禁止進出口的技術的，或者未經許可擅自進出口屬於限制進出口的技術的，依照有關法律、行政法規的規定處理、處罰；法律、行政法規沒有規定的，由國務院對外貿易主管部門責令改正，沒收違法所得，並處違法所得一倍以上五倍以下

罰款，沒有違法所得或者違法所得不足一萬元的，處一萬元以上五萬元以下罰款；構成犯罪的，依法追究刑事責任。

自前兩款規定的行政處罰決定生效之日或者刑事處罰判決生效之日起，國務院對外貿易主管部門或者國務院其他有關部門可以在三年內不受理違法行為人提出的進出口配額或者許可證的申請，或者禁止違法行為人在一年以上三年以下的期限內從事有關貨物或者技術的進出口經營活動。

第六十二條　從事屬於禁止的國際服務貿易的，或者未經許可擅自從事屬於限制的國際服務貿易的，依照有關法律、行政法規的規定處罰；法律、行政法規沒有規定的，由國務院對外貿易主管部門責令改正，沒收違法所得，並處違法所得一倍以上五倍以下罰款，沒有違法所得或者違法所得不足一萬元的，處一萬元以上五萬元以下罰款；構成犯罪的，依法追究刑事責任。

國務院對外貿易主管部門可以禁止違法行為人自前款規定的行政處罰決定生效之日或者刑事處罰判決生效之日起一年以上三年以下的期限內從事有關的國際服務貿易經營活動。

第六十三條　違反本法第三十四條規定，依照有關法律、行政法規的規定處罰；構成犯罪的，依法追究刑事責任。

國務院對外貿易主管部門可以禁止違法行為人自前款規定的行政處罰決定生效之日或者刑事處罰判決生效之日起一年以上三年以下的期限內從事有關的對外貿易經營活動。

第六十四條　依照本法第六十一條至第六十三條規定被禁止從事有關對外貿易經營活動的，在禁止期限內，海關根據國務院對外貿易主管部門依法作出的禁止決定，對該對外貿易經營者的有關進出口貨物不予辦理報關驗放手續，外匯管理部門或者外匯指定銀行不予辦理有關結匯、售匯手續。

第六十五條　依照本法負責對外貿易管理工作的部門的工作人員玩忽職守、徇私舞弊或者濫用職權，構成犯罪的，依法追究刑事責任；尚不構成犯罪的，依法給予行政處分。

依照本法負責對外貿易管理工作的部門的工作人員利用職務上的便利，索取他人財物，或者非法收受他人財物為他人謀取利益，構成犯罪的，依法追究刑事責任；尚不構成犯罪的，依法給予行政處分。

第六十六條　對外貿易經營活動當事人對依照本法負責對外貿易管理工作的部門作出的具體行政行為不服的，可以依法申請行政復議或者向人民法院提起行政訴訟。

第十一章　附　則

第六十七條　與軍品、裂變和聚變物質或者衍生此類物質的物質有關的對外貿易管理以及文化產品的進出口管理，法律、行政法規另有規定的，依照其規定。

第六十八條　國家對邊境地區與接壤國家邊境地區之間的貿易以及邊民互市貿易，採取靈活措施，給予優惠和便利。具體辦法由國務院規定。

第六十九條　中華人民共和國的單獨關稅區不適用本法。

第七十條　本法自 2004 年 7 月 1 日起施行。

二　行政法規

(一)中華人民共和國貨物進出口管理條例

(國務院2001年12月10日發布，自2002年1月1日起施行)

第一章　總　則
第二章　貨物進口管理
第三章　貨物出口管理
第四章　國營貿易和指定經營
第五章　進出口監測和臨時措施
第六章　對外貿易促進
第七章　法律責任
第八章　附　則

第一章　總　則

第一條　為了規範貨物進出口管理，維護貨物進出口秩序，促進對外貿易健康發展，根據《中華人民共和國對外貿易法》(以下簡稱對外貿易法)的有關規定，制定本條例。

第二條　從事將貨物進口到中華人民共和國關境內或者將貨物出口到中華人民共和國關境外的貿易活動，應當遵守本條例。

第三條　國家對貨物進出口實行統一的管理制度。

第四條　國家准許貨物的自由進出口，依法維護公平、有序的貨物進出口貿易。

除法律、行政法規明確禁止或者限制進出口的外，任何單位和個人均不得對貨物進出口設置、維持禁止或者限制措施。

第五條　中華人民共和國在貨物進出口貿易方面根據所締結或者參加的國際條約、協定，給予其他締約方、參加方最惠國待遇、國民待遇，或者根據互惠、對等原則給予對方最惠國待遇、國民待遇。

第六條　任何國家或者地區在貨物進出口貿易方面對中華人民共和國採取歧視性的禁止、限制或者其他類似措施的，中華人民共和國可以根據實際情況對該國家或者地區採取相應的措施。

第七條　國務院對外經濟貿易主管部門（以下簡稱國務院外經貿主管部門）依照對外貿易法和本條例的規定，主管全國貨物進出口貿易工作。

國務院有關部門按照國務院規定的職責，依照本條例的規定負責貨物進出口貿易管理的有關工作。

第二章　貨物進口管理

第一節　禁止進口的貨物

第八條　有對外貿易法第十七條規定情形之一的貨物，禁止進口。其他法律、行政法規規定禁止進口的，依照其規定。

禁止進口的貨物目錄由國務院外經貿主管部門會同國務院有關部門制定、調整並公布。

第九條　屬於禁止進口的貨物，不得進口。

第二節　限制進口的貨物

第十條　有對外貿易法第十六條第（一）、（四）、（五）、（六）、（七）項規定情形之一的貨物，限制進口。其他法律、行政法規規定限制進口的，依照其規定。

限制進口的貨物目錄由國務院外經貿主管部門會同國務院有關部門制定、調整並公布。

限制進口的貨物目錄，應當至少在實施前 21 天公布；在緊急情況下，應當不遲於實施之日公布。

第十一條　國家規定有數量限制的限制進口貨物，實行配額管理；其他限制進口貨物，實行許可證管理。

實行關稅配額管理的進口貨物，依照本章第四節的規定執行。

第十二條　實行配額管理的限制進口貨物，由國務院外經貿主管部門和國務院有關經濟管理部門（以下統稱進口配額管理部門）按照國務院規定的職責劃分進行管理。

第十三條　對實行配額管理的限制進口貨物，進口配額管理部門應當在每年 7 月 31 日前公布下一年度進口配額總量。

配額申請人應當在每年 8 月 1 日至 8 月 31 日向進口配額管理部門提出下一年度進口配額的申請。

進口配額管理部門應當在每年 10 月 31 日前將下一年度的配額分配給配額申請人。

進口配額管理部門可以根據需要對年度配額總量進行調整，並在實施前 21 天予以公布。

第十四條　配額可以按照對所有申請統一辦理的方式分配。

第十五條　按照對所有申請統一辦理的方式分配配額的，進口配額管理部門應當自規定的申請期限截止之日起 60 天內作出是否發放配額的決定。

第十六條　進口配額管理部門分配配額時，應當考慮下列因素：

（一）申請人的進口實績；
（二）以往分配的配額是否得到充分使用；
（三）申請人的生產能力、經營規模、銷售狀況；
（四）新的進口經營者的申請情況；
（五）申請配額的數量情況；
（六）需要考慮的其他因素。

第十七條　進口經營者憑進口配額管理部門發放的配額證明，向海關辦理報關驗放手續。

國務院有關經濟管理部門應當及時將年度配額總量、分配方案和配額證明實際發放的情況向國務院外經貿主管部門備案。

第十八條　配額持有者未使用完其持有的年度配額的，應當在當年 9 月 1 日前將未使用的配額交還進口配額管理部門；未按期交還並且在當年年底前未使用完的，進口配額管理部門可以在下一年度對其扣減相應的配額。

第十九條　實行許可證管理的限制進口貨物，進口經營者應當向國務院外經貿主管部門或者國務院有關部門（以下統稱進口許可證管理部門）提出申請。進口許可證管理部門應當自收到申請之日起 30 天內決定是否許可。

進口經營者憑進口許可證管理部門發放的進口許可證，向海關辦理報關驗放手續。

前款所稱進口許可證，包括法律、行政法規規定的各種具有許可進口性質的證明、文件。

第二十條　進口配額管理部門和進口許可證管理部門應當根據本條例的規定制定具體管理辦法，對申請人的資格、受理申請的部門、審查的原則和程序等事項作出明確規定並在實施前予以公布。

受理申請的部門一般為一個部門。

進口配額管理部門和進口許可證管理部門要求申請人提交的文件，應當限於為保證實施管理所必需的文件和資料，不得僅因細微的、非實質性的錯訛拒絕接受申請。

第三節　自由進口的貨物

第二十一條　進口屬於自由進口的貨物，不受限制。

第二十二條　基於監測貨物進口情況的需要，國務院外經貿主管部門和國務院有關經濟管理部門可以按照國務院規定的職責劃分，對部分屬於自由進口的貨物實行自動進口許可管理。

實行自動進口許可管理的貨物目錄，應當至少在實施前 21 天公布。

第二十三條　進口屬於自動進口許可管理的貨物，均應當給予許可。

第二十四條　進口屬於自動進口許可管理的貨物，進口經營者應當在辦理海關報關手續前，向國務院外經貿主管部門或者國務院有關經濟管理部門提交自動進口許可申請。

國務院外經貿主管部門或者國務院有關經濟管理部門應當在收到申請後，立即發放自動進口許可證明；在特殊情況下，最長不得超過 10 天。

進口經營者憑國務院外經貿主管部門或者國務院有關經濟管理部門發放的自動進口許可證明，向海關辦理報關驗放手續。

第四節　關稅配額管理的貨物

第二十五條　實行關稅配額管理的進口貨物目錄，由國務院外經貿主管部門會同國務院有關經濟管理部門制定、調整並公布。

第二十六條　屬於關稅配額內進口的貨物，按照配額內稅率繳納關稅；屬於關稅配額外進口的貨物，按照配額外稅率繳納關稅。

第二十七條　進口配額管理部門應當在每年 9 月 15 日至 10 月 14 日公布下一年度的關稅配額總量。

配額申請人應當在每年 10 月 15 日至 10 月 30 日向進口配額管理部門提出關稅配額的申請。

第二十八條　關稅配額可以按照對所有申請統一辦理的方式分配。

第二十九條　按照對所有申請統一辦理的方式分配關稅配額的，進口配額管理部門應當在每年 12 月 31 日前作出是否發放配額的決定。

第三十條　進口經營者憑進口配額管理部門發放的關稅配額證明，向海關辦理關稅配額內貨物的報關驗放手續。

國務院有關經濟管理部門應當及時將年度關稅配額總量、分配方案和關稅配額證明實際發放的情況向國務院外經貿主管部門備案。

第三十一條　關稅配額持有者未使用完其持有的年度配額的，應當在當年 9 月 15 日前將未使用的配額交還進口配額管理部門；未按期交還並且在當年年底前未使用完的，進口配額管理部門可以在下一年度對其扣減相應的配額。

第三十二條　進口配額管理部門應當根據本條例的規定制定有關關稅配額的具體管理辦法，對申請人的資格、受理申請的部門、審查的原則和程序等事項作出明確規定並在實施前予以公布。

受理申請的部門一般為一個部門。

進口配額管理部門要求關稅配額申請人提交的文件，應當限於為保證實施關稅配額管理所必需的文件和資料，不得僅因細微的、非實質性的錯訛拒絕接受關稅配額申請。

第三章　貨物出口管理

第一節　禁止出口的貨物

第三十三條　有對外貿易法第十七條規定情形之一的貨物，禁止出口。其他法律、行政法規規定禁止出口的，依照其規定。

禁止出口的貨物目錄由國務院外經貿主管部門會同國務院有關部門制定、調整並公布。

第三十四條　屬於禁止出口的貨物，不得出口。

第二節　限制出口的貨物

第三十五條　有對外貿易法第十六條第（一）、（二）、（三）、（七）項規定情形之一的貨物，限制出口。其他法律、行政法規規定限制出口的，依照其規定。

限制出口的貨物目錄由國務院外經貿主管部門會同國務院有關部門制定、調整並公布。

限制出口的貨物目錄，應當至少在實施前21天公布；在緊急情況下，應當不遲於實施之日公布。

第三十六條　國家規定有數量限制的限制出口貨物，實行配額管理；其他限制出口貨物，實行許可證管理。

第三十七條　實行配額管理的限制出口貨物，由國務院外經貿主管部門和國務院有關經濟管理部門（以下統稱出口配額管理部門）按照國務院規定的職責劃分進行管理。

第三十八條　對實行配額管理的限制出口貨物，出口配額管理部門應當在每年10月31日前公布下一年度出口配額總量。

配額申請人應當在每年11月1日至11月15日向出口配額管理部門提出下一年度出口配額的申請。

出口配額管理部門應當在每年12月15日前將下一年度的配額分配給配額申請人。

第三十九條　配額可以通過直接分配的方式分配，也可以通過招標等方式分配。

第四十條　出口配額管理部門應當自收到申請之日起30天內並不晚於當年12月15日作出是否發放配額的決定。

第四十一條　出口經營者憑出口配額管理部門發放的配額證明，向海關辦理報關驗放手續。

國務院有關經濟管理部門應當及時將年度配額總量、分配方案和配額證明實際發放的情況向國務院外經貿主管部門備案。

第四十二條　配額持有者未使用完其持有的年度配額的，應當在當年10月31日前將未使用的配額交還出口配額管理部門；未按期交還並且在當年年底前未使用完的，出口配額管理部門可以在下一年度對其扣減相應的配額。

第四十三條　實行許可證管理的限制出口貨物，出口經營者應當向國務院外經貿主管部門或者國務院有關部門（以下統稱出口許可證管理部門）提出申請，出口許可證管理部門應當自收到申請之日起30天內決定是否許可。

出口經營者憑出口許可證管理部門發放的出口許可證，向海關辦理報關驗放手續。

前款所稱出口許可證，包括法律、行政法規規定的各種具有許可出口性質的證明、文件。

第四十四條　出口配額管理部門和出口許可證管理部門應當根據本條例的規定制定具體管理辦法，對申請人的資格、受理申請的部門、審查的原則和程序等事項作出明確規定並在實施前予以公布。

受理申請的部門一般為一個部門。

出口配額管理部門和出口許可證管理部門要求申請人提交的文件，應當限於為保證實施管理所必需的文件和資料，不得僅因細微的、非實質性的錯訛拒絕接受申請。

第四章　國營貿易和指定經營

第四十五條　國家可以對部分貨物的進出口實行國營貿易管理。

實行國營貿易管理的進出口貨物目錄由國務院外經貿主管部門會同國務院有關經濟管理部門制定、調整並公布。

第四十六條　國務院外經貿主管部門和國務院有關經濟管理部門按照國務院規定的職責劃分確定國營貿易企業名錄並予以公布。

第四十七條　實行國營貿易管理的貨物，國家允許非國營貿易企業從事部分數量的進出口。

第四十八條　國營貿易企業應當每半年向國務院外經貿主管部門提供實行國營貿易管理的貨物的購買價格、銷售價格等有關信息。

第四十九條　國務院外經貿主管部門基於維護進出口經營秩序的需要，可以在一定期限內對部分貨物實行指定經營管理。

實行指定經營管理的進出口貨物目錄由國務院外經貿主管部門制定、調整並公布。

第五十條　確定指定經營企業的具體標準和程序，由國務院外經貿主管部門制定並在實施前公布。

指定經營企業名錄由國務院外經貿主管部門公布。

第五十一條　除本條例第四十七條規定的情形外，未列入國營貿易企業名錄和指定經營企業名錄的企業或者其他組織，不得從事實行國營貿易管理、指定經營管理的貨物的進出口貿易。

第五十二條　國營貿易企業和指定經營企業應當根據正常的商業條件從事經營活動，不得以非商業因素選擇供應商，不得以非商業因素拒絕其他企業或者組織的委託。

第五章　進出口監測和臨時措施

第五十三條　國務院外經貿主管部門負責對貨物進出口情況進行監測、評估，並定期向國務院報告貨物進出口情況，提出建議。

第五十四條　國家為維護國際收支平衡，包括國際收支發生嚴重失衡或者受到嚴重失衡威脅時，或者為維持與實施經濟發展計劃相適應的外匯儲備水準，可以對進口貨物的價值或者數量採取臨時限制措施。

第五十五條　國家為建立或者加快建立國內特定產業，在採取現有措施無法實現的情況下，可以採取限制或者禁止進口的臨時措施。

第五十六條　國家為執行下列一項或者數項措施，必要時可以對任何形式的農產品水產品採取限制進口的臨時措施：

（一）對相同產品或者直接競爭產品的國內生產或者銷售採取限制措施；

（二）通過補貼消費的形式，消除國內過剩的相同產品或者直接競爭產品；

（三）對完全或者主要依靠進口農產品水產品形成的動物產品採取限產措施。

第五十七條 有下列情形之一的，國務院外經貿主管部門可以對特定貨物的出口採取限制或者禁止的臨時措施：

（一）發生嚴重自然災害等異常情況，需要限制或者禁止出口的；

（二）出口經營秩序嚴重混亂，需要限制出口的；

（三）依照對外貿易法第十六條、第十七條的規定，需要限制或者禁止出口的。

第五十八條 對進出口貨物採取限制或者禁止的臨時措施的，國務院外經貿主管部門應當在實施前予以公告。

第六章　對外貿易促進

第五十九條 國家採取出口信用保險、出口信貸、出口退稅、設立外貿發展基金等措施，促進對外貿易發展。

第六十條 國家採取有效措施，促進企業的技術創新和技術進步，提高企業的國際競爭能力。

第六十一條 國家通過提供信息諮詢服務，幫助企業開拓國際市場。

第六十二條 貨物進出口經營者可以依法成立和參加進出口商會，實行行業自律和協調。

第六十三條 國家鼓勵企業積極應對國外歧視性反傾銷、反補貼、保障措施及其他限制措施，維護企業的正當貿易權利。

第七章　法律責任

第六十四條 進口或者出口屬於禁止進出口的貨物，或者未經批准、許可擅自進口或者出口屬於限制進出口的貨物，依照刑法關於走私罪的規定，依法追究刑事責任；尚不夠刑事處罰的，依照海關法的有關規定處罰；國務院外經貿主管部門並可以撤銷其對外貿易經營許可。

第六十五條 擅自超出批准、許可的範圍進口或者出口屬於限制進出口的貨物的，依照刑法關於走私罪或者非法經營罪的規定，依法追究刑事責任；尚不夠刑事處罰的，依照海關法的有關規定處罰；國務院外經貿主管部門並可以暫停直至撤銷其對外貿易經營許可。

第六十六條 偽造、變造或者買賣貨物進出口配額證明、批准文件、許可證或者自動進口許可證明的，依照刑法關於非法經營罪或者偽造、變造、買賣國家機關公文、證件、印章罪的規定，依法追究刑事責任；尚不夠刑事處罰的，依照海關法的有關規定處罰；國務院外經貿主管部門並可以撤銷其對外貿易經營許可。

第六十七條 進出口經營者以欺騙或者其他不正當手段獲取貨物進出口配額、批

准文件、許可證或者自動進口許可證明的，依法收繳其貨物進出口配額、批准文件、許可證或者自動進口許可證明，國務院外經貿主管部門可以暫停直至撤銷其對外貿易經營許可。

第六十八條　違反本條例第五十一條規定，擅自從事實行國營貿易管理或者指定經營管理的貨物進出口貿易，擾亂市場秩序，情節嚴重的，依照刑法關於非法經營罪的規定，依法追究刑事責任；尚不夠刑事處罰的，由工商行政管理機關依法給予行政處罰；國務院外經貿主管部門並可以暫停直至撤銷其對外貿易經營許可。

第六十九條　國營貿易企業或者指定經營企業違反本條例第四十八條、第五十二條規定的，由國務院外經貿主管部門予以警告；情節嚴重的，可以暫停直至取消其國營貿易企業或者指定經營企業資格。

第七十條　貨物進出口管理工作人員在履行貨物進出口管理職責中，濫用職權、玩忽職守或者利用職務上的便利收受、索取他人財物的，依照刑法關於濫用職權罪、玩忽職守罪、受賄罪或者其他罪的規定，依法追究刑事責任；尚不夠刑事處罰的，依法給予行政處分。

第八章　附　則

第七十一條　對本條例規定的行政機關發放配額、關稅配額、許可證或者自動許可證明的決定不服的，對確定國營貿易企業或者指定經營企業資格的決定不服的，或者對行政處罰的決定不服的，可以依法申請行政復議，也可以依法向人民法院提起訴訟。

第七十二條　本條例的規定不妨礙依據法律、行政法規對進出口貨物採取的關稅、檢驗檢疫、安全、環保、知識產權保護等措施。

第七十三條　出口核用品、核兩用品、監控化學品、軍品等出口管制貨物的，依照有關行政法規的規定辦理。

第七十四條　對進口貨物需要採取反傾銷措施、反補貼措施、保障措施的，依照對外貿易法和有關法律、行政法規的規定執行。

第七十五條　法律、行政法規對保稅區、出口加工區等特殊經濟區的貨物進出口管理另有規定的，依照其規定。

第七十六條　國務院外經貿主管部門負責有關貨物進出口貿易的雙邊或者多邊磋商、談判，並負責貿易爭端解決的有關事宜。

第七十七條　本條例自 2002 年 1 月 1 日起施行。1984 年 1 月 10 日國務院發布的《中華人民共和國進口貨物許可制度暫行條例》，1992 年 12 月 21 日國務院批准、1992 年 12 月 29 日對外經濟貿易部發布的《出口商品管理暫行辦法》，1993 年 9 月 22 日國務院批准、1993 年 10 月 7 日國家經濟貿易委員會、對外貿易經濟合作部發布的《機電產品進口管理暫行辦法》，1993 年 12 月 22 日國務院批准、1993 年 12 月 29 日國家計劃委員會、對外貿易經濟合作部發布的《一般商品進口配額管理暫行辦法》，1994 年 6 月 13 日國務院批准、1994 年 7 月 19 日對外貿易經濟合作部、國家計劃委員會發布的《進口商品經營管理暫行辦法》，同時廢止。

(二)中華人民共和國反傾銷條例

(國務院2001年11月26日發布,2004年3月31日修訂)

第一章 總　則
第二章 傾銷與損害
第三章 反傾銷調查
第四章 反傾銷措施
第五章 反傾銷稅和價格承諾的期限與復審
第六章 附　則

第一章 總　則

第一條　為了維護對外貿易秩序和公平競爭,根據《中華人民共和國對外貿易法》的有關規定,制定本條例。

第二條　進口產品以傾銷方式進入中華人民共和國市場,並對已經建立的國內產業造成實質損害或者產生實質損害威脅,或者對建立國內產業造成實質阻礙的,依照本條例的規定進行調查,採取反傾銷措施。

第二章 傾銷與損害

第三條　傾銷,是指在正常貿易過程中進口產品以低於其正常價值的出口價格進入中華人民共和國市場。

對傾銷的調查和確定,由商務部負責。

第四條　進口產品的正常價值,應當區別不同情況,按照下列方法確定:

(一)進口產品的同類產品,在出口國(地區)國內市場的正常貿易過程中有可比價格的,以該可比價格為正常價值;

(二)進口產品的同類產品,在出口國(地區)國內市場的正常貿易過程中沒有銷售的,或者該同類產品的價格、數量不能據以進行公平比較的,以該同類產品出口到一個適當第三國(地區)的可比價格或者以該同類產品在原產國(地區)的生產成本加合理費用、利潤,為正常價值。

進口產品不直接來自原產國(地區)的,按照前款第(一)項規定確定正常價值;但是,在產品僅通過出口國(地區)轉運、產品在出口國(地區)無生產或者在出口國(地區)中不存在可比價格等情形下,可以以該同類產品在原產國(地區)的價格為正常價值。

第五條　進口產品的出口價格,應當區別不同情況,按照下列方法確定:

（一）進口產品有實際支付或者應當支付的價格的，以該價格為出口價格；

（二）進口產品沒有出口價格或者其價格不可靠的，以根據該進口產品首次轉售給獨立購買人的價格推定的價格為出口價格；但是，該進口產品未轉售給獨立購買人或者未按進口時的狀態轉售的，可以以商務部根據合理基礎推定的價格為出口價格。

第六條　進口產品的出口價格低於其正常價值的幅度，為傾銷幅度。

對進口產品的出口價格和正常價值，應當考慮影響價格的各種可比性因素，按照公平、合理的方式進行比較。

傾銷幅度的確定，應當將加權平均正常價值與全部可比出口交易的加權平均價格進行比較，或者將正常價值與出口價格在逐筆交易的基礎上進行比較。

出口價格在不同的購買人、地區、時期之間存在很大差異，按照前款規定的方法難以比較的，可以將加權平均正常價值與單一出口交易的價格進行比較。

第七條　損害，是指傾銷對已經建立的國內產業造成實質損害或者產生實質損害威脅，或者對建立國內產業造成實質阻礙。

對損害的調查和確定，由商務部負責；其中，涉及農產品的反傾銷國內產業損害調查，由商務部會同農業部進行。

第八條　在確定傾銷對國內產業造成的損害時，應當審查下列事項：

（一）傾銷進口產品的數量，包括傾銷進口產品的絕對數量或者相對於國內同類產品生產或者消費的數量是否大量增加，或者傾銷進口產品大量增加的可能性；

（二）傾銷進口產品的價格，包括傾銷進口產品的價格削減或者對國內同類產品的價格產生大幅度抑制、壓低等影響；

（三）傾銷進口產品對國內產業的相關經濟因素和指標的影響；

（四）傾銷進口產品的出口國（地區）、原產國（地區）的生產能力、出口能力，被調查產品的庫存情況；

（五）造成國內產業損害的其他因素。

對實質損害威脅的確定，應當依據事實，不得僅依據指控、推測或者極小的可能性。

在確定傾銷對國內產業造成的損害時，應當依據肯定性證據，不得將造成損害的非傾銷因素歸因於傾銷。

第九條　傾銷進口產品來自兩個以上國家（地區），並且同時滿足下列條件的，可以就傾銷進口產品對國內產業造成的影響進行累積評估：

（一）來自每一國家（地區）的傾銷進口產品的傾銷幅度不小於2%，並且其進口量不屬於可忽略不計的；

（二）根據傾銷進口產品之間以及傾銷進口產品與國內同類產品之間的競爭條件，進行累積評估是適當的。

可忽略不計，是指來自一個國家（地區）的傾銷進口產品的數量占同類產品總進口量的比例低於3%；但是，低於3%的若干國家（地區）的總進口量超過同類產品總進口量7%的除外。

第十條　評估傾銷進口產品的影響，應當針對國內同類產品的生產進行單獨確定；

不能針對國內同類產品的生產進行單獨確定的,應當審查包括國內同類產品在內的最窄產品組或者範圍的生產。

第十一條 國內產業,是指中華人民共和國國內同類產品的全部生產者,或者其總產量占國內同類產品全部總產量的主要部分的生產者;但是,國內生產者與出口經營者或者進口經營者有關聯的,或者其本身為傾銷進口產品的進口經營者的,可以排除在國內產業之外。

在特殊情形下,國內一個區域市場中的生產者,在該市場中銷售其全部或者幾乎全部的同類產品,並且該市場中同類產品的需求主要不是由國內其他地方的生產者供給的,可以視為一個單獨產業。

第十二條 同類產品,是指與傾銷進口產品相同的產品;沒有相同產品的,以與傾銷進口產品的特性最相似的產品為同類產品。

第三章 反傾銷調查

第十三條 國內產業或者代表國內產業的自然人、法人或者有關組織(以下統稱申請人),可以依照本條例的規定向商務部提出反傾銷調查的書面申請。

第十四條 申請書應當包括下列內容:
(一)申請人的名稱、地址及有關情況;
(二)對申請調查的進口產品的完整說明,包括產品名稱、所涉及的出口國(地區)或者原產國(地區)、已知的出口經營者或者生產者、產品在出口國(地區)或者原產國(地區)國內市場消費時的價格信息、出口價格信息等;
(三)對國內同類產品生產的數量和價值的說明;
(四)申請調查進口產品的數量和價格對國內產業的影響;
(五)申請人認為需要說明的其他內容。

第十五條 申請書應當附具下列證據:
(一)申請調查的進口產品存在傾銷;
(二)對國內產業的損害;
(三)傾銷與損害之間存在因果關係。

第十六條 商務部應當自收到申請人提交的申請書及有關證據之日起60天內,對申請是否由國內產業或者代表國內產業提出、申請書內容及所附具的證據等進行審查,並決定立案調查或者不立案調查。

在決定立案調查前,應當通知有關出口國(地區)政府。

第十七條 在表示支持申請或者反對申請的國內產業中,支持者的產量占支持者和反對者的總產量的50%以上的,應當認定申請是由國內產業或者代表國內產業提出,可以啟動反傾銷調查;但是,表示支持申請的國內生產者的產量不足國內同類產品總產量的25%的,不得啟動反傾銷調查。

第十八條 在特殊情形下,商務部沒有收到反傾銷調查的書面申請,但有充分證據認為存在傾銷和損害以及二者之間有因果關係的,可以決定立案調查。

第十九條　立案調查的決定，由商務部予以公告，並通知申請人、已知的出口經營者和進口經營者、出口國（地區）政府以及其他有利害關係的組織、個人（以下統稱利害關係方）。

立案調查的決定一經公告，商務部應當將申請書文本提供給已知的出口經營者和出口國（地區）政府。

第二十條　商務部可以採用問卷、抽樣、聽證會、現場核查等方式向利害關係方瞭解情況，進行調查。

商務部應當為有關利害關係方提供陳述意見和論據的機會。

商務部認為必要時，可以派出工作人員赴有關國家（地區）進行調查；但是，有關國家（地區）提出異議的除外。

第二十一條　商務部進行調查時，利害關係方應當如實反應情況，提供有關資料。利害關係方不如實反應情況、提供有關資料的，或者沒有在合理時間內提供必要信息的，或者以其他方式嚴重妨礙調查的，商務部可以根據已經獲得的事實和可獲得的最佳信息作出裁定。

第二十二條　利害關係方認為其提供的資料洩露後將產生嚴重不利影響的，可以向商務部申請對該資料按保密資料處理。

商務部認為保密申請有正當理由的，應當對利害關係方提供的資料按保密資料處理，同時要求利害關係方提供一份非保密的該資料概要。

按保密資料處理的資料，未經提供資料的利害關係方同意，不得洩露。

第二十三條　商務部應當允許申請人和利害關係方查閱本案有關資料；但是，屬於按保密資料處理的除外。

第二十四條　商務部根據調查結果，就傾銷、損害和二者之間的因果關係是否成立作出初裁決定，並予以公告。

第二十五條　初裁決定確定傾銷、損害以及二者之間的因果關係成立的，商務部應當對傾銷及傾銷幅度、損害及損害程度繼續進行調查，並根據調查結果作出終裁決定，予以公告。

在作出終裁決定前，應當由商務部將終裁決定所依據的基本事實通知所有已知的利害關係方。

第二十六條　反傾銷調查，應當自立案調查決定公告之日起12個月內結束；特殊情況下可以延長，但延長期不得超過6個月。

第二十七條　有下列情形之一的，反傾銷調查應當終止，並由商務部予以公告：

（一）申請人撤銷申請的；

（二）沒有足夠證據證明存在傾銷、損害或者二者之間有因果關係的；

（三）傾銷幅度低於2%的；

（四）傾銷進口產品實際或者潛在的進口量或者損害屬於可忽略不計的；

（五）商務部認為不適宜繼續進行反傾銷調查的。

來自一個或者部分國家（地區）的被調查產品有前款第（二）、（三）、（四）項所列情形之一的，針對所涉產品的反傾銷調查應當終止。

第四章　反傾銷措施

第一節　臨時反傾銷措施

第二十八條　初裁決定確定傾銷成立，並由此對國內產業造成損害的，可以採取下列臨時反傾銷措施：

（一）徵收臨時反傾銷稅；

（二）要求提供保證金、保函或者其他形式的擔保。

臨時反傾銷稅稅額或者提供的保證金、保函或者其他形式擔保的金額，應當不超過初裁決定確定的傾銷幅度。

第二十九條　徵收臨時反傾銷稅，由商務部提出建議，國務院關稅稅則委員會根據商務部的建議作出決定，由商務部予以公告。要求提供保證金、保函或者其他形式的擔保，由商務部作出決定並予以公告。海關自公告規定實施之日起執行。

第三十條　臨時反傾銷措施實施的期限，自臨時反傾銷措施決定公告規定實施之日起，不超過4個月；在特殊情形下，可以延長至9個月。

自反傾銷立案調查決定公告之日起60天內，不得採取臨時反傾銷措施。

第二節　價格承諾

第三十一條　傾銷進口產品的出口經營者在反傾銷調查期間，可以向商務部作出改變價格或者停止以傾銷價格出口的價格承諾。

商務部可以向出口經營者提出價格承諾的建議。

商務部不得強迫出口經營者作出價格承諾。

第三十二條　出口經營者不作出價格承諾或者不接受價格承諾的建議的，不妨礙對反傾銷案件的調查和確定。出口經營者繼續傾銷進口產品的，商務部有權確定損害威脅更有可能出現。

第三十三條　商務部認為出口經營者作出的價格承諾能夠接受並符合公共利益的，可以決定中止或者終止反傾銷調查，不採取臨時反傾銷措施或者徵收反傾銷稅。中止或者終止反傾銷調查的決定由商務部予以公告。

商務部不接受價格承諾的，應當向有關出口經營者說明理由。

商務部對傾銷以及由傾銷造成的損害作出肯定的初裁決定前，不得尋求或者接受價格承諾。

第三十四條　依照本條例第三十三條第一款規定中止或者終止反傾銷調查後，應出口經營者請求，商務部應當對傾銷和損害繼續進行調查；或者商務部認為有必要的，可以對傾銷和損害繼續進行調查。

根據前款調查結果，作出傾銷或者損害的否定裁定的，價格承諾自動失效；作出傾銷和損害的肯定裁定的，價格承諾繼續有效。

第三十五條　商務部可以要求出口經營者定期提供履行其價格承諾的有關情況、

資料，並予以核實。

第三十六條　出口經營者違反其價格承諾的，商務部依照本條例的規定，可以立即決定恢復反傾銷調查；根據可獲得的最佳信息，可以決定採取臨時反傾銷措施，並可以對實施臨時反傾銷措施前90天內進口的產品追溯徵收反傾銷稅，但違反價格承諾前進口的產品除外。

第三節　反傾銷稅

第三十七條　終裁決定確定傾銷成立，並由此對國內產業造成損害的，可以徵收反傾銷稅。徵收反傾銷稅應當符合公共利益。

第三十八條　徵收反傾銷稅，由商務部提出建議，國務院關稅稅則委員會根據商務部的建議作出決定，由商務部予以公告。海關自公告規定實施之日起執行。

第三十九條　反傾銷稅適用於終裁決定公告之日後進口的產品，但屬於本條例第三十六條、第四十三條、第四十四條規定的情形除外。

第四十條　反傾銷稅的納稅人為傾銷進口產品的進口經營者。

第四十一條　反傾銷稅應當根據不同出口經營者的傾銷幅度，分別確定。對未包括在審查範圍內的出口經營者的傾銷進口產品，需要徵收反傾銷稅的，應當按照合理的方式確定對其適用的反傾銷稅。

第四十二條　反傾銷稅稅額不超過終裁決定確定的傾銷幅度。

第四十三條　終裁決定確定存在實質損害，並在此前已經採取臨時反傾銷措施的，反傾銷稅可以對已經實施臨時反傾銷措施的期間追溯徵收。

終裁決定確定存在實質損害威脅，在先前不採取臨時反傾銷措施將會導致後來作出實質損害裁定的情況下已經採取臨時反傾銷措施的，反傾銷稅可以對已經實施臨時反傾銷措施的期間追溯徵收。

終裁決定確定的反傾銷稅，高於已付或者應付的臨時反傾銷稅或者為擔保目的而估計的金額的，差額部分不予收取；低於已付或者應付的臨時反傾銷稅或者為擔保目的而估計的金額的，差額部分應當根據具體情況予以退還或者重新計算稅額。

第四十四條　下列兩種情形並存的，可以對實施臨時反傾銷措施之日前90天內進口的產品追溯徵收反傾銷稅，但立案調查前進口的產品除外：

（一）傾銷進口產品有對國內產業造成損害的傾銷歷史，或者該產品的進口經營者知道或者應當知道出口經營者實施傾銷並且傾銷對國內產業將造成損害的；

（二）傾銷進口產品在短期內大量進口，並且可能會嚴重破壞即將實施的反傾銷稅的補救效果的。

商務部發起調查後，有充分證據證明前款所列兩種情形並存的，可以對有關進口產品採取進口登記等必要措施，以便追溯徵收反傾銷稅。

第四十五條　終裁決定確定不徵收反傾銷稅的，或者終裁決定未確定追溯徵收反傾銷稅的，已徵收的臨時反傾銷稅、已收取的保證金應當予以退還，保函或者其他形式的擔保應當予以解除。

第四十六條　傾銷進口產品的進口經營者有證據證明已經繳納的反傾銷稅稅額超

過傾銷幅度的，可以向商務部提出退稅申請；商務部經審查、核實並提出建議，國務院關稅稅則委員會根據商務部的建議可以作出退稅決定，由海關執行。

第四十七條　進口產品被徵收反傾銷稅後，在調查期內未向中華人民共和國出口該產品的新出口經營者，能證明其與被徵收反傾銷稅的出口經營者無關聯的，可以向商務部申請單獨確定其傾銷幅度。商務部應當迅速進行審查並作出終裁決定。在審查期間，可以採取本條例第二十八條第一款第（二）項規定的措施，但不得對該產品徵收反傾銷稅。

第五章　反傾銷稅和價格承諾的期限與復審

第四十八條　反傾銷稅的徵收期限和價格承諾的履行期限不超過5年；但是，經復審確定終止徵收反傾銷稅有可能導致傾銷和損害的繼續或者再度發生的，反傾銷稅的徵收期限可以適當延長。

第四十九條　反傾銷稅生效後，商務部可以在有正當理由的情況下，決定對繼續徵收反傾銷稅的必要性進行復審；也可以在經過一段合理時間，應利害關係方的請求並對利害關係方提供的相應證據進行審查後，決定對繼續徵收反傾銷稅的必要性進行復審。

價格承諾生效後，商務部可以在有正當理由的情況下，決定對繼續履行價格承諾的必要性進行復審；也可以在經過一段合理時間，應利害關係方的請求並對利害關係方提供的相應證據進行審查後，決定對繼續履行價格承諾的必要性進行復審。

第五十條　根據復審結果，由商務部依照本條例的規定提出保留、修改或者取消反傾銷稅的建議，國務院關稅稅則委員會根據商務部的建議作出決定，由商務部予以公告；或者由商務部依照本條例的規定，作出保留、修改或者取消價格承諾的決定並予以公告。

第五十一條　復審程序參照本條例關於反傾銷調查的有關規定執行。

復審期限自決定復審開始之日起，不超過12個月。

第五十二條　在復審期間，復審程序不妨礙反傾銷措施的實施。

第六章　附　則

第五十三條　對依照本條例第二十五條作出的終裁決定不服的，對依照本條例第四章作出的是否徵收反傾銷稅的決定以及追溯徵收、退稅、對新出口經營者徵稅的決定不服的，或者對依照本條例第五章作出的復審決定不服的，可以依法申請行政復議，也可以依法向人民法院提起訴訟。

第五十四條　依照本條例作出的公告，應當載明重要的情況、事實、理由、依據、結果和結論等內容。

第五十五條　商務部可以採取適當措施，防止規避反傾銷措施的行為。

第五十六條　任何國家（地區）對中華人民共和國的出口產品採取歧視性反傾銷

措施的，中華人民共和國可以根據實際情況對該國家（地區）採取相應的措施。

第五十七條　商務部負責與反傾銷有關的對外磋商、通知和爭端解決事宜。

第五十八條　商務部可以根據本條例制定有關具體實施辦法。

第五十九條　本條例自 2002 年 1 月 1 日起施行。1997 年 3 月 25 日國務院發布的《中華人民共和國反傾銷和反補貼條例》中關於反傾銷的規定同時廢止。

(三)中華人民共和國反補貼條例

（國務院 2001 年 11 月 26 日公布，自 2002 年 1 月 1 日起施行，2004 年 3 月 31 日修訂）

第一章　總　則
第二章　補貼與損害
第三章　反補貼調查
第四章　反補貼措施
第五章　反補貼稅和承諾的期限與復審
第六章　附　則

第一章　總　則

第一條　為了維護對外貿易秩序和公平競爭，根據《中華人民共和國對外貿易法》的有關規定，制定本條例。

第二條　進口產品存在補貼，並對已經建立的國內產業造成實質損害或者產生實質損害威脅，或者對建立國內產業造成實質阻礙的，依照本條例的規定進行調查，採取反補貼措施。

第二章　補貼與損害

第三條　補貼，是指出口國（地區）政府或者其任何公共機構提供的並為接受者帶來利益的財政資助以及任何形式的收入或者價格支持。

出口國（地區）政府或者其任何公共機構，以下統稱出口國（地區）政府。

本條第一款所稱財政資助，包括：

（一）出口國（地區）政府以撥款、貸款、資本注入等形式直接提供資金，或者以貸款擔保等形式潛在地直接轉讓資金或者債務；

（二）出口國（地區）政府放棄或者不收繳應收收入；

（三）出口國（地區）政府提供除一般基礎設施以外的貨物、服務，或者由出口國（地區）政府購買貨物；

（四）出口國（地區）政府通過向籌資機構付款，或者委託、指令私營機構履行

上述職能。

第四條　依照本條例進行調查、採取反補貼措施的補貼，必須具有專向性。

具有下列情形之一的補貼，具有專向性：

（一）由出口國（地區）政府明確確定的某些企業、產業獲得的補貼；

（二）由出口國（地區）法律、法規明確規定的某些企業、產業獲得的補貼；

（三）指定特定區域內的企業、產業獲得的補貼；

（四）以出口實績為條件獲得的補貼，包括本條例所附出口補貼清單列舉的各項補貼；

（五）以使用本國（地區）產品替代進口產品為條件獲得的補貼。

在確定補貼專向性時，還應當考慮受補貼企業的數量和企業受補貼的數額、比例、時間以及給予補貼的方式等因素。

第五條　對補貼的調查和確定，由商務部負責。

第六條　進口產品的補貼金額，應當區別不同情況，按照下列方式計算：

（一）以無償撥款形式提供補貼的，補貼金額以企業實際接受的金額計算；

（二）以貸款形式提供補貼的，補貼金額以接受貸款的企業在正常商業貸款條件下應支付的利息與該項貸款的利息差額計算；

（三）以貸款擔保形式提供補貼的，補貼金額以在沒有擔保情況下企業應支付的利息與有擔保情況下企業實際支付的利息之差計算；

（四）以注入資本形式提供補貼的，補貼金額以企業實際接受的資本金額計算；

（五）以提供貨物或者服務形式提供補貼的，補貼金額以該項貨物或者服務的正常市場價格與企業實際支付的價格之差計算；

（六）以購買貨物形式提供補貼的，補貼金額以政府實際支付價格與該項貨物正常市場價格之差計算；

（七）以放棄或者不收繳應收收入形式提供補貼的，補貼金額以依法應繳金額與企業實際繳納金額之差計算。

對前款所列形式以外的其他補貼，按照公平，合理的方式確定補貼金額。

第七條　損害，是指補貼對已經建立的國內產業造成實質損害或者產生實質損害威脅，或者對建立國內產業造成實質阻礙。

對損害的調查和確定，由商務部負責；其中，涉及農產品的反補貼國內產業損害調查，由商務部會同農業部進行。

第八條　在確定補貼對國內產業造成的損害時，應當審查下列事項：

（一）補貼可能對貿易造成的影響；

（二）補貼進口產品的數量，包括補貼進口產品的絕對數量或者相對於國內同類產品生產或者消費的數量是否大量增加，或者補貼進口產品大量增加的可能性；

（三）補貼進口產品的價格，包括補貼進口產品的價格削減或者對國內同類產品的價格產生大幅度抑制、壓低等影響；

（四）補貼進口產品對國內產業的相關經濟因素和指標的影響；

（五）補貼進口產品出口國（地區）、原產國（地區）的生產能力、出口能力、被

調查產品的庫存情況；

（六）造成國內產業損害的其他因素。

對實質損害威脅的確定，應當依據事實，不得僅依據指控、推測或者極小的可能性。

在確定補貼對國內產業造成的損害時，應當依據肯定性證據，不得將造成損害的非補貼因素歸因於補貼。

第九條　補貼進口產品來自兩個以上國家（地區），並且同時滿足下列條件的，可以就補貼進口產品對國內產業造成的影響進行累積評估：

（一）來自每一國家（地區）的補貼進口產品的補貼金額不屬於微量補貼，並且其進口量不屬於可忽略不計的；

（二）根據補貼進口產品之間的競爭條件以及補貼進口產品與國內同類產品之間的競爭條件，進行累積評估是適當的。

微量補貼，是指補貼金額不足產品價值1%的補貼；但是，來自發展中國家（地區）的補貼進口產品的微量補貼，是指補貼金額不足產品價值2%的補貼。

第十條　評估補貼進口產品的影響，應當對國內同類產品的生產進行單獨確定。不能對國內同類產品的生產進行單獨確定的，應當審查包括國內同類產品在內的最窄產品組或者範圍的生產。

第十一條　國內產業，是指中華人民共和國國內同類產品的全部生產者，或者其總產量占國內同類產品全部總產量的主要部分的生產者；但是，國內生產者與出口經營者或者進口經營者有關聯的，或者其本身為補貼產品或者同類產品的進口經營者的，應當除外。

在特殊情形下，國內一個區域市場中的生產者，在該市場中銷售其全部或者幾乎全部的同類產品，並且該市場中同類產品的需求主要不是由國內其他地方的生產者供給的，可以視為一個單獨產業。

第十二條　同類產品，是指與補貼進口產品相同的產品；沒有相同產品的，以與補貼進口產品的特性最相似的產品為同類產品。

第三章　反補貼調查

第十三條　國內產業或者代表國內產業的自然人、法人或者有關組織（以下統稱申請人），可以依照本條例的規定向商務部提出反補貼調查的書面申請。

第十四條　申請書應當包括下列內容：

（一）申請人的名稱、地址及有關情況；

（二）對申請調查的進口產品的完整說明，包括產品名稱、所涉及的出口國（地區）或者原產國（地區）、已知的出口經營者或者生產者等；

（三）對國內同類產品生產的數量和價值的說明；

（四）申請調查進口產品的數量和價格對國內產業的影響；

（五）申請人認為需要說明的其他內容。

第十五條　申請書應當附具下列證據：
（一）申請調查的進口產品存在補貼；
（二）對國內產業的損害；
（三）補貼與損害之間存在因果關係。

第十六條　商務部應當自收到申請人提交的申請書及有關證據之日起60天內，對申請是否由國內產業或者代表國內產業提出、申請書內容及所附具的證據等進行審查，並決定立案調查或者不立案調查。在特殊情形下，可以適當延長審查期限。

在決定立案調查前，應當就有關補貼事項向產品可能被調查的國家（地區）政府發出進行磋商的邀請。

第十七條　在表示支持申請或者反對申請的國內產業中，支持者的產量占支持者和反對者的總產量的50%以上的，應當認定申請是由國內產業或者代表國內產業提出，可以啟動反補貼調查；但是，表示支持申請的國內生產者的產量不足國內同類產品總產量的25%的，不得啟動反補貼調查。

第十八條　在特殊情形下，商務部沒有收到反補貼調查的書面申請，但有充分證據認為存在補貼和損害以及二者之間有因果關係的，可以決定立案調查。

第十九條　立案調查的決定，由商務部予以公告，並通知申請人、已知的出口經營者、進口經營者以及其他有利害關係的組織、個人（以下統稱利害關係方）和出口國（地區）政府。

立案調查的決定一經公告，商務部應當將申請書文本提供給已知的出口經營者和出口國（地區）政府。

第二十條　商務部可以採用問卷、抽樣、聽證會、現場核查等方式向利害關係方瞭解情況，進行調查。

商務部應當為有關利害關係方、利害關係國（地區）政府提供陳述意見和論據的機會。

商務部認為必要時，可以派出工作人員赴有關國家（地區）進行調查；但是，有關國家（地區）提出異議的除外。

第二十一條　商務部進行調查時，利害關係方、利害關係國（地區）政府應當如實反應情況，提供有關資料。利害關係方、利害關係國（地區）政府不如實反應情況、提供有關資料的，或者沒有在合理時間內提供必要信息的，或者以其他方式嚴重妨礙調查的，商務部可以根據可獲得的事實作出裁定。

第二十二條　利害關係方、利害關係國（地區）政府認為其提供的資料洩露後將產生嚴重不利影響的，可以向商務部申請對該資料按保密資料處理。

商務部認為保密申請有正當理由的，應當對利害關係方、利害關係國（地區）政府提供的資料按保密資料處理，同時要求利害關係方、利害關係國（地區）政府提供一份非保密的該資料概要。

按保密資料處理的資料，未經提供資料的利害關係方、利害關係國（地區）政府同意，不得洩露。

第二十三條　商務部應當允許申請人、利害關係方和利害關係國（地區）政府查

閱本案有關資料；但是，屬於按保密資料處理的除外。

第二十四條　在反補貼調查期間，應當給予產品被調查的國家（地區）政府繼續進行磋商的合理機會。磋商不妨礙商務部根據本條例的規定進行調查，並採取反補貼措施。

第二十五條　商務部根據調查結果，就補貼、損害和二者之間的因果關係是否成立作出初裁決定，並予以公告。

第二十六條　初裁決定確定補貼、損害以及二者之間的因果關係成立的，商務部應當對補貼及補貼金額、損害及損害程度繼續進行調查，並根據調查結果作出終裁決定，予以公告。

在作出終裁決定前，應當由商務部將終裁決定所依據的基本事實通知所有已知的利害關係方、利害關係國（地區）政府。

第二十七條　反補貼調查，應當自立案調查決定公告之日起12個月內結束；特殊情況下可以延長，但延長期不得超過6個月。

第二十八條　有下列情形之一的，反補貼調查應當終止，並由商務部予以公告：

（一）申請人撤銷申請的；

（二）沒有足夠證據證明存在補貼、損害或者二者之間有因果關係的；

（三）補貼金額為微量補貼的；

（四）補貼進口產品實際或者潛在的進口量或者損害屬於可忽略不計的；

（五）通過與有關國家（地區）政府磋商達成協議，不需要繼續進行反補貼調查的；

（六）商務部認為不適宜繼續進行反補貼調查的。

來自一個或者部分國家（地區）的被調查產品有前款第（二）、（三）、（四）、（五）項所列情形之一的，針對所涉產品的反補貼調查應當終止。

第四章　反補貼措施

第一節　臨時措施

第二十九條　初裁決定確定補貼成立，並由此對國內產業造成損害的，可以採取臨時反補貼措施。

臨時反補貼措施採取以保證金或者保函作為擔保的徵收臨時反補貼稅的形式。

第三十條　採取臨時反補貼措施，由商務部提出建議，國務院關稅稅則委員會根據商務部的建議作出決定，由商務部予以公告。海關自公告規定實施之日起執行。

第三十一條　臨時反補貼措施實施的期限，自臨時反補貼措施決定公告規定實施之日起，不超過4個月。

自反補貼立案調查決定公告之日起60天內，不得採取臨時反補貼措施。

第二節　承諾

第三十二條　在反補貼調查期間，出口國（地區）政府提出取消、限制補貼或者

其他有關措施的承諾，或者出口經營者提出修改價格的承諾的，商務部應當予以充分考慮。

商務部可以向出口經營者或者出口國（地區）政府提出有關價格承諾的建議。

商務部不得強迫出口經營者作出承諾。

第三十三條　出口經營者、出口國（地區）政府不作出承諾或者不接受有關價格承諾的建議的，不妨礙對反補貼案件的調查和確定。出口經營者繼續補貼進口產品的，商務部有權確定損害威脅更有可能出現。

第三十四條　商務部認為承諾能夠接受並符合公共利益的，可以決定中止或者終止反補貼調查，不採取臨時反補貼措施或者徵收反補貼稅。中止或者終止反補貼調查的決定由商務部予以公告。

商務部不接受承諾的，應當向有關出口經營者說明理由。

商務部對補貼以及由補貼造成的損害作出肯定的初裁決定前，不得尋求或者接受承諾。在出口經營者作出承諾的情況下，未經其本國（地區）政府同意的，商務部不得尋求或者接受承諾。

第三十五條　依照本條例第三十四條第一款規定中止或者終止調查後，應出口國（地區）政府請求，商務部應當對補貼和損害繼續進行調查；或者商務部認為有必要的，可以對補貼和損害繼續進行調查。

根據調查結果，作出補貼或者損害的否定裁定的，承諾自動失效；作出補貼和損害的肯定裁定的，承諾繼續有效。

第三十六條　商務部可以要求承諾已被接受的出口經營者或者出口國（地區）政府定期提供履行其承諾的有關情況、資料，並予以核實。

第三十七條　對違反承諾的，商務部依照本條例的規定，可以立即決定恢復反補貼調查；根據可獲得的最佳信息，可以決定採取臨時反補貼措施，並可以對實施臨時反補貼措施前 90 天內進口的產品追溯徵收反補貼稅，但違反承諾前進口的產品除外。

第三節　反補貼稅

第三十八條　在為完成磋商的努力沒有取得效果的情況下，終裁決定確定補貼成立，並由此對國內產業造成損害的，可以徵收反補貼稅。徵收反補貼稅應當符合公共利益。

第三十九條　徵收反補貼稅，由商務部提出建議，國務院關稅稅則委員會根據商務部的建議作出決定，由商務部予以公告。海關自公告規定實施之日起執行。

第四十條　反補貼稅適用於終裁決定公告之日後進口的產品，但屬於本條例第三十七條、第四十四條、第四十五條規定的情形除外。

第四十一條　反補貼稅的納稅人為補貼進口產品的進口經營者。

第四十二條　反補貼稅應當根據不同出口經營者的補貼金額，分別確定。對實際上未被調查的出口經營者的補貼進口產品，需要徵收反補貼稅的，應當迅速審查，按照合理的方式確定對其適用的反補貼稅。

第四十三條　反補貼稅稅額不得超過終裁決定確定的補貼金額。

第四十四條　終裁決定確定存在實質損害，並在此前已經採取臨時反補貼措施的，反補貼稅可以對已經實施臨時反補貼措施的期間追溯徵收。

終裁決定確定存在實質損害威脅，在先前不採取臨時反補貼措施將會導致後來作出實質損害裁定的情況下已經採取臨時反補貼措施的，反補貼稅可以對已經實施臨時反補貼措施的期間追溯徵收。

終裁決定確定的反補貼稅，高於保證金或者保函所擔保的金額的，差額部分不予收取；低於保證金或者保函所擔保的金額的，差額部分應當予以退還。

第四十五條　下列三種情形並存的，必要時可以對實施臨時反補貼措施之日前 90 天內進口的產品追溯徵收反補貼稅：

（一）補貼進口產品在較短的時間內大量增加；
（二）此種增加對國內產業造成難以補救的損害；
（三）此種產品得益於補貼。

第四十六條　終裁決定確定不徵收反補貼稅的，或者終裁決定未確定追溯徵收反補貼稅的，對實施臨時反補貼措施期間已收取的保證金應當予以退還，保函應當予以解除。

第五章　反補貼稅和承諾的期限與復審

第四十七條　反補貼稅的徵收期限和承諾的履行期限不超過 5 年；但是，經復審確定終止徵收反補貼稅有可能導致補貼和損害的繼續或者再度發生的，反補貼稅的徵收期限可以適當延長。

第四十八條　反補貼稅生效後，商務部可以在有正當理由的情況下，決定對繼續徵收反補貼稅的必要性進行復審；也可以在經過一段合理時間，應利害關係方的請求並對利害關係方提供的相應證據進行審查後，決定對繼續徵收反補貼稅的必要性進行復審。

承諾生效後，商務部可以在有正當理由的情況下，決定對繼續履行承諾的必要性進行復審；也可以在經過一段合理時間，應利害關係方的請求並對利害關係方提供的相應證據進行審查後，決定對繼續履行承諾的必要性進行復審。

第四十九條　根據復審結果，由商務部依照本條例的規定提出保留、修改或者取消反補貼稅的建議，國務院關稅稅則委員會根據商務部的建議作出決定，由商務部予以公告；或者由商務部依照本條例的規定，作出保留、修改或者取消承諾的決定並予以公告。

第五十條　復審程序參照本條例關於反補貼調查的有關規定執行。

復審期限自決定復審開始之日起，不超過 12 個月。

第五十一條　在復審期間，復審程序不妨礙反補貼措施的實施。

第六章　附　則

第五十二條　對依照本條例第二十六條作出的終裁決定不服的，對依照本條例第四章作出的是否徵收反補貼稅的決定以及追溯徵收的決定不服的，或者對依照本條例第五章作出的復審決定不服的，可以依法申請行政復議，也可以依法向人民法院提起訴訟。

第五十三條　依照本條例作出的公告，應當載明重要的情況、事實、理由、依據、結果和結論等內容。

第五十四條　商務部可以採取適當措施，防止規避反補貼措施的行為。

第五十五條　任何國家（地區）對中華人民共和國的出口產品採取歧視性反補貼措施的，中華人民共和國可以根據實際情況對該國家（地區）採取相應的措施。

第五十六條　商務部負責與反補貼有關的對外磋商、通知和爭端解決事宜。

第五十七條　商務部可以根據本條例制定有關具體實施辦法。

第五十八條　本條例自2002年1月1日起施行。1997年3月25日國務院發布的《中華人民共和國反傾銷和反補貼條例》中關於反補貼的規定同時廢止。

附：

出口補貼清單

1. 出口國（地區）政府根據出口實績對企業、產業提供的直接補貼。
2. 與出口獎勵有關的外匯留成或者類似做法。
3. 出口國（地區）政府規定或者經出口國（地區）政府批准對出口貨物提供的國內運輸或者運費條件優於對國內貨物提供的條件。
4. 出口國（地區）政府直接或者間接地為生產出口產品提供產品或者服務的條件，優於其為生產國內產品提供的相關產品或者服務的條件，但特殊情形除外。
5. 對企業已付或者應付的與出口產品特別有關的直接稅或者社會福利費，實行全部或者部分的減免或者延遲繳納。
6. 在計算直接稅徵稅基數時，直接與出口產品或者出口實績相關的扣除優於國內產品的扣除。
7. 對與出口產品的生產和流通有關的間接稅的減免或者退還，超過對國內同類產品所徵收的間接稅。
8. 對用於生產出口產品的貨物或者服務所徵收的先期累積間接稅的減免、退還或者延遲繳納，優於對用於生產國內同類產品的貨物或者服務所徵收的先期累積間接稅的減免、退還或者延遲繳納，但特殊情形除外。
9. 對與生產出口產品有關的進口投入物減免或者退還進口費用，超過對此類投入物在進口時所收取的費用，但特殊情形除外。
10. 出口國（地區）政府以不足以彌補長期營業成本和虧損的費率，提供的出口信貸擔保或者保險，或者針對出口產品成本增加或者外匯風險提供保險或者擔保。

11. 出口國（地區）政府給予出口信貸的利率低於使用該項資金實際支付的利率，或者為出口商或者其他金融機構支付為獲得貸款所產生的全部或者部分費用，使其在出口信貸方面獲得優勢，但特殊情形除外。

12. 由公共帳戶支出的構成出口補貼的其他費用。

(四)中華人民共和國保障措施條例

(國務院2001年11月26日發布，自2002年1月1日起施行，2004年3月31日修訂)

第一章　總　則
第二章　調　查
第三章　保障措施
第四章　保障措施的期限與復審
第五章　附　則

第一章　總　則

第一條　為了促進對外貿易健康發展，根據《中華人民共和國對外貿易法》的有關規定，制定本條例。

第二條　進口產品數量增加，並對生產同類產品或者直接競爭產品的國內產業造成嚴重損害或者嚴重損害威脅（以下除特別指明外，統稱損害）的，依照本條例的規定進行調查，採取保障措施。

第二章　調　查

第三條　與國內產業有關的自然人、法人或者其他組織（以下統稱申請人），可以依照本條例的規定，向商務部提出採取保障措施的書面申請。

商務部應當及時對申請人的申請進行審查，決定立案調查或者不立案調查。

第四條　商務部沒有收到採取保障措施的書面申請，但有充分證據認為國內產業因進口產品數量增加而受到損害的，可以決定立案調查。

第五條　立案調查的決定，由商務部予以公告。

商務部應當將立案調查的決定及時通知世界貿易組織保障措施委員會（以下簡稱保障措施委員會）。

第六條　對進口產品數量增加及損害的調查和確定，由商務部負責；其中，涉及農產品的保障措施國內產業損害調查，由商務部會同農業部進行。

第七條　進口產品數量增加，是指進口產品數量的絕對增加或者與國內生產相比的相對增加。

第八條　在確定進口產品數量增加對國內產業造成的損害時，應當審查下列相關因素：

（一）進口產品的絕對和相對增長率與增長量；

（二）增加的進口產品在國內市場中所占的份額；

（三）進口產品對國內產業的影響，包括對國內產業在產量、銷售水準、市場份額、生產率、設備利用率、利潤與虧損、就業等方面的影響；

（四）造成國內產業損害的其他因素。

對嚴重損害威脅的確定，應當依據事實，不能僅依據指控、推測或者極小的可能性。

在確定進口產品數量增加對國內產業造成的損害時，不得將進口增加以外的因素對國內產業造成的損害歸因於進口增加。

第九條　在調查期間，商務部應當及時公布對案情的詳細分析和審查的相關因素等。

第十條　國內產業，是指中華人民共和國國內同類產品或者直接競爭產品的全部生產者，或者其總產量占國內同類產品或者直接競爭產品全部總產量的主要部分的生產者。

第十一條　商務部應當根據客觀的事實和證據，確定進口產品數量增加與國內產業的損害之間是否存在因果關係。

第十二條　商務部應當為進口經營者、出口經營者和其他利害關係方提供陳述意見和論據的機會。

調查可以採用調查問卷的方式，也可以採用聽證會或者其他方式。

第十三條　調查中獲得的有關資料，資料提供方認為需要保密的，商務部可以按保密資料處理。

保密申請有理由的，應當對資料提供方提供的資料按保密資料處理，同時要求資料提供方提供一份非保密的該資料概要。

按保密資料處理的資料，未經資料提供方同意，不得洩露。

第十四條　進口產品數量增加、損害的調查結果及其理由的說明，由商務部予以公布。

商務部應當將調查結果及有關情況及時通知保障措施委員會。

第十五條　商務部根據調查結果，可以作出初裁決定，也可以直接作出終裁決定，並予以公告。

第三章　保障措施

第十六條　有明確證據表明進口產品數量增加，在不採取臨時保障措施將對國內產業造成難以補救的損害的緊急情況下，可以作出初裁決定，並採取臨時保障措施。

臨時保障措施採取提高關稅的形式。

第十七條　採取臨時保障措施，由商務部提出建議，國務院關稅稅則委員會根據

商務部的建議作出決定，由商務部予以公告。海關自公告規定實施之日起執行。

在採取臨時保障措施前，商務部應當將有關情況通知保障措施委員會。

第十八條　臨時保障措施的實施期限，自臨時保障措施決定公告規定實施之日起，不超過200天。

第十九條　終裁決定確定進口產品數量增加，並由此對國內產業造成損害的，可以採取保障措施。實施保障措施應當符合公共利益。

保障措施可以採取提高關稅、數量限制等形式。

第二十條　保障措施採取提高關稅形式的，由商務部提出建議，國務院關稅稅則委員會根據商務部的建議作出決定，由商務部予以公告；採取數量限制形式的，由商務部作出決定並予以公告。海關自公告規定實施之日起執行。

商務部應當將採取保障措施的決定及有關情況及時通知保障措施委員會。

第二十一條　採取數量限制措施的，限制後的進口量不得低於最近3個有代表性年度的平均進口量；但是，有正當理由表明為防止或者補救嚴重損害而有必要採取不同水準的數量限制措施的除外。

採取數量限制措施，需要在有關出口國（地區）或者原產國（地區）之間進行數量分配的，商務部可以與有關出口國（地區）或者原產國（地區）就數量的分配進行磋商。

第二十二條　保障措施應當針對正在進口的產品實施，不區分產品來源國（地區）。

第二十三條　採取保障措施應當限於防止、補救嚴重損害並便利調整國內產業所必要的範圍內。

第二十四條　在採取保障措施前，商務部應當為與有關產品的出口經營者有實質利益的國家（地區）政府提供磋商的充分機會。

第二十五條　終裁決定確定不採取保障措施的，已徵收的臨時關稅應當予以退還。

第四章　保障措施的期限與復審

第二十六條　保障措施的實施期限不超過4年。

符合下列條件的，保障措施的實施期限可以適當延長：

（一）按照本條例規定的程序確定保障措施對於防止或者補救嚴重損害仍然有必要；

（二）有證據表明相關國內產業正在進行調整；

（三）已經履行有關對外通知、磋商的義務；

（四）延長後的措施不嚴於延長前的措施。

一項保障措施的實施期限及其延長期限，最長不超過10年。

第二十七條　保障措施實施期限超過1年的，應當在實施期間內按固定時間間隔逐步放寬。

第二十八條　保障措施實施期限超過3年的，商務部應當在實施期間內對該項措

施進行中期復審。

復審的內容包括保障措施對國內產業的影響、國內產業的調整情況等。

第二十九條 保障措施屬於提高關稅的,商務部應當根據復審結果,依照本條例的規定,提出保留、取消或者加快放寬提高關稅措施的建議,國務院關稅稅則委員會根據商務部的建議作出決定,由商務部予以公告;保障措施屬於數量限制或者其他形式的,商務部應當根據復審結果,依照本條例的規定,作出保留、取消或者加快放寬數量限制措施的決定並予以公告。

第三十條 對同一進口產品再次採取保障措施的,與前次採取保障措施的時間間隔應當不短於前次採取保障措施的實施期限,並且至少為2年。

符合下列條件的,對一產品實施的期限為180天或者少於180天的保障措施,不受前款限制:

（一）自對該進口產品實施保障措施之日起,已經超過1年;

（二）自實施該保障措施之日起5年內,未對同一產品實施2次以上保障措施。

第五章 附 則

第三十一條 任何國家（地區）對中華人民共和國的出口產品採取歧視性保障措施的,中華人民共和國可以根據實際情況對該國家（地區）採取相應的措施。

第三十二條 商務部負責與保障措施有關的對外磋商、通知和爭端解決事宜。

第三十三條 商務部可以根據本條例制定具體實施辦法。

第三十四條 本條例自2002年1月1日起施行。

（五）中華人民共和國進出口關稅條例

（國務院2003年11月23日發布,自2004年1月1日起施行。2011年1月8日、2013年12月7日、2016年2月2日、2017年3月1日相繼修訂）

第一章 總 則
第二章 進出口貨物關稅稅率的設置和適用
第三章 進出口貨物完稅價格的確定
第四章 進出口貨物關稅的徵收
第五章 進境物品進口稅的徵收
第六章 附 則

第一章 總 則

第一條 為了貫徹對外開放政策,促進對外經濟貿易和國民經濟的發展,根據

《中華人民共和國海關法》（以下簡稱《海關法》）的有關規定，制定本條例。

第二條　中華人民共和國准許進出口的貨物、進境物品，除法律、行政法規另有規定外，海關依照本條例規定徵收進出口關稅。

第三條　國務院制定《中華人民共和國進出口稅則》（以下簡稱《稅則》）、《中華人民共和國進境物品進口稅稅率表》（以下簡稱《進境物品進口稅稅率表》），規定關稅的稅目、稅則號列和稅率，作為本條例的組成部分。

第四條　國務院設立關稅稅則委員會，負責《稅則》和《進境物品進口稅稅率表》的稅目、稅則號列和稅率的調整和解釋，報國務院批准後執行；決定實行暫定稅率的貨物、稅率和期限；決定關稅配額稅率；決定徵收反傾銷稅、反補貼稅、保障措施關稅、報復性關稅以及決定實施其他關稅措施；決定特殊情況下稅率的適用，以及履行國務院規定的其他職責。

第五條　進口貨物的收貨人、出口貨物的發貨人、進境物品的所有人，是關稅的納稅義務人。

第六條　海關及其工作人員應當依照法定職權和法定程序履行關稅徵管職責，維護國家利益，保護納稅人合法權益，依法接受監督。

第七條　納稅義務人有權要求海關對其商業秘密予以保密，海關應當依法為納稅義務人保密。

第八條　海關對檢舉或者協助查獲違反本條例行為的單位和個人，應當按照規定給予獎勵，並負責保密。

第二章　進出口貨物關稅稅率的設置和適用

第九條　進口關稅設置最惠國稅率、協定稅率、特惠稅率、普通稅率、關稅配額稅率等稅率。對進口貨物在一定期限內可以實行暫定稅率。

出口關稅設置出口稅率。對出口貨物在一定期限內可以實行暫定稅率。

第十條　原產於共同適用最惠國待遇條款的世界貿易組織成員的進口貨物，原產於與中華人民共和國簽訂含有相互給予最惠國待遇條款的雙邊貿易協定的國家或者地區的進口貨物，以及原產於中華人民共和國境內的進口貨物，適用最惠國稅率。

原產於與中華人民共和國簽訂含有關稅優惠條款的區域性貿易協定的國家或者地區的進口貨物，適用協定稅率。

原產於與中華人民共和國簽訂含有特殊關稅優惠條款的貿易協定的國家或者地區的進口貨物，適用特惠稅率。

原產於本條第一款、第二款和第三款所列以外國家或者地區的進口貨物，以及原產地不明的進口貨物，適用普通稅率。

第十一條　適用最惠國稅率的進口貨物有暫定稅率的，應當適用暫定稅率；適用協定稅率、特惠稅率的進口貨物有暫定稅率的，應當從低適用稅率；適用普通稅率的進口貨物，不適用暫定稅率。

適用出口稅率的出口貨物有暫定稅率的，應當適用暫定稅率。

第十二條　按照國家規定實行關稅配額管理的進口貨物，關稅配額內的，適用關稅配額稅率；關稅配額外的，其稅率的適用按照本條例第十條、第十一條的規定執行。

第十三條　按照有關法律、行政法規的規定對進口貨物採取反傾銷、反補貼、保障措施的，其稅率的適用按照《中華人民共和國反傾銷條例》《中華人民共和國反補貼條例》和《中華人民共和國保障措施條例》的有關規定執行。

第十四條　任何國家或者地區違反與中華人民共和國簽訂或者共同參加的貿易協定及相關協定，對中華人民共和國在貿易方面採取禁止、限制、加徵關稅或者其他影響正常貿易的措施的，對原產於該國家或者地區的進口貨物可以徵收報復性關稅，適用報復性關稅稅率。

徵收報復性關稅的貨物、適用國別、稅率、期限和徵收辦法，由國務院關稅稅則委員會決定並公布。

第十五條　進出口貨物，應當適用海關接受該貨物申報進口或者出口之日實施的稅率。

進口貨物到達前，經海關核准先行申報的，應當適用裝載該貨物的運輸工具申報進境之日實施的稅率。

轉關運輸貨物稅率的適用日期，由海關總署另行規定。

第十六條　有下列情形之一，需繳納稅款的，應當適用海關接受申報辦理納稅手續之日實施的稅率：

（一）保稅貨物經批准不復運出境的；

（二）減免稅貨物經批准轉讓或者移作他用的；

（三）暫時進境貨物經批准不復運出境，以及暫準出境貨物經批准不復運進境的；

（四）租賃進口貨物，分期繳納稅款的。

第十七條　補徵和退還進出口貨物關稅，應當按照本條例第十五條或者第十六條的規定確定適用的稅率。

因納稅義務人違反規定需要追徵稅款的，應當適用該行為發生之日實施的稅率；行為發生之日不能確定的，適用海關發現該行為之日實施的稅率。

第三章　進出口貨物完稅價格的確定

第十八條　進口貨物的完稅價格由海關以符合本條第三款所列條件的成交價格以及該貨物運抵中華人民共和國境內輸入地點起卸前的運輸及其相關費用、保險費為基礎審查確定。

進口貨物的成交價格，是指賣方向中華人民共和國境內銷售該貨物時買方為進口該貨物向賣方實付、應付的，並按照本條例第十九條、第二十條規定調整後的價款總額，包括直接支付的價款和間接支付的價款。

進口貨物的成交價格應當符合下列條件：

（一）對買方處置或者使用該貨物不予限制，但法律、行政法規規定實施的限制、對貨物轉售地域的限制和對貨物價格無實質性影響的限制除外；

（二）該貨物的成交價格沒有因搭售或者其他因素的影響而無法確定；

（三）賣方不得從買方直接或者間接獲得因該貨物進口後轉售、處置或者使用而產生的任何收益，或者雖有收益但能夠按照本條例第十九條、第二十條的規定進行調整；

（四）買賣雙方沒有特殊關係，或者雖有特殊關係但未對成交價格產生影響。

第十九條　進口貨物的下列費用應當計入完稅價格：

（一）由買方負擔的購貨佣金以外的佣金和經紀費；

（二）由買方負擔的在審查確定完稅價格時與該貨物視為一體的容器的費用；

（三）由買方負擔的包裝材料費用和包裝勞務費用；

（四）與該貨物的生產和向中華人民共和國境內銷售有關的，由買方以免費或者以低於成本的方式提供並可以按適當比例分攤的料件、工具、模具、消耗材料及類似貨物的價款，以及在境外開發、設計等相關服務的費用；

（五）作為該貨物向中華人民共和國境內銷售的條件，買方必須支付的、與該貨物有關的特許權使用費；

（六）賣方直接或者間接從買方獲得的該貨物進口後轉售、處置或者使用的收益。

第二十條　進口時在貨物的價款中列明的下列稅收、費用，不計入該貨物的完稅價格：

（一）廠房、機械、設備等貨物進口後進行建設、安裝、裝配、維修和技術服務的費用；

（二）進口貨物運抵境內輸入地點起卸後的運輸及其相關費用、保險費；

（三）進口關稅及國內稅收。

第二十一條　進口貨物的成交價格不符合本條例第十八條第三款規定條件的，或者成交價格不能確定的，海關經瞭解有關情況，並與納稅義務人進行價格磋商後，依次以下列價格估定該貨物的完稅價格：

（一）與該貨物同時或者大約同時向中華人民共和國境內銷售的相同貨物的成交價格；

（二）與該貨物同時或者大約同時向中華人民共和國境內銷售的類似貨物的成交價格；

（三）與該貨物進口的同時或者大約同時，將該進口貨物、相同或者類似進口貨物在第一級銷售環節銷售給無特殊關係買方最大銷售總量的單位價格，但應當扣除本條例第二十二條規定的項目；

（四）按照下列各項總和計算的價格：生產該貨物所使用的料件成本和加工費用，向中華人民共和國境內銷售同等級或者同種類貨物通常的利潤和一般費用，該貨物運抵境內輸入地點起卸前的運輸及其相關費用、保險費；

（五）以合理方法估定的價格。

納稅義務人向海關提供有關資料後，可以提出申請，顛倒前款第（三）項和第（四）項的適用次序。

第二十二條　按照本條例第二十一條第一款第（三）項規定估定完稅價格，應當扣除的項目是指：

（一）同等級或者同種類貨物在中華人民共和國境內第一級銷售環節銷售時通常的利潤和一般費用以及通常支付的佣金；

（二）進口貨物運抵境內輸入地點起卸後的運輸及其相關費用、保險費；

（三）進口關稅及國內稅收。

第二十三條　以租賃方式進口的貨物，以海關審查確定的該貨物的租金作為完稅價格。

納稅義務人要求一次性繳納稅款的，納稅義務人可以選擇按照本條例第二十一條的規定估定完稅價格，或者按照海關審查確定的租金總額作為完稅價格。

第二十四條　運往境外加工的貨物，出境時已向海關報明並在海關規定的期限內復運進境的，應當以境外加工費和料件費以及復運進境的運輸及其相關費用和保險費審查確定完稅價格。

第二十五條　運往境外修理的機械器具、運輸工具或者其他貨物，出境時已向海關報明並在海關規定的期限內復運進境的，應當以境外修理費和料件費審查確定完稅價格。

第二十六條　出口貨物的完稅價格由海關以該貨物的成交價格以及該貨物運至中華人民共和國境內輸出地點裝載前的運輸及其相關費用、保險費為基礎審查確定。

出口貨物的成交價格，是指該貨物出口時賣方為出口該貨物應當向買方直接收取和間接收取的價款總額。

出口關稅不計入完稅價格。

第二十七條　出口貨物的成交價格不能確定的，海關經瞭解有關情況，並與納稅義務人進行價格磋商後，依次以下列價格估定該貨物的完稅價格：

（一）與該貨物同時或者大約同時向同一國家或者地區出口的相同貨物的成交價格；

（二）與該貨物同時或者大約同時向同一國家或者地區出口的類似貨物的成交價格；

（三）按照下列各項總和計算的價格：境內生產相同或者類似貨物的料件成本、加工費用，通常的利潤和一般費用，境內發生的運輸及其相關費用、保險費；

（四）以合理方法估定的價格。

第二十八條　按照本條例規定計入或者不計入完稅價格的成本、費用、稅收，應當以客觀、可量化的數據為依據。

第四章　進出口貨物關稅的徵收

第二十九條　進口貨物的納稅義務人應當自運輸工具申報進境之日起14日內，出口貨物的納稅義務人除海關特准的外，應當在貨物運抵海關監管區後、裝貨的24小時以前，向貨物的進出境地海關申報。進出口貨物轉關運輸的，按照海關總署的規定執行。

進口貨物到達前，納稅義務人經海關核准可以先行申報。具體辦法由海關總署另

行規定。

第三十條　納稅義務人應當依法如實向海關申報，並按照海關的規定提供有關確定完稅價格、進行商品歸類、確定原產地以及採取反傾銷、反補貼或者保障措施等所需的資料；必要時，海關可以要求納稅義務人補充申報。

第三十一條　納稅義務人應當按照《稅則》規定的目錄條文和歸類總規則、類註、章註、子目註釋以及其他歸類註釋，對其申報的進出口貨物進行商品歸類，並歸入相應的稅則號列；海關應當依法審核確定該貨物的商品歸類。

第三十二條　海關可以要求納稅義務人提供確定商品歸類所需的有關資料；必要時，海關可以組織化驗、檢驗，並將海關認定的化驗、檢驗結果作為商品歸類的依據。

第三十三條　海關為審查申報價格的真實性和準確性，可以查閱、複製與進出口貨物有關的合同、發票、帳冊、結付匯憑證、單據、業務函電、錄音錄像製品和其他反應買賣雙方關係及交易活動的資料。

海關對納稅義務人申報的價格有懷疑並且所涉關稅數額較大的，經直屬海關關長或者其授權的隸屬海關關長批准，憑海關總署統一格式的協助查詢帳戶通知書及有關工作人員的工作證件，可以查詢納稅義務人在銀行或者其他金融機構開立的單位帳戶的資金往來情況，並向銀行業監督管理機構通報有關情況。

第三十四條　海關對納稅義務人申報的價格有懷疑的，應當將懷疑的理由書面告知納稅義務人，要求其在規定的期限內書面作出說明、提供有關資料。

納稅義務人在規定的期限內未作說明、未提供有關資料的，或者海關仍有理由懷疑申報價格的真實性和準確性的，海關可以不接受納稅義務人申報的價格，並按照本條例第三章的規定估定完稅價格。

第三十五條　海關審查確定進出口貨物的完稅價格後，納稅義務人可以以書面形式要求海關就如何確定其進出口貨物的完稅價格作出書面說明，海關應當向納稅義務人作出書面說明。

第三十六條　進出口貨物關稅，以從價計徵、從量計徵或者國家規定的其他方式徵收。

從價計徵的計算公式為：應納稅額＝完稅價格×關稅稅率

從量計徵的計算公式為：應納稅額＝貨物數量×單位稅額

第三十七條　納稅義務人應當自海關填發稅款繳款書之日起15日內向指定銀行繳納稅款。納稅義務人未按期繳納稅款的，從滯納稅款之日起，按日加收滯納稅款萬分之五的滯納金。

海關可以對納稅義務人欠繳稅款的情況予以公告。

海關徵收關稅、滯納金等，應當製發繳款憑證，繳款憑證格式由海關總署規定。

第三十八條　海關徵收關稅、滯納金等，應當按人民幣計徵。

進出口貨物的成交價格以及有關費用以外幣計價的，以中國人民銀行公布的基準匯率折合為人民幣計算完稅價格；以基準匯率幣種以外的外幣計價的，按照國家有關規定套算為人民幣計算完稅價格。適用匯率的日期由海關總署規定。

第三十九條　納稅義務人因不可抗力或者在國家稅收政策調整的情形下，不能按

期繳納稅款的，經依法提供稅款擔保後，可以延期繳納稅款，但是最長不得超過 6 個月。

第四十條　進出口貨物的納稅義務人在規定的納稅期限內有明顯的轉移、藏匿其應稅貨物以及其他財產跡象的，海關可以責令納稅義務人提供擔保；納稅義務人不能提供擔保的，海關可以按照《海關法》第六十一條的規定採取稅收保全措施。

納稅義務人、擔保人自繳納稅款期限屆滿之日起超過 3 個月仍未繳納稅款的，海關可以按照《海關法》第六十條的規定採取強制措施。

第四十一條　加工貿易的進口料件按照國家規定保稅進口的，其製成品或者進口料件未在規定的期限內出口的，海關按照規定徵收進口關稅。

加工貿易的進口料件進境時按照國家規定徵收進口關稅的，其製成品或者進口料件在規定的期限內出口的，海關按照有關規定退還進境時已徵收的關稅稅款。

第四十二條　暫時進境或者暫時出境的下列貨物，在進境或者出境時納稅義務人向海關繳納相當於應納稅款的保證金或者提供其他擔保的，可以暫不繳納關稅，並應當自進境或者出境之日起 6 個月內復運出境或者復運進境；需要延長復運出境或者復運進境期限的，納稅義務人應當根據海關總署的規定向海關辦理延期手續。

（一）在展覽會、交易會、會議及類似活動中展示或者使用的貨物；
（二）文化、體育交流活動中使用的表演、比賽用品；
（三）進行新聞報導或者攝製電影、電視節目使用的儀器、設備及用品；
（四）開展科研、教學、醫療活動使用的儀器、設備及用品；
（五）在本款第（一）項至第（四）項所列活動中使用的交通工具及特種車輛；
（六）貨樣；
（七）供安裝、調試、檢測設備時使用的儀器、工具；
（八）盛裝貨物的容器；
（九）其他用於非商業目的的貨物。

第一款所列暫時進境貨物在規定的期限內未復運出境的，或者暫時出境貨物在規定的期限內未復運進境的，海關應當依法徵收關稅。

第一款所列可以暫時免徵關稅範圍以外的其他暫時進境貨物，應當按照該貨物的完稅價格和其在境內滯留時間與折舊時間的比例計算徵收進口關稅。具體辦法由海關總署規定。

第四十三條　因品質或者規格原因，出口貨物自出口之日起 1 年內原狀復運進境的，不徵收進口關稅。

因品質或者規格原因，進口貨物自進口之日起 1 年內原狀復運出境的，不徵收出口關稅。

第四十四條　因殘損、短少、品質不良或者規格不符原因，由進出口貨物的發貨人、承運人或者保險公司免費補償或者更換的相同貨物，進出口時不徵收關稅。被免費更換的原進口貨物不退運出境或者原出口貨物不退運進境的，海關應當對原進出口貨物重新按照規定徵收關稅。

第四十五條　下列進出口貨物，免徵關稅：

（一）關稅稅額在人民幣 50 元以下的一票貨物；
（二）無商業價值的廣告品和貨樣；
（三）外國政府、國際組織無償贈送的物資；
（四）在海關放行前損失的貨物；
（五）進出境運輸工具裝載的途中必需的燃料、物料和飲食用品。
在海關放行前遭受損壞的貨物，可以根據海關認定的受損程度減徵關稅。
法律規定的其他免徵或者減徵關稅的貨物，海關根據規定予以免徵或者減徵。

第四十六條　特定地區、特定企業或者有特定用途的進出口貨物減徵或者免徵關稅，以及臨時減徵或者免徵關稅，按照國務院的有關規定執行。

第四十七條　進口貨物減徵或者免徵進口環節海關代徵稅，按照有關法律、行政法規的規定執行。

第四十八條　納稅義務人進出口減免稅貨物的，除另有規定外，應當在進出口該貨物之前，按照規定持有關文件向海關辦理減免稅審批手續。經海關審查符合規定的，予以減徵或者免徵關稅。

第四十九條　需由海關監管使用的減免稅進口貨物，在監管年限內轉讓或者移作他用需要補稅的，海關應當根據該貨物進口時間折舊估價，補徵進口關稅。
特定減免稅進口貨物的監管年限由海關總署規定。

第五十條　有下列情形之一的，納稅義務人自繳納稅款之日起 1 年內，可以申請退還關稅，並應當以書面形式向海關說明理由，提供原繳款憑證及相關資料：
（一）已徵進口關稅的貨物，因品質或者規格原因，原狀退貨復運出境的；
（二）已徵出口關稅的貨物，因品質或者規格原因，原狀退貨復運進境，並已重新繳納因出口而退還的國內環節有關稅收的；
（三）已徵出口關稅的貨物，因故未裝運出口，申報退關的。
海關應當自受理退稅申請之日起 30 日內查實並通知納稅義務人辦理退還手續。納稅義務人應當自收到通知之日起 3 個月內辦理有關退稅手續。
按照其他有關法律、行政法規規定應當退還關稅的，海關應當按照有關法律、行政法規的規定退稅。

第五十一條　進出口貨物放行後，海關發現少徵或者漏徵稅款的，應當自繳納稅款或者貨物放行之日起 1 年內，向納稅義務人補徵稅款。但因納稅義務人違反規定造成少徵或者漏徵稅款的，海關可以自繳納稅款或者貨物放行之日起 3 年內追徵稅款，並從繳納稅款或者貨物放行之日起按日加收少徵或者漏徵稅款萬分之五的滯納金。
海關發現海關監管貨物因納稅義務人違反規定造成少徵或者漏徵稅款的，應當自納稅義務人應繳納稅款之日起 3 年內追徵稅款，並從應繳納稅款之日起按日加收少徵或者漏徵稅款萬分之五的滯納金。

第五十二條　海關發現多徵稅款的，應當立即通知納稅義務人辦理退還手續。
納稅義務人發現多繳稅款的，自繳納稅款之日起 1 年內，可以以書面形式要求海關退還多繳的稅款並加算銀行同期活期存款利息；海關應當自受理退稅申請之日起 30 日內查實並通知納稅義務人辦理退還手續。

納稅義務人應當自收到通知之日起 3 個月內辦理有關退稅手續。

第五十三條　按照本條例第五十條、第五十二條的規定退還稅款、利息涉及從國庫中退庫的，按照法律、行政法規有關國庫管理的規定執行。

第五十四條　報關企業接受納稅義務人的委託，以納稅義務人的名義辦理報關納稅手續，因報關企業違反規定而造成海關少徵、漏徵稅款的，報關企業對少徵或者漏徵的稅款、滯納金與納稅義務人承擔納稅的連帶責任。

報關企業接受納稅義務人的委託，以報關企業的名義辦理報關納稅手續的，報關企業與納稅義務人承擔納稅的連帶責任。

除不可抗力外，在保管海關監管貨物期間，海關監管貨物損毀或者滅失的，對海關監管貨物負有保管義務的人應當承擔相應的納稅責任。

第五十五條　欠稅的納稅義務人，有合併、分立情形的，在合併、分立前，應當向海關報告，依法繳清稅款。納稅義務人合併時未繳清稅款的，由合併後的法人或者其他組織繼續履行未履行的納稅義務；納稅義務人分立時未繳清稅款的，分立後的法人或者其他組織對未履行的納稅義務承擔連帶責任。

納稅義務人在減免稅貨物、保稅貨物監管期間，有合併、分立或者其他資產重組情形的，應當向海關報告。按照規定需要繳稅的，應當依法繳清稅款；按照規定可以繼續享受減免稅、保稅待遇的，應當到海關辦理變更納稅義務人的手續。

納稅義務人欠稅或者在減免稅貨物、保稅貨物監管期間，有撤銷、解散、破產或者其他依法終止經營情形的，應當在清算前向海關報告。海關應當依法對納稅義務人的應繳稅款予以清繳。

第五章　進境物品進口稅的徵收

第五十六條　進境物品的關稅以及進口環節海關代徵稅合併為進口稅，由海關依法徵收。

第五十七條　海關總署規定數額以內的個人自用進境物品，免徵進口稅。

超過海關總署規定數額但仍在合理數量以內的個人自用進境物品，由進境物品的納稅義務人在進境物品放行前按照規定繳納進口稅。

超過合理、自用數量的進境物品應當按照進口貨物依法辦理相關手續。

國務院關稅稅則委員會規定按貨物徵稅的進境物品，按照本條例第二章至第四章的規定徵收關稅。

第五十八條　進境物品的納稅義務人是指，攜帶物品進境的入境人員、進境郵遞物品的收件人以及以其他方式進口物品的收件人。

第五十九條　進境物品的納稅義務人可以自行辦理納稅手續，也可以委託他人辦理納稅手續。接受委託的人應當遵守本章對納稅義務人的各項規定。

第六十條　進口稅從價計徵。

進口稅的計算公式為：進口稅稅額＝完稅價格×進口稅稅率

第六十一條　海關應當按照《進境物品進口稅稅率表》及海關總署制定的《中華

人民共和國進境物品歸類表》《中華人民共和國進境物品完稅價格表》對進境物品進行歸類、確定完稅價格和確定適用稅率。

第六十二條　進境物品，適用海關填發稅款繳款書之日實施的稅率和完稅價格。

第六十三條　進口稅的減徵、免徵、補徵、追徵、退還以及對暫準進境物品徵收進口稅參照本條例對貨物徵收進口關稅的有關規定執行。

第六章　附　則

第六十四條　納稅義務人、擔保人對海關確定納稅義務人、確定完稅價格、商品歸類、確定原產地、適用稅率或者匯率、減徵或者免徵稅款、補稅、退稅、徵收滯納金、確定計徵方式以及確定納稅地點有異議的，應當繳納稅款，並可以依法向上一級海關申請復議。對復議決定不服的，可以依法向人民法院提起訴訟。

第六十五條　進口環節海關代徵稅的徵收管理，適用關稅徵收管理的規定。

第六十六條　有違反本條例規定行為的，按照《海關法》《中華人民共和國海關行政處罰實施條例》和其他有關法律、行政法規的規定處罰。

第六十七條　本條例自2004年1月1日起施行。1992年3月18日國務院修訂發布的《中華人民共和國進出口關稅條例》同時廢止。

(六)中華人民共和國海關行政處罰實施條例

(國務院2004年9月1發布，2004年11月1日起施行)

第一章　總　則
第二章　走私行為及其處罰
第三章　違反海關監管規定的行為及其處罰
第四章　對違反海關法行為的調查編輯
第五章　海關行政處罰的決定和執行
第六章　附　則

第一章　總　則

第一條　為了規範海關行政處罰，保障海關依法行使職權，保護公民、法人或者其他組織的合法權益，根據《中華人民共和國海關法》(以下簡稱海關法)及其他有關法律的規定，制定本實施條例。

第二條　依法不追究刑事責任的走私行為和違反海關監管規定的行為，以及法律、行政法規規定由海關實施行政處罰的行為的處理，適用本實施條例。

第三條　海關行政處罰由發現違法行為的海關管轄，也可以由違法行為發生地海

關管轄。

2個以上海關都有管轄權的案件，由最先發現違法行為的海關管轄。

管轄不明確的案件，由有關海關協商確定管轄，協商不成的，報請共同的上級海關指定管轄。

重大、複雜的案件，可以由海關總署指定管轄。

第四條　海關發現的依法應當由其他行政機關處理的違法行為，應當移送有關行政機關處理；違法行為涉嫌犯罪的，應當移送海關偵查走私犯罪公安機構、地方公安機關依法辦理。

第五條　依照本實施條例處以警告、罰款等行政處罰，但不沒收進出境貨物、物品、運輸工具的，不免除有關當事人依法繳納稅款、提交進出口許可證件、辦理有關海關手續的義務。

第六條　抗拒、阻礙海關偵查走私犯罪公安機構依法執行職務的，由設在直屬海關、隸屬海關的海關偵查走私犯罪公安機構依照治安管理處罰的有關規定給予處罰。

抗拒、阻礙其他海關工作人員依法執行職務的，應當報告地方公安機關依法處理。

第二章　走私行為及其處罰

第七條　違反海關法及其他有關法律、行政法規，逃避海關監管，偷逃應納稅款、逃避國家有關進出境的禁止性或者限制性管理，有下列情形之一的，是走私行為：

（一）未經國務院或者國務院授權的機關批准，從未設立海關的地點運輸、攜帶國家禁止或者限制進出境的貨物、物品或者依法應當繳納稅款的貨物、物品進出境的；

（二）經過設立海關的地點，以藏匿、偽裝、瞞報、偽報或者其他方式逃避海關監管，運輸、攜帶、郵寄國家禁止或者限制進出境的貨物、物品或者依法應當繳納稅款的貨物、物品進出境的；

（三）使用偽造、變造的手冊、單證、印章、帳冊、電子數據或者以其他方式逃避海關監管，擅自將海關監管貨物、物品、進境的境外運輸工具，在境內銷售的；

（四）使用偽造、變造的手冊、單證、印章、帳冊、電子數據或者以偽報加工貿易製成品單位耗料量等方式，致使海關監管貨物、物品脫離監管的；

（五）以藏匿、偽裝、瞞報、偽報或者其他方式逃避海關監管，擅自將保稅區、出口加工區等海關特殊監管區域內的海關監管貨物、物品，運出區外的；

（六）有逃避海關監管，構成走私的其他行為的。

第八條　有下列行為之一的，按走私行為論處：

（一）明知是走私進口的貨物、物品，直接向走私人非法收購的；

（二）在內海、領海、界河、界湖，船舶及所載人員運輸、收購、販賣國家禁止或者限制進出境的貨物、物品，或者運輸、收購、販賣依法應當繳納稅款的貨物，沒有合法證明的。

第九條　有本實施條例第七條、第八條所列行為之一的，依照下列規定處罰：

（一）走私國家禁止進出口的貨物的，沒收走私貨物及違法所得，可以並處100萬

元以下罰款；走私國家禁止進出境的物品的，沒收走私物品及違法所得，可以並處 10 萬元以下罰款；

（二）應當提交許可證件而未提交但未偷逃稅款，走私國家限制進出境的貨物、物品的，沒收走私貨物、物品及違法所得，可以並處走私貨物、物品等值以下罰款；

（三）偷逃應納稅款但未逃避許可證件管理，走私依法應當繳納稅款的貨物、物品的，沒收走私貨物、物品及違法所得，可以並處偷逃應納稅款 3 倍以下罰款。

專門用於走私的運輸工具或者用於掩護走私的貨物、物品，2 年內 3 次以上用於走私的運輸工具或者用於掩護走私的貨物、物品，應當予以沒收。藏匿走私貨物、物品的特製設備、夾層、暗格，應當予以沒收或者責令拆毀。使用特製設備、夾層、暗格實施走私的，應當從重處罰。

第十條　與走私人通謀為走私人提供貸款、資金、帳號、發票、證明、海關單證的，與走私人通謀為走私人提供走私貨物、物品的提取、發運、運輸、保管、郵寄或者其他方便的，以走私的共同當事人論處，沒收違法所得，並依照本實施條例第九條的規定予以處罰。

第十一條　報關企業、報關人員和海關準予從事海關監管貨物的運輸、儲存、加工、裝配、寄售、展示等業務的企業，構成走私犯罪或者 1 年內有 2 次以上走私行為的，海關可以撤銷其註冊登記、取消其報關從業資格。

第三章　違反海關監管規定的行為及其處罰

第十二條　違反海關法及其他有關法律、行政法規和規章但不構成走私行為的，是違反海關監管規定的行為。

第十三條　違反國家進出口管理規定，進出口國家禁止進出口的貨物的，責令退運，處 100 萬元以下罰款。

第十四條　違反國家進出口管理規定，進出口國家限制進出口的貨物，進出口貨物的收發貨人向海關申報時不能提交許可證件的，進出口貨物不予放行，處貨物價值 30%以下罰款。

違反國家進出口管理規定，進出口屬於自動進出口許可管理的貨物，進出口貨物的收發貨人向海關申報時不能提交自動許可證明的，進出口貨物不予放行。

第十五條　進出口貨物的品名、稅則號列、數量、規格、價格、貿易方式、原產地、啓運地、運抵地、最終目的地或者其他應當申報的項目未申報或者申報不實的，分別依照下列規定予以處罰，有違法所得的，沒收違法所得：

（一）影響海關統計準確性的，予以警告或者處 1,000 元以上 1 萬元以下罰款；

（二）影響海關監管秩序的，予以警告或者處 1,000 元以上 3 萬元以下罰款；

（三）影響國家許可證件管理的，處貨物價值 5%以上 30%以下罰款；

（四）影響國家稅款徵收的，處漏繳稅款 30%以上 2 倍以下罰款；

（五）影響國家外匯、出口退稅管理的，處申報價格 10%以上 50%以下罰款。

第十六條　進出口貨物收發貨人未按照規定向報關企業提供所委託報關事項的真

實情況，致使發生本實施條例第十五條規定情形的，對委託人依照本實施條例第十五條的規定予以處罰。

第十七條　報關企業、報關人員對委託人所提供情況的真實性未進行合理審查，或者因工作疏忽致使發生本實施條例第十五條規定情形的，可以對報關企業處貨物價值10%以下罰款，暫停其6個月以內從事報關業務或者執業；情節嚴重的，撤銷其報關註冊登記、取消其報關從業資格。

第十八條　有下列行為之一的，處貨物價值5%以上30%以下罰款，有違法所得的，沒收違法所得：

（一）未經海關許可，擅自將海關監管貨物開拆、提取、交付、發運、調換、改裝、抵押、質押、留置、轉讓、更換標記、移作他用或者進行其他處置的；

（二）未經海關許可，在海關監管區以外存放海關監管貨物的；

（三）經營海關監管貨物的運輸、儲存、加工、裝配、寄售、展示等業務，有關貨物滅失、數量短少或者記錄不真實，不能提供正當理由的；

（四）經營保稅貨物的運輸、儲存、加工、裝配、寄售、展示等業務，不依照規定辦理收存、交付、結轉、核銷等手續，或者中止、延長、變更、轉讓有關合同不依照規定向海關辦理手續的；

（五）未如實向海關申報加工貿易製成品單位耗料量的；

（六）未按照規定期限將過境、轉運、通運貨物運輸出境，擅自留在境內的；

（七）未按照規定期限將暫時進出口貨物復運出境或者復運進境，擅自留在境內或者境外的；

（八）有違反海關監管規定的其他行為，致使海關不能或者中斷對進出口貨物實施監管的。

前款規定所涉貨物屬於國家限制進出口需要提交許可證件，當事人在規定期限內不能提交許可證件的，另處貨物價值30%以下罰款；漏繳稅款的，可以另處漏繳稅款1倍以下罰款。

第十九條　有下列行為之一的，予以警告，可以處物品價值20%以下罰款，有違法所得的，沒收違法所得：

（一）未經海關許可，擅自將海關尚未放行的進出境物品開拆、交付、投遞、轉移或者進行其他處置的；

（二）個人運輸、攜帶、郵寄超過合理數量的自用物品進出境未向海關申報的；

（三）個人運輸、攜帶、郵寄超過規定數量但仍屬自用的國家限制進出境物品進出境，未向海關申報但沒有以藏匿、偽裝等方式逃避海關監管的；

（四）個人運輸、攜帶、郵寄物品進出境，申報不實的；

（五）經海關登記準予暫時免稅進境或者暫時免稅出境的物品，未按照規定復帶出境或者復帶進境的；

（六）未經海關批准，過境人員將其所帶物品留在境內的。

第二十條　運輸、攜帶、郵寄國家禁止進出境的物品進出境，未向海關申報但沒有以藏匿、偽裝等方式逃避海關監管的，予以沒收，或者責令退回，或者在海關監管

下予以銷毀或者進行技術處理。

第二十一條　有下列行為之一的，予以警告，可以處 10 萬元以下罰款，有違法所得的，沒收違法所得：

（一）運輸工具不經設立海關的地點進出境的；

（二）在海關監管區停留的進出境運輸工具，未經海關同意擅自駛離的；

（三）進出境運輸工具從一個設立海關的地點駛往另一個設立海關的地點，尚未辦結海關手續又未經海關批准，中途改駛境外或者境內未設立海關的地點的；

（四）進出境運輸工具到達或者駛離設立海關的地點，未按照規定向海關申報、交驗有關單證或者交驗的單證不真實的。

第二十二條　有下列行為之一的，予以警告，可以處 5 萬元以下罰款，有違法所得的，沒收違法所得：

（一）未經海關同意，進出境運輸工具擅自裝卸進出境貨物、物品或者上下進出境旅客的；

（二）未經海關同意，進出境運輸工具擅自兼營境內客貨運輸或者用於進出境運輸以外的其他用途的；

（三）未按照規定辦理海關手續，進出境運輸工具擅自改營境內運輸的；

（四）未按照規定期限向海關傳輸艙單等電子數據、傳輸的電子數據不準確或者未按照規定期限保存相關電子數據，影響海關監管的；

（五）進境運輸工具在進境以後向海關申報以前，出境運輸工具在辦結海關手續以後出境以前，不按照交通主管部門或者海關指定的路線行進的；

（六）載運海關監管貨物的船舶、汽車不按照海關指定的路線行進的；

（七）進出境船舶和航空器，由於不可抗力被迫在未設立海關的地點停泊、降落或者在境內拋擲、起卸貨物、物品，無正當理由不向附近海關報告的；

（八）無特殊原因，未將進出境船舶、火車、航空器到達的時間、停留的地點或者更換的時間、地點事先通知海關的；

（九）不按照規定接受海關對進出境運輸工具、貨物、物品進行檢查、查驗的。

第二十三條　有下列行為之一的，予以警告，可以處 3 萬元以下罰款：

（一）擅自開啓或者損毀海關封志的；

（二）遺失海關制發的監管單證、手冊等憑證，妨礙海關監管的；

（三）有違反海關監管規定的其他行為，致使海關不能或者中斷對進出境運輸工具、物品實施監管的。

第二十四條　偽造、變造、買賣海關單證的，處 5 萬元以上 50 萬元以下罰款，有違法所得的，沒收違法所得；構成犯罪的，依法追究刑事責任。

第二十五條　進出口侵犯中華人民共和國法律、行政法規保護的知識產權的貨物的，沒收侵權貨物，並處貨物價值 30% 以下罰款；構成犯罪的，依法追究刑事責任。

需要向海關申報知識產權狀況，進出口貨物收發貨人及其代理人未按照規定向海關如實申報有關知識產權狀況，或者未提交合法使用有關知識產權的證明文件的，可以處 5 萬元以下罰款。

第二十六條　報關企業、報關人員和海關準予從事海關監管貨物的運輸、儲存、加工、裝配、寄售、展示等業務的企業，有下列情形之一的，責令改正，給予警告，可以暫停其6個月以內從事有關業務或者執業：
（一）拖欠稅款或者不履行納稅義務的；
（二）報關企業出讓其名義供他人辦理進出口貨物報關納稅事宜的；
（三）損壞或者丟失海關監管貨物，不能提供正當理由的；
（四）有需要暫停其從事有關業務或者執業的其他違法行為的。

第二十七條　報關企業、報關人員和海關準予從事海關監管貨物的運輸、儲存、加工、裝配、寄售、展示等業務的企業，有下列情形之一的，海關可以撤銷其註冊登記、取消其報關從業資格：
（一）1年內3人次以上被海關暫停執業的；
（二）被海關暫停從事有關業務或者執業，恢復從事有關業務或者執業後1年內再次發生本實施條例第二十六條規定情形的；
（三）有需要撤銷其註冊登記或者取消其報關從業資格的其他違法行為的。

第二十八條　報關企業、報關人員非法代理他人報關或者超出海關準予的從業範圍進行報關活動的，責令改正，處5萬元以下罰款，暫停其6個月以內從事報關業務或者執業；情節嚴重的，撤銷其報關註冊登記、取消其報關從業資格。

第二十九條　進出口貨物收發貨人、報關企業、報關人員向海關工作人員行賄的，撤銷其報關註冊登記、取消其報關從業資格，並處10萬元以下罰款；構成犯罪的，依法追究刑事責任，並不得重新註冊登記為報關企業和取得報關從業資格。

第三十條　未經海關註冊登記和未取得報關從業資格從事報關業務的，予以取締，沒收違法所得，可以並處10萬元以下罰款。

第三十一條　提供虛假資料騙取海關註冊登記、報關從業資格的，撤銷其註冊登記、取消其報關從業資格，並處30萬元以下罰款。

第三十二條　法人或者其他組織有違反海關法的行為，除處罰該法人或者組織外，對其主管人員和直接責任人員予以警告，可以處5萬元以下罰款，有違法所得的，沒收違法所得。

第四章　對違反海關法行為的調查編輯

第三十三條　海關發現公民、法人或者其他組織有依法應當由海關給予行政處罰的行為的，應當立案調查。

第三十四條　海關立案後，應當全面、客觀、公正、及時地進行調查、收集證據。
海關調查、收集證據，應當按照法律、行政法規及其他有關規定的要求辦理。
海關調查、收集證據時，海關工作人員不得少於2人，並應當向被調查人出示證件。
調查、收集的證據涉及國家秘密、商業秘密或者個人隱私的，海關應當保守秘密。

第三十五條　海關依法檢查走私嫌疑人的身體，應當在隱蔽的場所或者非檢查人

員的視線之外，由 2 名以上與被檢查人同性別的海關工作人員執行。

走私嫌疑人應當接受檢查，不得阻撓。

第三十六條　海關依法檢查運輸工具和場所，查驗貨物、物品，應當製作檢查、查驗記錄。

第三十七條　海關依法扣留走私犯罪嫌疑人，應當制發扣留走私犯罪嫌疑人決定書。對走私犯罪嫌疑人，扣留時間不超過 24 小時，在特殊情況下可以延長至 48 小時。

海關應當在法定扣留期限內對被扣留人進行審查。排除犯罪嫌疑或者法定扣留期限屆滿的，應當立即解除扣留，並制發解除扣留決定書。

第三十八條　下列貨物、物品、運輸工具及有關帳冊、單據等資料，海關可以依法扣留：

（一）有走私嫌疑的貨物、物品、運輸工具；

（二）違反海關法或者其他有關法律、行政法規的貨物、物品、運輸工具；

（三）與違反海關法或者其他有關法律、行政法規的貨物、物品、運輸工具有牽連的帳冊、單據等資料；

（四）法律、行政法規規定可以扣留的其他貨物、物品、運輸工具及有關帳冊、單據等資料。

第三十九條　有違法嫌疑的貨物、物品、運輸工具無法或者不便扣留的，當事人或者運輸工具負責人應當向海關提供等值的擔保，未提供等值擔保的，海關可以扣留當事人等值的其他財產。

第四十條　海關扣留貨物、物品、運輸工具以及帳冊、單據等資料的期限不得超過 1 年。因案件調查需要，經直屬海關關長或者其授權的隸屬海關關長批准，可以延長，延長期限不得超過 1 年。但復議、訴訟期間不計算在內。

第四十一條　有下列情形之一的，海關應當及時解除扣留：

（一）排除違法嫌疑的；

（二）扣留期限、延長期限屆滿的；

（三）已經履行海關行政處罰決定的；

（四）法律、行政法規規定應當解除扣留的其他情形。

第四十二條　海關依法扣留貨物、物品、運輸工具、其他財產以及帳冊、單據等資料，應當制發海關扣留憑單，由海關工作人員、當事人或者其代理人、保管人、見證人簽字或者蓋章，並可以加施海關封志。加施海關封志的，當事人或者其代理人、保管人應當妥善保管。

海關解除對貨物、物品、運輸工具、其他財產以及帳冊、單據等資料的扣留，或者發還等值的擔保，應當制發海關解除扣留通知書、海關解除擔保通知書，並由海關工作人員、當事人或者其代理人、保管人、見證人簽字或者蓋章。

第四十三條　海關查問違法嫌疑人或者詢問證人，應當個別進行，並告知其權利和作偽證應當承擔的法律責任。違法嫌疑人、證人必須如實陳述、提供證據。

海關查問違法嫌疑人或者詢問證人應當製作筆錄，並當場交其辨認，沒有異議的，立即簽字確認；有異議的，予以更正後簽字確認。

嚴禁刑訊逼供或者以威脅、引誘、欺騙等非法手段收集證據。

海關查問違法嫌疑人，可以到違法嫌疑人的所在單位或者住處進行，也可以要求其到海關或者海關指定的地點進行。

第四十四條　海關收集的物證、書證應當是原物、原件。收集原物、原件確有困難的，可以拍攝、複製，並可以指定或者委託有關單位或者個人對原物、原件予以妥善保管。

海關收集物證、書證，應當開列清單，註明收集的日期，由有關單位或者個人確認後簽字或者蓋章。

海關收集電子數據或者錄音、錄像等視聽資料，應當收集原始載體。收集原始載體確有困難的，可以收集複製件，註明製作方法、製作時間、製作人等，並由有關單位或者個人確認後簽字或者蓋章。

第四十五條　根據案件調查需要，海關可以對有關貨物、物品進行取樣化驗、鑒定。

海關提取樣品時，當事人或者其代理人應當到場；當事人或者其代理人未到場的，海關應當邀請見證人到場。提取的樣品，海關應當予以加封，並由海關工作人員及當事人或者其代理人、見證人確認後簽字或者蓋章。

化驗、鑒定應當交由海關化驗鑒定機構或者委託國家認可的其他機構進行。

化驗人、鑒定人進行化驗、鑒定後，應當出具化驗報告、鑒定結論，並簽字或者蓋章。

第四十六條　根據海關法有關規定，海關可以查詢案件涉嫌單位和涉嫌人員在金融機構、郵政企業的存款、匯款。

海關查詢案件涉嫌單位和涉嫌人員在金融機構、郵政企業的存款、匯款，應當出示海關協助查詢通知書。

第四十七條　海關依法扣留的貨物、物品、運輸工具，在人民法院判決或者海關行政處罰決定作出之前，不得處理。但是，危險品或者鮮活、易腐、易爛、易失效、易變質等不宜長期保存的貨物、物品以及所有人申請先行變賣的貨物、物品、運輸工具，經直屬海關關長或者其授權的隸屬海關關長批准，可以先行依法變賣，變賣所得價款由海關保存，並通知其所有人。

第四十八條　當事人有權根據海關法的規定要求海關工作人員迴避。

第五章　海關行政處罰的決定和執行

第四十九條　海關作出暫停從事有關業務、暫停報關執業、撤銷海關註冊登記、取消報關從業資格、對公民處1萬元以上罰款、對法人或者其他組織處10萬元以上罰款、沒收有關貨物、物品、走私運輸工具等行政處罰決定之前，應當告知當事人有要求舉行聽證的權利；當事人要求聽證的，海關應當組織聽證。

海關行政處罰聽證辦法由海關總署制定。

第五十條　案件調查終結，海關關長應當對調查結果進行審查，根據不同情況，依法作出決定。

對情節複雜或者重大違法行為給予較重的行政處罰，應當由海關案件審理委員會集體討論決定。

第五十一條　同一當事人實施了走私和違反海關監管規定的行為且二者之間有因果關係的，依照本實施條例對走私行為的規定從重處罰，對其違反海關監管規定的行為不再另行處罰。

同一當事人就同一批貨物、物品分別實施了2個以上違反海關監管規定的行為且二者之間有因果關係的，依照本實施條例分別規定的處罰幅度，擇其重者處罰。

第五十二條　對2個以上當事人共同實施的違法行為，應當區別情節及責任，分別給予處罰。

第五十三條　有下列情形之一的，應當從重處罰：

（一）因走私被判處刑罰或者被海關行政處罰後在2年內又實施走私行為的；

（二）因違反海關監管規定被海關行政處罰後在1年內又實施同一違反海關監管規定的行為的；

（三）有其他依法應當從重處罰的情形的。

第五十四條　海關對當事人違反海關法的行為依法給予行政處罰的，應當製作行政處罰決定書。

對同一當事人實施的2個以上違反海關法的行為，可以製發1份行政處罰決定書。

對2個以上當事人分別實施的違反海關法的行為，應當分別製發行政處罰決定書。

對2個以上當事人共同實施的違反海關法的行為，應當製發1份行政處罰決定書，區別情況對各當事人分別予以處罰，但需另案處理的除外。

第五十五條　行政處罰決定書應當依照有關法律規定送達當事人。

依法予以公告送達的，海關應當將行政處罰決定書的正本張貼在海關公告欄內，並在報紙上刊登公告。

第五十六條　海關作出沒收貨物、物品、走私運輸工具的行政處罰決定，有關貨物、物品、走私運輸工具無法或者不便沒收的，海關應當追繳上述貨物、物品、走私運輸工具的等值價款。

第五十七條　法人或者其他組織實施違反海關法的行為後，有合併、分立或者其他資產重組情形的，海關應當以原法人、組織作為當事人。

對原法人、組織處以罰款、沒收違法所得或者依法追繳貨物、物品、走私運輸工具的等值價款的，應當以承受其權利義務的法人、組織作為被執行人。

第五十八條　罰款、違法所得和依法追繳的貨物、物品、走私運輸工具的等值價款，應當在海關行政處罰決定規定的期限內繳清。

當事人按期履行行政處罰決定、辦結海關手續的，海關應當及時解除其擔保。

第五十九條　受海關處罰的當事人或者其法定代表人、主要負責人應當在出境前繳清罰款、違法所得和依法追繳的貨物、物品、走私運輸工具的等值價款。在出境前未繳清上述款項的，應當向海關提供相當於上述款項的擔保。未提供擔保，當事人是自然人的，海關可以通知出境管理機關阻止其出境；當事人是法人或者其他組織的，海關可以通知出境管理機關阻止其法定代表人或者主要負責人出境。

第六十條　當事人逾期不履行行政處罰決定的，海關可以採取下列措施：

（一）到期不繳納罰款的，每日按罰款數額的3%加處罰款；

（二）根據海關法規定，將扣留的貨物、物品、運輸工具變價抵繳，或者以當事人提供的擔保抵繳；

（三）申請人民法院強制執行。

第六十一條　當事人確有經濟困難，申請延期或者分期繳納罰款的，經海關批准，可以暫緩或者分期繳納罰款。

當事人申請延期或者分期繳納罰款的，應當以書面形式提出，海關收到申請後，應當在10個工作日內作出決定，並通知申請人。海關同意當事人暫緩或者分期繳納的，應當及時通知收繳罰款的機構。

第六十二條　有下列情形之一的，有關貨物、物品、違法所得、運輸工具、特製設備由海關予以收繳：

（一）依照《中華人民共和國行政處罰法》第二十五條、第二十六條規定不予行政處罰的當事人攜帶、郵寄國家禁止進出境的貨物、物品進出境的；

（二）散發性郵寄國家禁止、限制進出境的物品進出境或者攜帶數量零星的國家禁止進出境的物品進出境，依法可以不予行政處罰的；

（三）依法應當沒收的貨物、物品、違法所得、走私運輸工具、特製設備，在海關作出行政處罰決定前，作為當事人的自然人死亡或者作為當事人的法人、其他組織終止，且無權利義務承受人的；

（四）走私違法事實基本清楚，但當事人無法查清，自海關公告之日起滿3個月的；

（五）有違反法律、行政法規，應當予以收繳的其他情形的。

海關收繳前款規定的貨物、物品、違法所得、運輸工具、特製設備，應當制發清單，由被收繳人或者其代理人、見證人簽字或者蓋章。被收繳人無法查清且無見證人的，應當予以公告。

第六十三條　人民法院判決沒收的走私貨物、物品、違法所得、走私運輸工具、特製設備，或者海關決定沒收、收繳的貨物、物品、違法所得、走私運輸工具、特製設備，由海關依法統一處理，所得價款和海關收繳的罰款，全部上繳中央國庫。

第六章　附　則

第六十四條　本實施條例下列用語的含義是：

「設立海關的地點」，指海關在港口、車站、機場、國界孔道、國際郵件互換局（交換站）等海關監管區設立的卡口，海關在保稅區、出口加工區等海關特殊監管區域設立的卡口，以及海關在海上設立的中途監管站。

「許可證件」，指依照國家有關規定，當事人應當事先申領，並由國家有關主管部門頒發的準予進口或者出口的證明、文件。

「合法證明」，指船舶及所載人員依照國家有關規定或者依照國際運輸慣例所必須

持有的證明其運輸、攜帶、收購、販賣所載貨物、物品真實、合法、有效的商業單證、運輸單證及其他有關證明、文件。

「物品」，指個人以運輸、攜帶等方式進出境的行李物品、郵寄進出境的物品，包括貨幣、金銀等。超出自用、合理數量的，視為貨物。

「自用」，指旅客或者收件人本人自用、饋贈親友而非為出售或者出租。

「合理數量」，指海關根據旅客或者收件人的情況、旅行目的和居留時間所確定的正常數量。

「貨物價值」，指進出口貨物的完稅價格、關稅、進口環節海關代徵稅之和。

「物品價值」，指進出境物品的完稅價格、進口稅之和。

「應納稅款」，指進出口貨物、物品應當繳納的進出口關稅、進口環節海關代徵稅之和。

「專門用於走私的運輸工具」，指專為走私而製造、改造、購買的運輸工具。

「以上」、「以下」、「以內」、「屆滿」，均包括本數在內。

第六十五條　海關對外國人、無國籍人、外國企業或者其他組織給予行政處罰的，適用本實施條例。

第六十六條　國家禁止或者限制進出口的貨物目錄，由國務院對外貿易主管部門依照《中華人民共和國對外貿易法》的規定辦理；國家禁止或者限制進出境的物品目錄，由海關總署公布。

第六十七條　依照海關規章給予行政處罰的，應當遵守本實施條例規定的程序。

第六十八條　本實施條例自 2004 年 11 月 1 日起施行。1993 年 2 月 17 日國務院批准修訂、1993 年 4 月 1 日海關總署發布的《中華人民共和國海關法行政處罰實施細則》同時廢止。

(七)中華人民共和國海關稽查條例

(1997 年 1 月 3 日發布，2011 年 1 月 8 日第一次修訂，2016 年 6 月 19 日第二次修訂)

第一章　總　則
第二章　帳簿、單證等有關資料的管理
第三章　海關稽查的實施
第四章　海關稽查的處理
第五章　法律責任
第六章　附　則

第一章　總　則

第一條　為了建立、健全海關稽查制度，加強海關監督管理，維護正常的進出口

秩序和當事人的合法權益，保障國家稅收收入，促進對外貿易的發展，根據《中華人民共和國海關法》（以下簡稱海關法），制定本條例。

第二條　本條例所稱海關稽查，是指海關自進出口貨物放行之日起3年內或者在保稅貨物、減免稅進口貨物的海關監管期限內及其後的3年內，對與進出口貨物直接有關的企業、單位的會計帳簿、會計憑證、報關單證以及其他有關資料（以下統稱帳簿、單證等有關資料）和有關進出口貨物進行核查，監督其進出口活動的真實性和合法性。

第三條　海關對下列與進出口貨物直接有關的企業、單位實施海關稽查：
（一）從事對外貿易的企業、單位；
（二）從事對外加工貿易的企業；
（三）經營保稅業務的企業；
（四）使用或者經營減免稅進口貨物的企業、單位；
（五）從事報關業務的企業；
（六）海關總署規定的與進出口貨物直接有關的其他企業、單位。

第四條　海關根據稽查工作需要，可以向有關行業協會、政府部門和相關企業等收集特定商品、行業與進出口活動有關的信息。收集的信息涉及商業秘密的，海關應當予以保密。

第五條　海關和海關工作人員執行海關稽查職務，應當客觀公正，實事求是，廉潔奉公，保守被稽查人的商業秘密，不得侵犯被稽查人的合法權益。

第二章　帳簿、單證等有關資料的管理

第六條　與進出口貨物直接有關的企業、單位所設置、編製的會計帳簿、會計憑證、會計報表和其他會計資料，應當真實、準確、完整地記錄和反應進出口業務的有關情況。

第七條　與進出口貨物直接有關的企業、單位應當依照有關法律、行政法規規定的保管期限，保管會計帳簿、會計憑證、會計報表和其他會計資料。

報關單證、進出口單證、合同以及與進出口業務直接有關的其他資料，應當在本條例第二條規定的期限內保管。

第八條　與進出口貨物直接有關的企業、單位會計制度健全，能夠通過計算機正確、完整地記帳、核算的，其計算機儲存和輸出的會計記錄視同會計資料。

第三章　海關稽查的實施

第九條　海關應當按照海關監管的要求，根據與進出口貨物直接有關的企業、單位的進出口信用狀況和風險狀況以及進出口貨物的具體情況，確定海關稽查重點。

第十條　海關進行稽查時，應當在實施稽查的3日前，書面通知被稽查人。在被稽查人有重大違法嫌疑，其帳簿、單證等有關資料以及進出口貨物可能被轉移、隱匿、

毀棄等緊急情況下，經直屬海關關長或者其授權的隸屬海關關長批准，海關可以不經事先通知進行稽查。

第十一條　海關進行稽查時，應當組成稽查組。稽查組的組成人員不得少於 2 人。

第十二條　海關進行稽查時，海關工作人員應當出示海關稽查證。

海關稽查證，由海關總署統一制發。

第十三條　海關進行稽查時，海關工作人員與被稽查人有直接利害關係的，應當迴避。

第十四條　海關進行稽查時，可以行使下列職權：

（一）查閱、複製被稽查人的帳簿、單證等有關資料；

（二）進入被稽查人的生產經營場所、貨物存放場所，檢查與進出口活動有關的生產經營情況和貨物；

（三）詢問被稽查人的法定代表人、主要負責人員和其他有關人員與進出口活動有關的情況和問題；

（四）經直屬海關關長或者其授權的隸屬海關關長批准，查詢被稽查人在商業銀行或者其他金融機構的存款帳戶。

第十五條　海關進行稽查時，發現被稽查人有可能轉移、隱匿、篡改、毀棄帳簿、單證等有關資料的，經直屬海關關長或者其授權的隸屬海關關長批准，可以查封、扣押其帳簿、單證等有關資料以及相關電子數據存儲介質。採取該項措施時，不得妨礙被稽查人正常的生產經營活動。

海關對有關情況查明或者取證後，應當立即解除對帳簿、單證等有關資料以及相關電子數據存儲介質的查封、扣押。

第十六條　海關進行稽查時，發現被稽查人的進出口貨物有違反海關法和其他有關法律、行政法規規定的嫌疑的，經直屬海關關長或者其授權的隸屬海關關長批准，可以查封、扣押有關進出口貨物。

第十七條　被稽查人應當配合海關稽查工作，並提供必要的工作條件。

第十八條　被稽查人應當接受海關稽查，如實反應情況，提供帳簿、單證等有關資料，不得拒絕、拖延、隱瞞。

被稽查人使用計算機記帳的，應當向海關提供記帳軟件、使用說明書及有關資料。

第十九條　海關查閱、複製被稽查人的帳簿、單證等有關資料或者進入被稽查人的生產經營場所、貨物存放場所檢查時，被稽查人的法定代表人或者主要負責人員或者其指定的代表應當到場，並按照海關的要求清點帳簿、打開貨物存放場所、搬移貨物或者開啟貨物包裝。

第二十條　海關進行稽查時，與被稽查人有財務往來或者其他商務往來的企業、單位應當向海關如實反應被稽查人的有關情況，提供有關資料和證明材料。

第二十一條　海關進行稽查時，可以委託會計、稅務等方面的專業機構就相關問題作出專業結論。

被稽查人委託會計、稅務等方面的專業機構作出的專業結論，可以作為海關稽查的參考依據。

第二十二條　海關稽查組實施稽查後，應當向海關報送稽查報告。稽查報告認定被稽查人涉嫌違法的，在報送海關前應當就稽查報告認定的事實徵求被稽查人的意見，被稽查人應當自收到相關材料之日起 7 日內，將其書面意見送交海關。

第二十三條　海關應當自收到稽查報告之日起 30 日內，作出海關稽查結論並送達被稽查人。

海關應當在稽查結論中說明作出結論的理由，並告知被稽查人的權利。

第四章　海關稽查的處理

第二十四條　經海關稽查，發現關稅或者其他進口環節的稅收少徵或者漏徵的，由海關依照海關法和有關稅收法律、行政法規的規定向被稽查人補徵；因被稽查人違反規定而造成少徵或者漏徵的，由海關依照海關法和有關稅收法律、行政法規的規定追徵。

被稽查人在海關規定的期限內仍未繳納稅款的，海關可以依照海關法第六十條第一款、第二款的規定採取強制執行措施。

第二十五條　依照本條例第十六條的規定查封、扣押的有關進出口貨物，經海關稽查排除違法嫌疑的，海關應當立即解除查封、扣押；經海關稽查認定違法的，由海關依照海關法和海關行政處罰實施條例的規定處理。

第二十六條　經海關稽查，認定被稽查人有違反海關監管規定的行為的，由海關依照海關法和海關行政處罰實施條例的規定處理。

與進出口貨物直接有關的企業、單位主動向海關報告其違反海關監管規定的行為，並接受海關處理的，應當從輕或者減輕行政處罰。

第二十七條　經海關稽查，發現被稽查人有走私行為，構成犯罪的，依法追究刑事責任；尚不構成犯罪的，由海關依照海關法和海關行政處罰實施條例的規定處理。

第二十八條　海關通過稽查決定補徵或者追徵的稅款、沒收的走私貨物和違法所得以及收繳的罰款，全部上繳國庫。

第二十九條　被稽查人同海關發生納稅爭議的，依照海關法第六十四條的規定辦理。

第五章　法律責任

第三十條　被稽查人有下列行為之一的，由海關責令限期改正，逾期不改正的，處 2 萬元以上 10 萬元以下的罰款；情節嚴重的，撤銷其報關注冊登記；對負有直接責任的主管人員和其他直接責任人員處 5,000 元以上 5 萬元以下的罰款；構成犯罪的，依法追究刑事責任：

（一）向海關提供虛假情況或者隱瞞重要事實；

（二）拒絕、拖延向海關提供帳簿、單證等有關資料以及相關電子數據存儲介質；

（三）轉移、隱匿、篡改、毀棄報關單證、進出口單證、合同、與進出口業務直接

有關的其他資料以及相關電子數據存儲介質。

第三十一條　被稽查人未按照規定編製或者保管報關單證、進出口單證、合同以及與進出口業務直接有關的其他資料的，由海關責令限期改正，逾期不改正的，處 1 萬元以上 5 萬元以下的罰款；情節嚴重的，撤銷其報關註冊登記；對負有直接責任的主管人員和其他直接責任人員處 1,000 元以上 5,000 元以下的罰款。

第三十二條　被稽查人未按照規定設置或者編製帳簿，或者轉移、隱匿、篡改、毀棄帳簿的，依照會計法的有關規定追究法律責任。

第三十三條　海關工作人員在稽查中玩忽職守、徇私舞弊、濫用職權，或者利用職務上的便利，收受、索取被稽查人的財物，構成犯罪的，依法追究刑事責任；尚不構成犯罪的，依法給予處分。

第六章　附　則

第三十四條　本條例自發布之日起施行。

(八)中華人民共和國知識產權海關保護條例

(2003 年 12 月 2 日發布，自 2004 年 3 月 1 日起施行。2010 年 3 月 24 日修訂)

第一章　總　則
第二章　知識產權的備案
第三章　扣留侵權嫌疑貨物的申請及其處理
第四章　法律責任
第五章　附　則

第一章　總　則

第一條　為了實施知識產權海關保護，促進對外經濟貿易和科技文化交往，維護公共利益，根據《中華人民共和國海關法》，制定本條例。

第二條　本條例所稱知識產權海關保護，是指海關對與進出口貨物有關並受中華人民共和國法律、行政法規保護的商標專用權、著作權和與著作權有關的權利、專利權（以下統稱知識產權）實施的保護。

第三條　國家禁止侵犯知識產權的貨物進出口。
海關依照有關法律和本條例的規定實施知識產權保護，行使《中華人民共和國海關法》規定的有關權力。

第四條　知識產權權利人請求海關實施知識產權保護的，應當向海關提出採取保護措施的申請。

第五條　進口貨物的收貨人或者其代理人、出口貨物的發貨人或者其代理人應當按照國家規定，向海關如實申報與進出口貨物有關的知識產權狀況，並提交有關證明文件。

第六條　海關實施知識產權保護時，應當保守有關當事人的商業秘密。

第二章　知識產權的備案

第七條　知識產權權利人可以依照本條例的規定，將其知識產權向海關總署申請備案；申請備案的，應當提交申請書。申請書應當包括下列內容：

（一）知識產權權利人的名稱或者姓名、註冊地或者國籍等；

（二）知識產權的名稱、內容及其相關信息；

（三）知識產權許可行使狀況；

（四）知識產權權利人合法行使知識產權的貨物的名稱、產地、進出境地海關、進出口商、主要特徵、價格等；

（五）已知的侵犯知識產權貨物的製造商、進出口商、進出境地海關、主要特徵、價格等。

前款規定的申請書內容有證明文件的，知識產權權利人應當附送證明文件。

第八條　海關總署應當自收到全部申請文件之日起30個工作日內作出是否準予備案的決定，並書面通知申請人；不予備案的，應當說明理由。

有下列情形之一的，海關總署不予備案：

（一）申請文件不齊全或者無效的；

（二）申請人不是知識產權權利人的；

（三）知識產權不再受法律、行政法規保護的。

第九條　海關發現知識產權權利人申請知識產權備案未如實提供有關情況或者文件的，海關總署可以撤銷其備案。

第十條　知識產權海關保護備案自海關總署準予備案之日起生效，有效期為10年。

知識產權有效的，知識產權權利人可以在知識產權海關保護備案有效期屆滿前6個月內，向海關總署申請續展備案。每次續展備案的有效期為10年。

知識產權海關保護備案有效期屆滿而不申請續展或者知識產權不再受法律、行政法規保護的，知識產權海關保護備案隨即失效。

第十一條　知識產權備案情況發生改變的，知識產權權利人應當自發生改變之日起30個工作日內，向海關總署辦理備案變更或者註銷手續。

知識產權權利人未依照前款規定辦理變更或者註銷手續，給他人合法進出口或者海關依法履行監管職責造成嚴重影響的，海關總署可以根據有關利害關係人的申請撤銷有關備案，也可以主動撤銷有關備案。

第三章　扣留侵權嫌疑貨物的申請及其處理

　　第十二條　知識產權權利人發現侵權嫌疑貨物即將進出口的，可以向貨物進出境地海關提出扣留侵權嫌疑貨物的申請。

　　第十三條　知識產權權利人請求海關扣留侵權嫌疑貨物的，應當提交申請書及相關證明文件，並提供足以證明侵權事實明顯存在的證據。

　　申請書應當包括下列主要內容：

　　（一）知識產權權利人的名稱或者姓名、註冊地或者國籍等；
　　（二）知識產權的名稱、內容及其相關信息；
　　（三）侵權嫌疑貨物收貨人和發貨人的名稱；
　　（四）侵權嫌疑貨物名稱、規格等；
　　（五）侵權嫌疑貨物可能進出境的口岸、時間、運輸工具等。

　　侵權嫌疑貨物涉嫌侵犯備案知識產權的，申請書還應當包括海關備案號。

　　第十四條　知識產權權利人請求海關扣留侵權嫌疑貨物的，應當向海關提供不超過貨物等值的擔保，用於賠償可能因申請不當給收貨人、發貨人造成的損失，以及支付貨物由海關扣留後的倉儲、保管和處置等費用；知識產權權利人直接向倉儲商支付倉儲、保管費用的，從擔保中扣除。具體辦法由海關總署制定。

　　第十五條　知識產權權利人申請扣留侵權嫌疑貨物，符合本條例第十三條的規定，並依照本條例第十四條的規定提供擔保的，海關應當扣留侵權嫌疑貨物，書面通知知識產權權利人，並將海關扣留憑單送達收貨人或者發貨人。

　　知識產權權利人申請扣留侵權嫌疑貨物，不符合本條例第十三條的規定，或者未依照本條例第十四條的規定提供擔保的，海關應當駁回申請，並書面通知知識產權權利人。

　　第十六條　海關發現進出口貨物有侵犯備案知識產權嫌疑的，應當立即書面通知知識產權權利人。知識產權權利人自通知送達之日起 3 個工作日內依照本條例第十三條的規定提出申請，並依照本條例第十四條的規定提供擔保的，海關應當扣留侵權嫌疑貨物，書面通知知識產權權利人，並將海關扣留憑單送達收貨人或者發貨人。知識產權權利人逾期未提出申請或者未提供擔保的，海關不得扣留貨物。

　　第十七條　經海關同意，知識產權權利人和收貨人或者發貨人可以查看有關貨物。

　　第十八條　收貨人或者發貨人認為其貨物未侵犯知識產權權利人的知識產權的，應當向海關提出書面說明並附送相關證據。

　　第十九條　涉嫌侵犯專利權貨物的收貨人或者發貨人認為其進出口貨物未侵犯專利權的，可以在向海關提供貨物等值的擔保金後，請求海關放行其貨物。知識產權權利人未能在合理期限內向人民法院起訴的，海關應當退還擔保金。

　　第二十條　海關發現進出口貨物有侵犯備案知識產權嫌疑並通知知識產權權利人後，知識產權權利人請求海關扣留侵權嫌疑貨物的，海關應當自扣留之日起 30 個工作日內對被扣留的侵權嫌疑貨物是否侵犯知識產權進行調查、認定；不能認定的，應當

立即書面通知知識產權權利人。

第二十一條 海關對被扣留的侵權嫌疑貨物進行調查，請求知識產權主管部門提供協助的，有關知識產權主管部門應當予以協助。

知識產權主管部門處理涉及進出口貨物的侵權案件請求海關提供協助的，海關應當予以協助。

第二十二條 海關對被扣留的侵權嫌疑貨物及有關情況進行調查時，知識產權權利人和收貨人或者發貨人應當予以配合。

第二十三條 知識產權權利人在向海關提出採取保護措施的申請後，可以依照《中華人民共和國商標法》《中華人民共和國著作權法》《中華人民共和國專利法》或者其他有關法律的規定，就被扣留的侵權嫌疑貨物向人民法院申請採取責令停止侵權行為或者財產保全的措施。

海關收到人民法院有關責令停止侵權行為或者財產保全的協助執行通知的，應當予以協助。

第二十四條 有下列情形之一的，海關應當放行被扣留的侵權嫌疑貨物：

（一）海關依照本條例第十五條的規定扣留侵權嫌疑貨物，自扣留之日起20個工作日內未收到人民法院協助執行通知的；

（二）海關依照本條例第十六條的規定扣留侵權嫌疑貨物，自扣留之日起50個工作日內未收到人民法院協助執行通知，並且經調查不能認定被扣留的侵權嫌疑貨物侵犯知識產權的；

（三）涉嫌侵犯專利權貨物的收貨人或者發貨人在向海關提供與貨物等值的擔保金後，請求海關放行其貨物的；

（四）海關認為收貨人或者發貨人有充分的證據證明其貨物未侵犯知識產權權利人的知識產權的；

（五）在海關認定被扣留的侵權嫌疑貨物為侵權貨物之前，知識產權權利人撤回扣留侵權嫌疑貨物的申請的。

第二十五條 海關依照本條例的規定扣留侵權嫌疑貨物，知識產權權利人應當支付有關倉儲、保管和處置等費用。知識產權權利人未支付有關費用的，海關可以從其向海關提供的擔保金中予以扣除，或者要求擔保人履行有關擔保責任。

侵權嫌疑貨物被認定為侵犯知識產權的，知識產權權利人可以將其支付的有關倉儲、保管和處置等費用計入其為制止侵權行為所支付的合理開支。

第二十六條 海關實施知識產權保護發現涉嫌犯罪案件的，應當將案件依法移送公安機關處理。

第四章 法律責任

第二十七條 被扣留的侵權嫌疑貨物，經海關調查後認定侵犯知識產權的，由海關予以沒收。

海關沒收侵犯知識產權貨物後，應當將侵犯知識產權貨物的有關情況書面通知知

識產權權利人。

被沒收的侵犯知識產權貨物可以用於社會公益事業的，海關應當轉交給有關公益機構用於社會公益事業；知識產權權利人有收購意願的，海關可以有償轉讓給知識產權權利人。被沒收的侵犯知識產權貨物無法用於社會公益事業且知識產權權利人無收購意願的，海關可以在消除侵權特徵後依法拍賣，但對進口假冒商標貨物，除特殊情況外，不能僅清除貨物上的商標標示即允許其進入商業渠道；侵權特徵無法消除的，海關應當予以銷毀。

第二十八條　海關接受知識產權保護備案和採取知識產權保護措施的申請後，因知識產權權利人未提供確切情況而未能發現侵權貨物、未能及時採取保護措施或者採取保護措施不力的，由知識產權權利人自行承擔責任。

知識產權權利人請求海關扣留侵權嫌疑貨物後，海關不能認定被扣留的侵權嫌疑貨物侵犯知識產權權利人的知識產權，或者人民法院判定不侵犯知識產權權利人的知識產權的，知識產權權利人應當依法承擔賠償責任。

第二十九條　進口或者出口侵犯知識產權貨物，構成犯罪的，依法追究刑事責任。

第三十條　海關工作人員在實施知識產權保護時，玩忽職守、濫用職權、徇私舞弊，構成犯罪的，依法追究刑事責任；尚不構成犯罪的，依法給予行政處分。

第五章　附　則

第三十一條　個人攜帶或者郵寄進出境的物品，超出自用、合理數量，並侵犯本條例第二條規定的知識產權的，按照侵權貨物處理。

第三十二條　知識產權權利人將其知識產權向海關總署備案的，應當按照國家有關規定繳納備案費。

第三十三條　本條例自 2004 年 3 月 1 日起施行。1995 年 7 月 5 日國務院發布的《中華人民共和國知識產權海關保護條例》同時廢止。

（九）中華人民共和國海關統計條例

（國務院 2005 年 12 月 25 日發布，2006 年 3 月 1 日施行）

第一條　為了科學、有效地開展海關統計工作，保障海關統計的準確性、及時性、完整性，根據《中華人民共和國海關法》和《中華人民共和國統計法》的有關規定，制定本條例。

第二條　海關統計是海關依法對進出口貨物貿易的統計，是國民經濟統計的組成部分。

海關統計的任務是對進出口貨物貿易進行統計調查、統計分析和統計監督，進行進出口監測預警，編製、管理和公布海關統計資料，提供統計服務。

第三條　海關總署負責組織、管理全國海關統計工作。

海關統計機構、統計人員應當依照《中華人民共和國統計法》《中華人民共和國統計法實施細則》及本條例的規定履行職責。

第四條　實際進出境並引起境內物質存量增加或者減少的貨物，列入海關統計。

進出境物品超過自用、合理數量的，列入海關統計。

第五條　下列進出口貨物不列入海關統計：

（一）過境、轉運和通運貨物；

（二）暫時進出口貨物；

（三）貨幣及貨幣用黃金；

（四）租賃期1年以下的租賃進出口貨物；

（五）因殘損、短少、品質不良或者規格不符而免費補償或者更換的進出口貨物；

（六）海關總署規定的不列入海關統計的其他貨物。

第六條　進出口貨物的統計項目包括：

（一）品名及編碼；

（二）數量、價格；

（三）經營單位；

（四）貿易方式；

（五）運輸方式；

（六）進口貨物的原產國（地區）、啓運國（地區）、境內目的地；

（七）出口貨物的最終目的國（地區）、運抵國（地區）、境內貨源地；

（八）進出口日期；

（九）關別；

（十）海關總署規定的其他統計項目。

根據國民經濟發展和海關監管需要，海關總署可以對統計項目進行調整。

第七條　進出口貨物的品名及編碼，按照《中華人民共和國海關統計商品目錄》歸類統計。

進出口貨物的數量，按照《中華人民共和國海關統計商品目錄》規定的計量單位統計。

《中華人民共和國海關統計商品目錄》由海關總署公布。

第八條　進口貨物的價格，按照貨價、貨物運抵中華人民共和國境內輸入地點起卸前的運輸及其相關費用、保險費之和統計。

出口貨物的價格，按照貨價、貨物運抵中華人民共和國境內輸出地點裝卸前的運輸及其相關費用、保險費之和統計，其中包含的出口關稅稅額，應當予以扣除。

第九條　進口貨物，應當分別統計其原產國（地區）、啓運國（地區）和境內目的地。

出口貨物，應當分別統計其最終目的國（地區）、運抵國（地區）和境內貨源地。

第十條　進出口貨物的經營單位，按照在海關注冊登記、從事進出口經營活動的法人、其他組織或者個人統計。

第十一條　進出口貨物的貿易方式，按照海關監管要求分類統計。

第十二條　進出口貨物的運輸方式，按照貨物進出境時的運輸方式統計，包括水路運輸、鐵路運輸、公路運輸、航空運輸及其他運輸方式。

第十三條　進口貨物的日期，按照海關放行的日期統計；出口貨物的日期，按照辦結海關手續的日期統計。

第十四條　進出口貨物由接受申報的海關負責統計。

第十五條　海關統計資料包括海關統計原始資料以及以原始資料為基礎採集、整理的相關統計信息。

前款所稱海關統計原始資料，是指經海關確認的進出口貨物報關單及其他有關單證。

第十六條　海關總署應當定期、無償地向國務院有關部門提供有關綜合統計資料。

直屬海關應當定期、無償地向所在地省、自治區、直轄市人民政府有關部門提供有關綜合統計資料。

第十七條　海關應當建立統計資料定期公布制度，向社會公布海關統計信息。

海關可以根據社會公眾的需要，提供統計服務。

第十八條　海關統計人員對在統計過程中知悉的國家秘密、商業秘密負有保密義務。

第十九條　當事人有權在保存期限內查詢自己申報的海關統計原始資料及相關信息，對查詢結果有疑問的，可以向海關申請核實，海關應當予以核實，並解答有關問題。

第二十條　海關對當事人依法應當申報的項目有疑問的，可以向當事人提出查詢，當事人應當及時作出答覆。

第二十一條　依法應當申報的項目未申報或者申報不實影響海關統計準確性的，海關應當責令當事人予以更正，需要予以行政處罰的，依照《中華人民共和國海關行政處罰實施條例》的規定予以處罰。

第二十二條　本條例自 2006 年 3 月 1 日起施行。

三　部門規章

(一)中華人民共和國海關進出口貨物申報管理規定

(經 2002 年 12 月 23 日海關總署署長辦公會議審議通過，現予公布。自 2003 年 11 月 1 日起施行)

第一章　總　則

第一條　為規範進出口貨物的申報行為，依據《中華人民共和國海關法》及國家進出口管理的有關法律、行政法規，制定本規定。

第二條　本規定中的「申報」是指進出口貨物的收發貨人、受委託的報關企業，依照《海關法》以及有關法律、行政法規和規章的要求，在規定的期限、地點，採用電子數據報關單和紙質報關單形式，向海關報告實際進出口貨物的情況，並接受海關審核的行為。

第三條　除另有規定外，進出口貨物的收發貨人或其委託的報關企業向海關辦理各類進出口貨物的申報手續，均適用本規定。

第四條　進出口貨物的收發貨人，可以自行向海關申報，也可以委託報關企業向海關申報。

向海關辦理申報手續的進出口貨物的收發貨人、受委託的報關企業應當預先在海關依法辦理登記註冊。

第五條　申報採用電子數據報關單申報形式和紙質報關單申報形式。電子數據報關單和紙質報關單均具有法律效力。

電子數據報關單申報形式是指進出口貨物的收發貨人、受委託的報關企業通過計算機系統按照《中華人民共和國海關進出口貨物報關單填製規範》的要求向海關傳送報關單電子數據並備齊隨附單證的申報方式。

紙質報關單申報形式是指進出口貨物的收發貨人、受委託的報關企業，按照海關的規定填製紙質報關單，備齊隨附單證，向海關當面遞交的申報方式。

進出口貨物的收發貨人、受委託的報關企業應當以電子數據報關單形式向海關申報，與隨附單證一併遞交的紙質報關單的內容應當與電子數據報關單一致；特殊情況下經海關同意，允許先採用紙質報關單形式申報，電子數據事後補報，補報的電子數

據應當與紙質報關單內容一致。在向未使用海關信息化管理系統作業的海關申報時可以採用紙質報關單申報形式。

第六條　為進出口貨物的收發貨人、受委託的報關企業辦理申報手續的人員，應當是取得報關員資格並在海關註冊的報關員。未取得報關員資格且未在海關註冊的人員不得辦理進出口貨物申報手續。

報關員應當按照國家和海關的法律法規規定和要求開展報關活動。除法律、行政法規和規章另有規定外，報關員及其所屬企業應對報關員的申報行為承擔相應的法律責任。

第二章　申報要求

第七條　進出口貨物的收發貨人、受委託的報關企業應當依法如實向海關申報，對申報內容的真實性、準確性、完整性和規範性承擔相應的法律責任。

第八條　進口貨物的收貨人、受委託的報關企業應當自運輸工具申報進境之日起十四日內向海關申報。

進口轉關運輸貨物的收貨人、受委託的報關企業應當自運輸工具申報進境之日起十四日內，向進境地海關辦理轉關運輸手續，有關貨物應當自運抵指運地之日起十四日內向指運地海關申報。

出口貨物發貨人、受委託的報關企業應當在貨物運抵海關監管區後、裝貨的二十四小時以前向海關申報。

超過規定時限未向海關申報的，海關按照《中華人民共和國海關徵收進口貨物滯報金辦法》徵收滯報金。

第九條　本規定中的申報日期是指申報數據被海關接受的日期。不論以電子數據報關單方式申報或以紙質報關單方式申報，海關以接受申報數據的日期為接受申報的日期。

以電子數據報關單方式申報的，申報日期為海關計算機系統接受申報數據時記錄的日期，該日期將反饋給原數據發送單位，或公布於海關業務現場，或通過公共信息系統發布。

以紙質報關單方式申報的，申報日期為海關接受紙質報關單並對報關單進行登記處理的日期。

第十條　電子數據報關單經過海關計算機檢查被退回的，視為海關不接受申報，進出口貨物收發貨人、受委託的報關企業應當按照要求修改後重新申報，申報日期為海關接受重新申報的日期。

海關已接受申報的報關單電子數據，經人工審核後，需要對部分內容修改的，進出口貨物收發貨人、受委託的報關企業應當按照海關規定進行修改並重新發送，申報日期仍為海關原接受申報的日期。

第十一條　進出口貨物的收發貨人以自己的名義，向海關申報的，報關單應當由進出口貨物收發貨人簽名蓋章，並隨附有關單證。

報關企業接受進出口貨物的收發貨人委託，以自己的名義或以委託人的名義向海關申報的，應當向海關提交由委託人簽署的授權委託書，並按照委託書的授權範圍辦理有關海關手續。

第十二條　報關企業接受進出口貨物收發貨人委託辦理報關手續的，應當與進出口貨物收發貨人簽訂有明確委託事項的委託協議，進出口貨物收發貨人應當向報關企業提供委託報關事項的真實情況。

報關企業接受進出口收發貨人的委託，辦理報關手續時，應當對委託人所提供情況的真實性、完整性進行合理審查，審查內容包括：

（一）證明進出口貨物的實際情況的資料，包括進出口貨物的品名、規格、用途、產地、貿易方式等；

（二）有關進出口貨物的合同、發票、運輸單據、裝箱單等商業單據；

（三）進出口所需的許可證件及隨附單證；

（四）海關要求的加工貿易手冊（紙質或電子數據的）及其他進出口單證。

報關企業未對進出口貨物的收發貨人提供情況的真實性、完整性履行合理審查義務或違反海關規定申報的，應當承擔相應的法律責任。

第十三條　進口貨物的收貨人，向海關申報前，因確定貨物的品名、規格、型號、歸類等原因，可以向海關提出查看貨物或者提取貨樣的書面申請。海關審核同意的，派員到場實際監管。

查看貨物或提取貨樣時，海關開具取樣記錄和取樣清單；提取貨樣的貨物涉及動植物及產品以及其他須依法提供檢疫證明的，應當按照國家的有關法律規定，在取得主管部門簽發的書面批准證明後提取。提取貨樣後，到場監管的海關關員與進口貨物的收貨人在取樣記錄和取樣清單上簽字確認。

第十四條　海關接受進出口貨物的申報後，申報內容不得修改，報關單證不得撤銷；確有如下正當理由的，收發貨人、受委託的報關企業向海關遞交書面申請，經海關審核批准後，可以進行修改或撤銷：

（一）由於計算機、網絡系統等方面的原因導致電子數據申報錯誤的；

（二）海關在辦理出口貨物的放行手續後，由於裝運、配載等原因造成原申報貨物部分或全部退關需要修改或撤銷報關單證及其內容的；

（三）報關人員由於操作或書寫失誤造成申報差錯，但未對國家貿易管制政策的實施、稅費徵收及海關統計指標等造成危害的；

（四）海關審價、歸類審核或專業認定後需對原申報數據進行修改的；

（五）根據貿易慣例先行採用暫時價格成交、實際結算時按商檢品質認定或國際市場實際價格付款方式需要修改原申報數據的；海關已經決定布控、查驗進出口貨物的，進出口貨物的收發貨人、受委託的報關企業不得修改報關單內容或撤銷報關單證。

第十五條　海關審核電子數據報關單時，需要進出口貨物的收發貨人、受委託的報關企業解釋、說明情況或補充材料的，收發貨人、受委託的報關企業應當在接到海關通知後及時進行說明或提供完備材料。

第十六條　海關審結電子數據報關單後，進出口貨物的收發貨人、受委託的報關

企業應當自接到海關「現場交單」或「放行交單」通知之日起 10 日內，持打印出的紙質報關單，備齊規定的隨附單證並簽名蓋章，到貨物所在地海關遞交書面單證並辦理相關海關手續。

確因節假日或轉關運輸等其他特殊原因需要逾期向海關遞交書面單證並辦理相關海關手續的，進出口貨物的收發貨人、受委託的報關企業應當事先向海關提出書面申請說明原因，經海關核准後在核准的期限內辦理。其中，進出口貨物收發貨人自行報關的，由收發貨人在申請書上簽章；委託報關企業報關的，由報關企業和進出口貨物收發貨人雙方共同在申請書上簽章。

未在規定期限或核准的期限內遞交紙質報關單的，海關刪除電子數據報關單，進出口貨物的收發貨人、受委託的報關企業應當重新申報。由此產生的滯報金按照《中華人民共和國海關徵收進口貨物滯報金辦法》的規定辦理。

現場交單審核時，進出口貨物的收發貨人、受委託的報關企業應向海關遞交與電子數據報關單內容一致的紙質報關單及隨附單證。特殊情況下，個別內容不符的，經海關審核確認無違法情形的，由進出口貨物收發貨人、受委託的報關企業重新提供與報關單電子數據相符的隨附單證或提交有關說明的申請，電子數據報關單可不予刪除。其中，實際交驗的進出口許可證件與申報內容不一致的，經海關認定無違反國家進出口貿易管制政策和海關有關規定的，可以重新向海關提交。

第十七條　企業可以通過計算機網絡向海關進行聯網即時申報。具體辦法由海關總署另行制定。

第三章　特殊申報

第十八條　經海關批准，進出口貨物的收發貨人、受委託的報關企業可以在取得提（運）單或載貨清單（艙單）數據後，向海關提前申報。

在進出口貨物的品名、規格、數量等已確定無誤的情況下，經批准的企業可以在進口貨物啓運後、抵港前或出口貨物運入海關監管場所前 3 日內，提前向海關辦理報關手續，並按照海關的要求交驗有關隨附單證、進出口貨物批准文件及其他需提供的證明文件。

驗核提前申報的進出口貨物許可證件有效期以海關接受申報之日為準。提前申報的進出口貨物稅率、匯率的適用，按照《中華人民共和國進出口關稅條例》（以下簡稱《關稅條例》）的有關規定辦理。

第十九條　特殊情況下，經海關批准，進出口貨物的收發貨人、受委託的報關企業可以自裝載貨物的運輸工具申報進境之日起 1 個月內向指定海關辦理集中申報手續。

集中申報企業應當向海關提供有效擔保，並在每次貨物進、出口時，按照要求向海關報告貨物的進出口日期、運輸工具名稱、提（運）單號、稅號、品名、規格型號、價格、原產地、數量、重量、收（發）貨單位等海關監管所必需的信息，海關可准許先予查驗和提取貨物。集中申報企業提取貨物後，應當自裝載貨物的運輸工具申報進境之日起 1 個月內向海關辦理集中申報及徵稅、放行等海關手續。超過規定期限未向

海關申報的，按照《中華人民共和國海關徵收進口貨物滯報金辦法》徵收滯報金。

集中申報採用向海關進行電子數據報關單申報的方式。

集中申報的進出口貨物稅率、匯率的適用，按照《關稅條例》的有關規定辦理。

第二十條　經電纜、管道、輸送帶或者其他特殊運輸方式輸送進出口的貨物，經海關同意，可以定期向指定海關申報。

第二十一條　需要向海關申報知識產權狀況的進出口貨物，收發貨人、受委託的報關企業應當按照海關要求向海關如實申報有關知識產權狀況，並提供能夠證明申報內容真實的證明文件和相關單證。海關按規定實施保護措施。

第二十二條　海關對進出口貨物申報價格、稅則歸類進行審查時，進出口貨物的收發貨人、受委託的報關企業應當按海關要求提交相關單證和材料。

第二十三條　需要進行補充申報的，進出口貨物的收發貨人、受委託的報關企業應當如實填寫補充申報單，並向海關遞交。

第二十四條　轉運、通運、過境貨物及快件的申報規定，由海關總署另行制定。

第四章　申報單證

第二十五條　進出口貨物的收發貨人、受委託的報關企業到海關現場辦理接單審核、徵收稅費及驗放手續時，應當遞交與電子數據報關單內容相一致的紙質報關單、國家實行進出口管理的許可證件以及海關要求的隨附單證等。

第二十六條　向海關遞交紙質報關單可以使用事先印製的規定格式報關單或直接在 A4 型空白紙張上打印。

進口貨物紙質報關單一式五聯：海關作業聯、海關留存聯、企業留存聯、海關核銷聯、證明聯（進口付匯用）。

出口貨物紙質報關單一式六聯：海關作業聯、海關留存聯、企業留存聯、海關核銷聯、證明聯（出口收匯用）、證明聯（出口退稅用）。

第二十七條　進、出口貨物報關單應當隨附的單證包括：

（一）合同；

（二）發票；

（三）裝箱清單；

（四）載貨清單（艙單）；

（五）提（運）單；

（六）代理報關授權委託協議；

（七）進出口許可證件；

（八）海關要求的加工貿易手冊（紙質或電子數據）及其他進出口有關單證。

海關應當留存進出口許可證件的正本，其餘單證可以留存副本或複印件。

第二十八條　貨物實際進出口前，海關已對該貨物做出預歸類決定的，進出口貨物的收發貨人、受委託的報關企業在貨物實際進出口申報時應當向海關提交《預歸類決定書》。

第五章　報關單證明聯、核銷聯的簽發和補簽

第二十九條　根據國家外匯、稅務、海關對加工貿易等管理的要求，進出口貨物的收發貨人、受委託的報關企業辦結海關手續後，可以向海關申請簽發下列報關單證明聯：

（一）用於辦理出口退稅的出口貨物報關單證明聯；

（二）用於辦理付匯的進口貨物報關單證明聯；

（三）用於辦理收匯的出口貨物報關單證明聯；

（四）用於辦理加工貿易核銷的海關核銷聯。

海關簽發報關單證明聯應當在打印出的報關單證明聯的右下角規定處加蓋已在有關部門備案的「驗訖章」。

進出口貨物的收發貨人、受委託的報關企業在申領報關單證明聯、海關核銷聯時，應當提供海關要求的有效證明。

第三十條　海關已簽發的報關單證明聯、核銷聯因遺失、損毀等特殊情況需要補簽的，進出口貨物的收發貨人、受委託的報關企業應當自原證明聯簽發之日起 1 年內向海關提出書面申請，並隨附有關證明材料，海關審核同意後，可予以補簽。海關在證明聯、核銷聯上註明「補簽」字樣，並按規定收取工本費。

第六章　附　　則

第三十一條　保稅區、出口加工區進出口的貨物及進出保稅區、出口加工區貨物，加工貿易後續管理環節的內銷、餘料結轉、深加工結轉等，除另有規定外，按照本規定的規定在主管海關辦理申報手續。

第三十二條　採用轉關運輸方式的進出口貨物，按照《中華人民共和國海關關於轉關貨物的監管辦法》辦理申報手續。

第三十三條　進出口貨物的收發貨人、受委託的報關企業、報關員違反本規定的，依照《中華人民共和國海關法》及《中華人民共和國海關法行政處罰實施細則》等有關規定處罰。

第三十四條　本規定由海關總署負責解釋。

第三十五條　本規定自 2003 年 11 月 1 日起施行。

（二）進出口貨物報關單修改和撤銷管理辦法

（海關總署 2014 年 2 月 13 日公布，自公布之日起施行）

第一條　為了加強對進出口貨物報關單修改和撤銷的管理，規範進出口貨物收發貨人或者其代理人的申報行為，保護其合法權益，根據《中華人民共和國海關法》（以

下簡稱《海關法》）制定本辦法。

第二條　進出口貨物收發貨人或者其代理人（以下統稱當事人）修改或者撤銷進出口貨物報關單，以及海關要求對進出口貨物報關單進行修改或者撤銷的，適用本辦法。

第三條　海關接受進出口貨物申報後，報關單證及其內容不得修改或者撤銷；符合規定情形的，可以修改或者撤銷。

進出口貨物報關單修改或者撤銷後，紙質報關單和電子數據報關單應當一致。

第四條　進出口貨物報關單的修改或者撤銷，應當遵循修改優先原則；確實不能修改的，予以撤銷。

第五條　有以下情形之一的，當事人可以向原接受申報的海關辦理進出口貨物報關單修改或者撤銷手續，海關另有規定的除外：

（一）出口貨物放行後，由於裝運、配載等原因造成原申報貨物部分或者全部退關、變更運輸工具的；

（二）進出口貨物在裝載、運輸、存儲過程中發生溢短裝，或者由於不可抗力造成滅失、短損等，導致原申報數據與實際貨物不符的；

（三）由於辦理退補稅、海關事務擔保等其他海關手續而需要修改或者撤銷報關單數據的；

（四）根據貿易慣例先行採用暫時價格成交、實際結算時按商檢品質認定或者國際市場實際價格付款方式需要修改申報內容的；

（五）已申報進口貨物辦理直接退運手續，需要修改或者撤銷原進口貨物報關單的；

（六）由於計算機、網絡系統等技術原因導致電子數據申報錯誤的。

第六條　符合本辦法第五條規定的，當事人應當向海關提交《進出口貨物報關單修改/撤銷表》和下列材料：

（一）符合第五條第（一）項情形的，應當提交退關、變更運輸工具證明材料；

（二）符合第五條第（二）項情形的，應當提交商檢機構或者相關部門出具的證明材料；

（三）符合第五條第（三）項情形的，應當提交簽註海關意見的相關材料；

（四）符合第五條第（四）項情形的，應當提交全面反應貿易實際狀況的發票、合同、提單、裝箱單等單證，並如實提供與貨物買賣有關的支付憑證以及證明申報價格真實、準確的其他商業單證、書面資料和電子數據；

（五）符合第五條第（五）項情形的，應當提交《進口貨物直接退運表》或者《責令進口貨物直接退運通知書》；

（六）符合第五條第（六）項情形的，應當提交計算機、網絡系統運行管理方出具的說明材料；

（七）其他證明材料。

當事人向海關提交材料符合本條第一款規定，並且齊全、有效的，海關應當及時進行修改或者撤銷。

第七條　由於報關人員操作或者書寫失誤造成申報內容需要修改或者撤銷的，當事人應當向海關提交《進出口貨物報關單修改/撤銷表》和下列材料：

（一）可以證明進出口貨物實際情況的合同、發票、裝箱單、提運單或者載貨清單等相關單證、證明文書；

（二）詳細情況說明；

（三）其他證明材料。

海關未發現報關人員存在逃避海關監管行為的，可以修改或者撤銷報關單。不予修改或者撤銷的，海關應當及時通知當事人，並且說明理由。

第八條　海關發現進出口貨物報關單需要修改或者撤銷，可以採取以下方式主動要求當事人修改或者撤銷：

（一）將電子數據報關單退回，並詳細說明修改的原因和要求，當事人應當按照海關要求進行修改後重新提交，不得對報關單其他內容進行變更；

（二）向當事人制發《進出口貨物報關單修改/撤銷確認書》，通知當事人要求修改或者撤銷的內容，當事人應當在5日內對進出口貨物報關單修改或者撤銷的內容進行確認，確認後海關完成對報關單的修改或者撤銷。

第九條　除不可抗力外，當事人有以下情形之一的，海關可以直接撤銷相應的電子數據報關單：

（一）海關將電子數據報關單退回修改，當事人未在規定期限內重新發送的；

（二）海關審結電子數據報關單後，當事人未在規定期限內遞交紙質報關單的；

（三）出口貨物申報後未在規定期限內運抵海關監管場所的；

（四）海關總署規定的其他情形。

第十條　海關已經決定布控、查驗以及涉嫌走私或者違反海關監管規定的進出口貨物，在辦結相關手續前不得修改或者撤銷報關單及其電子數據。

第十一條　已簽發報關單證明聯的進出口貨物，當事人辦理報關單修改或者撤銷手續時應當向海關交回報關單證明聯。

第十二條　由於修改或者撤銷進出口貨物報關單導致需要變更、補辦進出口許可證件的，當事人應當向海關提交相應的進出口許可證件。

第十三條　進出境備案清單的修改、撤銷，參照本辦法執行。

第十四條　違反本辦法，構成走私行為、違反海關監管規定行為或者其他違反《海關法》行為的，由海關依照《海關法》和《中華人民共和國海關行政處罰實施條例》的有關規定予以處理；構成犯罪的，依法追究刑事責任。

第十五條　本辦法由海關總署負責解釋。

第十六條　本辦法自公布之日起施行。2005年12月30日以海關總署令第143號公布的《中華人民共和國海關進出口貨物報關單修改和撤銷管理辦法》同時廢止。

(三)中華人民共和國加工貿易貨物監管辦法

(海關總署2014年2月13日公布,自公布之日起施行)

第一章　總　則
第二章　加工貿易貨物手冊設立
第三章　加工貿易貨物進出口、加工
第四章　加工貿易貨物核銷
第五章　附　則

第一章　總　則

第一條　為了促進加工貿易健康發展,規範海關對加工貿易貨物管理,根據《中華人民共和國海關法》(以下簡稱《海關法》)以及其他有關法律、行政法規,制定本辦法。

第二條　本辦法適用於辦理加工貿易貨物手冊設立、進出口報關、加工、監管、核銷手續。

加工貿易經營企業、加工企業、承攬者應當按照本辦法規定接受海關監管。

第三條　本辦法所稱「加工貿易」是指經營企業進口全部或者部分原輔材料、零部件、元器件、包裝物料(以下統稱料件),經過加工或者裝配後,將製成品復出口的經營活動,包括來料加工和進料加工。

第四條　除國家另有規定外,加工貿易進口料件屬於國家對進口有限制性規定的,經營企業免於向海關提交進口許可證件。

加工貿易出口製成品屬於國家對出口有限制性規定的,經營企業應當向海關提交出口許可證件。

第五條　加工貿易項下進口料件實行保稅監管的,加工成品出口後,海關根據核定的實際加工復出口的數量予以核銷。

加工貿易項下進口料件按照規定在進口時先行徵收稅款的,加工成品出口後,海關根據核定的實際加工復出口的數量退還已徵收的稅款。

加工貿易項下的出口產品屬於應當徵收出口關稅的,海關按照有關規定徵收出口關稅。

第六條　海關按照國家規定對加工貿易貨物實行擔保制度。

未經海關批准,加工貿易貨物不得抵押。

第七條　海關對加工貿易實行分類監管,具體管理辦法由海關總署另行制定。

第八條　海關可以對加工貿易企業進行核查,企業應當予以配合。

海關核查不得影響企業的正常經營活動。

第九條　加工貿易貨物的手冊設立、進出口報關、核銷，應當採用紙質單證、電子數據的形式。

第十條　加工貿易企業應當根據《中華人民共和國會計法》以及海關有關規定，設置符合海關監管要求的帳簿、報表以及其他有關單證，記錄與本企業加工貿易貨物有關的進口、存儲、轉讓、轉移、銷售、加工、使用、損耗和出口等情況，憑合法、有效憑證記帳並且進行核算。

加工貿易企業應當將加工貿易貨物與非加工貿易貨物分開管理。加工貿易貨物應當存放在經海關備案的場所，實行專料專放。企業變更加工貿易貨物存放場所的，應當經海關批准。

第二章　加工貿易貨物手冊設立

第十一條　經營企業應當向加工企業所在地主管海關辦理加工貿易貨物的手冊設立手續。

經營企業與加工企業不在同一直屬海關管轄的區域範圍的，應當按照海關對異地加工貿易的管理規定辦理手冊設立手續。

第十二條　除另有規定外，經營企業辦理加工貿易貨物的手冊設立，應當向海關如實申報貿易方式、單耗、進出口口岸，以及進口料件和出口成品的商品名稱、商品編號、規格型號、價格和原產地等情況，並且提交下列單證：

（一）主管部門簽發的同意開展加工貿易業務的有效批准文件；

（二）經營企業自身有加工能力的，應當提交主管部門簽發的《加工貿易加工企業生產能力證明》；

（三）經營企業委託加工的，應當提交經營企業與加工企業簽訂的委託加工合同、主管部門簽發的加工企業《加工貿易加工企業生產能力證明》；

（四）經營企業對外簽訂的合同；

（五）海關認為需要提交的其他證明文件和材料。

第十三條　經營企業按照本辦法第十一條、第十二條規定，提交齊全、有效的單證材料，申報設立手冊的，海關應當自接受企業手冊設立申報之日起5個工作日內完成加工貿易手冊設立手續。

需要辦理擔保手續的，經營企業按照規定提供擔保後，海關辦理手冊設立手續。

第十四條　有下列情形之一的，海關應當在經營企業提供相當於應繳稅款金額的保證金或者銀行、非銀行金融機構保函後辦理手冊設立手續：

（一）涉嫌走私，已經被海關立案偵查，案件尚未審結的；

（二）由於管理混亂被海關要求整改，在整改期內的。

第十五條　有下列情形之一的，海關可以要求經營企業在辦理手冊設立手續時提供相當於應繳稅款金額的保證金或者銀行、非銀行金融機構保函：

（一）租賃廠房或者設備的；

（二）首次開展加工貿易業務的；

（三）加工貿易手冊延期兩次（含兩次）以上的；
（四）辦理異地加工貿易手續的；
（五）涉嫌違規，已經被海關立案調查，案件尚未審結的。

第十六條　加工貿易企業有下列情形之一的，不得辦理手冊設立手續：
（一）進口料件或者出口成品屬於國家禁止進出口的；
（二）加工產品屬於國家禁止在中國境內加工生產的；
（三）進口料件不宜實行保稅監管的；
（四）經營企業或者加工企業屬於國家規定不允許開展加工貿易的；
（五）經營企業未在規定期限內向海關報核已到期的加工貿易手冊，又重新申報設立手冊的。

第十七條　經營企業辦理加工貿易貨物的手冊設立，申報內容、提交單證與事實不符的，海關應當按照下列規定處理：
（一）貨物尚未進口的，海關註銷其手冊；
（二）貨物已進口的，責令企業將貨物退運出境。

本條第一款第（二）項規定情形下，經營企業可以向海關申請提供相當於應繳稅款金額的保證金或者銀行、非銀行金融機構保函，並且繼續履行合同。

第十八條　已經辦理加工貿易貨物的手冊設立手續的經營企業可以向海關領取加工貿易手冊分冊、續冊。

第十九條　加工貿易貨物手冊設立內容發生變更的，經營企業應當在加工貿易手冊有效期內辦理變更手續。

需要報原審批機關批准的，還應當報原審批機關批准，另有規定的除外。

第三章　加工貿易貨物進出口、加工

第二十條　經營企業進口加工貿易貨物，可以從境外或者海關特殊監管區域、保稅監管場所進口，也可以通過深加工結轉方式轉入。

經營企業出口加工貿易貨物，可以向境外或者海關特殊監管區域、保稅監管場所出口，也可以通過深加工結轉方式轉出。

第二十一條　經營企業應當憑加工貿易手冊、加工貿易進出口貨物專用報關單等有關單證辦理加工貿易貨物進出口報關手續。

第二十二條　經營企業以加工貿易方式進出口的貨物，列入海關統計。

第二十三條　加工貿易企業開展深加工結轉的，轉入企業、轉出企業應當向各自的主管海關申報，辦理實際收發貨以及報關手續。具體管理規定由海關總署另行制定並公布。

有下列情形之一的，加工貿易企業不得辦理深加工結轉手續：
（一）不符合海關監管要求，被海關責令限期整改，在整改期內的；
（二）有逾期未報核手冊的；
（三）由於涉嫌走私已經被海關立案調查，尚未結案的。

加工貿易企業未按照海關規定進行收發貨的，不得再次辦理深加工結轉手續。

第二十四條　經營企業開展外發加工業務，應當按照外發加工的相關管理規定自外發之日起3個工作日內向海關辦理備案手續。

經營企業開展外發加工業務，不得將加工貿易貨物轉賣給承攬者；承攬者不得將加工貿易貨物再次外發。

經營企業將全部工序外發加工的，應當在辦理備案手續的同時向海關提供相當於外發加工貨物應繳稅款金額的保證金或者銀行、非銀行金融機構保函。

第二十五條　外發加工的成品、剩餘料件以及生產過程中產生的邊角料、殘次品、副產品等加工貿易貨物，經營企業向所在地主管海關辦理相關手續後，可以不運回本企業。

第二十六條　海關對加工貿易貨物實施監管的，經營企業和承攬者應當予以配合。

第二十七條　加工貿易貨物應當專料專用。

經海關核准，經營企業可以在保稅料件之間、保稅料件與非保稅料件之間進行串換，但是被串換的料件應當屬於同一企業，並且應當遵循同品種、同規格、同數量、不牟利的原則。

來料加工保稅進口料件不得串換。

第二十八條　由於加工工藝需要使用非保稅料件的，經營企業應當事先向海關如實申報使用非保稅料件的比例、品種、規格、型號、數量。

經營企業按照本條第一款規定向海關申報的，海關核銷時應當在出口成品總耗用量中予以核扣。

第二十九條　經營企業進口料件由於質量存在瑕疵、規格型號與合同不符等原因，需要返還原供貨商進行退換，以及由於加工貿易出口產品售後服務需要而出口未加工保稅料件的，可以直接向口岸海關辦理報關手續。

已經加工的保稅進口料件不得進行退換。

第四章　加工貿易貨物核銷

第三十條　經營企業應當在規定的期限內將進口料件加工復出口，並且自加工貿易手冊項下最後一批成品出口或者加工貿易手冊到期之日起30日內向海關報核。

經營企業對外簽訂的合同提前終止的，應當自合同終止之日起30日內向海關報核。

第三十一條　經營企業報核時應當向海關如實申報進口料件、出口成品、邊角料、剩餘料件、殘次品、副產品以及單耗等情況，並且按照規定提交相關單證。

經營企業按照本條第一款規定向海關報核，單證齊全、有效的，海關應當受理報核。

第三十二條　海關核銷可以採取紙質單證核銷、電子數據核銷的方式，必要時可以下廠核查，企業應當予以配合。

海關應當自受理報核之日起30日內予以核銷。特殊情況需要延長的，經直屬海關

關長或者其授權的隸屬海關關長批准可以延長 30 日。

第三十三條　加工貿易保稅進口料件或者成品因故轉為內銷的，海關憑主管部門準予內銷的有效批准文件，對保稅進口料件依法徵收稅款並且加徵緩稅利息，另有規定的除外。

進口料件屬於國家對進口有限制性規定的，經營企業還應當向海關提交進口許可證件。

第三十四條　經營企業因故將加工貿易進口料件退運出境的，海關憑有關退運單證核銷。

第三十五條　經營企業在生產過程中產生的邊角料、剩餘料件、殘次品、副產品和受災保稅貨物，按照海關對加工貿易邊角料、剩餘料件、殘次品、副產品和受災保稅貨物的管理規定辦理，海關憑有關單證核銷。

第三十六條　經營企業遺失加工貿易手冊的，應當及時向海關報告。

海關按照有關規定處理後對遺失的加工貿易手冊予以核銷。

第三十七條　對經核銷結案的加工貿易手冊，海關向經營企業簽發《核銷結案通知書》。

第三十八條　經營企業已經辦理擔保的，海關在核銷結案後按照規定解除擔保。

第三十九條　加工貿易貨物的手冊設立和核銷單證自加工貿易手冊核銷結案之日起留存 3 年。

第四十條　加工貿易企業出現分立、合併、破產、解散或者其他停止正常生產經營活動情形的，應當及時向海關報告，並且辦結海關手續。

加工貿易貨物被人民法院或者有關行政執法部門封存的，加工貿易企業應當自加工貿易貨物被封存之日起 5 個工作日內向海關報告。

第五章　附　則

第四十一條　違反本辦法，構成走私行為、違反海關監管規定行為或者其他違反《海關法》行為的，由海關依照《海關法》和《中華人民共和國海關行政處罰實施條例》的有關規定予以處理；構成犯罪的，依法追究刑事責任。

第四十二條　本辦法中下列用語的含義：

來料加工，是指進口料件由境外企業提供，經營企業不需要付匯進口，按照境外企業的要求進行加工或者裝配，只收取加工費，製成品由境外企業銷售的經營活動。

進料加工，是指進口料件由經營企業付匯進口，製成品由經營企業外銷出口的經營活動。

加工貿易貨物，是指加工貿易項下的進口料件、加工成品以及加工過程中產生的邊角料、殘次品、副產品等。

加工貿易企業，包括經海關注冊登記的經營企業和加工企業。

經營企業，是指負責對外簽訂加工貿易進出口合同的各類進出口企業和外商投資企業，以及經批准獲得來料加工經營許可的對外加工裝配服務公司。

加工企業，是指接受經營企業委託，負責對進口料件進行加工或者裝配，並且具有法人資格的生產企業，以及由經營企業設立的雖不具有法人資格，但是實行相對獨立核算並已經辦理工商營業證（執照）的工廠。

單位耗料量，是指加工貿易企業在正常生產條件下加工生產單位出口成品所耗用的進口料件的數量，簡稱單耗。

深加工結轉，是指加工貿易企業將保稅進口料件加工的產品轉至另一加工貿易企業進一步加工後復出口的經營活動。

承攬者，是指與經營企業簽訂加工合同，承接經營企業委託的外發加工業務的企業或者個人。

外發加工，是指經營企業委託承攬者對加工貿易貨物進行加工，在規定期限內將加工後的產品最終復出口的行為。

核銷，是指加工貿易經營企業加工復出口或者辦理內銷等海關手續後，憑規定單證向海關報核，海關按照規定進行核查以後辦理解除監管手續的行為。

第四十三條　保稅工廠開展加工貿易業務，按照海關對加工貿易保稅工廠的管理規定辦理。

第四十四條　進料加工保稅集團開展加工貿易業務，按照海關對進料加工保稅集團的管理規定辦理。

第四十五條　實施聯網監管的加工貿易企業開展加工貿易業務，按照海關對加工貿易企業實施計算機聯網監管的管理規定辦理。

第四十六條　加工貿易企業在海關特殊監管區域內開展加工貿易業務，按照海關對海關特殊監管區域的相關管理規定辦理。

第四十七條　單耗的申報與核定，按照海關對加工貿易單耗的管理規定辦理。

第四十八條　海關對加工貿易貨物進口時先徵收稅款出口後予以退稅的管理規定另行制定。

第四十九條　本辦法由海關總署負責解釋。

第五十條　本辦法自公布之日起施行。2004 年 2 月 26 日以海關總署令第 113 號發布，並經海關總署令第 168 號、195 號修正的《中華人民共和國海關對加工貿易貨物監管辦法》同時廢止。

(四) 中華人民共和國進口貨物直接退運管理辦法

(海關總署 2014 年 2 月 13 日公布，自公布之日起施行)

第一條　為了加強對進口貨物直接退運的管理，保護公民、法人或者其他組織的合法權益，根據《中華人民共和國海關法》（以下簡稱《海關法》）制定本辦法。

第二條　貨物進境後、辦結海關放行手續前，進口貨物收發貨人、原運輸工具負責人或者其代理人（以下統稱當事人）將全部或者部分貨物直接退運境外，以及海關

根據國家有關規定責令直接退運的，適用本辦法。

進口轉關貨物在進境地海關放行後，當事人辦理退運手續的，不適用本辦法，當事人應當按照一般退運手續辦理。

第三條　貨物進境後、辦結海關放行手續前，有下列情形之一的，當事人可以向貨物所在地海關辦理直接退運手續：

（一）因為國家貿易管理政策調整，收貨人無法提供相關證件的；

（二）屬於錯發、誤卸或者溢卸貨物，能夠提供發貨人或者承運人書面證明文書的；

（三）收發貨人雙方協商一致同意退運，能夠提供雙方同意退運的書面證明文書的；

（四）有關貿易發生糾紛，能夠提供已生效的法院判決書、仲裁機構仲裁決定書或者無爭議的有效貨物所有權憑證的；

（五）貨物殘損或者國家檢驗檢疫不合格，能夠提供國家檢驗檢疫部門出具的相關檢驗證明文書的。

第四條　辦理直接退運手續的進口貨物未向海關申報的，當事人應當向海關提交《進口貨物直接退運表》以及證明進口實際情況的合同、發票、裝箱清單、提運單或者載貨清單等相關單證、證明文書，按照本辦法第十條的規定填製報關單，辦理直接退運的申報手續。

第五條　辦理直接退運手續的進口貨物已向海關申報的，當事人應當向海關提交《進口貨物直接退運表》、原報關單或者轉關單以及證明進口實際情況的合同、發票、裝箱清單、提運單或者載貨清單等相關單證、證明文書，先行辦理報關單或者轉關單刪除手續。

本條第一款規定情形下，海關依法刪除原報關單或者轉關單數據的，當事人應當按照本辦法第十條的規定填製報關單，辦理直接退運的申報手續。

對海關已經確定布控、查驗或者認為有走私違規嫌疑的貨物，不予辦理直接退運。布控、查驗或者案件處理完畢後，按照海關有關規定處理。

第六條　貨物進境後、辦結海關放行手續前，有下列情形之一的，海關應當責令當事人將進口貨物直接退運境外：

（一）貨物屬於國家禁止進口的貨物，已經海關依法處理的；

（二）違反國家檢驗檢疫政策法規，已經國家檢驗檢疫部門處理並且出具《檢驗檢疫處理通知書》或者其他證明文書的；

（三）未經許可擅自進口屬於限制進口的固體廢物，已經海關依法處理的；

（四）違反國家有關法律、行政法規，應當責令直接退運的其他情形。

第七條　責令進口貨物直接退運的，由海關根據相關政府行政主管部門出具的證明文書，向當事人製發《海關責令進口貨物直接退運通知書》（以下簡稱《責令直接退運通知書》）。

第八條　當事人收到《責令直接退運通知書》之日起30日內，應當按照海關要求向貨物所在地海關辦理進口貨物直接退運的申報手續。

第九條　當事人辦理進口貨物直接退運申報手續的，除另有規定外，應當先行填寫出口報關單向海關申報，然後填寫進口報關單辦理直接退運申報手續，進口報關單應當在「關聯報關單」欄填報出口報關單號。

第十條　進口貨物直接退運的，除《中華人民共和國海關進出口貨物報關單填製規範》外，還應當按照下列要求填製進出口貨物報關單：

（一）「監管方式」欄均填寫「直接退運」（代碼「4500」）；

（二）「備註」欄填寫《進口貨物直接退運表》或者《責令直接退運通知書》編號。

第十一條　直接退運的貨物，海關不驗核進出口許可證或者其他監管證件，免予徵收進出口環節稅費及滯報金，不列入海關統計。

第十二條　由於承運人的責任造成貨物錯發、誤卸或者溢卸的，當事人辦理直接退運手續時可以免予填製報關單。

第十三條　進口貨物直接退運應當從原進境地口岸退運出境。由於運輸原因需要改變運輸方式或者由另一口岸退運出境的，應當經由原進境地海關批准後，以轉關運輸方式出境。

第十四條　保稅區、出口加工區以及其他海關特殊監管區域和保稅監管場所進口貨物的直接退運參照本辦法有關規定辦理。

第十五條　違反本辦法，構成走私行為、違反海關監管規定行為或者其他違反《海關法》行為的，由海關依照《海關法》和《中華人民共和國海關行政處罰實施條例》的有關規定予以處理；構成犯罪的，依法追究刑事責任。

第十六條　《進口貨物直接退運表》《海關責令進口貨物直接退運通知書》等法律文書，由海關總署另行制發公告。

第十七條　本辦法由海關總署負責解釋。

第十八條　本辦法自公布之日起施行。2007年2月2日以海關總署令第156號公布的《中華人民共和國海關進口貨物直接退運管理辦法》同時廢止。

（五）《中華人民共和國海關稽查條例》實施辦法

（海關總署2016年9月22日公布，2016年11月1日施行）

第一章　總　則
第二章　帳簿、單證等資料的管理
第三章　海關稽查的實施
第四章　主動披露
第五章　附　則

第一章　總　則

第一條　為有效實施《中華人民共和國海關稽查條例》（以下簡稱《稽查條例》），根據《中華人民共和國海關法》以及相關法律、行政法規，制定本辦法。

第二條　《稽查條例》第三條所規定的與進出口貨物直接有關的企業、單位包括：
（一）從事對外貿易的企業、單位；
（二）從事對外加工貿易的企業；
（三）經營保稅業務的企業；
（四）使用或者經營減免稅進口貨物的企業、單位；
（五）從事報關業務的企業；
（六）進出口貨物的實際收發貨人；
（七）其他與進出口貨物直接有關的企業、單位。

第三條　海關對與進出口貨物直接有關的企業、單位（以下統稱進出口企業、單位）的下列進出口活動實施稽查：
（一）進出口申報；
（二）進出口關稅和其他稅、費的繳納；
（三）進出口許可證件和有關單證的交驗；
（四）與進出口貨物有關的資料記載、保管；
（五）保稅貨物的進口、使用、儲存、維修、加工、銷售、運輸、展示和復出口；
（六）減免稅進口貨物的使用、管理；
（七）其他進出口活動。

第四條　海關根據稽查工作需要，可以通過實地查看、走訪諮詢、書面函詢、網絡調查和委託調查等方式向有關行業協會、政府部門和相關企業等開展貿易調查，收集下列信息：
（一）政府部門監督管理信息；
（二）特定行業、企業的主要狀況、貿易慣例、生產經營、市場結構等信息；
（三）特定商品的結構、成分、等級、功能、用途、工藝流程、工作原理等技術指標或者技術參數以及價格等信息；
（四）其他與進出口活動有關的信息。

有關政府部門、金融機構、行業協會和相關企業等應當配合海關貿易調查，提供有關信息。

第二章　帳簿、單證等資料的管理

第五條　進出口企業、單位應當依據《中華人民共和國會計法》以及其他有關法律、行政法規的規定設置、編製和保管會計帳簿、會計憑證、會計報表和其他會計資料，建立內部管理制度，真實、準確、完整地記錄和反應進出口活動。

進出口企業、單位應當編製和保管能夠反應真實進出口活動的原始單證和記錄等資料。

第六條　進出口企業、單位應當在《稽查條例》第二條規定的期限內，保管報關單證、進出口單證、合同以及與進出口業務直接有關的其他資料或者電子數據。

第三章　海關稽查的實施

第七條　海關稽查由被稽查人註冊地海關實施。被稽查人註冊地與貨物報關地或者進出口地不一致的，也可以由報關地或者進出口地海關實施。

海關總署可以指定或者組織下級海關實施跨關區稽查。直屬海關可以指定或者組織下級海關在本關區範圍內實施稽查。

第八條　海關稽查應當由具備稽查執法資格的人員實施，實施稽查時應當向被稽查人出示海關稽查證。

第九條　海關實施稽查3日前，應當向被稽查人制發《海關稽查通知書》。

海關不經事先通知實施稽查的，應當在開始實施稽查時向被稽查人制發《海關稽查通知書》。

第十條　海關稽查人員實施稽查時，有下列情形之一的，應當迴避：

（一）海關稽查人員與被稽查人的法定代表人或者主要負責人有近親屬關係的；

（二）海關稽查人員或者其近親屬與被稽查人有利害關係的；

（三）海關稽查人員或者其近親屬與被稽查人有其他關係，可能影響海關稽查工作正常進行的。

被稽查人有正當理由，可以對海關稽查人員提出迴避申請。但在海關作出迴避決定前，有關海關稽查人員不停止執行稽查任務。

第十一條　海關稽查人員查閱、複製被稽查人的會計帳簿、會計憑證、報關單證以及其他有關資料（以下統稱帳簿、單證等有關資料）時，被稽查人的法定代表人或者主要負責人或者其指定的代表（以下統稱被稽查人代表）應當到場，按照海關要求如實提供並協助海關工作。

對被稽查人的帳簿、單證等有關資料進行複製的，被稽查人代表應當在確認複製資料與原件無誤後，在複製資料上註明出處、頁數、複製時間以及「本件與原件一致，核對無誤」，並簽章。

被稽查人以外文記錄帳簿、單證等有關資料的，應當提供符合海關要求的中文譯本。

第十二條　被稽查人利用計算機、網絡通信等現代信息技術手段進行經營管理的，應當向海關提供帳簿、單證等有關資料的電子數據，並根據海關要求開放相關系統、提供使用說明及其他有關資料。對被稽查人的電子數據進行複製的，應當註明製作方法、製作時間、製作人、數據內容以及原始載體存放處等，並由製作人和被稽查人代表簽章。

第十三條　被稽查人所在場所不具備查閱、複製工作條件的，經被稽查人同意，

海關可以在其他場所查閱、複製。

海關需要在其他場所查閱、複製的,應當填寫《海關稽查調審單》,經雙方清點、核對後,由海關稽查人員簽名和被稽查人代表在《海關稽查調審單》上蓋章。

第十四條　海關稽查人員進入被稽查人的生產經營場所、貨物存放場所,檢查與進出口活動有關的生產經營情況和貨物時,被稽查人代表應當到場,按照海關的要求開啓場所、搬移貨物、開啓、重封貨物的包裝等。

檢查結果應當由海關稽查人員填寫《檢查記錄》,由海關稽查人員簽名和被稽查人代表在《檢查記錄》上簽章。

第十五條　海關稽查人員詢問被稽查人的法定代表人、主要負責人和其他有關人員時,應當製作《詢問筆錄》,並由詢問人、記錄人和被詢問人簽名確認。

第十六條　海關實施稽查時,可以向與被稽查人有財務往來或者其他商務往來的企業、單位收集與進出口活動有關的資料和證明材料,有關企業、單位應當配合海關工作。

第十七條　經直屬海關關長或者其授權的隸屬海關關長批准,海關可以憑《協助查詢通知書》向商業銀行或者其他金融機構查詢被稽查人的存款帳戶。

第十八條　海關實施稽查時,發現被稽查人有可能轉移、隱匿、篡改、毀棄帳簿、單證等有關資料的,經直屬海關關長或者其授權的隸屬海關關長批准,可以查封、扣押其帳簿、單證等有關資料及相關電子數據存儲介質。

海關實施稽查時,發現被稽查人的進出口貨物有違反海關法或者其他有關法律、行政法規嫌疑的,經直屬海關關長或者其授權的隸屬海關關長批准,可以查封、扣押有關進出口貨物。

海關實施查封、扣押應當依據《中華人民共和國行政強制法》以及其他有關法律、行政法規。

第十九條　被稽查人有《稽查條例》第三十條、第三十一條所列行為之一的,海關應當制發《海關限期改正通知書》,告知被稽查人改正的內容和期限,並對改正情況進行檢查。

被稽查人逾期不改正的,海關可以依據海關相關規定調整其信用等級。

第二十條　稽查組發現被稽查人涉嫌違法或者少徵、漏徵稅款的,應當書面徵求被稽查人意見,被稽查人應當自收到相關材料之日起 7 日內提出書面意見送交稽查組。

第二十一條　稽查組實施稽查後,應當向海關報送稽查報告。海關應當在收到稽查報告之日起 30 日內作出《海關稽查結論》,並送達被稽查人。

第二十二條　有下列情形之一的,經直屬海關關長或者其授權的隸屬海關關長批准,海關可以終結稽查:

(一) 被稽查人下落不明的;

(二) 被稽查人終止,無權利義務承受人的。

第二十三條　海關發現被稽查人未按照規定設置或者編製帳簿,或者轉移、隱匿、篡改、毀棄帳簿的,應當將有關情況通報被稽查人所在地的縣級以上人民政府財政部門。

第二十四條　海關實施稽查時，可以委託會計師事務所、稅務師事務所或者其他具備會計、稅務等相關資質和能力的專業機構，就相關問題作出專業結論，經海關認可後可以作為稽查認定事實的證據材料。被稽查人委託專業機構作出的專業結論，可以作為海關稽查的參考依據。

海關委託專業機構的，雙方應當簽訂委託協議，明確委託事項和權利義務等。

專業機構有弄虛作假、隱瞞事實、違反保密約定等情形的，海關應當如實記錄，作出相應處置，並可以通報有關主管部門或者行業協會。

第四章　主動披露

第二十五條　進出口企業、單位主動向海關書面報告其違反海關監管規定的行為並接受海關處理的，海關可以認定有關企業、單位主動披露。但有下列情形之一的除外：

（一）報告前海關已經掌握違法線索的；
（二）報告前海關已經通知被稽查人實施稽查的；
（三）報告內容嚴重失實或者隱瞞其他違法行為的。

第二十六條　進出口企業、單位主動披露應當向海關提交帳簿、單證等有關證明材料，並對所提交材料的真實性、準確性、完整性負責。

海關應當核實主動披露的進出口企業、單位的報告，可以要求其補充有關材料。

第二十七條　對主動披露的進出口企業、單位，違反海關監管規定的，海關應當從輕或者減輕行政處罰；違法行為輕微並及時糾正，沒有造成危害後果的，不予行政處罰。

對主動披露並補繳稅款的進出口企業、單位，海關可以減免滯納金。

第五章　附　則

第二十八條　本辦法所規定的「日」均為自然日。文書送達或者期間開始當日，不計算在期間內。期間屆滿的最後一日遇休息日或者法定節假日的，應當順延至休息日或者法定節假日之後的第一個工作日。

第二十九條　被稽查人拒絕簽收稽查文書的，海關可以邀請見證人到場，說明情況，註明事由和日期，由見證人和至少兩名海關稽查人員簽名，把稽查文書留在被稽查人的生產經營場所。海關也可以把稽查文書留在被稽查人的生產經營場所，並採用拍照、錄像等方式記錄全過程，即視為被稽查人已經簽收。

第三十條　被稽查人代表對相關證據材料不簽章的，海關稽查人員應當在相關材料上予以註明，並由至少兩名海關稽查人員簽名。

海關實施查閱、複製、檢查時，被稽查人代表不到場的，海關應當註明事由和日期，並由至少兩名海關稽查人員簽名。

第三十一條　本辦法所規定的簽章，是指被稽查人代表簽名或者加蓋被稽查人

印章。

第三十二條　本辦法所規定使用的稽查文書由海關總署另行公布。

第三十三條　本辦法由海關總署負責解釋。

第三十四條　本辦法自 2016 年 11 月 1 日起實施。2000 年 1 月 11 日海關總署令第 79 號公布的《〈中華人民共和國海關稽查條例〉實施辦法》同時廢止。

（六）《中華人民共和國知識產權海關保護條例》實施辦法

（海關總署 2009 年 2 月 17 頒布，2009 年 7 月 1 日施行）

第一章　總　則
第二章　知識產權備案
第三章　依申請扣留
第四章　依職權調查處理
第五章　貨物處置和費用
第六章　附　則

第一章　總　則

第一條　為了有效實施《中華人民共和國知識產權海關保護條例》（以下簡稱《條例》），根據《中華人民共和國海關法》以及其他法律、行政法規，制定本辦法。

第二條　知識產權權利人請求海關採取知識產權保護措施或者向海關總署辦理知識產權海關保護備案的，境內知識產權權利人可以直接或者委託境內代理人提出申請，境外知識產權權利人應當由其在境內設立的辦事機構或者委託境內代理人提出申請。

知識產權權利人按照前款規定委託境內代理人提出申請的，應當出具規定格式的授權委託書。

第三條　知識產權權利人及其代理人（以下統稱知識產權權利人）請求海關扣留即將進出口的侵權嫌疑貨物的，應當根據本辦法的有關規定向海關提出扣留侵權嫌疑貨物的申請。

第四條　進出口貨物的收發貨人或者其代理人（以下統稱收發貨人）應當在合理的範圍內瞭解其進出口貨物的知識產權狀況。海關要求申報進出口貨物知識產權狀況的，收發貨人應當在海關規定的期限內向海關如實申報並提交有關證明文件。

第五條　知識產權權利人或者收發貨人向海關提交的有關文件或者證據涉及商業秘密的，知識產權權利人或者收發貨人應當向海關書面說明。

海關實施知識產權保護，應當保守有關當事人的商業秘密，但海關應當依法公開的信息除外。

第二章　知識產權備案

第六條　知識產權權利人向海關總署申請知識產權海關保護備案的，應當向海關總署提交申請書。申請書應當包括以下內容：

（一）知識產權權利人的名稱或者姓名、註冊地或者國籍、通信地址、聯繫人姓名、電話和傳真號碼、電子郵箱地址等。

（二）註冊商標的名稱、核定使用商品的類別和商品名稱、商標圖形、註冊有效期、註冊商標的轉讓、變更、續展情況等；作品的名稱、創作完成的時間、作品的類別、作品圖片、作品轉讓、變更情況等；專利權的名稱、類型、申請日期、專利權轉讓、變更情況等。

（三）被許可人的名稱、許可使用商品、許可期限等。

（四）知識產權權利人合法行使知識產權的貨物的名稱、產地、進出境地海關、進出口商、主要特徵、價格等。

（五）已知的侵犯知識產權貨物的製造商、進出口商、進出境地海關、主要特徵、價格等。

知識產權權利人應當就其申請備案的每一項知識產權單獨提交一份申請書。知識產權權利人申請國際註冊商標備案的，應當就其申請的每一類商品單獨提交一份申請書。

第七條　知識產權權利人向海關總署提交備案申請書，應當隨附以下文件、證據：

（一）知識產權權利人個人身分證件的複印件、工商營業執照的複印件或者其他註冊登記文件的複印件。

（二）國務院工商行政管理部門商標局簽發的《商標註冊證》的複印件。申請人經核准變更商標註冊事項、續展商標註冊、轉讓商標註冊或者申請國際註冊商標備案的，還應當提交國務院工商行政管理部門商標局出具的有關商標註冊的證明；著作權登記部門簽發的著作權自願登記證明的複印件和經著作權登記部門認證的作品照片。申請人未進行著作權自願登記的，提交可以證明申請人為著作權人的作品樣品以及其他有關著作權的證據；國務院專利行政部門簽發的專利證書的複印件。專利授權自公告之日起超過1年的，還應當提交國務院專利行政部門在申請人提出備案申請前6個月內出具的專利登記簿副本；申請實用新型專利或者外觀設計專利備案的，還應當提交由國務院專利行政部門作出的專利權評價報告。

（三）知識產權權利人許可他人使用註冊商標、作品或者實施專利，簽訂許可合同的，提供許可合同的複印件；未簽訂許可合同的，提交有關被許可人、許可範圍和許可期間等情況的書面說明。

（四）知識產權權利人合法行使知識產權的貨物及其包裝的照片。

（五）已知的侵權貨物進出口的證據。知識產權權利人與他人之間的侵權糾紛已經人民法院或者知識產權主管部門處理的，還應當提交有關法律文書的複印件。

（六）海關總署認為需要提交的其他文件或者證據。

知識產權權利人根據前款規定向海關總署提交的文件和證據應當齊全、真實和有效。有關文件和證據為外文的，應當另附中文譯本。海關總署認為必要時，可以要求知識產權權利人提交有關文件或者證據的公證、認證文書。

第八條　知識產權權利人向海關總署申請辦理知識產權海關保護備案或者在備案失效後重新向海關總署申請備案的，應當繳納備案費。知識產權權利人應當將備案費通過銀行匯至海關總署指定帳號。海關總署收取備案費的，應當出具收據。備案費的收取標準由海關總署會同國家有關部門另行制定並予以公布。

知識產權權利人申請備案續展或者變更的，無需再繳納備案費。

知識產權權利人在海關總署核准前撤回備案申請或者其備案申請被駁回的，海關總署應當退還備案費。已經海關總署核准的備案被海關總署註銷、撤銷或者因其他原因失效的，已繳納的備案費不予退還。

第九條　知識產權海關保護備案自海關總署核准備案之日起生效，有效期為10年。自備案生效之日起知識產權的有效期不足10年的，備案的有效期以知識產權的有效期為準。

《條例》施行前經海關總署核准的備案或者核准續展的備案的有效期仍按原有效期計算。

第十條　在知識產權海關保護備案有效期屆滿前6個月內，知識產權權利人可以向海關總署提出續展備案的書面申請並隨附有關文件。海關總署應當自收到全部續展申請文件之日起10個工作日內作出是否準予續展的決定，並書面通知知識產權權利人；不予續展的，應當說明理由。

續展備案的有效期自上一屆備案有效期滿次日起算，有效期為10年。知識產權的有效期自上一屆備案有效期滿次日起不足10年的，續展備案的有效期以知識產權的有效期為準。

第十一條　知識產權海關保護備案經海關總署核准後，按照本辦法第六條向海關提交的申請書內容發生改變的，知識產權權利人應當自發生改變之日起30個工作日內向海關總署提出變更備案的申請並隨附有關文件。

第十二條　知識產權在備案有效期屆滿前不再受法律、行政法規保護或者備案的知識產權發生轉讓的，原知識產權權利人應當自備案的知識產權不再受法律、行政法規保護或者轉讓生效之日起30個工作日內向海關總署提出註銷知識產權海關保護備案的申請並隨附有關文件。知識產權權利人在備案有效期內放棄備案的，可以向海關總署申請註銷備案。

未依據本辦法第十一條和本條前款規定向海關總署申請變更或者註銷備案，給他人合法進出口造成嚴重影響的，海關總署可以主動或者根據有關利害關係人的申請註銷有關知識產權的備案。

海關總署註銷備案，應當書面通知有關知識產權權利人，知識產權海關保護備案自海關總署註銷之日起失效。

第十三條　海關總署根據《條例》第九條的規定撤銷知識產權海關保護備案的，應當書面通知知識產權權利人。

海關總署撤銷備案的，知識產權權利人自備案被撤銷之日起 1 年內就被撤銷備案的知識產權再次申請備案的，海關總署可以不予受理。

第三章　依申請扣留

第十四條　知識產權權利人發現侵權嫌疑貨物即將進出口並要求海關予以扣留的，應當根據《條例》第十三條的規定向貨物進出境地海關提交申請書。有關知識產權未在海關總署備案的，知識產權權利人還應當隨附本辦法第七條第一款第（一）、（二）項規定的文件、證據。

知識產權權利人請求海關扣留侵權嫌疑貨物，還應當向海關提交足以證明侵權事實明顯存在的證據。知識產權權利人提交的證據，應當能夠證明以下事實：

（一）請求海關扣留的貨物即將進出口；

（二）在貨物上未經許可使用了侵犯其商標專用權的商標標示、作品或者實施了其專利。

第十五條　知識產權權利人請求海關扣留侵權嫌疑貨物，應當在海關規定的期限內向海關提供相當於貨物價值的擔保。

第十六條　知識產權權利人提出的申請不符合本辦法第十四條的規定或者未按照本辦法第十五條的規定提供擔保的，海關應當駁回其申請並書面通知知識產權權利人。

第十七條　海關扣留侵權嫌疑貨物的，應當將貨物的名稱、數量、價值、收發貨人名稱、申報進出口日期、海關扣留日期等情況書面通知知識產權權利人。

經海關同意，知識產權權利人可以查看海關扣留的貨物。

第十八條　海關自扣留侵權嫌疑貨物之日起 20 個工作日內，收到人民法院協助扣押有關貨物書面通知的，應當予以協助；未收到人民法院協助扣押通知或者知識產權權利人要求海關放行有關貨物的，海關應當放行貨物。

第十九條　海關扣留侵權嫌疑貨物的，應當將扣留侵權嫌疑貨物的扣留憑單送達收發貨人。

經海關同意，收發貨人可以查看海關扣留的貨物。

第二十條　收發貨人根據《條例》第十九條的規定請求放行其被海關扣留的涉嫌侵犯專利權貨物的，應當向海關提出書面申請並提供與貨物等值的擔保金。

收發貨人請求海關放行涉嫌侵犯專利權貨物，符合前款規定的，海關應當放行貨物並書面通知知識產權權利人。

知識產權權利人就有關專利侵權糾紛向人民法院起訴的，應當在前款規定的海關書面通知送達之日起 30 個工作日內向海關提交人民法院受理案件通知書的複印件。

第四章　依職權調查處理

第二十一條　海關對進出口貨物實施監管，發現進出口貨物涉及在海關總署備案的知識產權且進出商或者製造商使用有關知識產權的情況未在海關總署備案的，可

以要求收發貨人在規定期限內申報貨物的知識產權狀況和提交相關證明文件。

收發貨人未按照前款規定申報貨物知識產權狀況、提交相關證明文件或者海關有理由認為貨物涉嫌侵犯在海關總署備案的知識產權的，海關應當中止放行貨物並書面通知知識產權權利人。

第二十二條　知識產權權利人應當在本辦法第二十一條規定的海關書面通知送達之日起3個工作日內按照下列規定予以回覆：

（一）認為有關貨物侵犯其在海關總署備案的知識產權並要求海關予以扣留的，向海關提出扣留侵權嫌疑貨物的書面申請並按照本辦法第二十三條或者第二十四條的規定提供擔保；

（二）認為有關貨物未侵犯其在海關總署備案的知識產權或者不要求海關扣留侵權嫌疑貨物的，向海關書面說明理由。

經海關同意，知識產權權利人可以查看有關貨物。

第二十三條　知識產權權利人根據本辦法第二十二條第一款第（一）項的規定請求海關扣留侵權嫌疑貨物的，應當按照以下規定向海關提供擔保：

（一）貨物價值不足人民幣2萬元的，提供相當於貨物價值的擔保；

（二）貨物價值為人民幣2萬至20萬元的，提供相當於貨物價值50%的擔保，但擔保金額不得少於人民幣2萬元；

（三）貨物價值超過人民幣20萬元的，提供人民幣10萬元的擔保。

知識產權權利人根據本辦法第二十二條第一款第（一）項的規定請求海關扣留涉嫌侵犯商標專用權貨物的，可以依據本辦法第二十四條的規定向海關總署提供總擔保。

第二十四條　在海關總署備案的商標專用權的知識產權權利人，經海關總署核准可以向海關總署提交銀行或者非銀行金融機構出具的保函，為其向海關申請商標專用權海關保護措施提供總擔保。

總擔保的擔保金額應當相當於知識產權權利人上一年度向海關申請扣留侵權嫌疑貨物後發生的倉儲、保管和處置等費用之和；知識產權權利人上一年度未向海關申請扣留侵權嫌疑貨物或者倉儲、保管和處置等費用不足人民幣20萬元的，總擔保的擔保金額為人民幣20萬元。

自海關總署核准其使用總擔保之日至當年12月31日，知識產權權利人根據《條例》第十六條的規定請求海關扣留涉嫌侵犯其已在海關總署備案的商標專用權的進出口貨物的，無需另行提供擔保，但知識產權權利人未按照《條例》第二十五條的規定支付有關費用或者未按照《條例》第二十九條的規定承擔賠償責任，海關總署向擔保人發出履行擔保責任通知的除外。

第二十五條　知識產權權利人根據本辦法第二十二條第一款第（一）項的規定提出申請並根據本辦法第二十三條、第二十四條的規定提供擔保的，海關應當扣留侵權嫌疑貨物並書面通知知識產權權利人；知識產權權利人未提出申請或者未提供擔保的，海關應當放行貨物。

第二十六條　海關扣留侵權嫌疑貨物的，應當將扣留侵權嫌疑貨物的扣留憑單送達收發貨人。

經海關同意，收發貨人可以查看海關扣留的貨物。

第二十七條　海關扣留侵權嫌疑貨物後，應當依法對侵權嫌疑貨物以及其他有關情況進行調查。收發貨人和知識產權權利人應當對海關調查予以配合，如實提供有關情況和證據。

海關對侵權嫌疑貨物進行調查，可以請求有關知識產權主管部門提供諮詢意見。

知識產權權利人與收發貨人就海關扣留的侵權嫌疑貨物達成協議，向海關提出書面申請並隨附相關協議，要求海關解除扣留侵權嫌疑貨物的，海關除認為涉嫌構成犯罪外，可以終止調查。

第二十八條　海關對扣留的侵權嫌疑貨物進行調查，不能認定貨物是否侵犯有關知識產權的，應當自扣留侵權嫌疑貨物之日起 30 個工作日內書面通知知識產權權利人和收發貨人。

海關不能認定貨物是否侵犯有關專利權的，收發貨人向海關提供相當於貨物價值的擔保後，可以請求海關放行貨物。海關同意放行貨物的，按照本辦法第二十條第二款和第三款的規定辦理。

第二十九條　對海關不能認定有關貨物是否侵犯其知識產權的，知識產權權利人可以根據《條例》第二十三條的規定向人民法院申請採取責令停止侵權行為或者財產保全的措施。

海關自扣留侵權嫌疑貨物之日起 50 個工作日內收到人民法院協助扣押有關貨物書面通知的，應當予以協助；未收到人民法院協助扣押通知或者知識產權權利人要求海關放行有關貨物的，海關應當放行貨物。

第三十條　海關作出沒收侵權貨物決定的，應當將下列已知的情況書面通知知識產權權利人：

（一）侵權貨物的名稱和數量；
（二）收發貨人名稱；
（三）侵權貨物申報進出口日期、海關扣留日期和處罰決定生效日期；
（四）侵權貨物的啟運地和指運地；
（五）海關可以提供的其他與侵權貨物有關的情況。

人民法院或者知識產權主管部門處理有關當事人之間的侵權糾紛，需要海關協助調取與進出口貨物有關的證據的，海關應當予以協助。

第三十一條　海關發現個人攜帶或者郵寄進出境的物品，涉嫌侵犯《條例》第二條規定的知識產權並超出自用、合理數量的，應當予以扣留，但旅客或者收寄件人向海關聲明放棄並經海關同意的除外。

海關對侵權物品進行調查，知識產權權利人應當予以協助。進出境旅客或者進出境郵件的收寄件人認為海關扣留的物品未侵犯有關知識產權或者屬於自用的，可以向海關書面說明有關情況並提供相關證據。

第三十二條　進出口貨物或者進出境物品經海關調查認定侵犯知識產權，根據《條例》第二十七條第一款和第二十八條的規定應當由海關予以沒收，但當事人無法查清的，自海關制發有關公告之日起滿 3 個月後可由海關予以收繳。

進出口侵權行為有犯罪嫌疑的，海關應當依法移送公安機關。

第五章　貨物處置和費用

第三十三條　對沒收的侵權貨物，海關應當按照下列規定處置：

（一）有關貨物可以直接用於社會公益事業或者知識產權權利人有收購意願的，將貨物轉交給有關公益機構用於社會公益事業或有償轉讓給知識產權權利人；

（二）有關貨物不能按照第（一）項的規定處置且侵權特徵能夠消除的，在消除侵權特徵後依法拍賣。拍賣貨物所得款項上交國庫；

（三）有關貨物不能按照第（一）、（二）項規定處置的，應當予以銷毀。

海關拍賣侵權貨物，應當事先徵求有關知識產權權利人的意見。海關銷毀侵權貨物，知識產權權利人應當提供必要的協助。有關公益機構將海關沒收的侵權貨物用於社會公益事業以及知識產權權利人接受海關委託銷毀侵權貨物的，海關應當進行必要的監督。

第三十四條　海關協助人民法院扣押侵權嫌疑貨物或者放行被扣留貨物的，知識產權權利人應當支付貨物在海關扣留期間的倉儲、保管和處置等費用。

海關沒收侵權貨物的，知識產權權利人應當按照貨物在海關扣留後的實際存儲時間支付倉儲、保管和處置等費用。但海關自沒收侵權貨物的決定送達收發貨人之日起3個月內不能完成貨物處置，且非因收發貨人申請行政復議、提起行政訴訟或者貨物處置方面的其他特殊原因導致的，知識產權權利人不需支付3個月後的有關費用。

海關按照本辦法第三十三條第一款第（二）項的規定拍賣侵權貨物的，拍賣費用的支出按照有關規定辦理。

第三十五條　知識產權權利人未按照本辦法第三十四條的規定支付有關費用的，海關可以從知識產權權利人提交的擔保金中扣除有關費用或者要求擔保人履行擔保義務。

海關沒收侵權貨物的，應當在貨物處置完畢並結清有關費用後向知識產權權利人退還擔保金或者解除擔保人的擔保責任。

海關協助人民法院扣押侵權嫌疑貨物或者根據《條例》第二十四條第（一）、（二）、（四）項的規定放行被扣留貨物的，收發貨人可以就知識產權權利人提供的擔保向人民法院申請財產保全。海關自協助人民法院扣押侵權嫌疑貨物或者放行貨物之日起20個工作日內，未收到人民法院就知識產權權利人提供的擔保採取財產保全措施的協助執行通知的，海關應當向知識產權權利人退還擔保金或者解除擔保人的擔保責任；收到人民法院協助執行通知的，海關應當協助執行。

第三十六條　海關根據《條例》第十九條的規定放行被扣留的涉嫌侵犯專利權的貨物後，知識產權權利人按照本辦法第二十條第三款的規定向海關提交人民法院受理案件通知書複印件的，海關應當根據人民法院的判決結果處理收發貨人提交的擔保金；知識產權權利人未提交人民法院受理案件通知書複印件的，海關應當退還收發貨人提交的擔保金。對知識產權權利人向海關提供的擔保，收發貨人可以向人民法院申請財

產保全，海關未收到人民法院對知識產權權利人提供的擔保採取財產保全措施的協助執行通知的，應當自處理收發貨人提交的擔保金之日起 20 個工作日後，向知識產權權利人退還擔保金或者解除擔保人的擔保責任；收到人民法院協助執行通知的，海關應當協助執行。

第六章 附　則

第三十七條　海關參照本辦法對奧林匹克標誌和世界博覽會標誌實施保護。

第三十八條　在本辦法中，「擔保」指擔保金、銀行或者非銀行金融機構保函。

第三十九條　本辦法中貨物的價值由海關以該貨物的成交價格為基礎審查確定。成交價格不能確定的，貨物價值由海關依法估定。

第四十條　本辦法第十七條、二十一條、二十八條規定的海關書面通知可以採取直接、郵寄、傳真或者其他方式送達。

第四十一條　本辦法第二十條第三款和第二十二條第一款規定的期限自海關書面通知送達之日的次日起計算。期限的截止按照以下規定確定：

（一）知識產權權利人通過郵局或者銀行向海關提交文件或者提供擔保的，以期限到期日 24 時止；

（二）知識產權權利人當面向海關提交文件或者提供擔保的，以期限到期日海關正常工作時間結束止。

第四十二條　知識產權權利人和收發貨人根據本辦法向海關提交有關文件複印件的，應當將複印件與文件原件進行核對。經核對無誤後，應當在複印件上加註「與原件核對無誤」字樣並予以簽章確認。

第四十三條　本辦法自 2009 年 7 月 1 日起施行。2004 年 5 月 25 日海關總署令第 114 號公布的《中華人民共和國海關關於〈中華人民共和國知識產權海關保護條例〉的實施辦法》同時廢止。

（七）中華人民共和國報關單位註冊登記管理規定

（海關總署 2014 年 2 月 13 日審議通過，現予公布，自公布之日起施行。2005 年 3 月 31 日以海關總署令第 127 號發布的《中華人民共和國海關對報關單位註冊登記管理規定》同時廢止）

第一章　總　則
第二章　報關企業註冊登記
第三章　進出口貨物收發貨人註冊登記
第四章　報關單位的管理
第五章　附　則

第一章　總　則

第一條　為了規範海關對報關單位的註冊登記管理，根據《中華人民共和國海關法》（以下簡稱《海關法》）以及其他有關法律和行政法規，制定本規定。

第二條　中華人民共和國海關是報關單位註冊登記管理的主管機關。

第三條　報關單位辦理報關業務應當遵守國家有關法律、行政法規和海關規章的規定，承擔相應的法律責任。

報關單位對其所屬報關人員的報關行為應當承擔相應的法律責任。

第四條　除法律、行政法規或者海關規章另有規定外，辦理報關業務的報關單位，應當按照本規定到海關辦理註冊登記。

第五條　報關單位註冊登記分為報關企業註冊登記和進出口貨物收發貨人註冊登記。

報關企業應當經所在地直屬海關或者其授權的隸屬海關辦理註冊登記許可後，方能辦理報關業務。

進出口貨物收發貨人可以直接到所在地海關辦理註冊登記。

報關單位應當在每年 6 月 30 日前向註冊地海關提交《報關單位註冊信息年度報告》。

報關單位所屬人員從事報關業務的，報關單位應當到海關辦理備案手續，海關予以核發證明。

報關單位可以在辦理註冊登記手續的同時辦理所屬報關人員備案。

第六條　進出口貨物收發貨人應當通過本單位所屬的報關人員辦理報關業務，或者委託海關準予註冊登記的報關企業，由報關企業所屬的報關人員代為辦理報關業務。

海關可以將報關單位的報關業務情況以及所屬報關人員的執業情況予以公布。

第七條　已經在海關辦理註冊登記的報關單位，再次向海關提出註冊登記申請的，海關不予受理。

第二章　報關企業註冊登記

第八條　報關企業應當具備下列條件：
（一）具備境內企業法人資格條件；
（二）法定代表人無走私記錄；
（三）無因走私違法行為被海關撤銷註冊登記許可記錄；
（四）有符合從事報關服務所必需的固定經營場所和設施；
（五）海關監管所需要的其他條件。

第九條　申請報關企業註冊登記許可，應當提交下列文件材料：
（一）《報關單位情況登記表》；
（二）企業法人營業執照副本複印件以及組織機構代碼證書副本複印件；

（三）報關服務營業場所所有權證明或者使用權證明；

（四）其他與申請註冊登記許可相關的材料。

申請人按照本條第一款規定提交複印件的，應當同時向海關交驗原件。

第十條　申請人應當到所在地海關提出申請並遞交申請註冊登記許可材料。

直屬海關應當對外公布受理申請的場所。

第十一條　申請人可以委託代理人提出註冊登記許可申請。

申請人委託代理人代為提出申請的，應當出具授權委託書。

第十二條　對申請人提出的申請，海關應當根據下列情況分別作出處理：

（一）申請人不具備報關企業註冊登記許可申請資格的，應當作出不予受理的決定；

（二）申請材料不齊全或者不符合法定形式的，應當當場或者在簽收申請材料後五日內一次告知申請人需要補正的全部內容，逾期不告知的，自收到申請材料之日起即為受理；

（三）申請材料僅存在文字性或者技術性等可以當場更正的錯誤的，應當允許申請人當場更正，並且由申請人對更正內容予以簽章確認；

（四）申請材料齊全、符合法定形式，或者申請人按照海關的要求提交全部補正申請材料的，應當受理報關企業註冊登記許可申請，並作出受理決定。

第十三條　所在地海關受理申請後，應當根據法定條件和程序進行全面審查，並且於受理註冊登記許可申請之日起20日內審查完畢。

直屬海關未授權隸屬海關辦理註冊登記許可的，應當自收到所在地海關報送的審查意見之日起20日內作出決定。

直屬海關授權隸屬海關辦理註冊登記許可的，隸屬海關應當自受理或者收到所在地海關報送的審查意見之日起20日內作出決定。

第十四條　申請人的申請符合法定條件的，海關應當依法作出準予註冊登記許可的書面決定，並送達申請人，同時核發《中華人民共和國海關報關單位註冊登記證書》。

申請人的申請不符合法定條件的，海關應當依法作出不準予註冊登記許可的書面決定，並且告知申請人享有依法申請行政復議或者提起行政訴訟的權利。

第十五條　報關企業在取得註冊登記許可的直屬海關關區外從事報關服務的，應當依法設立分支機構，並且向分支機構所在地海關備案。

報關企業在取得註冊登記許可的直屬海關關區內從事報關服務的，可以設立分支機構，並且向分支機構所在地海關備案。

報關企業分支機構可以在備案海關關區內從事報關服務。備案海關為隸屬海關的，報關企業分支機構可以在備案海關所屬直屬海關關區內從事報關服務。

報關企業對其分支機構的行為承擔法律責任。

第十六條　報關企業設立分支機構應當向其分支機構所在地海關提交下列備案材料：

（一）《報關單位情況登記表》；

（二）報關企業《中華人民共和國海關報關單位註冊登記證書》複印件；

（三）分支機構營業執照副本複印件以及組織機構代碼證書副本複印件；

（四）報關服務營業場所所有權證明複印件或者使用權證明複印件；

（五）海關要求提交的其他備案材料。

申請人按照本條第一款規定提交複印件的，應當同時向海關交驗原件。

經審查符合備案條件的，海關應當核發《中華人民共和國海關報關單位註冊登記證書》。

第十七條　報關企業註冊登記許可期限為 2 年。被許可人需要延續註冊登記許可有效期的，應當辦理註冊登記許可延續手續。

報關企業分支機構備案有效期為 2 年，報關企業分支機構應當在有效期屆滿前 30 日持本規定第十六條規定的材料到分支機構所在地海關辦理換證手續。

第十八條　報關企業的企業名稱、法定代表人發生變更的，應當持《報關單位情況登記表》《中華人民共和國海關報關單位註冊登記證書》、變更後的工商營業執照或者其他批准文件及複印件，以書面形式到註冊地海關申請變更註冊登記許可。

報關企業分支機構企業名稱、企業性質、企業住所、負責人等海關備案內容發生變更的，應當自變更生效之日起 30 日內，持變更後的營業執照副本或者其他批准文件及複印件，到所在地海關辦理變更手續。

所屬報關人員備案內容發生變更的，報關企業及其分支機構應當在變更事實發生之日起 30 日內，持變更證明文件等相關材料到註冊地海關辦理變更手續。

第十九條　對被許可人提出的變更註冊登記許可申請，註冊地海關應當參照註冊登記許可程序進行審查。經審查符合註冊登記許可條件的，應當作出準予變更的決定，同時辦理註冊信息變更手續。

經審查不符合註冊登記許可條件的，海關不予變更其註冊登記許可。

第二十條　報關企業辦理註冊登記許可延續手續，應當在有效期屆滿 40 日前向海關提出申請，同時提交本規定第九條第一款第（一）項至第（四）項規定的文件材料。依照海關規定提交複印件的，還應當同時交驗原件。

報關企業應當在辦理註冊登記許可延續的同時辦理換領《中華人民共和國海關報關單位註冊登記證書》手續。

報關企業未按照本條第一款規定的時限提出延續申請的，海關不再受理其註冊登記許可延續申請。

第二十一條　海關應當參照註冊登記許可程序在有效期屆滿前對報關企業的延續申請予以審查。經審查認定符合註冊登記許可條件，以及法律、行政法規、海關規章規定的延續註冊登記許可應當具備的其他條件的，應當依法作出準予延續 2 年有效期的決定。

海關應當在註冊登記許可有效期屆滿前作出是否準予延續的決定。有效期屆滿時仍未作出決定的，視為準予延續，海關應當依法為其辦理註冊登記許可延續手續。

海關對不再具備註冊登記許可條件，或者不符合法律、行政法規、海關規章規定的延續註冊登記許可應當具備的其他條件的報關企業，不準予延續其註冊登記許可。

第二十二條　有下列情形之一的，海關應當依法註銷註冊登記許可：
（一）有效期屆滿未申請延續的；
（二）報關企業依法終止的；
（三）註冊登記許可依法被撤銷、撤回，或者註冊登記許可證件依法被吊銷的；
（四）由於不可抗力導致註冊登記許可事項無法實施的；
（五）法律、行政法規規定的應當註銷註冊登記許可的其他情形。
海關依據本條第一款規定註銷報關企業註冊登記許可的，應當同時註銷該報關企業設立的所有分支機構。

第三章　進出口貨物收發貨人註冊登記

第二十三條　進出口貨物收發貨人應當按照規定到所在地海關辦理報關單位註冊登記手續。
進出口貨物收發貨人在海關辦理註冊登記後可以在中華人民共和國關境內口岸或者海關監管業務集中的地點辦理本企業的報關業務。
第二十四條　進出口貨物收發貨人申請辦理註冊登記，應當提交下列文件材料，另有規定的除外：
（一）《報關單位情況登記表》；
（二）營業執照副本複印件以及組織機構代碼證書副本複印件；
（三）對外貿易經營者備案登記表複印件或者外商投資企業（臺港澳僑投資企業）批准證書複印件；
（四）其他與註冊登記有關的文件材料。
申請人按照本條第一款規定提交複印件的，應當同時向海關交驗原件。
第二十五條　註冊地海關依法對申請註冊登記材料進行核對。經核對申請材料齊全、符合法定形式的，應當核發《中華人民共和國海關報關單位註冊登記證書》。
第二十六條　除海關另有規定外，進出口貨物收發貨人《中華人民共和國海關報關單位註冊登記證書》長期有效。
第二十七條　下列單位未取得對外貿易經營者備案登記表，按照國家有關規定需要從事非貿易性進出口活動的，應當辦理臨時註冊登記手續：
（一）境外企業、新聞、經貿機構、文化團體等依法在中國境內設立的常駐代表機構；
（二）少量貨樣進出境的單位；
（三）國家機關、學校、科研院所等組織機構；
（四）臨時接受捐贈、禮品、國際援助的單位；
（五）其他可以從事非貿易性進出口活動的單位。
第二十八條　臨時註冊登記單位在向海關申報前，應當向所在地海關辦理備案手續。特殊情況下可以向擬進出境口岸或者海關監管業務集中地海關辦理備案手續。
第二十九條　辦理臨時註冊登記，應當持本單位出具的委派證明或者授權證明以

及非貿易性活動證明材料。

第三十條　臨時註冊登記的，海關可以出具臨時註冊登記證明，但是不予核發註冊登記證書。

臨時註冊登記有效期最長為1年，有效期屆滿後應當重新辦理臨時註冊登記手續。

已經辦理報關註冊登記的進出口貨物收發貨人，海關不予辦理臨時註冊登記手續。

第三十一條　進出口貨物收發貨人企業名稱、企業性質、企業住所、法定代表人（負責人）等海關註冊登記內容發生變更的，應當自變更生效之日起30日內，持變更後的營業執照副本或者其他批准文件以及複印件，到註冊地海關辦理變更手續。

所屬報關人員發生變更的，進出口貨物收發貨人應當在變更事實發生之日起30日內，持變更證明文件等相關材料到註冊地海關辦理變更手續。

第三十二條　進出口貨物收發貨人有下列情形之一的，應當以書面形式向註冊地海關辦理註銷手續。海關在辦結有關手續後，應當依法辦理註銷註冊登記手續。

（一）破產、解散、自行放棄報關權或者分立成兩個以上新企業的；
（二）被工商行政管理機關註銷登記或者吊銷營業執照的；
（三）喪失獨立承擔責任能力的；
（四）對外貿易經營者備案登記表或者外商投資企業批准證書失效的；
（五）其他依法應當註銷註冊登記的情形。

進出口貨物收發貨人未依照本條第一款主動辦理註銷手續的，海關可以在辦結有關手續後，依法註銷其註冊登記。

第四章　報關單位的管理

第三十三條　報關單位有權向海關查詢其辦理的報關業務情況。

第三十四條　報關單位應當妥善保管海關核發的註冊登記證書等相關證明文件。發生遺失的，報關單位應當及時書面向海關報告並說明情況。

海關應當自收到情況說明之日起20日內予以補發相關證明文件。遺失的註冊登記證書等相關證明文件在補辦期間仍然處於有效期間的，報關單位可以辦理報關業務。

第三十五條　報關單位向海關提交的紙質進出口貨物報關單應當加蓋本單位的報關專用章。

報關專用章應當按照海關總署統一規定的要求刻制。

報關企業及其分支機構的報關專用章僅限在其取得註冊登記許可或者備案的直屬海關關區內使用。

進出口貨物收發貨人的報關專用章可以在全關境內使用。

第三十六條　報關單位在辦理註冊登記業務時，應當對所提交的申請材料以及所填報信息內容的真實性負責並且承擔法律責任。

第三十七條　海關依法對報關單位從事報關活動及其經營場所進行監督和實地檢查，依法查閱或者要求報關單位報送有關材料。報關單位應當積極配合，如實提供有關情況和材料。

第三十八條　海關對報關單位辦理海關業務中出現的報關差錯予以記錄，並且公布記錄情況的查詢方式。

報關單位對報關差錯記錄有異議的，可以自報關差錯記錄之日起 15 日內向記錄海關以書面方式申請復核。

海關應當自收到書面申請之日起 15 日內進行復核，對記錄錯誤的予以更正。

第五章　附　則

第三十九條　報關單位、報關人員違反本規定，構成走私行為、違反海關監管規定行為或者其他違反《海關法》行為的，由海關依照《海關法》和《中華人民共和國海關行政處罰實施條例》的有關規定予以處理；構成犯罪的，依法追究刑事責任。

第四十條　報關單位有下列情形之一的，海關予以警告，責令其改正，可以處 1 萬元以下罰款：

（一）報關單位企業名稱、企業性質、企業住所、法定代表人（負責人）等海關註冊登記內容發生變更，未按照規定向海關辦理變更手續的；

（二）向海關提交的註冊信息中隱瞞真實情況、弄虛作假的。

第四十一條　《中華人民共和國海關報關單位註冊登記證書》《報關單位情況登記表》《報關單位註冊信息年度報告》等法律文書以及格式文本，由海關總署另行制定公布。

第四十二條　本規定規定的期限以工作日計算，不含法定節假日、休息日。

第四十三條　本規定中下列用語的含義：

報關單位，是指按照本規定在海關註冊登記的報關企業和進出口貨物收發貨人。

報關企業，是指按照本規定經海關準予註冊登記，接受進出口貨物收發貨人的委託，以委託人的名義或者以自己的名義，向海關辦理代理報關業務，從事報關服務的中華人民共和國關境內的企業法人。

進出口貨物收發貨人，是指依法直接進口或者出口貨物的中華人民共和國關境內的法人、其他組織或者個人。

報關人員，是指經報關單位向海關備案，專門負責辦理所在單位報關業務的人員。

報關差錯率，是指報關單位被記錄報關差錯的總次數，除以同期申報總次數的百分比。

第四十四條　海關特殊監管區域內企業可以申請註冊登記成為特殊監管區域雙重身分企業，海關按照報關企業有關規定辦理註冊登記手續。

特殊監管區域雙重身分企業在海關特殊監管區域內擁有進出口貨物收發貨人和報關企業雙重身分，在海關特殊監管區外僅具報關企業身分。

除海關特殊監管區域雙重身分企業外，報關單位不得同時在海關註冊登記為進出口貨物收發貨人和報關企業。

第四十五條　本規定由海關總署負責解釋。

第四十六條　本規定自公布之日起施行。2005 年 3 月 31 日以海關總署令第 127 號發布的《中華人民共和國海關對報關單位註冊登記管理規定》同時廢止。

（八）中華人民共和國海關企業信用管理暫行辦法

（海關總署2014年9月4日審議通過，現予公布，自2014年12月1日起施行）

第一章 總 則

第一條 為了推進社會信用體系建設，建立企業進出口信用管理制度，保障貿易安全與便利，根據《中華人民共和國海關法》及其他有關法律、行政法規的規定，制定本辦法。

第二條 海關註冊登記企業信用信息的採集、公示，企業信用狀況的認定、管理等適用本辦法。

第三條 海關根據企業信用狀況將企業認定為認證企業、一般信用企業和失信企業，按照誠信守法便利、失信違法懲戒原則，分別適用相應的管理措施。

第四條 認證企業是中國海關經認證的經營者（AEO），中國海關依法開展與其他國家或者地區海關的 AEO 互認，並給予互認 AEO 企業相應通關便利措施。

第五條 海關根據社會信用體系建設和國際合作需要，與國家有關部門以及其他國家或者地區海關建立合作機制，推進信息互換、監管互認、執法互助。

第二章 企業信用信息採集和公示

第六條 海關應當採集能夠反應企業進出口信用狀況的下列信息，建立企業信用信息管理系統：

（一）企業在海關註冊登記信息；

（二）企業進出口經營信息；

（三）AEO 互認信息；

（四）企業在其他行政管理部門的信息；

（五）其他與企業進出口相關的信息。

第七條 海關應當在保護國家秘密、商業秘密和個人隱私的前提下，公示企業下列信用信息：

（一）企業在海關註冊登記信息；

（二）海關對企業信用狀況的認定結果；

（三）企業行政處罰信息；

（四）其他應當公示的企業信息。

海關對企業行政處罰信息的公示期限為 5 年。

海關應當公布企業信用信息的查詢方式。

第八條　公民、法人或者其他組織認為海關公示的企業信用信息不準確的，可以向海關提出異議，並提供相關資料或者證明材料。海關應當自收到異議申請之日起 20 日內復核。公民、法人或者其他組織提出異議的理由成立的，海關應當採納。

第三章　企業信用狀況的認定標準和程序

第九條　認證企業應當符合《海關認證企業標準》。

《海關認證企業標準》分為一般認證企業標準和高級認證企業標準，由海關總署制定並對外公布。

第十條　企業有下列情形之一的，海關認定為失信企業：

（一）有走私犯罪或者走私行為的；

（二）非報關企業 1 年內違反海關監管規定行為次數超過上年度報關單、進出境備案清單等相關單證總票數千分之一且被海關行政處罰金額超過 10 萬元的違規行為 2 次以上的，或者被海關行政處罰金額累計超過 100 萬元的；

報關企業 1 年內違反海關監管規定行為次數超過上年度報關單、進出境備案清單總票數萬分之五的，或者被海關行政處罰金額累計超過 10 萬元的；

（三）拖欠應繳稅款、應繳罰沒款項的；

（四）上一季度報關差錯率高於同期全國平均報關差錯率 1 倍以上的；

（五）經過實地查看，確認企業登記的信息失實且無法與企業取得聯繫的；

（六）被海關依法暫停從事報關業務的；

（七）涉嫌走私、違反海關監管規定拒不配合海關進行調查的；

（八）假借海關或者其他企業名義獲取不當利益的；

（九）弄虛作假、偽造企業信用信息的；

（十）其他海關認定為失信企業的情形。

第十一條　企業有下列情形之一的，海關認定為一般信用企業：

（一）首次註冊登記的企業；

（二）認證企業不再符合本辦法第九條規定條件，且未發生本辦法第十條所列情形的；

（三）適用失信企業管理滿 1 年，且未再發生本辦法第十條規定情形的。

第十二條　企業向海關申請成為認證企業的，海關按照《海關認證企業標準》對企業實施認證。

海關或者申請企業可以委託具有法定資質的社會仲介機構對企業進行認證；仲介機構認證結果經海關認可的，可以作為認定企業信用狀況的參考依據。

第十三條　海關應當自收到企業書面認證申請之日起 90 日內作出認證結論。特殊情形下，海關認證時限可以延長 30 日。

第十四條　企業有下列情形之一的，海關應當終止認證：

（一）發生涉嫌走私或者違反海關監管規定的行為被海關立案偵查或者調查的；

（二）主動撤回認證申請的；

（三）其他應當終止認證的情形。

第十五條　海關對企業信用狀況的認定結果實施動態調整。

海關對高級認證企業應當每 3 年重新認證一次，對一般認證企業不定期重新認證。認證企業未通過重新認證適用一般信用企業管理的，1 年內不得再次申請成為認證企業；高級認證企業未通過重新認證但符合一般認證企業標準的，適用一般認證企業管理。

適用失信企業管理滿 1 年，且未再發生本辦法第十條規定情形的，海關應當將其調整為一般信用企業管理。

失信企業被調整為一般信用企業滿 1 年的，可以向海關申請成為認證企業。

第四章　管理原則和措施

第十六條　一般認證企業適用下列管理原則和措施：
（一）較低進出口貨物查驗率；
（二）簡化進出口貨物單證審核；
（三）優先辦理進出口貨物通關手續；
（四）海關總署規定的其他管理原則和措施。

第十七條　高級認證企業除適用一般認證企業管理原則和措施外，還適用下列管理措施：
（一）在確定進出口貨物的商品歸類、海關估價、原產地或者辦結其他海關手續前先行辦理驗放手續；
（二）海關為企業設立協調員；
（三）對從事加工貿易的企業，不實行銀行保證金臺帳制度；
（四）AEO 互認國家或者地區海關提供的通關便利措施。

第十八條　失信企業適用海關下列管理原則和措施：
（一）較高進出口貨物查驗率；
（二）進出口貨物單證重點審核；
（三）加工貿易等環節實施重點監管；
（四）海關總署規定的其他管理原則和措施。

第十九條　高級認證企業適用的管理措施優於一般認證企業。

因企業信用狀況認定結果不一致導致適用的管理措施相抵觸的，海關按照就低原則實施管理。

認證企業涉嫌走私被立案偵查或者調查的，海關暫停適用相應管理措施，按照一般信用企業進行管理。

第二十條　企業名稱或者海關注冊編碼發生變更的，海關對企業信用狀況的認定結果和管理措施繼續適用。

企業有下列情形之一的，按照以下原則作出調整：
（一）企業發生存續分立，分立後的存續企業承繼分立前企業的主要權利義務的，適用海關對分立前企業的信用狀況認定結果和管理措施，其餘的分立企業視為首次註冊企業；

（二）企業發生解散分立，分立企業視為首次註冊企業；

（三）企業發生吸收合併，合併企業適用海關對合併後存續企業的信用狀況認定結果和管理措施；

（四）企業發生新設合併，合併企業視為首次註冊企業。

第五章 附 則

第二十一條 作為企業信用狀況認定依據的走私犯罪，以刑事判決書生效時間為準進行認定。

作為企業信用狀況認定依據的走私行為、違反海關監管規定行為，以海關行政處罰決定書作出時間為準進行認定。

第二十二條 本辦法下列用語的含義是：

「處罰金額」，指因發生違反海關監管規定的行為，被海關處以罰款、沒收違法所得或者沒收貨物、物品價值的金額之和。

「拖欠應納稅款」，指自繳納稅款期限屆滿之日起超過3個月仍未繳納進出口貨物、物品應當繳納的進出口關稅、進出口環節海關代徵稅之和，包括經海關認定違反海關監管規定，除給予處罰外，尚需繳納的稅款。

「拖欠應繳罰沒款項」，指自海關行政處罰決定規定的期限屆滿之日起超過3個月仍未繳納海關罰款、沒收的違法所得和追繳走私貨物、物品等值價款。

「1年」，指連續的12個月。

「年度」，指1個公歷年度。

「以上」「以下」，均包含本數。

「經認證的經營者（AEO）」，是指以任何一種方式參與貨物國際流通，符合本辦法規定的條件及《海關認證企業標準》並通過海關認證的企業。

第二十三條 本辦法由海關總署負責解釋。

第二十四條 本辦法自2014年12月1日起施行。2010年11月15日海關總署令第197號公布的《中華人民共和國海關企業分類管理辦法》同時廢止。

（九）中華人民共和國海關政府信息公開辦法

（海關總署2014年2月13日審議通過，現予公布，自2014年4月1日起施行）

第一章 總 則
第二章 公開的範圍
第三章 公開的方式和程序
第四章 監督和保障
第五章 附 則

第一章　總　則

第一條　為了保障公民、法人和其他組織的知情權、參與權和監督權，提高海關工作透明度和公信力，促進依法行政，充分發揮海關政府信息對人民群眾生產、生活和經濟社會活動的服務作用，根據《中華人民共和國海關法》《中華人民共和國政府信息公開條例》以及其他法律、行政法規的規定，制定本辦法。

第二條　本辦法所稱的海關政府信息，是指海關在履行職責過程中製作或者獲取的，以一定形式記錄、保存的信息。

第三條　海關政府信息公開應當遵循公正、公平、便民的原則。

第四條　海關應當加強對海關政府信息公開工作的組織領導。

海關總署辦公廳是全國海關政府信息公開工作的主管部門，負責推進、指導、協調、監督全國海關政府信息公開工作。直屬海關、隸屬海關和各派出機構辦公室或者承擔辦公室職能的其他部門是海關政府信息公開工作主管部門，負責推進、指導、協調、監督本關區海關政府信息公開工作。

海關政府信息公開工作主管部門的主要職責是：

（一）組織制定海關政府信息公開的規章制度、工作規則，研究制訂海關政府信息公開方案，確定海關政府信息公開的具體範圍、形式、程序等事宜；

（二）組織編製海關政府信息公開指南、海關政府信息公開目錄和海關政府信息公開工作年度報告；

（三）組織維護和更新應當主動公開的海關政府信息；

（四）受理向海關提出的政府信息公開申請；

（五）組織對擬公開的海關政府信息進行保密審查；

（六）與海關政府信息公開有關的其他職責。

第五條　海關製作的海關政府信息，由製作該海關政府信息的海關負責公開。

海關從公民、法人或者其他組織獲取的海關政府信息，由保存該海關政府信息的海關負責公開。

第六條　海關應當建立健全海關政府信息發布保密審查機制，明確審查的程序和責任。

海關在公開海關政府信息前，應當依照《中華人民共和國保守國家秘密法》以及其他法律、行政法規和國家有關規定對擬公開的海關政府信息進行審查。

海關對海關政府信息不能確定是否可以公開時，應當依照法律、行政法規和國家有關規定報有關主管部門或者同級保密工作部門確定。

第七條　海關應當建立健全海關政府信息公開協調機制。海關發布的海關政府信息涉及其他行政機關的，應當與有關行政機關進行溝通、確認，保證海關政府信息準確發布。

海關發布的海關政府信息依照國家有關規定需要批准的，未經批准不得發布。

第八條　海關應當及時、準確地公開海關政府信息。海關發現影響或者可能影響

社會穩定、擾亂社會管理秩序的虛假或者不完整信息的，應當在其職責範圍內發布準確的海關政府信息予以澄清。

第九條　海關公開海關政府信息，不得危及國家安全、公共安全、經濟安全和社會穩定。

第二章　公開的範圍

第十條　海關應當主動公開以下海關政府信息：
（一）海關規章以及以海關總署公告、直屬海關公告形式發布的其他規範性文件；
（二）關於海關重大政策、重要海關規章和海關總署公告的解讀信息；
（三）《黨政機關厲行節約反對浪費條例》第五十四條規定予以公開的內容；
（四）海關行政許可的事項、依據、條件、數量、程序、期限以及申請行政許可需要提交的全部材料目錄及辦理情況；
（五）海關的機構設置、職責權限以及辦公地點、辦公時間和聯繫電話；
（六）業務現場海關人員的姓名、工號、職務、職責等相關信息；
（七）涉及進出口貨物貿易的海關綜合統計資料；
（八）海關行政事業性收費的項目、依據、標準；
（九）海關罰沒財物公開拍賣信息；
（十）其他涉及公民、法人或者其他組織切身利益，需要社會公眾廣泛知曉或者參與以及法律、行政法規、海關總署規定應當主動公開的事項。

中國加入或者接受的國際公約、協定對海關政府信息公開有規定的，應當按照規定予以公開。

第十一條　除本辦法第十條規定的應當主動公開的海關政府信息外，公民、法人或者其他組織還可以根據自身生產、生活、科研等特殊需要，向海關申請獲取相關海關政府信息。

第十二條　海關政府信息有下列情形之一的，不予公開：
（一）涉及國家秘密、商業秘密、個人隱私的；
（二）屬於海關在日常工作中製作或者獲取的內部管理信息以及處於討論、研究或者審查中的過程性信息；
（三）法律、行政法規明確規定不予公開的其他海關政府信息。

申請公開的海關政府信息涉及商業秘密和個人隱私，經權利人同意公開或者海關認為不公開可能對公共利益造成重大影響的，可以予以公開。

第三章　公開的方式和程序

第十三條　海關應當將主動公開的海關政府信息，通過海關門戶網站、全國海關「12360」統一服務熱線、新聞發布會以及報刊、廣播、電視等便於公眾知曉的方式公開。

以海關總署令形式公布的海關規章以及以海關總署公告形式發布的其他海關規範性文件還應當在《海關總署文告》上刊登。

海關可以根據需要，在海關業務現場等辦公地點設立海關政府信息公開資料提供點、信息公告欄、電子信息屏等設施，公開海關政府信息。

第十四條　屬於主動公開範圍的海關政府信息，應當自該海關政府信息形成、變更或獲取之日起20個工作日內予以公開。

第十五條　海關應當編製、公布海關政府信息公開指南和海關政府信息公開目錄，並及時更新。

海關政府信息公開指南，應當包括海關政府信息的分類、編排體系、獲取方式，海關政府信息公開工作主管部門的名稱、辦公地址、辦公時間、聯繫電話、傳真號碼、電子郵箱等內容。

海關政府信息公開目錄，應當包括海關政府信息的索引、名稱、生成日期等內容。

第十六條　公民、法人或者其他組織依照本辦法第十一條規定申請獲取海關政府信息的，應當填製《海關政府信息公開申請表》（格式見附件）或者以其他書面形式（包括數據電文形式）向海關提出申請。採用書面形式確有困難的，申請人可以口頭提出申請，由受理該申請的海關代為填寫《海關政府信息公開申請表》，並交申請人核對或者向其宣讀後，由申請人簽字或者蓋章確認。

海關政府信息公開申請應當包括下列內容：

（一）申請人的姓名或者名稱、聯繫方式；

（二）申請公開的海關政府信息的內容描述；

（三）申請公開的海關政府信息的形式要求。

公民、法人或者其他組織向海關申請公開海關政府信息的，海關可以要求申請人提供相關證明材料，用以說明申請獲取海關政府信息與其自身生產、生活、科研等特殊需要相關。

第十七條　公民、法人或者其他組織遞交的海關政府信息公開申請只能對應一個申請事項。對於需要對遞交申請進行拆分處理後才能答覆的申請，海關可要求申請人對所提申請作適當拆分處理並分別提出申請。

第十八條　對申請公開的海關政府信息，海關根據下列情況以書面形式（包括數據電文形式）分別作出答覆：

（一）屬於公開範圍的，應當告知申請人獲取該海關政府信息的方式和途徑；

（二）屬於不予公開範圍的，應當告知申請人並說明理由；

（三）不屬於本辦法規定的海關政府信息範圍的，應當告知申請人並說明理由；

（四）所申請的海關政府信息依法不屬於收到申請海關公開的，應當告知申請人，對能夠確定該政府信息的公開機關的，應當告知申請人該行政機關的名稱、聯繫方式；

（五）所申請的海關政府信息不存在，或者需要經過匯總、加工或者重新製作（作區分處理的除外）的，應當告知申請人並說明理由；

（六）申請公開的海關政府信息中含有不應當公開的內容，但是能夠作區分處理的，應當向申請人提供可以公開的海關政府信息內容；

（七）申請內容不明確，不符合本辦法第十六條第二款規定的，應當告知申請人作出更改、補正，申請人逾期未作更改、補正的，視為放棄申請；

（八）同一申請人無正當理由，重複向同一海關申請公開同一海關政府信息，海關已經作出答覆的，可以告知申請人不再重複處理；

（九）申請內容應當通過業務諮詢、投訴舉報、信訪、統計諮詢等其他途徑辦理的，應當指引申請人通過其他途徑辦理。

第十九條　收到海關政府信息公開申請，能夠當場答覆的，海關應當當場予以答覆。

不能當場答覆的，海關應當自收到申請之日起15個工作日內予以答覆；如需延長答覆期限的，應當經海關政府信息公開工作主管部門負責人同意，並告知申請人，延長答覆的期限最長不得超過15個工作日。

申請公開的海關政府信息涉及第三方權益的，海關徵求第三方意見所需時間不計算在本條第二款規定的期限內。

第二十條　公民、法人或者其他組織向海關申請提供與其自身相關的海關政府信息的，應當出示有效身分證件或者證明文件。

公民、法人或者其他組織有證據證明海關提供的與其自身相關的海關政府信息記錄不準確的，有權要求海關予以更正。該海關無權更正的，應當轉送有權更正的海關處理，並告知申請人。

第二十一條　海關依申請公開海關政府信息，應當按照申請人要求的形式予以提供；無法按照申請人要求的形式提供的，可以通過安排申請人查閱相關資料、提供複製件或者其他適當形式提供。

申請公開海關政府信息的公民存在閱讀困難或者視聽障礙的，海關應當為其提供必要的幫助。

第二十二條　海關依申請提供海關政府信息，除可以收取檢索、複製、郵寄等成本費用外，不得收取其他費用。海關不得通過其他組織、個人以有償服務方式提供海關政府信息。

海關收取檢索、複製、郵寄等成本費用的標準，按照國務院價格主管部門會同國務院財政部門制定的標準執行。

第二十三條　申請公開海關政府信息的公民確有經濟困難的，經本人申請、海關政府信息公開工作主管部門負責人審核同意，可以減免相關費用。

第四章　監督和保障

第二十四條　海關應當建立健全海關政府信息公開工作考核制度、社會評議制度和責任追究制度，定期對海關政府信息公開工作進行考核、評議。

第二十五條　海關應當加強對海關政府信息公開工作的監督和檢查。

海關總署辦公廳和監察部駐海關總署監察局是全國海關政府信息公開工作的監督部門，負責對全國海關政府信息公開的實施情況進行監督檢查。

直屬海關、隸屬海關和各派出機構的海關政府信息公開工作主管部門和監察部門，負責對本關區海關政府信息公開的實施情況進行監督檢查。

第二十六條　海關應當在每年 3 月 31 日前公布本單位上一年度的海關政府信息公開工作年度報告。

海關政府信息公開工作年度報告應當包括下列內容：

（一）海關主動公開海關政府信息的情況；

（二）海關依申請公開海關政府信息和不予公開海關政府信息的情況；

（三）海關政府信息公開的收費及減免情況；

（四）因海關政府信息公開申請行政復議、提起行政訴訟的情況；

（五）海關政府信息公開工作存在的主要問題及改進情況；

（六）其他需要報告的事項。

第二十七條　公民、法人或者其他組織認為海關不依法履行海關政府信息公開義務的，可以向海關監察部門、海關政府信息公開工作主管部門或者上一級海關舉報。收到舉報的海關或者部門應當予以調查處理。

公民、法人或者其他組織認為海關在海關政府信息公開工作中的具體行政行為侵犯其合法權益的，可以依法申請行政復議或者提起行政訴訟。

第二十八條　海關及其工作人員違反本辦法的規定，有下列情形之一的，由海關監察部門或者上一級海關責令改正；情節嚴重的，對海關直接負責的主管人員和其他直接責任人員依法給予處分；構成犯罪的，依法追究刑事責任：

（一）不依法履行海關政府信息公開義務的；

（二）不及時更新公開的海關政府信息內容、海關政府信息公開指南和海關政府信息公開目錄的；

（三）違反規定收取費用的；

（四）通過其他組織、個人以有償服務方式提供海關政府信息的；

（五）公開不應當公開的海關政府信息的；

（六）違反本辦法規定的其他行為。

第五章　附　則

第二十九條　海關緝私部門適用本辦法。本辦法沒有明確的，適用警務公開的有關規定。

海關院校參照本辦法執行。

第三十條　本辦法由海關總署負責解釋。

第三十一條　本辦法自 2014 年 4 月 1 日起施行。2007 年 9 月 5 日海關總署令第 165 號發布的《中華人民共和國海關關務公開辦法》同時廢止。

(十)中華人民共和國海關保稅港區管理暫行辦法

(2007年9月3日海關總署令第164號發布,根據2010年3月15日海關總署令第191號公布的《海關總署關於修改〈中華人民共和國海關保稅港區管理暫行辦法〉的決定》修正)

第一章 總 則

第一條 為了規範海關對保稅港區的管理,根據《中華人民共和國海關法》(以下簡稱海關法)和有關法律、行政法規的規定,制定本辦法。

第二條 本辦法所稱的保稅港區是指經國務院批准,設立在國家對外開放的口岸港區和與之相連的特定區域內,具有口岸、物流、加工等功能的海關特殊監管區域。

第三條 海關依照本辦法對進出保稅港區的運輸工具、貨物、物品以及保稅港區內企業、場所進行監管。

第四條 保稅港區實行封閉式管理。保稅港區與中華人民共和國關境內的其他地區(以下稱區外)之間,應當設置符合海關監管要求的卡口、圍網、視頻監控系統以及海關監管所需的其他設施。

第五條 保稅港區內不得居住人員。除保障保稅港區內人員正常工作、生活需要的非營利性設施外,保稅港區內不得建立商業性生活消費設施和開展商業零售業務。

海關及其他行政管理機構的辦公場所應當設置在保稅港區規劃面積以內、圍網以外的保稅港區綜合辦公區內。

第六條 保稅港區管理機構應當建立信息共享的計算機公共信息平臺,並通過「電子口岸」實現區內企業及相關單位與海關之間的電子數據交換。

第七條 保稅港區的基礎和監管設施、場所等應當符合《海關特殊監管區域基礎和監管設施驗收標準》。經海關總署會同國務院有關部門驗收合格後,保稅港區可以開展有關業務。

第八條 保稅港區內可以開展下列業務:
(一)存儲進出口貨物和其他未辦結海關手續的貨物;
(二)國際轉口貿易;
(三)國際採購、分銷和配送;
(四)國際中轉;
(五)檢測和售後服務維修;
(六)商品展示;
(七)研發、加工、製造;
(八)港口作業;
(九)經海關批准的其他業務。

第九條　保稅港區內企業（以下簡稱區內企業）應當具有法人資格，具備向海關繳納稅款以及履行其他法定義務的能力。特殊情況下，經保稅港區主管海關核准，區外法人企業可以依法在保稅港區內設立分支機構，並向海關備案。

第十條　海關對區內企業實行計算機聯網管理制度和海關稽查制度。

區內企業應當應用符合海關監管要求的計算機管理系統，提供供海關查閱數據的終端設備和計算機應用的軟件接口，按照海關規定的認證方式和數據標準與海關進行聯網，並確保數據真實、準確、有效。

海關依法對區內企業開展海關稽查，監督區內企業規範管理和守法自律。

第十一條　區內企業應當依照《中華人民共和國會計法》及有關法律、行政法規的規定，規範財務管理，設置符合海關監管要求的帳冊和報表，記錄本企業的財務狀況和有關進出保稅港區貨物、物品的庫存、轉讓、轉移、銷售、加工和使用等情況，如實填寫有關單證、帳冊、憑合法、有效的憑證記帳和核算。

第十二條　保稅港區內港口企業、航運企業的經營和相關活動應當符合有關法律、行政法規和海關監管的規定。

第十三條　國家禁止進出口的貨物、物品不得進出保稅港區。

第十四條　區內企業的生產經營活動應當符合國家產業發展要求，不得開展高耗能、高污染和資源性產品以及列入《加工貿易禁止類商品目錄》商品的加工貿易業務。

第二章　對保稅港區與境外之間進出貨物的監管

第十五條　保稅港區與境外之間進出的貨物應當在保稅港區主管海關辦理海關手續；進出境口岸不在保稅港區主管海關轄區內的，經保稅港區主管海關批准，可以在口岸海關辦理海關手續。

第十六條　海關對保稅港區與境外之間進出的貨物實行備案制管理，對從境外進入保稅港區的貨物予以保稅，但本辦法第十七條、第十八條和第三十九條規定的情形除外。

按照本條前款規定實行備案制管理的，貨物的收發貨人或者代理人應當如實填寫進出境貨物備案清單，向海關備案。

第十七條　除法律、行政法規另有規定外，下列貨物從境外進入保稅港區，海關免徵進口關稅和進口環節海關代徵稅：

（一）區內生產性的基礎設施建設項目所需的機器、設備和建設生產廠房、倉儲設施所需的基建物資；

（二）區內企業生產所需的機器、設備、模具及其維修用零配件；

（三）區內企業和行政管理機構自用合理數量的辦公用品。

第十八條　從境外進入保稅港區，供區內企業和行政管理機構自用的交通運輸工具、生活消費用品，按進口貨物的有關規定辦理報關手續，海關按照有關規定徵收進口關稅和進口環節海關代徵稅。

第十九條　從保稅港區運往境外的貨物免徵出口關稅，但法律、行政法規另有規定的除外。

第二十條　保稅港區與境外之間進出的貨物，不實行進出口配額、許可證件管理，但法律、行政法規和規章另有規定的除外。

對於同一配額、許可證件項下的貨物，海關在進區環節已經驗核配額、許可證件的，在出境環節不再要求企業出具配額、許可證件原件。

第三章　對保稅港區與區外之間進出貨物的監管

第二十一條　保稅港區與區外之間進出的貨物，區內企業或者區外收發貨人按照進出口貨物的有關規定向保稅港區主管海關辦理申報手續。需要徵稅的，區內企業或者區外收發貨人按照貨物進出區時的實際狀態繳納稅款；屬於配額、許可證件管理商品的，區內企業或者區外收貨人還應當向海關出具配額、許可證件。對於同一配額、許可證件項下的貨物，海關在進境環節已經驗核配額、許可證件的，在出區環節不再要求企業出具配額、許可證件原件。

區內企業在區外從事對外貿易業務且貨物不實際進出保稅港區的，可以在收發貨人所在地或者貨物實際進出境口岸地海關辦理申報手續。

第二十二條　海關監管貨物從保稅港區與區外之間進出的，保稅港區主管海關可以要求提供相應的擔保。

第二十三條　區內企業在加工生產過程中產生的邊角料、廢品，以及加工生產、儲存、運輸等過程中產生的包裝物料，區內企業提出書面申請並且經海關批准的，可以運往區外，海關按出區時的實際狀態徵稅。屬於進口配額、許可證件管理商品的，免領進口配額、許可證件；屬於列入《禁止進口廢物目錄》的廢物以及其他危險廢物需出區進行處置的，有關企業憑保稅港區行政管理機構以及所在地的市級環保部門批件等材料，向海關辦理出區手續。

區內企業在加工生產過程中產生的殘次品、副產品出區內銷的，海關按內銷時的實際狀態徵稅。屬於進口配額、許可證件管理的，企業應當向海關出具進口配額、許可證件。

第二十四條　經保稅港區運往區外的優惠貿易協定項下貨物，符合海關總署相關原產地管理規定的，可以申請享受協定稅率或者特惠稅率。

第二十五條　經海關核准，區內企業可以辦理集中申報手續。實行集中申報的區內企業應當對1個自然月內的申報清單數據進行歸並，填製進出口貨物報關單，在次月底前向海關辦理集中申報手續。

集中申報適用報關單集中申報之日實施的稅率、匯率，集中申報不得跨年度辦理。

第二十六條　區外貨物進入保稅港區的，按照貨物出口的有關規定辦理繳稅手續，並按照下列規定簽發用於出口退稅的出口貨物報關單證明聯：

（一）從區外進入保稅港區供區內企業開展業務的國產貨物及其包裝物料，海關按照對出口貨物的有關規定辦理，簽發出口貨物報關單證明聯。貨物轉關出口的，啓運地海關在收到保稅港區主管海關確認轉關貨物已進入保稅港區的電子回執後，簽發出口貨物報關單證明聯；

（二）從區外進入保稅港區供保稅港區行政管理機構和區內企業使用的國產基建物

資、機器、裝卸設備、管理設備、辦公用品等，海關按照對出口貨物的有關規定辦理，簽發出口貨物報關單證明聯；

（三）從區外進入保稅港區供保稅港區行政管理機構和區內企業使用的生活消費用品和交通運輸工具，海關不予簽發出口貨物報關單證明聯；

（四）從區外進入保稅港區的原進口貨物、包裝物料、設備、基建物資等，區外企業應當向海關提供上述貨物或者物品的清單，按照出口貨物的有關規定辦理申報手續，海關不予簽發出口貨物報關單證明聯，原已繳納的關稅、進口環節海關代徵稅不予退還。

第二十七條　經保稅港區主管海關批准，區內企業可以在保稅港區綜合辦公區專用的展示場所舉辦商品展示活動。展示的貨物應當在海關備案，並接受海關監管。

區內企業在區外其他地方舉辦商品展示活動的，應當比照海關對暫時進境貨物的管理規定辦理有關手續。

第二十八條　保稅港區內使用的機器、設備、模具和辦公用品等海關監管貨物，可以比照進境修理貨物的有關規定，運往區外進行檢測、維修。區內企業將模具運往區外進行檢測、維修的，應當留存模具所生產產品的樣品或者圖片資料。

運往區外進行檢測、維修的機器、設備、模具和辦公用品等，不得在區外用於加工生產和使用，並且應當自運出之日起 60 日內運回保稅港區。因特殊情況不能如期運回的，區內企業或者保稅港區行政管理機構應當在期限屆滿前 7 日內，以書面形式向海關申請延期，延長期限不得超過 30 日。

檢測、維修完畢運回保稅港區的機器、設備、模具和辦公用品等應當為原物。有更換新零件、配件或者附件的，原零件、配件或者附件應當一併運回保稅港區。對在區外更換的國產零件、配件或者附件，需要退稅的，由區內企業或者區外企業提出申請，保稅港區主管海關按照出口貨物的有關規定辦理手續，簽發出口貨物報關單證明聯。

第二十九條　區內企業需要將模具、原材料、半成品等運往區外進行加工的，應當在開展外發加工前，憑承攬加工合同或者協議、承攬企業營業執照複印件和區內企業簽章確認的承攬企業生產能力狀況等材料，向保稅港區主管海關辦理外發加工手續。

委託區外企業加工的期限不得超過 6 個月，加工完畢後的貨物應當按期運回保稅港區。在區外開展外發加工產生的邊角料、廢品、殘次品、副產品不運回保稅港區的，海關應當按照實際狀態徵稅。區內企業憑出區時委託區外加工申請書以及有關單證，向海關辦理驗放核銷手續。

第四章　對保稅港區內貨物的監管

第三十條　保稅港區內貨物可以自由流轉。區內企業轉讓、轉移貨物的，雙方企業應當及時向海關報送轉讓、轉移貨物的品名、數量、金額等電子數據信息。

第三十一條　區內企業不實行加工貿易銀行保證金臺帳和合同核銷制度，海關對保稅港區內加工貿易貨物不實行單耗標準管理。區內企業應當自開展業務之日起，定期向海關報送貨物的進區、出區和儲存情況。

第三十二條　申請在保稅港區內開展維修業務的企業應當具有企業法人資格，並在保稅港區主管海關登記備案。區內企業所維修的產品僅限於中國出口的機電產品售後維修，維修後的產品、更換的零配件以及維修過程中產生的物料等應當復運出境。

第三十三條　區內企業需要開展危險化工品和易燃易爆物品生產、經營和運輸業務的，應當取得安全監督、交通等相關部門的行政許可，並報保稅港區主管海關備案。

有關儲罐、裝置、設備等設施應當符合海關的監管要求。通過管道進出保稅港區的貨物，應當配備計量檢測裝置和其他便於海關監管的設施、設備。

第三十四條　區內企業申請放棄的貨物，經海關及有關主管部門核准後，由保稅港區主管海關依法提取變賣，變賣收入由海關按照有關規定處理，但法律、行政法規和海關規章規定不得放棄的貨物除外。

第三十五條　因不可抗力造成保稅港區貨物損毀、滅失的，區內企業應當及時書面報告保稅港區主管海關，說明情況並提供災害鑒定部門的有關證明。經保稅港區主管海關核實確認後，按照下列規定處理：

（一）貨物滅失，或者雖未滅失但完全失去使用價值的，海關予以辦理核銷和免稅手續；

（二）進境貨物損毀，失去部分使用價值的，區內企業可以向海關辦理退運手續。如不退運出境並要求運往區外的，由區內企業提出申請，經保稅港區主管海關核准，按照海關審定的價格進行徵稅；

（三）區外進入保稅港區的貨物損毀，失去部分使用價值，且需向出口企業進行退換的，可以退換為與損毀貨物相同或者類似的貨物，並向保稅港區主管海關辦理退運手續。

需退運到區外的，屬於尚未辦理出口退稅手續的，可以向保稅港區主管海關辦理退運手續；屬於已經辦理出口退稅手續的，按照本條第一款第（二）項進境貨物運往區外的有關規定辦理。

第三十六條　因保管不善等非不可抗力因素造成貨物損毀、滅失的，區內企業應當及時書面報告保稅港區主管海關，說明情況。經保稅港區主管海關核實確認後，按照下列規定辦理：

（一）從境外進入保稅港區的貨物，區內企業應當按照一般貿易進口貨物的規定，按照海關審定的貨物損毀或滅失前的完稅價格，以貨物損毀或滅失之日適用的稅率、匯率繳納關稅、進口環節海關代徵稅；

（二）從區外進入保稅港區的貨物，區內企業應當重新繳納因出口而退還的國內環節有關稅收，海關據此辦理核銷手續，已繳納出口關稅的，不予以退還。

第三十七條　保稅港區貨物不設存儲期限。但存儲期限超過 2 年的，區內企業應當每年向海關備案。

因貨物性質和實際情況等原因，在保稅港區繼續存儲會影響公共安全、環境衛生或者人體健康的，海關應當責令企業及時辦結相關海關手續，將貨物運出保稅港區。

第三十八條　海關對於保稅港區與其他海關特殊監管區域或者保稅監管場所之間往來的貨物，實行保稅監管，不予簽發用於辦理出口退稅的出口貨物報關單證明聯。但貨物從未實行國內貨物入區（倉）環節出口退稅制度的海關特殊監管區域或者保稅監管場所轉入保稅港區的，視同貨物實際離境，由轉出地海關簽發用於辦理出口退稅

的出口貨物報關單證明聯。

保稅港區與其他海關特殊監管區域或者保稅監管場所之間的流轉貨物，不徵收進出口環節的有關稅收。

承運保稅港區與其他海關特殊監管區域或者保稅監管場所之間往來貨物的運輸工具，應當符合海關監管要求。

第五章　對直接進出口貨物以及進出保稅港區運輸工具和個人攜帶貨物、物品的監管

第三十九條　通過保稅港區直接進出口的貨物，海關按照進出口的有關規定進行監管；出口貨物的發貨人或者其代理人可以在貨物運抵保稅港區前向海關申報；出口貨物運抵保稅港區，海關接受申報並放行結關後，按照有關規定簽發出口貨物報關單證明聯。

第四十條　運輸工具和個人進出保稅港區的，應當接受海關監管和檢查。

第四十一條　進出境運輸工具服務人員及進出境旅客攜帶個人物品進出保稅港區的，海關按照進出境旅客行李物品的有關規定進行監管。

第四十二條　保稅港區與區外之間進出的下列貨物，經海關批准，可以由區內企業指派專人攜帶或者自行運輸：

（一）價值1萬美元以下的小額貨物；
（二）因品質不合格復運區外退換的貨物；
（三）已辦理進口納稅手續的貨物；
（四）企業不要求出口退稅的貨物；
（五）其他經海關批准的貨物。

第六章　附　則

第四十三條　從境外運入保稅港區的貨物和從保稅港區運往境外的貨物列入海關進出口統計，但法律、行政法規和海關規章另有規定的除外。從區外運入保稅港區和從保稅港區運往區外的貨物，列入海關單項統計。

區內企業之間轉讓、轉移的貨物，以及保稅港區與其他海關特殊監管區域或者保稅監管場所之間往來的貨物，不列入海關統計。

第四十四條　違反本辦法，構成走私行為、違反海關監管規定行為或者其他違反海關法行為的，由海關依照海關法和《中華人民共和國海關行政處罰實施條例》的有關規定予以處理；構成犯罪的，依法追究刑事責任。

第四十五條　經國務院批准設立在內陸地區的具有保稅港區功能的綜合保稅區，參照本辦法進行管理。

第四十六條　本辦法由海關總署負責解釋。

第四十七條　本辦法自2007年10月3日起施行。

四　部分公告

（一）關於正式實施中韓海關
「經認證的經營者（AEO）」互認的公告

（海關總署公告 2014 年第 20 號公告，發布時間：2014-03-05）

　　2013 年 6 月，中韓兩國海關正式簽署了《中華人民共和國海關總署和大韓民國關稅廳關於中華人民共和國海關企業分類管理制度與大韓民國進出口安全管理優秀認證企業制度的互認安排》。近日，兩國海關完成了互認正式實施前的試點工作，並決定自 2014 年 4 月 1 日起正式實施該互認安排。現就有關事項公告如下：

　　一、中國海關接受韓國海關認證的進出口安全管理優秀企業（以下簡稱「認證企業」）為韓國的「經認證的經營者」企業（簡稱 AEO 企業），韓國海關接受中國海關認證的 AA 類進出口企業為中國的 AEO 企業。

　　二、雙方海關相互給予對方 AEO 企業的進口貨物如下通關便利措施：降低進口貨物查驗率；簡化進口貨物單證審核；進口貨物優先通關；設立海關聯絡員，協調解決企業通關中的問題；非常時期的優先處置。

　　三、中國海關認證的 AEO 企業直接出口到韓國的貨物，可以享受韓國海關給予的通關便利措施。中國 AEO 企業向韓國出口貨物時，應將 AEO 認證編碼（AEOCN+在中國海關註冊的 10 位企業編碼）通報給韓國進口商，由韓國進口商據此向韓國海關獲取與認證編碼相匹配的海外業務夥伴代碼（CN+6 位企業名稱+4 位編碼+1 位驗證碼），並錄入認證企業信息。韓國進口商進口申報時，韓國海關將該認證企業信息和中國海關事先提供的認證企業信息進行對碰，在兩者一致的情況下，進口通關環節自動適用便利措施。

　　四、韓國海關認證的 AEO 企業直接出口到中國的貨物，可以享受到中國海關給予的通關便利措施。中國進口商向中國海關申報從韓國 AEO 企業進口貨物時，應在進口報關單「備註欄」處填入由韓國海關認證的 AEO 編碼。填寫方式為：「AEO」（英文半角大寫）+「<」（英文半角）+「KR」+「7 位認證企業編碼」+「>」（英文半角），例如，韓國海關認證的 AEO 企業的編碼為 KRAEO1234567，則填註：「AEO＜KR1234567＞」。中國海關將該編碼與韓國海關事先提供的認證企業信息進行對碰，在

兩者一致的情況下，進口通關環節自動適用便利措施。

特此公告。

海關總署
2014 年 3 月 5 日

(二)關於調整《進口廢物管理目錄》的聯合公告

為進一步規範固體廢物進口管理，防治進口廢物環境污染，根據《固體廢物污染環境防治法》《固體廢物進口管理辦法》，結合《進口廢物管理目錄》的執行情況，現對《進口廢物管理目錄》進行如下調整：將「1703100000 甘蔗糖蜜」「1703900000 其他糖蜜」「2525300000 雲母廢料」「2804619011 含硅量>99.9999999%的多晶硅廢碎料」「2804619091 其他含硅量不少於 99.99%的硅廢碎料」「4004000090 未硫化橡膠廢碎料、下腳料及其粉、粒」「4115200090 成品皮革、皮革製品或再生皮革的邊角料」等 7 種固體廢物，從《限制進口類可用作原料的固體廢物目錄》調入《禁止進口固體廢物目錄》。

《進口廢物管理目錄》（環境保護部、商務部、發展改革委、海關總署、質檢總局 2014 年第 80 號公告）所附目錄與本公告不一致的，以本公告為準。

本公告自發布之日起執行。

特此公告。

環境保護部　商務部
發展改革委　海關總署
質檢總局
2017 年 1 月 9 日

(三)關於進口原產於新西蘭的部分未濃縮乳及奶油、
黃油及其他脂和油、乳酪實施特殊保障措施的公告

(2015 年第 3 號)

根據《中華人民共和國政府和新西蘭政府自由貿易協定》（以下簡稱《協定》），中國對原產於新西蘭的 12 個稅號的農產品實施特殊保障措施。至 2015 年 1 月 29 日，實施特保措施管理的部分未濃縮乳及奶油（稅則號列：04012000、04014000、04015000）進口申報數量已達到 2,452.262 噸，超過 2015 年 1,829 噸的特保措施觸發標準；實施特保措施管理的黃油及其他脂和油（稅則號列：04051000、04059000）進口申報數量已達到 18,362.103 噸，超過 2015 年 13,227 噸的特保措施觸發標準；實施特保措施管理的乳酪（稅則號列：04061000、04063000、04069000）進口申報數量已

达到 5,504.817 吨，超过 2015 年 5,066 吨的特保措施触发标准。因此，自 2015 年 1 月 30 日起，对《协定》项下进口的原产于新西兰的上述农产品恢复按最惠国税率征收进口关税。对于在途农产品的税率适用和其他有关事宜，按照海关总署 2008 年第 91 号公告的规定执行。

特此公告。

海关总署
2015 年 1 月 29 日

（四）关于自 2014 年起不再组织报关员资格全国统一考试的公告

（海关总署公告 2013 年第 54 号）

根据国务院简政放权、转变职能关于进一步减少资质资格类许可和认定的有关要求，海关总署结合群众路线教育实践活动，经过深入调研和广泛征求意见，决定改革现行报关从业人员资质资格管理制度，取消报关员资格核准审批，对报关人员从业不再设置门槛和准入条件。目前，相关法律法规修订工作正在进行中，新的管理制度将在法律法规完成修订并对外公布后实施。今后，报关从业人员由企业自主聘用，由报关协会自律管理，海关通过指导、督促报关企业加强内部管理实现对报关从业人员的间接管理。这一做法符合简政放权、转变职能的要求以及行政审批制度改革的方向，同时有利于降低就业门槛，释放就业活力，营造就业创业的公平竞争环境。

基于此，海关总署决定自 2014 年起不再组织报关员资格全国统一考试。鉴于取消报关员资格核准行政审批的决定作出前，2013 年报关员资格全国统一考试报名工作已经结束，因此 2013 年考试将如期举行，已经完成报名的报考人员，可以继续参加考试，考试成绩合格者可以取得报关员资格证书；不再参加考试的，可以向报名地海关申请退还报名费，具体事宜另行公告。

海关总署
2013 年 10 月 12 日

（五）海关总署关于废止部分海关规章的决定

（海关总署令第 216 号公告）

为了适应经济社会发展需要，切实推动简政放权、转变职能，深化行政审批制度改革，现决定废止 2004 年 1 月 19 日以海关总署 109 号令发布的《中华人民共和国海关关于加工贸易保税货物跨关区深加工结转的管理办法》、2004 年 11 月 30 日以海关总署令第 119 号发布的《中华人民共和国海关对报关员记分考核管理办法》、2006 年 3 月

20 日以海關總署第 146 號令公布的《中華人民共和國海關報關員執業管理辦法》以及 2010 年 3 月 1 日以海關總署第 187 號令公布的《中華人民共和國海關報關員資格考試及資格證書管理辦法》。

本決定自公布之日起生效。

署　長
2014 年 3 月 12 日

(六) 國家外匯管理局公告 2012 年第 1 號 關於貨物貿易外匯管理制度改革的公告

國家稅務總局 國家外匯管理局 海關總署 關於貨物貿易外匯管理制度改革的公告

國家外匯管理局公告 2012 年第 1 號

為大力推進貿易便利化，進一步改進貨物貿易外匯服務和管理，國家外匯管理局、海關總署、國家稅務總局決定，自 2012 年 8 月 1 日起在全國實施貨物貿易外匯管理制度改革，並相應調整出口報關流程，優化升級出口收匯與出口退稅信息共享機制。現公告如下：

一、改革貨物貿易外匯管理方式

改革之日起，取消出口收匯核銷單（以下簡稱核銷單），企業不再辦理出口收匯核銷手續。國家外匯管理局分支局（以下簡稱外匯局）對企業的貿易外匯管理方式由現場逐筆核銷改變為非現場總量核查。外匯局通過貨物貿易外匯監測系統，全面採集企業貨物進出口和貿易外匯收支逐筆數據，定期比對、評估企業貨物流與資金流總體匹配情況，便利合規企業貿易外匯收支；對存在異常的企業進行重點監測，必要時實施現場核查。

二、對企業實施動態分類管理

外匯局根據企業貿易外匯收支的合規性及其與貨物進出口的一致性，將企業分為 A、B、C 三類。A 類企業進口付匯單證簡化，可憑進口報關單、合同或發票等任何一種能夠證明交易真實性的單證在銀行直接辦理付匯，出口收匯無需聯網核查；銀行辦理收付匯審核手續相應簡化。對 B、C 類企業在貿易外匯收支單證審核、業務類型、結算方式等方面實施嚴格監管，B 類企業貿易外匯收支由銀行實施電子數據核查，C 類企業貿易外匯收支須經外匯局逐筆登記後辦理。

外匯局根據企業在分類監管期內遵守外匯管理規定情況，進行動態調整。A 類企業違反外匯管理規定將被降級為 B 類或 C 類；B 類企業在分類監管期內合規性狀況未

見好轉的，將延長分類監管期或被降級為 C 類；B、C 類企業在分類監管期內守法合規經營的，分類監管期滿後可升級為 A 類。

三、調整出口報關流程

改革之日起，企業辦理出口報關時不再提供核銷單。

四、簡化出口退稅憑證

自 2012 年 8 月 1 日起報關出口的貨物（以海關「出口貨物報關單［出口退稅專用］」註明的出口日期為準，下同），出口企業申報出口退稅時，不再提供核銷單；稅務局參考外匯局提供的企業出口收匯信息和分類情況，依據相關規定，審核企業出口退稅。

2012 年 8 月 1 日前報關出口的貨物，截至 7 月 31 日未到出口收匯核銷期限且未核銷的，按本條第一款規定辦理出口退稅。

2012 年 8 月 1 日前報關出口的貨物，截至 7 月 31 日未到出口收匯核銷期限但已核銷的以及已到出口收匯核銷期限的，均按改革前的出口退稅有關規定辦理。

五、出口收匯逾期未核銷業務處理

2012 年 8 月 1 日前報關出口的貨物，截至 7 月 31 日已到出口收匯核銷期限的，企業應不遲於 7 月 31 日辦理出口收匯核銷手續。自 8 月 1 日起，外匯局不再辦理出口收匯核銷手續，不再出具核銷單。企業確需外匯局出具相關收匯證明的，外匯局參照原出口收匯核銷監管有關規定進行個案處理。

六、加強部門聯合監管

企業應當嚴格遵守相關規定，增強誠信意識，加強自律管理，自覺守法經營。國家外匯管理局與海關總署、國家稅務總局將進一步加強合作，實現數據共享；完善協調機制，形成監管合力；嚴屬打擊各類違規跨境資金流動和走私、騙稅等違法行為。

本公告涉及有關外匯管理、出口報關、出口退稅等具體事宜，由相關部門另行規定。之前法規與本公告相抵觸的，以本公告為準。自 2012 年 8 月 1 日起，本公告附件所列法規全部廢止。

特此公告。

二○一二年六月二十七日

附件一：廢止法規目錄

1 國家稅務總局、國家外匯管理局關於出口企業申請出口產品退稅提供結匯水單和出口收匯已核銷證明等若干問題的通知　國稅發〔1991〕55 號

2 國家稅務總局、國家外匯管理局關於改進出口企業申請退稅提供「結匯水單」和「出口收匯已核銷證明」有關規定的通知　國稅發〔1992〕106 號

3 國家稅務總局、國家外匯管理局關於利用出口收匯核銷電子數據進行出口退稅電

子化管理的通知 國稅發〔1993〕7號

4 海關總署、國家外匯管理局關於加強進口付匯、出口收匯進出口貨物報關單管理和加強防偽鑑別措施的聯合通知 署監〔1996〕28號

5 國家外匯管理局、國家稅務總局關於傳送和接收出口收匯核銷電子數據的通知 匯國函〔1996〕319號

6 國家外匯管理局、海關總署關於加強進口付匯核銷監管制度與進口審價工作配合的通知 匯國函〔1997〕62號

7 國家外匯管理局、海關總署關於規範進口貨物報關單「二次核對」工作的通知 匯發〔1998〕48號

8 國家外匯管理局、海關總署關於重新明確使用進出口報關單聯網核查系統有關問題的通知 匯發〔1999〕97號

9 國家外匯管理局、海關總署發布關於「進出口報關單聯網核查系統」軟件升級和調整有關做法的通知 匯發〔1999〕216號

10 國家外匯管理局、海關總署關於進行「口岸電子執法系統」出口收匯核銷聯網核查試點的通知 匯發〔2001〕7號

11 國家外匯管理局、海關總署關於進一步加強加工貿易深加工結轉售付匯及核銷管理有關問題的通知 匯發〔2001〕64號

12 國家外匯管理局、海關總署關於在全國範圍內試運行「口岸電子執法系統」出口收匯系統的通知 匯發〔2001〕102號

13 國家外匯管理局、海關總署關於按照進出口貨物監管方式分類使用出口收匯核銷單的通知 匯發〔2001〕120號

14 國家外匯管理局、海關總署關於紙質進出口報關單及相關電子底帳有關問題的通知 匯發〔2003〕14號

15 國家外匯管理局、海關總署關於對憑進口貨物報關單證明聯辦理售付匯及核銷實行分類管理的通知 匯發〔2003〕15號

16 國家外匯管理局、國家稅務總局關於「出口收匯核報系統」的核銷數據傳送及退稅數據使用有關問題的通知 匯發〔2003〕126號

17 海關總署、國家外匯管理局關於進出口報關單聯網核查系統更改IP地址的通知 署科發〔2003〕206號

18 海關總署、國家外匯管理局關於將「進口報關單聯網核查系統」遷移到中國電子口岸運行有關問題的通知 署電發〔2003〕249號

19 國家外匯管理局、海關總署關於旅遊購物商品出口退出外匯核銷管理有關問題的通知 匯發〔2005〕91號

20 國家稅務總局、國家外匯管理局關於試行申報出口退稅免予提供紙質出口收匯核銷單的通知 國稅函〔2005〕1051號

21 國家稅務總局、國家外匯管理局關於擴大申報出口退稅免予提供紙質出口收匯核銷單試行出口企業範圍的通知 國稅發〔2006〕91號

22 國家稅務總局、國家外匯管理局關於遠期收匯出口貨物出口退稅有關問題的通

知 國稅發〔2006〕168 號

23 國家稅務總局、國家外匯管理局關於山東省等五地試行申報出口退稅免予提供紙質出口收匯核銷單的通知 國稅發〔2006〕188 號

24 國家稅務總局、國家外匯管理局關於天津、上海、浙江試行申報出口退稅免予提供紙質出口收匯核銷單的通知 國稅發〔2007〕92 號

25 國家稅務總局、國家外匯管理局關於河北、青島、福建三地試行申報出口退稅免予提供紙質出口收匯核銷單的通知 國稅發〔2007〕131 號

26 國家稅務總局、國家外匯管理局關於江蘇、四川、山東省試行申報出口退稅免予提供紙質出口收匯核銷單的通知 國稅發〔2008〕26 號

27 國家稅務總局、國家外匯管理局關於寧波市出口企業實行申報出口退稅免予提供紙質出口收匯核銷單的批覆 國稅函〔2008〕51 號

28 國家稅務總局、國家外匯管理局關於海南省試行申報出口退稅免予提供紙質出口收匯核銷單的通知 國稅發〔2009〕49 號

29 國家外匯管理局、國家稅務總局、海關總署關於貨物貿易外匯管理制度改革試點的公告 國家外匯管理局公告 2011 年第 2 號

30 國家外匯管理局關於下發《關於嚴格進口售付匯及核銷管理的暫行規定》的通知 匯國函〔1995〕195 號

31 國家外匯管理局關於推廣進出口報關單聯網核查系統中 IC 卡和讀卡器申領辦法的通知 匯發〔1998〕79 號

32 國家外匯管理局關於保稅倉庫外匯管理有關問題的通知 匯發〔1998〕97 號

33 國家外匯管理局關於印發《深加工結轉（轉廠）售付匯及核銷操作程序》的通知 匯發〔1999〕78 號

34 國家外匯管理局關於深加工結轉（轉廠）售付匯及核銷問題的通知 匯發〔1999〕84 號

35 國家外匯管理局關於切實加強進出口核銷工作的決定 匯發〔1999〕85 號

36 國家外匯管理局關於重申進出口付收匯核銷統計報表報送制度、提前報送時間的通知 匯發〔1999〕91 號

37 國家外匯管理局關於進口避孕套有關付匯核銷問題的通知 匯發〔1999〕217 號

38 國家外匯管理局管檢司關於啟用新版出口收匯核銷單後業務操作有關問題的通知 匯管函〔1999〕18 號

39 國家外匯管理局關於中國銀行所詢福費廷業務項下出口核銷有關問題的批覆 匯復〔2000〕413 號

40 國家外匯管理局關於中國銀行所詢托收項下付匯審核業務問題的復函 匯綜函〔2000〕34 號

41 國家外匯管理局關於正式運行「口岸電子執法系統」出口收匯系統的通知 匯發〔2001〕140 號

42 國家外匯管理局關於下發《出口收匯核銷備查操作規程（暫行）》的通知 匯發〔2001〕186 號

43 國家外匯管理局綜合司關於轉發《海關總署關於口岸電子執法系統用戶可自行打印報關單有關問題的函》的通知 匯綜發〔2001〕34 號

44 國家外匯管理局關於信用證、保函項下保證金提前購匯問題的批覆 匯復〔2001〕73 號

45 國家外匯管理局關於同意福建省分局在東山縣進行對臺小額貿易出口收匯核銷管理試點的批覆 匯復〔2001〕325 號

46 國家外匯管理局經常項目管理司關於對進口貨物報關單二次核對有關問題的批覆 匯經復〔2001〕38 號

47 國家外匯管理局經常項目管理司關於對進口貨物短重付匯核銷問題的批覆 匯經復〔2001〕43 號

48 國家外匯管理局關於進一步調整進出口核銷管理政策有關問題的通知 匯發〔2002〕65 號

49 國家外匯管理局關於包機貿易外匯管理有關問題的通知 匯發〔2002〕94 號

50 國家外匯管理局關於銀行為買方信貸項下出具出口收匯核銷專用聯有關問題的通知 匯發〔2002〕107 號

51 國家外匯管理局關於印發《進出口收付匯核銷管理工作專項考評辦法》的通知 匯發〔2002〕108 號

52 國家外匯管理局關於對深加工結轉項下以人民幣結算辦理出口核銷所需憑證請示的批覆 匯復〔2002〕175 號

53 國家外匯管理局關於「出口收匯核銷專用聯」管理有關問題的通知 匯發〔2003〕11 號

54 國家外匯管理局關於印發《進出口收付匯逾期未核銷行為處理暫行辦法》的通知 匯發〔2003〕40 號

55 國家外匯管理局關於下發第一批出口收匯「自動核銷企業」名單以及上報第二批自動核銷企業材料的通知 匯發〔2003〕63 號

56 國家外匯管理局關於出口保付代理業務項下收匯核銷管理有關問題的通知 匯發〔2003〕79 號

57 國家外匯管理局關於印發《出口收匯核銷管理辦法》的通知 匯發〔2003〕91 號

58 國家外匯管理局關於外匯指定銀行辦理中國電子口岸頂級部門 IC 卡有關問題的通知 匯發〔2003〕98 號

59 國家外匯管理局關於印發《出口收匯核銷管理辦法實施細則》和《出口收匯核銷管理操作規程》的通知 匯發〔2003〕107 號

60 國家外匯局綜合司關於轉發《海關總署辦公廳關於更新中國電子口岸政務 IC 卡數字證書有關問題的函》的通知 匯綜發〔2003〕43 號

61 國家外匯管理局綜合司關於《進口付匯備案表》有關問題的緊急通知 匯綜發〔2003〕122 號

62 國家外匯管理局關於印發《出口收匯核銷管理內控制度》的通知 匯發〔2004〕

25號

63 國家外匯管理局關於個人對外貿易經營有關外匯管理問題的通知 匯發〔2004〕86號

64 國家外匯管理局關於授權分局確定出口收匯自動核銷企業名單有關問題的通知 匯發〔2004〕91號

65 國家外匯管理局關於《雲南省邊境小額貿易出口人民幣結算核銷操作規定》的批覆 匯復〔2004〕42號

66 國家外匯管理局關於銀行申請辦理貿易融資類新產品業務有關外匯管理問題的批覆 匯復〔2004〕274號

67 國家外匯管理局關於在廣東省轄內試行《廣東省出口收匯網上核銷管理試行辦法》的批覆 匯復〔2004〕450號

68 關於「貿易進口付匯核銷監管系統」增加功能有關問題的通知 匯信函〔2004〕13號

69 國家外匯管理局關於進一步改進進出口收付匯核銷管理工作的通知 匯發〔2005〕12號

70 國家外匯管理局關於在山東省等分局試行出口收匯網上核銷業務有關問題的通知 匯發〔2005〕37號

71 國家外匯管理局關於進一步簡化出口收匯核銷手續有關問題的通知 匯發〔2005〕73號

72 國家外匯管理局關於簡化石油類企業對外承包工程項下出口收匯核銷手續有關問題的通知 匯發〔2005〕79號

73 國家外匯管理局關於保兌業務項下出口核銷及國際收支申報有關問題的批覆 匯復〔2005〕304號

74 國家外匯管理局經常項目管理司關於推介遠程核銷和代轉核銷管理方式有關問題的通知 匯經函〔2005〕4號

75 國家外匯管理局關於進出口報關單聯網交換數據應用有關問題的通知 匯發〔2006〕21號

76 國家外匯管理局綜合司關於進一步加強出口收匯核銷單管理有關問題的通知 匯綜發〔2006〕83號

77 國家外匯管理局關於內貿貨物跨境運輸有關外匯管理問題的通知 匯發〔2007〕21號

78 國家外匯管理局關於實行企業貨物貿易項下外債登記管理有關問題的通知 匯發〔2008〕30號

79 國家外匯管理局關於貨物貿易項下違反外匯管理行為有關處罰問題的通知 匯發〔2008〕34號

80 國家外匯管理局關於做好企業延期付款登記管理工作有關問題的通知 匯發〔2008〕46號

81 國家外匯管理局關於對企業貨物貿易項下對外債權實行登記管理有關問題的通

知 匯發〔2008〕56 號

82 國家外匯管理局關於完善企業貨物貿易項下外債登記管理有關問題的通知 匯發〔2008〕73 號

83 國家外匯管理局綜合司關於印發《出口收結匯聯網核查系統及進口報關單聯網核查系統應急預案》的通知 匯綜發〔2008〕123 號

84 國家外匯管理局綜合司關於開通貿易信貸登記管理系統外匯局端功能的通知 匯綜發〔2008〕125 號

85 國家外匯管理局綜合司關於貿易信貸登記管理系統企業基本信息使用有關問題的通知 匯綜發〔2008〕140 號

86 國家外匯管理局綜合司關於發布《進出口收付匯核銷業務應急預案》的通知 匯綜發〔2008〕144 號

87 國家外匯管理局綜合司關於下發《貿易信貸登記管理系統（延期付款部分）操作指引》的通知 匯綜發〔2008〕157 號

88 國家外匯管理局綜合司關於印發《企業貿易信貸（預收貨款部分）登記管理操作規程》的通知 匯綜發〔2008〕163 號

89 國家外匯管理局綜合司關於延期付匯未登記行政處罰事項的通知 匯綜發〔2008〕170 號

90 國家外匯管理局綜合司關於印發《貿易信貸登記管理系統（預付貨款部分）操作指引》的vbDg1v通知 匯綜發〔2008〕174 號

91 國家外匯管理局綜合司關於印發《貿易信貸登記管理（延期收款部分）操作指引》的通知 匯綜發〔2008〕176 號

92 國家外匯管理局綜合司關於做好貿易收付匯核查系統企業開戶和檔案信息清理工作有關問題的通知 匯綜發〔2008〕193 號

93 國家外匯管理局綜合司關於啟用貿易信貸登記管理系統相關業務功能有關問題的通知 匯綜發〔2008〕195 號

94 國家外匯管理局關於外匯金宏系統在中國銀行和中國工商銀行進一步試點的通知 匯發〔2009〕20 號

95 國家外匯管理局關於外匯金宏系統第一批銀行上線有關事項的通知 匯發〔2009〕35 號

96 國家外匯管理局關於外匯金宏系統第二批銀行上線有關事項的通知 匯發〔2009〕37 號

97 國家外匯管理局關於中國農業銀行等五家銀行外匯金宏系統上線有關事項的通知 匯發〔2009〕43 號

98 國家外匯管理局關於外匯金宏系統第三批銀行試點及上線有關事項的通知 匯發〔2009〕45 號

99 國家外匯管理局綜合司關於完善企業貿易信貸登記管理有關問題的通知 匯綜發〔2009〕36 號

100 國家外匯管理局綜合司關於進一步完善企業貿易信貸登記和出口收結匯聯網核

查管理有關問題的通知 匯綜發〔2009〕78號

101 國家外匯管理局綜合司關於改進企業貿易信貸登記管理有關問題的通知 匯綜發〔2009〕108號

102 國家外匯管理局綜合司關於清理出口收匯待核查帳戶數據的通知 匯綜發〔2009〕110號

103 國家外匯管理局關於邊境省區跨境貿易人民幣結算核銷管理有關問題的通知 匯發〔2010〕40號

104 國家外匯管理局關於在部分地區開展出口收入存放境外政策試點的通知 匯發〔2010〕44號

105 國家外匯管理局關於實施進口付匯核銷制度改革有關問題的通知 匯發〔2010〕57號

106 國家外匯管理局關於修訂《出口收結匯聯網核查操作規程》的通知 匯發〔2010〕61號

107 國家外匯管理局關於實施貨物貿易出口收入存放境外管理有關問題的通知 匯發〔2010〕67號

108 國家外匯管理局綜合司關於調整貿易信貸登記管理系統企業月度貿易收付匯數據提取辦法的通知 匯綜發〔2010〕64號

109 國家外匯管理局綜合司關於印發《國家外匯管理局內控風險防範指引（第一期）》的通知 匯綜發〔2010〕96號

110 國家外匯管理局綜合司關於進口付匯核銷歷史業務清理有關問題的通知 匯綜發〔2010〕130號

111 國家外匯管理局綜合司關於貿易收付匯核查系統全國推廣上線有關事項的通知 匯綜發〔2010〕144號

112 國家外匯管理局綜合司關於刻制和使用貨物貿易進口付匯業務章有關問題的通知 匯綜發〔2010〕149號

113 國家外匯管理局關於保稅港區、綜合保稅區企業「區內物流貨物」監管方式下付匯相關問題的批覆 匯復〔2010〕248號

114 國家外匯管理局關於印發《貨物貿易外匯管理試點指引》及其實施細則的通知 匯發〔2011〕29號

115 國家外匯管理局關於貨物貿易外匯管理制度改革試點有關問題的通知 匯發〔2011〕39號

116 國家外匯管理局關於下發《貨物貿易外匯管理試點指引操作規程（銀行、企業版）》及改革試點有關事項的通知 匯發〔2011〕40號

（七）關於修訂
《中華人民共和國海關進出口貨物報關單填製規範》的公告

（海關總署公告2017年第13號）

為規範進出口貨物收發貨人的申報行為，統一進出口貨物報關單填製要求，海關總署對《中華人民共和國海關進出口貨物報關單填製規範》（海關總署2016年第20號公告）進行了修訂。現將本次修訂後的規範文本及有關內容公告如下：

一、根據現行相關規定對「消費使用單位／生產銷售單位」「運輸方式」「徵免性質」「貿易國（地區）」「境內目的地／境內貨源地」「許可證號」「隨附單證」「標誌嘜碼及備註」「特殊關係確認」「價格影響確認」「與貨物有關的特許權使用費支付確認」等欄目的填製要求做了相應調整。

二、第五項「進口日期／出口日期」中將「本欄目供海關簽發打印報關單證明聯用，在申報時免予填報」修改為「本欄目在申報時免予填報」。

三、第三十一項「隨附單證」中將「本規範第十八條」修改為「本規範第二十條」。

四、海關特殊監管區域（以下簡稱特殊區域）企業向海關申報貨物進出境、進出區，以及在同一特殊區域內或者不同特殊區域之間流轉貨物的雙方企業，應填製《中華人民共和國海關進（出）境貨物備案清單》，特殊區域與境內（區外）之間進出的貨物，區外企業應同時填製《中華人民共和國海關進（出）口貨物報關單》，向特殊區域主管海關辦理進出口報關手續。貨物流轉應按照「先報進，後報出」的原則，在同一特殊區域企業之間、不同特殊區域企業之間流轉的，先辦理進境備案手續，後辦理出境備案手續，在特殊區域與區外之間流轉的，由區內企業、區外企業分別辦理備案和報關手續。《中華人民共和國海關進（出）境貨物備案清單》原則上按《中華人民共和國海關進出口貨物報關單填製規範》的要求填製。

修訂後的《中華人民共和國海關進出口貨物報關單填製規範》（見附件）自2017年3月29日起執行，海關總署2016年第20號公告同時廢止。

特此公告。

附件：《中華人民共和國海關進出口貨物報關單填製規範》

海關總署

2017年3月16日

附件　　**中華人民共和國海關進出口貨物報關單填製規範**

為規範進出口貨物收發貨人的申報行為，統一進出口貨物報關單填製要求，保證報關單數據質量，根據《中華人民共和國海關法》及有關法規，制定本規範。

《中華人民共和國海關進（出）口貨物報關單》在本規範中採用「報關單」「進口

報關單」「出口報關單」的提法。

報關單各欄目的填製規範如下：

一、預錄入編號

本欄目填報預錄入報關單的編號，預錄入編號規則由接受申報的海關決定。

二、海關編號

本欄目填報海關接受申報時給予報關單的編號，一份報關單對應一個海關編號。

報關單海關編號為18位，其中第1-4位為接受申報海關的編號（海關規定的《關區代碼表》中相應海關代碼），第5-8位為海關接受申報的公歷年份，第9位為進出口標志（「1」為進口，「0」為出口；集中申報清單「I」為進口，「E」為出口），後9位為順序編號。

三、收發貨人

本欄目填報在海關注冊的對外簽訂並執行進出口貿易合同的中國境內法人、其他組織或個人的名稱及編碼。編碼可選填18位法人和其他組織統一社會信用代碼或10位海關注冊編碼任一項。

特殊情況下填製要求如下：

（一）進出口貨物合同的簽訂者和執行者非同一企業的，填報執行合同的企業。

（二）外商投資企業委託進出口企業進口投資設備、物品的，填報外商投資企業，並在標記嘜碼及備註欄註明「委託某進出口企業進口」，同時註明被委託企業的18位法人和其他組織統一社會信用代碼。

（三）有代理報關資格的報關企業代理其他進出口企業辦理進出口報關手續時，填報委託的進出口企業。

（四）使用海關核發的《中華人民共和國海關加工貿易手冊》、電子帳冊及其分冊（以下統稱《加工貿易手冊》）管理的貨物，收發貨人應與《加工貿易手冊》的「經營企業」一致。

四、進口口岸/出口口岸

本欄目應根據貨物實際進出境的口岸海關，填報海關規定的《關區代碼表》中相應口岸海關的名稱及代碼。特殊情況填報要求如下：

進口轉關運輸貨物應填報貨物進境地海關名稱及代碼，出口轉關運輸貨物應填報貨物出境地海關名稱及代碼。按轉關運輸方式監管的跨關區深加工結轉貨物，出口報關單填報轉出地海關名稱及代碼，進口報關單填報轉入地海關名稱及代碼。

在不同海關特殊監管區域或保稅監管場所之間調撥、轉讓的貨物，填報對方特殊監管區域或保稅監管場所所在的海關名稱及代碼。

其他無實際進出境的貨物，填報接受申報的海關名稱及代碼。

五、進口日期/出口日期

進口日期填報運載進口貨物的運輸工具申報進境的日期。

出口日期指運載出口貨物的運輸工具辦結出境手續的日期，本欄目在申報時免予填報。

無實際進出境的報關單填報海關接受申報的日期。

本欄目為8位數字，順序為年（4位）、月（2位）、日（2位）。

六、申報日期

申報日期指海關接受進出口貨物收發貨人、受委託的報關企業申報數據的日期。以電子數據報關單方式申報的，申報日期為海關計算機系統接受申報數據時記錄的日期。以紙質報關單方式申報的，申報日期為海關接受紙質報關單並對報關單進行登記處理的日期。

申報日期為8位數字，順序為年（4位）、月（2位）、日（2位）。本欄目在申報時免予填報。

七、消費使用單位/生產銷售單位

（一）消費使用單位填報已知的進口貨物在境內的最終消費、使用單位的名稱，包括：

1. 自行進口貨物的單位。
2. 委託進出口企業進口貨物的單位。

（二）生產銷售單位填報出口貨物在境內的生產或銷售單位的名稱，包括：

1. 自行出口貨物的單位。
2. 委託進出口企業出口貨物的單位。

（三）使用《加工貿易手冊》管理的貨物，消費使用單位/生產銷售單位應與《加工貿易手冊》的「加工企業」一致；減免稅貨物報關單的消費使用單位/生產銷售單位應與《中華人民共和國海關進出口貨物徵免稅證明》（以下簡稱《徵免稅證明》）的「減免稅申請人」一致；保稅監管場所與境外之間的進出境貨物，消費使用單位/生產銷售單位應當填報保稅監管場所的名稱（保稅物流中心（B型）填報中心內企業名稱）。

（四）消費使用單位/生產銷售單位按下列要求填報：

已在海關註冊登記的，應填報中文名稱和18位法人和其他組織統一社會信用代碼（或10位海關註冊編碼、加工生產企業登記編碼）。

未在海關註冊登記的，應填報中文名稱、18位法人和其他組織統一社會信用代碼或9位組織機構代碼。沒有18位法人和其他組織統一社會信用代碼的可不填，沒有9位組織機構代碼的應填報「NO」。

八、運輸方式

運輸方式包括實際運輸方式和海關規定的特殊運輸方式，前者指貨物實際進出境的運輸方式，按進出境所使用的運輸工具分類；後者指貨物無實際進出境的運輸方式，按貨物在境內的流向分類。

本欄目應根據貨物實際進出境的運輸方式或貨物在境內流向的類別，按照海關規定的《運輸方式代碼表》選擇填報相應的運輸方式。

（一）特殊情況填報要求如下：

1. 非郵件方式進出境的快遞貨物，按實際運輸方式填報。
2. 進出境旅客隨身攜帶的貨物，按旅客實際進出境方式所對應的運輸方式填報。
3. 進口轉關運輸貨物，按載運貨物抵達進境地的運輸工具填報；出口轉關運輸貨

物，按載運貨物駛離出境地的運輸工具填報。

4. 不復運出（入）境而留在境內（外）銷售的進出境展覽品、留贈轉賣物品等，填報「其他運輸」（代碼9）。

（二）無實際進出境貨物在境內流轉時填報要求如下：

1. 境內非保稅區運入保稅區貨物和保稅區退區貨物，填報「非保稅區」（代碼0）。

2. 保稅區運往境內非保稅區貨物，填報「保稅區」（代碼7）。

3. 境內存入出口監管倉庫和出口監管倉庫退倉貨物，填報「監管倉庫」（代碼1）。

4. 保稅倉庫轉內銷貨物，填報「保稅倉庫」（代碼8）。

5. 從境內保稅物流中心外運入中心或從中心運往境內中心外的貨物，填報「物流中心」（代碼W）。

6. 從境內保稅物流園區外運入園區或從園區內運往境內園區外的貨物，填報「物流園區」（代碼X）。

7. 保稅港區、綜合保稅區與境內（區外）（非特殊區域、保稅監管場所）之間進出的貨物，填報「保稅港區/綜合保稅區」（代碼Y）。

8. 出口加工區、珠澳跨境工業區（珠海園區）、中哈霍爾果斯邊境合作區（中方配套區）與境內（區外）（非特殊區域、保稅監管場所）之間進出的貨物，填報「出口加工區」（代碼Z）。

9. 境內運入深港西部通道港方口岸區的貨物，填報「邊境特殊海關作業區」（代碼H）。

10. 經橫琴新區和平潭綜合實驗區（以下簡稱綜合試驗區）二線指定申報通道運往境內區外或從境內經二線制定申報通道進入綜合試驗區的貨物，以及綜合試驗區內按選擇性徵收關稅申報的貨物，填報「綜合試驗區」（代碼T）。

11. 其他境內流轉貨物，填報「其他運輸」（代碼9），包括特殊監管區域內貨物之間的流轉、調撥貨物，特殊監管區域、保稅監管場所之間相互流轉貨物，特殊監管區域內企業申報的與境內進出的貨物，特殊監管區域外的加工貿易餘料結轉、深加工結轉、內銷等貨物。

九、運輸工具名稱

本欄目填報載運貨物進出境的運輸工具名稱或編號。填報內容應與運輸部門向海關申報的艙單（載貨清單）所列相應內容一致。具體填報要求如下：

（一）直接在進出境地或採用區域通關一體化通關模式辦理報關手續的報關單填報要求如下：

1. 水路運輸：填報船舶編號（來往港澳小型船舶為監管簿編號）或者船舶英文名稱。

2. 公路運輸：啟用公路艙單前，填報該跨境運輸車輛的國內行駛車牌號，深圳提前報關模式的報關單填報國內行駛車牌號+「/」+「提前報關」。啟用公路艙單後，免予填報。

3. 鐵路運輸：填報車廂編號或交接單號。

4. 航空運輸：填報航班號。

5. 郵件運輸：填報郵政包裹單號。

6. 其他運輸：填報具體運輸方式名稱，例如：管道、馱畜等。

（二）轉關運輸貨物的報關單填報要求如下：

1. 進口

（1）水路運輸：直轉、提前報關填報「@」+16 位轉關申報單預錄入號（或 13 位載貨清單號）；中轉填報進境英文船名。

（2）鐵路運輸：直轉、提前報關填報「@」+16 位轉關申報單預錄入號；中轉填報車廂編號。

（3）航空運輸：直轉、提前報關填報「@」+16 位轉關申報單預錄入號（或 13 位載貨清單號）；中轉填報「@」。

（4）公路及其他運輸：填報「@」+16 位轉關申報單預錄入號（或 13 位載貨清單號）。

（5）以上各種運輸方式使用廣東地區載貨清單轉關的提前報關貨物填報「@」+ 13 位載貨清單號。

2. 出口

（1）水路運輸：非中轉填報「@」+16 位轉關申報單預錄入號（或 13 位載貨清單號）。如多張報關單需要通過一張轉關單轉關的，運輸工具名稱字段填報「@」。

中轉貨物，境內水路運輸填報駁船船名；境內鐵路運輸填報車名（主管海關 4 位關區代碼 +「TRAIN」）；境內公路運輸填報車名（主管海關 4 位關區代碼 +「TRUCK」）。

（2）鐵路運輸：填報「@」+16 位轉關申報單預錄入號（或 13 位載貨清單號），如多張報關單需要通過一張轉關單轉關的，填報「@」。

（3）航空運輸：填報「@」+16 位轉關申報單預錄入號（或 13 位載貨清單號），如多張報關單需要通過一張轉關單轉關的，填報「@」。

（4）其他運輸方式：填報「@」+16 位轉關申報單預錄入號（或 13 位載貨清單號）。

（三）採用「集中申報」通關方式辦理報關手續的，報關單本欄目填報「集中申報」。

（四）無實際進出境的報關單，本欄目免予填報。

十、航次號

本欄目填報載運貨物進出境的運輸工具的航次編號。

具體填報要求如下：

（一）直接在進出境地或採用區域通關一體化通關模式辦理報關手續的報關單

1. 水路運輸：填報船舶的航次號。

2. 公路運輸：啟用公路艙單前，填報運輸車輛的 8 位進出境日期〔順序為年（4 位）、月（2 位）、日（2 位），下同〕。啟用公路艙單後，填報貨物運輸批次號。

3. 鐵路運輸：填報列車的進出境日期。

4. 航空運輸：免予填報。

5. 郵件運輸：填報運輸工具的進出境日期。

6. 其他運輸方式：免予填報。

(二) 轉關運輸貨物的報關單

1. 進口

(1) 水路運輸：中轉轉關方式填報「@」+進境干線船舶航次。直轉、提前報關免予填報。

(2) 公路運輸：免予填報。

(3) 鐵路運輸：「@」+8位進境日期。

(4) 航空運輸：免予填報。

(5) 其他運輸方式：免予填報。

2. 出口

(1) 水路運輸：非中轉貨物免予填報。中轉貨物：境內水路運輸填報駁船航次號；境內鐵路、公路運輸填報6位啓運日期〔順序為年（2位）、月（2位）、日（2位）〕。

(2) 鐵路拼車拼箱捆綁出口：免予填報。

(3) 航空運輸：免予填報。

(4) 其他運輸方式：免予填報。

(三) 無實際進出境的報關單，本欄目免予填報。

十一、提運單號

本欄目填報進出口貨物提單或運單的編號。

一份報關單只允許填報一個提單或運單號，一票貨物對應多個提單或運單時，應分單填報。

具體填報要求如下：

(一) 直接在進出境地或採用區域通關一體化通關模式辦理報關手續的

1. 水路運輸：填報進出口提單號。如有分提單的，填報進出口提單號+「*」+分提單號。

2. 公路運輸：啟用公路艙單前，免予填報；啟用公路艙單後，填報進出口總運單號。

3. 鐵路運輸：填報運單號。

4. 航空運輸：填報總運單號+「_」+分運單號，無分運單的填報總運單號。

5. 郵件運輸：填報郵運包裹單號。

(二) 轉關運輸貨物的報關單

1. 進口

(1) 水路運輸：直轉、中轉填報提單號。提前報關免予填報。

(2) 鐵路運輸：直轉、中轉填報鐵路運單號。提前報關免予填報。

(3) 航空運輸：直轉、中轉貨物填報總運單號+「_」+分運單號。提前報關免予填報。

(4) 其他運輸方式：免予填報。

（5）以上運輸方式進境貨物，在廣東省內用公路運輸轉關的，填報車牌號。

2. 出口

（1）水路運輸：中轉貨物填報提單號；非中轉貨物免予填報；廣東省內汽車運輸提前報關的轉關貨物，填報承運車輛的車牌號。

（2）其他運輸方式：免予填報。廣東省內汽車運輸提前報關的轉關貨物，填報承運車輛的車牌號。

（三）採用「集中申報」通關方式辦理報關手續的，報關單填報歸並的集中申報清單的進出口起止日期〔按年（4位）月（2位）日（2位）年（4位）月（2位）日（2位）〕。

（四）無實際進出境的，本欄目免予填報。

十二、申報單位

自理報關的，本欄目填報進出口企業的名稱及編碼；委託代理報關的，本欄目填報報關企業名稱及編碼。

本欄目可選填18位法人和其他組織統一社會信用代碼或10位海關注冊編碼任一項。

本欄目還包括報關單左下方用於填報申報單位有關情況的相關欄目，包括報關人員、申報單位簽章。

十三、監管方式

監管方式是以國際貿易中進出口貨物的交易方式為基礎，結合海關對進出口貨物的徵稅、統計及監管條件綜合設定的海關對進出口貨物的管理方式。其代碼由4位數字構成，前兩位是按照海關監管要求和計算機管理需要劃分的分類代碼，後兩位是參照國際標準編製的貿易方式代碼。

本欄目應根據實際對外貿易情況按海關規定的《監管方式代碼表》選擇填報相應的監管方式簡稱及代碼。一份報關單只允許填報一種監管方式。

特殊情況下加工貿易貨物監管方式填報要求如下：

（一）進口少量低值輔料（即5,000美元以下，78種以內的低值輔料）按規定不使用《加工貿易手冊》的，填報「低值輔料」。使用《加工貿易手冊》的，按《加工貿易手冊》上的監管方式填報。

（二）外商投資企業為加工內銷產品而進口的料件，屬非保稅加工的，填報「一般貿易」。

外商投資企業全部使用國內料件加工的出口成品，填報「一般貿易」。

（三）加工貿易料件結轉或深加工結轉貨物，按批准的監管方式填報。

（四）加工貿易料件轉內銷貨物以及按料件辦理進口手續的轉內銷製成品、殘次品、未完成品，應填製進口報關單，填報「來料料件內銷」或「進料料件內銷」；加工貿易成品憑《徵免稅證明》轉為減免稅進口貨物的，應分別填製進、出口報關單，出口報關單本欄目填報「來料成品減免」或「進料成品減免」，進口報關單本欄目按照實際監管方式填報。

（五）加工貿易出口成品因故退運進口及復運出口的，填報「來料成品退換」或

「進料成品退換」；加工貿易進口料件因換料退運出口及復運進口的，填報「來料件退換」或「進料料件退換」；加工貿易過程中產生的剩餘料件、邊角料退運出口，以及進口料件因品質、規格等原因退運出口且不再更換同類貨物進口的，分別填報「來料料件復出」「來料邊角料復出」「進料料件復出」「進料邊角料復出」。

（六）備料《加工貿易手冊》中的料件結轉轉入加工出口《加工貿易手冊》的，填報「來料加工」或「進料加工」。

（七）保稅工廠的加工貿易進出口貨物，根據《加工貿易手冊》填報「來料加工」或「進料加工」。

（八）加工貿易邊角料內銷和副產品內銷，應填製進口報關單，填報「來料邊角料內銷」或「進料邊角料內銷」。

（九）企業銷毀處置加工貿易貨物未獲得收入，銷毀處置貨物為料件、殘次品的，填報「料件銷毀」；銷毀處置貨物為邊角料、副產品的，填報「邊角料銷毀」。

企業銷毀處置加工貿易貨物獲得收入的，填報為「進料邊角料內銷」或「來料邊角料內銷」。

十四、徵免性質

本欄目應根據實際情況按海關規定的《徵免性質代碼表》選擇填報相應的徵免性質簡稱及代碼，持有海關核發的《徵免稅證明》的，應按照《徵免稅證明》中批註的徵免性質填報。一份報關單只允許填報一種徵免性質。

加工貿易貨物報關單應按照海關核發的《加工貿易手冊》中批註的徵免性質簡稱及代碼填報。特殊情況填報要求如下：

（一）保稅工廠經營的加工貿易，根據《加工貿易手冊》填報「進料加工」或「來料加工」。

（二）外商投資企業為加工內銷產品而進口的料件，屬非保稅加工的，填報「一般徵稅」或其他相應徵免性質。

（三）加工貿易轉內銷貨物，按實際情況填報（如一般徵稅、科教用品、其他法定等）。

（四）料件退運出口、成品退運進口貨物填報「其他法定」（代碼0299）。

（五）加工貿易結轉貨物，本欄目免予填報。

（六）中國駐外使領館工作人員、外國駐華機構及人員、非居民常駐人員、政府間協議規定等應稅（消費稅）進口自用小汽車，並且單臺完稅價格130萬元及以上的，本欄填報「特案」。

十五、備案號

本欄目填報進出口貨物收發貨人、消費使用單位、生產銷售單位在海關辦理加工貿易合同備案或徵、減、免稅備案審批等手續時，海關核發的《加工貿易手冊》《徵免稅證明》或其他備案審批文件的編號。

一份報關單只允許填報一個備案號。具體填報要求如下：

（一）加工貿易項下貨物，除少量低值輔料按規定不使用《加工貿易手冊》及以後續補稅監管方式辦理內銷徵稅的外，填報《加工貿易手冊》編號。

使用異地直接報關分冊和異地深加工結轉出口分冊在異地口岸報關的，本欄目應填報分冊號；本地直接報關分冊和本地深加工結轉分冊限制在本地報關，本欄目應填報總冊號。

加工貿易成品憑《徵免稅證明》轉為減免稅進口貨物的，進口報關單填報《徵免稅證明》編號，出口報關單填報《加工貿易手冊》編號。

對加工貿易設備之間的結轉，轉入和轉出企業分別填製進、出口報關單，在報關單「備案號」欄目填報《加工貿易手冊》編號。

（二）涉及徵、減、免稅備案審批的報關單，填報《徵免稅證明》編號。

（三）減免稅貨物退運出口，填報《中華人民共和國海關進口減免稅貨物準予退運證明》的編號；減免稅貨物補稅進口，填報《減免稅貨物補稅通知書》的編號；減免稅貨物進口或結轉進口（轉入），填報《徵免稅證明》的編號；相應的結轉出口（轉出），填報《中華人民共和國海關進口減免稅貨物結轉聯繫函》的編號。

十六、貿易國（地區）

發生商業性交易的進口填報購自國（地區），出口填報售予國（地區）。未發生商業性交易的填報貨物所有權擁有者所屬的國家（地區）。

本欄目應按海關規定的《國別（地區）代碼表》選擇填報相應的貿易國（地區）中文名稱及代碼。

十七、啟運國（地區）/運抵國（地區）

啟運國（地區）填報進口貨物啟始發出直接運抵中國或者在運輸中轉國（地）未發生任何商業性交易的情況下運抵中國的國家（地區）。

運抵國（地區）填報出口貨物離開中國關境直接運抵或者在運輸中轉國（地區）未發生任何商業性交易的情況下最後運抵的國家（地區）。

不經過第三國（地區）轉運的直接運輸進出口貨物，以進口貨物的裝貨港所在國（地區）為啟運國（地區），以出口貨物的指運港所在國（地區）為運抵國（地區）。

經過第三國（地區）轉運的進出口貨物，如在中轉國（地區）發生商業性交易，則以中轉國（地區）作為啟運/運抵國（地區）。

本欄目應按海關規定的《國別（地區）代碼表》選擇填報相應的啟運國（地區）或運抵國（地區）中文名稱及代碼。

無實際進出境的，填報「中國」（代碼142）。

十八、裝貨港/指運港

裝貨港填報進口貨物在運抵中國關境前的最後一個境外裝運港。

指運港填報出口貨物運往境外的最終目的港；最終目的港不可預知的，按盡可能預知的目的港填報。

本欄目應根據實際情況按海關規定的《港口代碼表》選擇填報相應的港口中文名稱及代碼。裝貨港/指運港在《港口代碼表》中無港口中文名稱及代碼的，可選擇填報相應的國家中文名稱或代碼。

無實際進出境的，本欄目填報「中國境內」（代碼142）。

十九、境內目的地/境內貨源地

境內目的地填報已知的進口貨物在國內的消費、使用地或最終運抵地，其中最終運抵地為最終使用單位所在的地區。最終使用單位難以確定的，填報貨物進口時預知的最終收貨單位所在地。

境內貨源地填報出口貨物在國內的產地或原始發貨地。出口貨物產地難以確定的，填報最早發運該出口貨物的單位所在地。

海關特殊監管區域、保稅物流中心（B 型）與境外之間的進出境貨物，境內目的地/境內貨源地填報本海關特殊監管區域、保稅物流中心（B 型）所對應的國內地區名稱及代碼。

本欄目按海關規定的《國內地區代碼表》選擇填報相應的國內地區名稱及代碼。

二十、許可證號

本欄目填報以下許可證的編號：進（出）口許可證、兩用物項和技術進（出）口許可證、兩用物項和技術出口許可證（定向）、紡織品臨時出口許可證、出口許可證（加工貿易）、出口許可證（邊境小額貿易）。

一份報關單只允許填報一個許可證號。

二十一、成交方式

本欄目應根據進出口貨物實際成交價格條款，按海關規定的《成交方式代碼表》選擇填報相應的成交方式代碼。

無實際進出境的報關單，進口填報 CIF，出口填報 FOB。

二十二、運費

本欄目填報進口貨物運抵中國境內輸入地點起卸前的運輸費用，出口貨物運至中國境內輸出地點裝載後的運輸費用。

運費可按運費單價、總價或運費率三種方式之一填報，註明運費標記（運費標記「1」表示運費率，「2」表示每噸貨物的運費單價，「3」表示運費總價），並按海關規定的《貨幣代碼表》選擇填報相應的幣種代碼。

二十三、保費

本欄目填報進口貨物運抵中國境內輸入地點起卸前的保險費用，出口貨物運至中國境內輸出地點裝載後的保險費用。

保費可按保險費總價或保險費率兩種方式之一填報，註明保險費標記（保險費標記「1」表示保險費率，「3」表示保險費總價），並按海關規定的《貨幣代碼表》選擇填報相應的幣種代碼。

二十四、雜費

本欄目填報成交價格以外的、按照《中華人民共和國進出口關稅條例》相關規定應計入完稅價格或應從完稅價格中扣除的費用。可按雜費總價或雜費率兩種方式之一填報，註明雜費標記（雜費標記「1」表示雜費率，「3」表示雜費總價），並按海關規定的《貨幣代碼表》選擇填報相應的幣種代碼。

應計入完稅價格的雜費填報為正值或正率，應從完稅價格中扣除的雜費填報為負值或負率。

二十五、合同協議號

本欄目填報進出口貨物合同（包括協議或訂單）編號。未發生商業性交易的免予填報。

二十六、件數

本欄目填報有外包裝的進出口貨物的實際件數。特殊情況填報要求如下：

（一）艙單件數為集裝箱的，填報集裝箱個數。

（二）艙單件數為托盤的，填報托盤數。

本欄目不得填報為零，裸裝貨物填報為「1」。

二十七、包裝種類

本欄目應根據進出口貨物的實際外包裝種類，按海關規定的《包裝種類代碼表》選擇填報相應的包裝種類代碼。

二十八、毛重（千克）

本欄目填報進出口貨物及其包裝材料的重量之和，計量單位為千克，不足一千克的填報為「1」。

二十九、淨重（千克）

本欄目填報進出口貨物的毛重減去外包裝材料後的重量，即貨物本身的實際重量，計量單位為千克，不足一千克的填報為「1」。

三十、集裝箱號

本欄目填報裝載進出口貨物（包括拼箱貨物）集裝箱的箱體信息。一個集裝箱填一條記錄，分別填報集裝箱號（在集裝箱箱體上標示的全球唯一編號）、集裝箱的規格和集裝箱的自重。非集裝箱貨物填報為「0」。

三十一、隨附單證

本欄目根據海關規定的《監管證件代碼表》選擇填報除本規範第二十條規定的許可證件以外的其他進出口許可證件或監管證件代碼及編號。

本欄目分為隨附單證代碼和隨附單證編號兩欄，其中代碼欄應按海關規定的《監管證件代碼表》選擇填報相應證件代碼；編號欄應填報證件編號。

（一）加工貿易內銷徵稅報關單，隨附單證代碼欄填寫「c」，隨附單證編號欄填寫海關審核通過的內銷徵稅聯繫單號。

（二）優惠貿易協定項下進出口貨物

一份報關單僅對應一份原產地證書或原產地聲明。有關優惠貿易協定項下報關單填製要求按照海關總署2016年第51號公告執行。

三十二、標記嘜碼及備註

本欄目填報要求如下：

（一）標記嘜碼中除圖形以外的文字、數字。

（二）受外商投資企業委託代理其進口投資設備、物品的進出口企業名稱。

（三）與本報關單有關聯關係的，同時在業務管理規範方面又要求填報的備案號，填報在電子數據報關單中「關聯備案」欄。

加工貿易結轉貨物及憑《徵免稅證明》轉內銷貨物，其對應的備案號應填報在

「關聯備案」欄。

減免稅貨物結轉進口（轉入），報關單「關聯備案」欄應填寫本次減免稅貨物結轉所申請的《中華人民共和國海關進口減免稅貨物結轉聯繫函》的編號。

減免稅貨物結轉出口（轉出），報關單「關聯備案」欄應填寫與其相對應的進口（轉入）報關單「備案號」欄中《徵免稅證明》的編號。

（四）與本報關單有關聯關係的，同時在業務管理規範方面又要求填報的報關單號，填報在電子數據報關單中「關聯報關單」欄。

加工貿易結轉類的報關單，應先辦理進口報關，並將進口報關單號填入出口報關單的「關聯報關單」欄。

辦理進口貨物直接退運手續的，除另有規定外，應當先填寫出口報關單，再填寫進口報關單，並將出口報關單號填入進口報關單的「關聯報關單」欄。

減免稅貨物結轉出口（轉出），應先辦理進口報關，並將進口（轉入）報關單號填入出口（轉出）報關單的「關聯報關單」欄。

（五）辦理進口貨物直接退運手續的，本欄目填報「＜ZT」+「海關審核聯繫單號或者《海關責令進口貨物直接退運通知書》編號」+「＞」。

（六）保稅監管場所進出貨物，在「保稅/監管場所」欄填寫本保稅監管場所編碼（保稅物流中心（B型）填報本中心的國內地區代碼），其中涉及貨物在保稅監管場所間流轉的，在本欄填寫對方保稅監管場所代碼。

（七）涉及加工貿易貨物銷毀處置的，填寫海關加工貿易貨物銷毀處置申報表編號。

（八）當監管方式為「暫時進出貨物」（2600）和「展覽品」（2700）時，如果為復運進出境貨物，在進出口貨物報關單的本欄內分別填報「復運進境」「復運出境」。

（九）跨境電子商務進出口貨物，在本欄目內填報「跨境電子商務」。

（十）加工貿易副產品內銷，在本欄內填報「加工貿易副產品內銷」。

（十一）服務外包貨物進口，填報「國際服務外包進口貨物」。

（十二）公式定價進口貨物應在報關單備註欄內填寫公式定價備案號，格式為：「公式定價」+備案編號+「@」。對於同一報關單下有多項商品的，如需要指明某項或某幾項商品為公式定價備案的，則備註欄內填寫應為：「公式定價」+備案編號+「#」+商品序號+「@」。

（十三）獲得《預審價決定書》的進出口貨物，應在報關單備註欄內填報《預審價決定書》編號，格式為預審價（P+2位商品項號+決定書編號），若報關單中有多項商品為預審價，需依次寫入括號中。

（十四）含預歸類商品報關單，應在報關單備註欄內填寫預歸類R-3-關區代碼-年份-順序編號，其中關區代碼、年份、順序編號均為4位數字，例如R-3-0100-2016-0001。

（十五）含歸類裁定報關單，應在報關單備註欄內填寫歸類裁定編號，格式為「c」+四位數字編號，例如c0001。

（十六）申報時其他必須說明的事項填報在本欄目。

三十三、項號

本欄目分兩行填報及打印。第一行填報報關單中的商品順序編號；第二行專用於加工貿易、減免稅等已備案、審批的貨物，填報和打印該項貨物在《加工貿易手冊》或《徵免稅證明》等備案、審批單證中的順序編號。

有關優惠貿易協定項下報關單填製要求按照海關總署2016年第51號公告執行。

加工貿易項下進出口貨物的報關單，第一行填報報關單中的商品順序編號，第二行填報該項商品在《加工貿易手冊》中的商品項號，用於核銷對應項號下的料件或成品數量。其中第二行特殊情況填報要求如下：

（一）深加工結轉貨物，分別按照《加工貿易手冊》中的進口料件項號和出口成品項號填報。

（二）料件結轉貨物（包括料件、製成品和未完成品折料），出口報關單按照轉出《加工貿易手冊》中進口料件的項號填報；進口報關單按照轉進《加工貿易手冊》中進口料件的項號填報。

（三）料件復出貨物（包括料件、邊角料），出口報關單按照《加工貿易手冊》中進口料件的項號填報；如邊角料對應一個以上料件項號時，填報主要料件項號。料件退換貨物（包括料件、不包括未完成品），進出口報關單按照《加工貿易手冊》中進口料件的項號填報。

（四）成品退換貨物，退運進境報關單和復運出境報關單按照《加工貿易手冊》原出口成品的項號填報。

（五）加工貿易料件轉內銷貨物（以及按料件辦理進口手續的轉內銷製成品、殘次品、未完成品）應填製進口報關單，填報《加工貿易手冊》進口料件的項號；加工貿易邊角料、副產品內銷，填報《加工貿易手冊》中對應的進口料件項號。如邊角料或副產品對應一個以上料件項號時，填報主要料件項號。

（六）加工貿易成品憑《徵免稅證明》轉為減免稅貨物進口的，應先辦理進口報關手續。進口報關單填報《徵免稅證明》中的項號，出口報關單填報《加工貿易手冊》原出口成品項號，進、出口報關單貨物數量應一致。

（七）加工貿易貨物銷毀，本欄目應填報《加工貿易手冊》中相應的進口料件項號。

（八）加工貿易副產品退運出口、結轉出口，本欄目應填報《加工貿易手冊》中新增的變更副產品的出口項號。

（九）經海關批准實行加工貿易聯網監管的企業，按海關聯網監管要求，企業需申報報關清單的，應在向海關申報進出口（包括形式進出口）報關單前，向海關申報「清單」。一份報關清單對應一份報關單，報關單上的商品由報關清單歸並而得。加工貿易電子帳冊報關單中項號、品名、規格等欄目的填製規範比照《加工貿易手冊》。

三十四、商品編號

本欄目填報的商品編號由10位數字組成。前8位為《中華人民共和國進出口稅則》確定的進出口貨物的稅則號列，同時也是《中華人民共和國海關統計商品目錄》確定的商品編碼，後2位為符合海關監管要求的附加編號。

三十五、商品名稱、規格型號

本欄目分兩行填報及打印。第一行填報進出口貨物規範的中文商品名稱，第二行填報規格型號。

具體填報要求如下：

（一）商品名稱及規格型號應據實填報，並與進出口貨物收發貨人或受委託的報關企業所提交的合同、發票等相關單證相符。

（二）商品名稱應當規範，規格型號應當足夠詳細，以能滿足海關歸類、審價及許可證件管理要求為準，可參照《中華人民共和國海關進出口商品規範申報目錄》中對商品名稱、規格型號的要求進行填報。

（三）加工貿易等已備案的貨物，填報的內容必須與備案登記中同項號下貨物的商品名稱一致。

（四）對需要海關簽發《貨物進口證明書》的車輛，商品名稱欄應填報「車輛品牌+排氣量（註明 cc）+車型（如越野車、小轎車等）」。進口汽車底盤不填報排氣量。車輛品牌應按照《進口機動車輛製造廠名稱和車輛品牌中英文對照表》中「簽註名稱」一欄的要求填報。規格型號欄可填報「汽油型」等。

（五）由同一運輸工具同時運抵同一口岸並且屬於同一收貨人、使用同一提單的多種進口貨物，按照商品歸類規則應當歸入同一商品編號的，應當將有關商品一併歸入該商品編號。商品名稱填報一併歸類後的商品名稱；規格型號填報一併歸類後商品的規格型號。

（六）加工貿易邊角料和副產品內銷、邊角料復出口，本欄目填報其報驗狀態的名稱和規格型號。

（七）進口貨物收貨人以一般貿易方式申報進口屬於《需要詳細列名申報的汽車零部件清單》（海關總署 2006 年第 64 號公告）範圍內的汽車生產件的，應按以下要求填報：

1. 商品名稱填報進口汽車零部件的詳細中文商品名稱和品牌，中文商品名稱與品牌之間用「/」相隔，必要時加註英文商業名稱；進口的成套散件或者毛坯件應在品牌後加註「成套散件」「毛坯」等字樣，並與品牌之間用「/」相隔。

2. 規格型號填報汽車零部件的完整編號。在零部件編號前應當加註「S」字樣，並與零部件編號之間用「/」相隔，零部件編號之後應當依次加註該零部件適用的汽車品牌和車型。

汽車零部件屬於可以適用於多種汽車車型的通用零部件的，零部件編號後應當加註「TY」字樣，並用「/」與零部件編號相隔。

與進口汽車零部件規格型號相關的其他需要申報的要素，或者海關規定的其他需要申報的要素，如「功率」「排氣量」等，應當在車型或「TY」之後填報，並用「/」與之相隔。

汽車零部件報驗狀態是成套散件的，應當在「標記嘜碼及備註」欄內填報該成套散件裝配後的最終完整品的零部件編號。

（八）進口貨物收貨人以一般貿易方式申報進口屬於《需要詳細列名申報的汽車零

部件清單》（海關總署 2006 年第 64 號公告）範圍內的汽車維修件的，填報規格型號時，應當在零部件編號前加註「W」，並與零部件編號之間用「/」相隔；進口維修件的品牌與該零部件適用的整車廠牌不一致的，應當在零部件編號前加註「WF」，並與零部件編號之間用「/」相隔。其餘申報要求同上條執行。

三十六、數量及單位

本欄目分三行填報及打印。

（一）第一行應按進出口貨物的法定第一計量單位填報數量及單位，法定計量單位以《中華人民共和國海關統計商品目錄》中的計量單位為準。

（二）凡列明有法定第二計量單位的，應在第二行按照法定第二計量單位填報數量及單位。無法定第二計量單位的，本欄目第二行為空。

（三）成交計量單位及數量應填報並打印在第三行。

（四）法定計量單位為「千克」的數量填報，特殊情況下填報要求如下：

1. 裝入可重複使用的包裝容器的貨物，應按貨物扣除包裝容器後的重量填報，如罐裝同位素、罐裝氧氣及類似品等。

2. 使用不可分割包裝材料和包裝容器的貨物，按貨物的淨重填報（即包括內層直接包裝的淨重重量），如採用供零售包裝的罐頭、藥品及類似品等。

3. 按照商業慣例以公量重計價的商品，應按公量重填報，如未脫脂羊毛、羊毛條等。

4. 採用以毛重作為淨重計價的貨物，可按毛重填報，如糧食、飼料等大宗散裝貨物。

5. 採用零售包裝的酒類、飲料、化妝品，按照液體部分的重量填報。

（五）成套設備、減免稅貨物如需分批進口，貨物實際進口時，應按照實際報驗狀態確定數量。

（六）具有完整品或製成品基本特徵的不完整品、未製成品，根據《商品名稱及編碼協調制度》歸類規則應按完整品歸類的，按照構成完整品的實際數量填報。

（七）加工貿易等已備案的貨物，成交計量單位必須與《加工貿易手冊》中同項號下貨物的計量單位一致，加工貿易邊角料和副產品內銷、邊角料復出口，本欄目填報其報驗狀態的計量單位。

（八）優惠貿易協定項下進出口商品的成交計量單位必須與原產地證書上對應商品的計量單位一致。

（九）法定計量單位為立方米的氣體貨物，應折算成標準狀況（即攝氏零度及 1 個標準大氣壓）下的體積進行填報。

三十七、原產國（地區）

原產國（地區）應依據《中華人民共和國進出口貨物原產地條例》《中華人民共和國海關關於執行〈非優惠原產地規則中實質性改變標準〉的規定》以及海關總署關於各項優惠貿易協定原產地管理規章規定的原產地確定標準填報。同一批進出口貨物的原產地不同的，應分別填報原產國（地區）。進出口貨物原產國（地區）無法確定的，填報「國別不詳」（代碼 701）。

本欄目應按海關規定的《國別（地區）代碼表》選擇填報相應的國家（地區）名稱及代碼。

三十八、最終目的國（地區）

最終目的國（地區）填報已知的進出口貨物的最終實際消費、使用或進一步加工製造國家（地區）。不經過第三國（地區）轉運的直接運輸貨物，以運抵國（地區）為最終目的國（地區）；經過第三國（地區）轉運的貨物，以最後運往國（地區）為最終目的國（地區）。同一批進出口貨物的最終目的國（地區）不同的，應分別填報最終目的國（地區）。進出口貨物不能確定最終目的國（地區）時，以盡可能預知的最後運往國（地區）為最終目的國（地區）。

本欄目應按海關規定的《國別（地區）代碼表》選擇填報相應的國家（地區）名稱及代碼。

三十九、單價

本欄目填報同一項號下進出口貨物實際成交的商品單位價格。無實際成交價格的，本欄目填報單位貨值。

四十、總價

本欄目填報同一項號下進出口貨物實際成交的商品總價格。無實際成交價格的，本欄目填報貨值。

四十一、幣制

本欄目應按海關規定的《貨幣代碼表》選擇相應的貨幣名稱及代碼填報，如《貨幣代碼表》中無實際成交幣種，需將實際成交貨幣按申報日外匯折算率折算成《貨幣代碼表》列明的貨幣填報。

四十二、徵免

本欄目應按照海關核發的《徵免稅證明》或有關政策規定，對報關單所列每項商品選擇海關規定的《徵減免稅方式代碼表》中相應的徵減免稅方式填報。

加工貿易貨物報關單應根據《加工貿易手冊》中備案的徵免規定填報；《加工貿易手冊》中備案的徵免規定為「保金」或「保函」的，應填報「全免」。

四十三、特殊關係確認

本欄目根據《中華人民共和國海關審定進出口貨物完稅價格辦法》（以下簡稱《審價辦法》）第十六條，填報確認進出口行為中買賣雙方是否存在特殊關係，有下列情形之一的，應當認為買賣雙方存在特殊關係，在本欄目應填報「是」，反之則填報「否」：

（一）買賣雙方為同一家族成員的。
（二）買賣雙方互為商業上的高級職員或者董事的。
（三）一方直接或者間接地受另一方控制的。
（四）買賣雙方都直接或者間接地受第三方控制的。
（五）買賣雙方共同直接或者間接地控制第三方的。
（六）一方直接或者間接地擁有、控制或者持有對方5%以上（含5%）公開發行的有表決權的股票或者股份的。

（七）一方是另一方的雇員、高級職員或者董事的。

（八）買賣雙方是同一合夥的成員的。

買賣雙方在經營上相互有聯繫，一方是另一方的獨家代理、獨家經銷或者獨家受讓人，如果符合前款的規定，也應當視為存在特殊關係。

本欄目出口貨物免予填報，加工貿易及保稅監管貨物（內銷保稅貨物除外）免予填報。

四十四、價格影響確認

本欄目根據《審價辦法》第十七條，填報確認納稅義務人是否可以證明特殊關係未對進口貨物的成交價格產生影響，納稅義務人能證明其成交價格與同時或者大約同時發生的下列任何一款價格相近的，應視為特殊關係未對成交價格產生影響，在本欄目應填報「否」，反之則填報「是」：

（一）向境內無特殊關係的買方出售的相同或者類似進口貨物的成交價格。

（二）按照《審價辦法》第二十三條的規定所確定的相同或者類似進口貨物的完稅價格。

（三）按照《審價辦法》第二十五條的規定所確定的相同或者類似進口貨物的完稅價格。

本欄目出口貨物免予填報，加工貿易及保稅監管貨物（內銷保稅貨物除外）免予填報。

四十五、與貨物有關的特許權使用費支付確認

本欄目根據《審價辦法》第十一條和第十三條，填報確認買方是否存在向賣方或者有關方直接或者間接支付與進口貨物有關的特許權使用費，且未包括在進口貨物的實付、應付價格中。

買方存在需向賣方或者有關方直接或者間接支付特許權使用費，且未包含在進口貨物實付、應付價格中，並且符合《審價辦法》第十三條的，在「支付特許權使用費確認」欄目應填報「是」。

買方存在需向賣方或者有關方直接或者間接支付特許權使用費，且未包含在進口貨物實付、應付價格中，但納稅義務人無法確認是否符合《審價辦法》第十三條的，在本欄目應填報「是」。

買方存在需向賣方或者有關方直接或者間接支付特許權使用費且未包含在實付、應付價格中，納稅義務人根據《審價辦法》第十三條，可以確認需支付的特許權使用費與進口貨物無關的，填報「否」。

買方不存在向賣方或者有關方直接或者間接支付特許權使用費的，或者特許權使用費已經包含在進口貨物實付、應付價格中的，填報「否」。

本欄目出口貨物免予填報，加工貿易及保稅監管貨物（內銷保稅貨物除外）免予填報。

四十六、版本號

本欄目適用加工貿易貨物出口報關單。本欄目應與《加工貿易手冊》中備案的成品單耗版本一致，通過《加工貿易手冊》備案數據或企業出口報關清單提取。

四十七、貨號

本欄目適用加工貿易貨物進出口報關單。本欄目應與《加工貿易手冊》中備案的料件、成品貨號一致，通過《加工貿易手冊》備案數據或企業出口報關清單提取。

四十八、錄入員

本欄目用於記錄預錄入操作人員的姓名。

四十九、錄入單位

本欄目用於記錄預錄入單位名稱。

五十、海關批註及簽章

本欄目供海關作業時簽註。

本規範所述尖括號（<>）、逗號（,）、連接符（-）、冒號（:）等標點符號及數字，填報時都必須使用非中文狀態下的半角字符。

相關用語的含義：

報關單錄入憑單：指申報單位按報關單的格式填寫的憑單，用作報關單預錄入的依據。該憑單的編號規則由申報單位自行決定。

預錄入報關單：指預錄入單位按照申報單位填寫的報關單憑單錄入、打印由申報單位向海關申報，海關尚未接受申報的報關單。

報關單證明聯：指海關在核實貨物實際進出境後按報關單格式提供的，用作進出口貨物收發貨人向國稅、外匯管理部門辦理退稅和外匯核銷手續的證明文件。

（八）關於跨境電子商務零售進口稅收政策的通知

（財關稅〔2016〕18號）

各省、自治區、直轄市、計劃單列市財政廳（局）、國家稅務局，新疆生產建設兵團財務局，海關總署廣東分署、各直屬海關：

為營造公平競爭的市場環境，促進跨境電子商務零售進口健康發展，經國務院批准，現將跨境電子商務零售（企業對消費者，即B2C）進口稅收政策有關事項通知如下：

一、跨境電子商務零售進口商品按照貨物徵收關稅和進口環節增值稅、消費稅，購買跨境電子商務零售進口商品的個人作為納稅義務人，實際交易價格（包括貨物零售價格、運費和保險費）作為完稅價格，電子商務企業、電子商務交易平臺企業或物流企業可作為代收代繳義務人。

二、跨境電子商務零售進口稅收政策適用於從其他國家或地區進口的、《跨境電子商務零售進口商品清單》範圍內的以下商品：

（一）所有通過與海關聯網的電子商務交易平臺交易，能夠實現交易、支付、物流電子信息「三單」比對的跨境電子商務零售進口商品；

（二）未通過與海關聯網的電子商務交易平臺交易，但快遞、郵政企業能夠統一提

供交易、支付、物流等電子信息，並承諾承擔相應法律責任進境的跨境電子商務零售進口商品。

不屬於跨境電子商務零售進口的個人物品以及無法提供交易、支付、物流等電子信息的跨境電子商務零售進口商品，按現行規定執行。

三、跨境電子商務零售進口商品的單次交易限值為人民幣 2,000 元，個人年度交易限值為人民幣 20,000 元。在限值以內進口的跨境電子商務零售進口商品，關稅稅率暫設為 0%；進口環節增值稅、消費稅取消免徵稅額，暫按法定應納稅額的 70% 徵收。超過單次限值、累加後超過個人年度限值的單次交易，以及完稅價格超過 2,000 元限值的單個不可分割商品，均按照一般貿易方式全額徵稅。

四、跨境電子商務零售進口商品自海關放行之日起 30 日內退貨的，可申請退稅，並相應調整個人年度交易總額。

五、跨境電子商務零售進口商品購買人（訂購人）的身分信息應進行認證；未進行認證的，購買人（訂購人）身分信息應與付款人一致。

六、《跨境電子商務零售進口商品清單》將由財政部商有關部門另行公布。

七、本通知自 2016 年 4 月 8 日起執行。

特此通知。

財政部 海關總署 國家稅務總局
2016 年 3 月 24 日

第二篇 報檢部分

中國報關報檢法律法規規章彙編

一 法 律

(一)中華人民共和國進出口商品檢驗法

(全國人大常委會1989年2月21日通過，1989年8月1日開始施行；2002年4月28日修訂，2002年10月1日施行；2013年6月29日修訂並施行)

目 錄

第一章　總　則
第二章　進口商品的檢驗
第三章　出口商品的檢驗
第四章　監督管理
第五章　法律責任
第六章　附　則

第一章　總　則

第一條　為了加強進出口商品檢驗工作，規範進出口商品檢驗行為，維護社會公共利益和進出口貿易有關各方的合法權益，促進對外經濟貿易關係的順利發展，制定本法。

第二條　國務院設立進出口商品檢驗部門（以下簡稱國家商檢部門），主管全國進出口商品檢驗工作。國家商檢部門設在各地的進出口商品檢驗機構（以下簡稱商檢機構）管理所轄地區的進出口商品檢驗工作。

第三條　商檢機構和經國家商檢部門許可的檢驗機構，依法對進出口商品實施檢驗。

第四條　進出口商品檢驗應當根據保護人類健康和安全、保護動物或者植物的生命和健康、保護環境、防止詐欺行為、維護國家安全的原則，由國家商檢部門制定、調整必須實施檢驗的進出口商品目錄（以下簡稱目錄）並公布實施。

第五條　列入目錄的進出口商品，由商檢機構實施檢驗。

前款規定的進口商品未經檢驗的，不準銷售、使用；前款規定的出口商品未經檢驗合格的，不準出口。

本條第一款規定的進出口商品，其中符合國家規定的免予檢驗條件的，由收貨人

或者發貨人申請，經國家商檢部門審查批准，可以免予檢驗。

第六條　必須實施的進出口商品檢驗，是指確定列入目錄的進出口商品是否符合國家技術規範的強制性要求的合格評定活動。

合格評定程序包括：抽樣、檢驗和檢查；評估、驗證和合格保證；註冊、認可和批准以及各項的組合。

第七條　列入目錄的進出口商品，按照國家技術規範的強制性要求進行檢驗；尚未制定國家技術規範的強制性要求的，應當依法及時制定，未制定之前，可以參照國家商檢部門指定的國外有關標準進行檢驗。

第八條　經國家商檢部門許可的檢驗機構，可以接受對外貿易關係人或者外國檢驗機構的委託，辦理進出口商品檢驗鑒定業務。

第九條　法律、行政法規規定由其他檢驗機構實施檢驗的進出口商品或者檢驗項目，依照有關法律、行政法規的規定辦理。

第十條　國家商檢部門和商檢機構應當及時收集和向有關方面提供進出口商品檢驗方面的信息。

國家商檢部門和商檢機構的工作人員在履行進出口商品檢驗的職責中，對所知悉的商業秘密負有保密義務。

第二章　進口商品的檢驗

第十一條　本法規定必須經商檢機構檢驗的進口商品的收貨人或者其代理人，應當向報關地的商檢機構報檢。海關憑商檢機構簽發的貨物通關證明驗放。

第十二條　本法規定必須經商檢機構檢驗的進口商品的收貨人或者其代理人，應當在商檢機構規定的地點和期限內，接受商檢機構對進口商品的檢驗。商檢機構應當在國家商檢部門統一規定的期限內檢驗完畢，並出具檢驗證單。

第十三條　本法規定必須經商檢機構檢驗的進口商品以外的進口商品的收貨人，發現進口商品質量不合格或者殘損短缺，需要由商檢機構出證索賠的，應當向商檢機構申請檢驗出證。

第十四條　對重要的進口商品和大型的成套設備，收貨人應當依據對外貿易合同約定在出口國裝運前進行預檢驗、監造或者監裝，主管部門應當加強監督；商檢機構根據需要可以派出檢驗人員參加。

第三章　出口商品的檢驗

第十五條　本法規定必須經商檢機構檢驗的出口商品的發貨人或者其代理人，應當在商檢機構規定的地點和期限內，向商檢機構報檢。商檢機構應當在國家商檢部門統一規定的期限內檢驗完畢，並出具檢驗證單。

對本法規定必須實施檢驗的出口商品，海關憑商檢機構簽發的貨物通關證明驗放。

第十六條　經商檢機構檢驗合格發給檢驗證單的出口商品，應當在商檢機構規定

的期限內報關出口；超過期限的，應當重新報檢。

第十七條　為出口危險貨物生產包裝容器的企業，必須申請商檢機構進行包裝容器的性能鑒定。生產出口危險貨物的企業，必須申請商檢機構進行包裝容器的使用鑒定。使用未經鑒定合格的包裝容器的危險貨物，不準出口。

第十八條　對裝運出口易腐爛變質食品的船艙和集裝箱，承運人或者裝箱單位必須在裝貨前申請檢驗。未經檢驗合格的，不準裝運。

第四章　監督管理

第十九條　商檢機構對本法規定必須經商檢機構檢驗的進出口商品以外的進出口商品，根據國家規定實施抽查檢驗。

國家商檢部門可以公布抽查檢驗結果或者向有關部門通報抽查檢驗情況。

第二十條　商檢機構根據便利對外貿易的需要，可以按照國家規定對列入目錄的出口商品進行出廠前的質量監督管理和檢驗。

第二十一條　為進出口貨物的收發貨人辦理報檢手續的代理人辦理報檢手續時應當向商檢機構提交授權委託書。

第二十二條　國家商檢部門可以按照國家有關規定，通過考核，許可符合條件的國內外檢驗機構承擔委託的進出口商品檢驗鑒定業務。

第二十三條　國家商檢部門和商檢機構依法對經國家商檢部門許可的檢驗機構的進出口商品檢驗鑒定業務活動進行監督，可以對其檢驗的商品抽查檢驗。

第二十四條　國家商檢部門根據國家統一的認證制度，對有關的進出口商品實施認證管理。

第二十五條　商檢機構可以根據國家商檢部門同外國有關機構簽訂的協議或者接受外國有關機構的委託進行進出口商品質量認證工作，准許在認證合格的進出口商品上使用質量認證標志。

第二十六條　商檢機構依照本法對實施許可制度的進出口商品實行驗證管理，查驗單證，核對證貨是否相符。

第二十七條　商檢機構根據需要，對檢驗合格的進出口商品，可以加施商檢標志或者封識。

第二十八條　進出口商品的報檢人對商檢機構作出的檢驗結果有異議的，可以向原商檢機構或者其上級商檢機構以至國家商檢部門申請復驗，由受理復驗的商檢機構或者國家商檢部門及時作出復驗結論。

第二十九條　當事人對商檢機構、國家商檢部門作出的復驗結論不服或者對商檢機構作出的處罰決定不服的，可以依法申請行政復議，也可以依法向人民法院提起訴訟。

第三十條　國家商檢部門和商檢機構履行職責，必須遵守法律，維護國家利益，依照法定職權和法定程序嚴格執法，接受監督。

國家商檢部門和商檢機構應當根據依法履行職責的需要，加強隊伍建設，使商檢

工作人員具有良好的政治、業務素質。商檢工作人員應當定期接受業務培訓和考核，經考核合格，方可上崗執行職務。

商檢工作人員必須忠於職守，文明服務，遵守職業道德，不得濫用職權，謀取私利。

第三十一條　國家商檢部門和商檢機構應當建立健全內部監督制度，對其工作人員的執法活動進行監督檢查。

商檢機構內部負責受理報檢、檢驗、出證放行等主要崗位的職責權限應當明確，並相互分離、相互制約。

第三十二條　任何單位和個人均有權對國家商檢部門、商檢機構及其工作人員的違法、違紀行為進行控告、檢舉。收到控告、檢舉的機關應當依法按照職責分工及時查處，並為控告人、檢舉人保密。

第五章　法律責任

第三十三條　違反本法規定，將必須經商檢機構檢驗的進口商品未報經檢驗而擅自銷售或者使用的，或者將必須經商檢機構檢驗的出口商品未報經檢驗合格而擅自出口的，由商檢機構沒收違法所得，並處貨值金額百分之五以上百分之二十以下的罰款；構成犯罪的，依法追究刑事責任。

第三十四條　違反本法規定，未經國家商檢部門許可，擅自從事進出口商品檢驗鑒定業務的，由商檢機構責令停止非法經營，沒收違法所得，並處違法所得一倍以上三倍以下的罰款。

第三十五條　進口或者出口屬於摻雜摻假、以假充真、以次充好的商品或者以不合格進出口商品冒充合格進出口商品的，由商檢機構責令停止進口或者出口，沒收違法所得，並處貨值金額百分之五十以上三倍以下的罰款；構成犯罪的，依法追究刑事責任。

第三十六條　偽造、變造、買賣或者盜竊商檢單證、印章、標志、封識、質量認證標志的，依法追究刑事責任；尚不夠刑事處罰的，由商檢機構責令改正，沒收違法所得，並處貨值金額等值以下的罰款。

第三十七條　國家商檢部門、商檢機構的工作人員違反本法規定，洩露所知悉的商業秘密的，依法給予行政處分，有違法所得的，沒收違法所得；構成犯罪的，依法追究刑事責任。

第三十八條　國家商檢部門、商檢機構的工作人員濫用職權，故意刁難的，徇私舞弊，偽造檢驗結果的，或者玩忽職守，延誤檢驗出證的，依法給予行政處分；構成犯罪的，依法追究刑事責任。

第六章　附則

第三十九條　商檢機構和其他檢驗機構依照本法的規定實施檢驗和辦理檢驗鑒定

業務，依照國家有關規定收取費用。

第四十條　國務院根據本法制定實施條例。

第四十一條　本法自 1989 年 8 月 1 日起施行。

（二）中華人民共和國進出境動植物檢疫法

（全國人大常委會 1991 年 10 月 30 日通過，自 1992 年 4 月 1 日起施行，2009 年 8 月 27 日修正）

第一章　總　則
第二章　進境檢疫
第三章　出境檢疫
第四章　過境檢疫
第五章　攜帶、郵寄物檢疫
第六章　運輸工具檢疫
第七章　法律責任
第八章　附　則

第一章　總　則

第一條　為防止動物傳染病、寄生蟲病和植物危險性病、蟲、雜草以及其他有害生物（以下簡稱病蟲害）傳入、傳出國境，保護農、林、牧、漁業生產和人體健康，促進對外經濟貿易的發展，制定本法。

第二條　進出境的動植物、動植物產品和其他檢疫物，裝載動植物、動植物產品和其他檢疫物的裝載容器、包裝物，以及來自動植物疫區的運輸工具，依照本法規定實施檢疫。

第三條　國務院設立動植物檢疫機關（以下簡稱國家動植物檢疫機關），統一管理全國進出境動植物檢疫工作。國家動植物檢疫機關在對外開放的口岸和進出境動植物檢疫業務集中的地點設立的口岸動植物檢疫機關，依照本法規定實施進出境動植物檢疫。

貿易性動物產品出境的檢疫機關，由國務院根據情況規定。

國務院農業行政主管部門主管全國進出境動植物檢疫工作。

第四條　口岸動植物檢疫機關在實施檢疫時可以行使下列職權：

（一）依照本法規定登船、登車、登機實施檢疫；

（二）進入港口、機場、車站、郵局以及檢疫物的存放、加工、養殖、種植場所實施檢疫，並依照規定採樣；

（三）根據檢疫需要，進入有關生產、倉庫等場所，進行疫情監測、調查和檢疫監

督管理；

（四）查閱、複製、摘錄與檢疫物有關的運行日志、貨運單、合同、發票及其他單證。

第五條 國家禁止下列各物進境：

（一）動植物病原體（包括菌種、毒種等）、害蟲及其他有害生物；

（二）動植物疫情流行的國家和地區的有關動植物、動植物產品和其他檢疫物；

（三）動物屍體；

（四）土壤。

口岸動植物檢疫機關發現有前款規定的禁止進境物的，作退回或者銷毀處理。

因科學研究等特殊需要引進本條第一款規定的禁止進境物的，必須事先提出申請，經國家動植物檢疫機關批准。

本條第一款第二項規定的禁止進境物的名錄，由國務院農業行政主管部門制定並公布。

第六條 國外發生重大動植物疫情並可能傳入中國時，國務院應當採取緊急預防措施，必要時可以下令禁止來自動植物疫區的運輸工具進境或者封鎖有關口岸；受動植物疫情威脅地區的地方人民政府和有關口岸動植物檢疫機關，應當立即採取緊急措施，同時向上級人民政府和國家動植物檢疫機關報告。

郵電、運輸部門對重大動植物疫情報告和送檢材料應當優先傳送。

第七條 國家動植物檢疫機關和口岸動植物檢疫機關對進出境動植物、動植物產品的生產、加工、存放過程，實行檢疫監督制度。

第八條 口岸動植物檢疫機關在港口、機場、車站、郵局執行檢疫任務時，海關、交通、民航、鐵路、郵電等有關部門應當配合。

第九條 動植物檢疫機關檢疫人員必須忠於職守，秉公執法。

動植物檢疫機關檢疫人員依法執行公務，任何單位和個人不得阻撓。

第二章 進境檢疫

第十條 輸入動物、動物產品、植物種子、種苗及其他繁殖材料的，必須事先提出申請，辦理檢疫審批手續。

第十一條 通過貿易、科技合作、交換、贈送、援助等方式輸入動植物、動植物產品和其他檢疫物的，應當在合同或者協議中訂明中國法定的檢疫要求，並訂明必須附有輸出國家或者地區政府動植物檢疫機關出具的檢疫證書。

第十二條 貨主或者其代理人應當在動植物、動植物產品和其他檢疫物進境前或者進境時持輸出國家或者地區的檢疫證書、貿易合同等單證，向進境口岸動植物檢疫機關報檢。

第十三條 裝載動物的運輸工具抵達口岸時，口岸動植物檢疫機關應當採取現場預防措施，對上下運輸工具或者接近動物的人員、裝載動物的運輸工具和被污染的場地作防疫消毒處理。

第十四條　輸入動植物、動植物產品和其他檢疫物，應當在進境口岸實施檢疫。未經口岸動植物檢疫機關同意，不得卸離運輸工具。

輸入動植物，需隔離檢疫的，在口岸動植物檢疫機關指定的隔離場所檢疫。

因口岸條件限制等原因，可以由國家動植物檢疫機關決定將動植物、動植物產品和其他檢疫物運往指定地點檢疫。在運輸、裝卸過程中，貨主或者其代理人應當採取防疫措施。指定的存放、加工和隔離飼養或者隔離種植的場所，應當符合動植物檢疫和防疫的規定。

第十五條　輸入動植物、動植物產品和其他檢疫物，經檢疫合格的，准予進境；海關憑口岸動植物檢疫機關簽發的檢疫單證或者在報關單上加蓋的印章驗放。

輸入動植物、動植物產品和其他檢疫物，需調離海關監管區檢疫的，海關憑口岸動植物檢疫機關簽發的《檢疫調離通知單》驗放。

第十六條　輸入動物，經檢疫不合格的，由口岸動植物檢疫機關簽發《檢疫處理通知單》，通知貨主或者其代理人作如下處理：

（一）檢出一類傳染病、寄生蟲病的動物，連同其同群動物全群退回或者全群撲殺並銷毀屍體；

（二）檢出二類傳染病、寄生蟲病的動物，退回或者撲殺，同群其他動物在隔離場或者其他指定地點隔離觀察。

輸入動物產品和其他檢疫物經檢疫不合格的，由口岸動植物檢疫機關簽發《檢疫處理通知單》，通知貨主或者其代理人作除害、退回或者銷毀處理。經除害處理合格的，准予進境。

第十七條　輸入植物、植物產品和其他檢疫物，經檢疫發現有植物危險性病、蟲、雜草的，由口岸動植物檢疫機關簽發《檢疫處理通知單》，通知貨主或者其代理人作除害、退回或者銷毀處理。經除害處理合格的，准予進境。

第十八條　本法第十六條第一款第一項、第二項所稱一類、二類動物傳染病、寄生蟲病的名錄和本法第十七條所稱植物危險性病、蟲、雜草的名錄，由國務院農業行政主管部門制定並公布。

第十九條　輸入動植物、動植物產品和其他檢疫物，經檢疫發現有本法第十八條規定的名錄之外，對農、林、牧、漁業有嚴重危害的其他病蟲害的，由口岸動植物檢疫機關依照國務院農業行政主管部門的規定，通知貨主或者其代理人作除害、退回或者銷毀處理。經除害處理合格的，准予進境。

第三章　出境檢疫

第二十條　貨主或者其代理人在動植物、動植物產品和其他檢疫物出境前，向口岸動植物檢疫機關報檢。

出境前需經隔離檢疫的動物，在口岸動植物檢疫機關指定的隔離場所檢疫。

第二十一條　輸出動植物、動植物產品和其他檢疫物，由口岸動植物檢疫機關實施檢疫，經檢疫合格或者經除害處理合格的，准予出境；海關憑口岸動植物檢疫機關

簽發的檢疫證書或者在報關單上加蓋的印章驗放。檢疫不合格又無有效方法作除害處理的，不準出境。

第二十二條　經檢疫合格的動植物、動植物產品和其他檢疫物，有下列情形之一的，貨主或者其代理人應當重新報檢：

（一）更改輸入國家或者地區，更改後的輸入國家或者地區又有不同檢疫要求的；

（二）改換包裝或者原未拼裝後來拼裝的；

（三）超過檢疫規定有效期限的。

第四章　過境檢疫

第二十三條　要求運輸動物過境的，必須事先商得中國國家動植物檢疫機關同意，並按照指定的口岸和路線過境。

裝載過境動物的運輸工具、裝載容器、飼料和鋪墊材料，必須符合中國動植物檢疫的規定。

第二十四條　運輸動植物、動植物產品和其他檢疫物過境的，由承運人或者押運人持貨運單和輸出國家或者地區政府動植物檢疫機關出具的檢疫證書，在進境時向口岸動植物檢疫機關報檢，出境口岸不再檢疫。

第二十五條　過境的動物經檢疫合格的，準予過境；發現有本法第十八條規定的名錄所列的動物傳染病、寄生蟲病的，全群動物不準過境。

過境動物的飼料受病蟲害污染的，作除害、不準過境或者銷毀處理。

過境的動物的屍體、排泄物、鋪墊材料及其他廢棄物，必須按照動植物檢疫機關的規定處理，不得擅自拋棄。

第二十六條　對過境植物、動植物產品和其他檢疫物，口岸動植物檢疫機關檢查運輸工具或者包裝，經檢疫合格的，準予過境；發現有本法第十八條規定的名錄所列的病蟲害的，作除害處理或者不準過境。

第二十七條　動植物、動植物產品和其他檢疫物過境期間，未經動植物檢疫機關批准，不得開拆包裝或者卸離運輸工具。

第五章　攜帶、郵寄物檢疫

第二十八條　攜帶、郵寄植物種子、種苗及其他繁殖材料進境的，必須事先提出申請，辦理檢疫審批手續。

第二十九條　禁止攜帶、郵寄進境的動植物、動植物產品和其他檢疫物的名錄，由國務院農業行政主管部門制定並公布。

攜帶、郵寄前款規定的名錄所列的動植物、動植物產品和其他檢疫物進境的，作退回或者銷毀處理。

第三十條　攜帶本法第二十九條規定的名錄以外的動植物、動植物產品和其他檢疫物進境的，在進境時向海關申報並接受口岸動植物檢疫機關檢疫。

攜帶動物進境的，必須持有輸出國家或者地區的檢疫證書等證件。

第三十一條　郵寄本法第二十九條規定的名錄以外的動植物、動植物產品和其他檢疫物進境的，由口岸動植物檢疫機關在國際郵件互換局實施檢疫，必要時可以取回口岸動植物檢疫機關檢疫；未經檢疫不得運遞。

第三十二條　郵寄進境的動植物、動植物產品和其他檢疫物，經檢疫或者除害處理合格後放行；經檢疫不合格又無有效方法作除害處理的，作退回或者銷毀處理，並簽發《檢疫處理通知單》。

第三十三條　攜帶、郵寄出境的動植物、動植物產品和其他檢疫物，物主有檢疫要求的，由口岸動植物檢疫機關實施檢疫。

第六章　運輸工具檢疫

第三十四條　來自動植物疫區的船舶、飛機、火車抵達口岸時，由口岸動植物檢疫機關實施檢疫。發現有本法第十八條規定的名錄所列的病蟲害的，作不準帶離運輸工具、除害、封存或者銷毀處理。

第三十五條　進境的車輛，由口岸動植物檢疫機關作防疫消毒處理。

第三十六條　進出境運輸工具上的泔水、動植物性廢棄物，依照口岸動植物檢疫機關的規定處理，不得擅自拋棄。

第三十七條　裝載出境的動植物、動植物產品和其他檢疫物的運輸工具，應當符合動植物檢疫和防疫的規定。

第三十八條　進境供拆船用的廢舊船舶，由口岸動植物檢疫機關實施檢疫，發現有本法第十八條規定的名錄所列的病蟲害的，作除害處理。

第七章　法律責任

第三十九條　違反本法規定，有下列行為之一的，由口岸動植物檢疫機關處以罰款：

（一）未報檢或者未依法辦理檢疫審批手續的；

（二）未經口岸動植物檢疫機關許可擅自將進境動植物、動植物產品或者其他檢疫物卸離運輸工具或者運遞的；

（三）擅自調離或者處理在口岸動植物檢疫機關指定的隔離場所中隔離檢疫的動植物的。

第四十條　報檢的動植物、動植物產品或者其他檢疫物與實際不符的，由口岸動植物檢疫機關處以罰款；已取得檢疫單證的，予以吊銷。

第四十一條　違反本法規定，擅自開拆過境動植物、動植物產品或者其他檢疫物的包裝的，擅自將過境動植物、動植物產品或者其他檢疫物卸離運輸工具的，擅自拋棄過境動物的屍體、排泄物、鋪墊材料或者其他廢棄物的，由動植物檢疫機關處以罰款。

第四十二條　違反本法規定，引起重大動植物疫情的，依照刑法有關規定追究刑事責任。

第四十三條　偽造、變造檢疫單證、印章、標誌、封識，依照刑法有關規定追究刑事責任。

第四十四條　當事人對動植物檢疫機關的處罰決定不服的，可以在接到處罰通知之日起十五日內向作出處罰決定的機關的上一級機關申請復議；當事人也可以在接到處罰通知之日起十五日內直接向人民法院起訴。

復議機關應當在接到復議申請之日起六十日內作出復議決定。當事人對復議決定不服的，可以在接到復議決定之日起十五日內向人民法院起訴。復議機關逾期不作出復議決定的，當事人可以在復議期滿之日起十五日內向人民法院起訴。

當事人逾期不申請復議也不向人民法院起訴、又不履行處罰決定的，作出處罰決定的機關可以申請人民法院強制執行。

第四十五條　動植物檢疫機關檢疫人員濫用職權，徇私舞弊，偽造檢疫結果，或者玩忽職守，延誤檢疫出證，構成犯罪的，依法追究刑事責任；不構成犯罪的，給予行政處分。

第八章　附　則

第四十六條　本法下列用語的含義是：

（一）「動物」是指飼養、野生的活動物，如畜、禽、獸、蛇、龜、魚、蝦、蟹、貝、蠶、蜂等；

（二）「動物產品」是指來源於動物未經加工或者雖經加工但仍有可能傳播疫病的產品，如生皮張、毛類、肉類、臟器、油脂、動物水產品、奶製品、蛋類、血液、精液、胚胎、骨、蹄、角等；

（三）「植物」是指栽培植物、野生植物及其種子、種苗及其他繁殖材料等；

（四）「植物產品」是指來源於植物未經加工或者雖經加工但仍有可能傳播病蟲害的產品，如糧食、豆、棉花、油、麻、菸草、籽仁、干果、鮮果、蔬菜、生藥材、木材、飼料等；

（五）「其他檢疫物」是指動物疫苗、血清、診斷液、動植物性廢棄物等。

第四十七條　中華人民共和國締結或者參加的有關動植物檢疫的國際條約與本法有不同規定的，適用該國際條約的規定。但是，中華人民共和國聲明保留的條款除外。

第四十八條　口岸動植物檢疫機關實施檢疫依照規定收費。收費辦法由國務院農業行政主管部門會同國務院物價等有關主管部門制定。

第四十九條　國務院根據本法制定實施條例。

第五十條　本法自1992年4月1日起施行。1982年6月4日國務院發布的《中華人民共和國進出口動植物檢疫條例》同時廢止。

(三)中華人民共和國國境衛生檢疫法

(全國人大常委會1986年12月日通過,1987年5月1日施行。2007年12月29日第一次修正,2009年8月27日第二次修正)

第一章　總　則
第二章　檢　疫
第三章　傳染病監測
第四章　衛生監督
第五章　法律責任
第六章　附　則

第一章　總　則

第一條　為了防止傳染病由國外傳入或者由國內傳出,實施國境衛生檢疫,保護人體健康,制定本法。

第二條　在中華人民共和國國際通航的港口、機場以及陸地邊境和國界江河的口岸(以下簡稱國境口岸),設立國境衛生檢疫機關,依照本法規定實施傳染病檢疫、監測和衛生監督。

國務院衛生行政部門主管全國國境衛生檢疫工作。

第三條　本法規定的傳染病是指檢疫傳染病和監測傳染病。

檢疫傳染病,是指鼠疫、霍亂、黃熱病以及國務院確定和公布的其他傳染病。

監測傳染病,由國務院衛生行政部門確定和公布。

第四條　入境、出境的人員、交通工具、運輸設備以及可能傳播檢疫傳染病的行李、貨物、郵包等物品,都應當接受檢疫,經國境衛生檢疫機關許可,方准入境或者出境。具體辦法由本法實施細則規定。

第五條　國境衛生檢疫機關發現檢疫傳染病或者疑似檢疫傳染病時,除採取必要措施外,必須立即通知當地衛生行政部門,同時用最快的方法報告國務院衛生行政部門,最遲不得超過二十四小時。郵電部門對疫情報告應當優先傳送。

中華人民共和國與外國之間的傳染病疫情通報,由國務院衛生行政部門會同有關部門辦理。

第六條　在國外或者國內有檢疫傳染病大流行的時候,國務院可以下令封鎖有關的國境或者採取其他緊急措施。

第二章　檢　疫

第七條　入境的交通工具和人員，必須在最先到達的國境口岸的指定地點接受檢疫。除引航員外，未經國境衛生檢疫機關許可，任何人不準上下交通工具，不準裝卸行李、貨物、郵包等物品。具體辦法由本法實施細則規定。

第八條　出境的交通工具和人員，必須在最後離開的國境口岸接受檢疫。

第九條　來自國外的船舶、航空器因故停泊、降落在中國境內非口岸地點的時候，船舶、航空器的負責人應當立即向就近的國境衛生檢疫機關或者當地衛生行政部門報告。除緊急情況外，未經國境衛生檢疫機關或者當地衛生行政部門許可，任何人不準上下船舶、航空器，不準裝卸行李、貨物、郵包等物品。

第十條　在國境口岸發現檢疫傳染病、疑似檢疫傳染病，或者有人非因意外傷害而死亡並死因不明的，國境口岸有關單位和交通工具的負責人，應當立即向國境衛生檢疫機關報告，並申請臨時檢疫。

第十一條　國境衛生檢疫機關依據檢疫醫師提供的檢疫結果，對未染有檢疫傳染病或者已實施衛生處理的交通工具，簽發入境檢疫證或者出境檢疫證。

第十二條　國境衛生檢疫機關對檢疫傳染病染疫人必須立即將其隔離，隔離期限根據醫學檢查結果確定；對檢疫傳染病染疫嫌疑人應當將其留驗，留驗期限根據該傳染病的潛伏期確定。

因患檢疫傳染病而死亡的屍體，必須就近火化。

第十三條　接受入境檢疫的交通工具有下列情形之一的，應當實施消毒、除鼠、除蟲或者其他衛生處理：

（一）來自檢疫傳染病疫區的；
（二）被檢疫傳染病污染的；
（三）發現有與人類健康有關的嚙齒動物或者病媒昆蟲的。

如果外國交通工具的負責人拒絕接受衛生處理，除有特殊情況外，准許該交通工具在國境衛生檢疫機關的監督下，立即離開中華人民共和國國境。

第十四條　國境衛生檢疫機關對來自疫區的、被檢疫傳染病污染的或者可能成為檢疫傳染病傳播媒介的行李、貨物、郵包等物品，應當進行衛生檢查，實施消毒、除鼠、除蟲或者其他衛生處理。

入境、出境的屍體、骸骨的托運人或者其代理人，必須向國境衛生檢疫機關申報，經衛生檢查合格後，方準運進或者運出。

第三章　傳染病監測

第十五條　國境衛生檢疫機關對入境、出境的人員實施傳染病監測，並且採取必要的預防、控制措施。

第十六條　國境衛生檢疫機關有權要求入境、出境的人員填寫健康申明卡，出示

某種傳染病的預防接種證書、健康證明或者其他有關證件。

第十七條 對患有監測傳染病的人、來自國外監測傳染病流行區的人或者與監測傳染病人密切接觸的人，國境衛生檢疫機關應當區別情況，發給就診方便卡，實施留驗或者採取其他預防、控制措施，並及時通知當地衛生行政部門。各地醫療單位對持有就診方便卡的人員，應當優先診治。

第四章　衛生監督

第十八條 國境衛生檢疫機關根據國家規定的衛生標準，對國境口岸的衛生狀況和停留在國境口岸的入境、出境的交通工具的衛生狀況實施衛生監督：
（一）監督和指導有關人員對嚙齒動物、病媒昆蟲的防除；
（二）檢查和檢驗食品、飲用水及其儲存、供應、運輸設施；
（三）監督從事食品、飲用水供應的從業人員的健康狀況，檢查其健康證明書；
（四）監督和檢查垃圾、廢物、污水、糞便、壓艙水的處理。

第十九條 國境衛生檢疫機關設立國境口岸衛生監督員，執行國境衛生檢疫機關交給的任務。

國境口岸衛生監督員在執行任務時，有權對國境口岸和入境、出境的交通工具進行衛生監督和技術指導，對衛生狀況不良和可能引起傳染病傳播的因素提出改進意見，協同有關部門採取必要的措施，進行衛生處理。

第五章　法律責任

第二十條 對違反本法規定，有下列行為之一的單位或者個人，國境衛生檢疫機關可以根據情節輕重，給予警告或者罰款：
（一）逃避檢疫，向國境衛生檢疫機關隱瞞真實情況的；
（二）入境的人員未經國境衛生檢疫機關許可，擅自上下交通工具，或者裝卸行李、貨物、郵包等物品，不聽勸阻的。

罰款全部上繳國庫。

第二十一條 當事人對國境衛生檢疫機關給予的罰款決定不服的，可以在接到通知之日起十五日內，向當地人民法院起訴。逾期不起訴又不履行的，國境衛生檢疫機關可以申請人民法院強制執行。

第二十二條 違反本法規定，引起檢疫傳染病傳播或者有引起檢疫傳染病傳播嚴重危險的，依照刑法有關規定追究刑事責任。

第二十三條 國境衛生檢疫機關工作人員，應當秉公執法，忠於職守，對入境、出境的交通工具和人員，及時進行檢疫；違法失職的，給予行政處分，情節嚴重構成犯罪的，依法追究刑事責任。

第六章　附　則

第二十四條　中華人民共和國締結或者參加的有關衛生檢疫的國際條約同本法有不同規定的，適用該國際條約的規定。但是，中華人民共和國聲明保留的條款除外。

第二十五條　中華人民共和國邊防機關與鄰國邊防機關之間在邊境地區的往來，居住在兩國邊境接壤地區的居民在邊境指定地區的臨時往來，雙方的交通工具和人員的入境、出境檢疫，依照雙方協議辦理，沒有協議的，依照中國政府的有關規定辦理。

第二十六條　國境衛生檢疫機關實施衛生檢疫，按照國家規定收取費用。

第二十七條　國務院衛生行政部門根據本法制定實施細則，報國務院批准後施行。

第二十八條　本法自1987年5月1日起施行。1957年12月23日公布的《中華人民共和國國境衛生檢疫條例》同時廢止。

附：刑法有關條文

第一百七十八條　違反國境衛生檢疫規定，引起檢疫傳染病的傳播或者有引起檢疫傳染病傳播嚴重危險的，處三年以下有期徒刑或者拘役，可以並處或者單處罰金。

(四) 中華人民共和國食品安全法

(全國人民代表大會常務委員會於2009年2月28日發布，自2009年6月1日起施行。當前版本2015年4月24日修訂，自2015年10月1日起施行)

第一章　總　則
第二章　食品安全風險監測和評估
第三章　食品安全標準
第四章　食品生產經營
第五章　食品檢驗
第六章　食品進出口
第七章　食品安全事故處置
第八章　監督管理
第九章　法律責任
第十章　附　則

第一章　總　則

第一條　為了保證食品安全，保障公眾身體健康和生命安全，制定本法。

第二條　在中華人民共和國境內從事下列活動，應當遵守本法：

（一）食品生產和加工（以下稱食品生產），食品銷售和餐飲服務（以下稱食品經營）；

（二）食品添加劑的生產經營；

（三）用於食品的包裝材料、容器、洗滌劑、消毒劑和用於食品生產經營的工具、設備（以下稱食品相關產品）的生產經營；

（四）食品生產經營者使用食品添加劑、食品相關產品；

（五）食品的貯存和運輸；

（六）對食品、食品添加劑、食品相關產品的安全管理。

供食用的源於農業的初級產品（以下稱食用農產品）的質量安全管理，遵守《中華人民共和國農產品質量安全法》的規定。但是，食用農產品的市場銷售、有關質量安全標準的制定、有關安全信息的公布和本法對農業投入品作出規定的，應當遵守本法的規定。

第三條 食品安全工作實行預防為主、風險管理、全程控制、社會共治，建立科學、嚴格的監督管理制度。

第四條 食品生產經營者對其生產經營食品的安全負責。

食品生產經營者應當依照法律、法規和食品安全標準從事生產經營活動，保證食品安全，誠信自律，對社會和公眾負責，接受社會監督，承擔社會責任。

第五條 國務院設立食品安全委員會，其職責由國務院規定。

國務院食品藥品監督管理部門依照本法和國務院規定的職責，對食品生產經營活動實施監督管理。

國務院衛生行政部門依照本法和國務院規定的職責，組織開展食品安全風險監測和風險評估，會同國務院食品藥品監督管理部門制定並公布食品安全國家標準。

國務院其他有關部門依照本法和國務院規定的職責，承擔有關食品安全工作。

第六條 縣級以上地方人民政府對本行政區域的食品安全監督管理工作負責，統一領導、組織、協調本行政區域的食品安全監督管理工作以及食品安全突發事件應對工作，建立健全食品安全全程監督管理工作機制和信息共享機制。

縣級以上地方人民政府依照本法和國務院的規定，確定本級食品藥品監督管理、衛生行政部門和其他有關部門的職責。有關部門在各自職責範圍內負責本行政區域的食品安全監督管理工作。

縣級人民政府食品藥品監督管理部門可以在鄉鎮或者特定區域設立派出機構。

第七條 縣級以上地方人民政府實行食品安全監督管理責任制。上級人民政府負責對下一級人民政府的食品安全監督管理工作進行評議、考核。縣級以上地方人民政府負責對本級食品藥品監督管理部門和其他有關部門的食品安全監督管理工作進行評議、考核。

第八條 縣級以上人民政府應當將食品安全工作納入本級國民經濟和社會發展規劃，將食品安全工作經費列入本級政府財政預算，加強食品安全監督管理能力建設，為食品安全工作提供保障。

縣級以上人民政府食品藥品監督管理部門和其他有關部門應當加強溝通、密切配

合,按照各自職責分工,依法行使職權,承擔責任。

第九條 食品行業協會應當加強行業自律,按照章程建立健全行業規範和獎懲機制,提供食品安全信息、技術等服務,引導和督促食品生產經營者依法生產經營,推動行業誠信建設,宣傳、普及食品安全知識。

消費者協會和其他消費者組織對違反本法規定,損害消費者合法權益的行為,依法進行社會監督。

第十條 各級人民政府應當加強食品安全的宣傳教育,普及食品安全知識,鼓勵社會組織、基層群眾性自治組織、食品生產經營者開展食品安全法律、法規以及食品安全標準和知識的普及工作,倡導健康的飲食方式,增強消費者食品安全意識和自我保護能力。

新聞媒體應當開展食品安全法律、法規以及食品安全標準和知識的公益宣傳,並對食品安全違法行為進行輿論監督。有關食品安全的宣傳報導應當真實、公正。

第十一條 國家鼓勵和支持開展與食品安全有關的基礎研究、應用研究,鼓勵和支持食品生產經營者為提高食品安全水準採用先進技術和先進管理規範。

國家對農藥的使用實行嚴格的管理制度,加快淘汰劇毒、高毒、高殘留農藥,推動替代產品的研發和應用,鼓勵使用高效低毒低殘留農藥。

第十二條 任何組織或者個人有權舉報食品安全違法行為,依法向有關部門瞭解食品安全信息,對食品安全監督管理工作提出意見和建議。

第十三條 對在食品安全工作中做出突出貢獻的單位和個人,按照國家有關規定給予表彰、獎勵。

第二章 食品安全風險監測和評估

第十四條 國家建立食品安全風險監測制度,對食源性疾病、食品污染以及食品中的有害因素進行監測。

國務院衛生行政部門會同國務院食品藥品監督管理、質量監督等部門,制訂、實施國家食品安全風險監測計劃。

國務院食品藥品監督管理部門和其他有關部門獲知有關食品安全風險信息後,應當立即核實並向國務院衛生行政部門通報。對有關部門通報的食品安全風險信息以及醫療機構報告的食源性疾病等有關疾病信息,國務院衛生行政部門應當會同國務院有關部門分析研究,認為必要的,及時調整國家食品安全風險監測計劃。

省、自治區、直轄市人民政府衛生行政部門會同同級食品藥品監督管理、質量監督等部門,根據國家食品安全風險監測計劃,結合本行政區域的具體情況,制訂、調整本行政區域的食品安全風險監測方案,報國務院衛生行政部門備案並實施。

第十五條 承擔食品安全風險監測工作的技術機構應當根據食品安全風險監測計劃和監測方案開展監測工作,保證監測數據真實、準確,並按照食品安全風險監測計劃和監測方案的要求報送監測數據和分析結果。

食品安全風險監測工作人員有權進入相關食用農產品種植養殖、食品生產經營場

所採集樣品、搜集相關數據。採集樣品應當按照市場價格支付費用。

第十六條　食品安全風險監測結果表明可能存在食品安全隱患的，縣級以上人民政府衛生行政部門應當及時將相關信息通報同級食品藥品監督管理等部門，並報告本級人民政府和上級人民政府衛生行政部門。食品藥品監督管理等部門應當組織開展進一步調查。

第十七條　國家建立食品安全風險評估制度，運用科學方法，根據食品安全風險監測信息、科學數據以及有關信息，對食品、食品添加劑、食品相關產品中生物性、化學性和物理性危害因素進行風險評估。

國務院衛生行政部門負責組織食品安全風險評估工作，成立由醫學、農業、食品、營養、生物、環境等方面的專家組成的食品安全風險評估專家委員會進行食品安全風險評估。食品安全風險評估結果由國務院衛生行政部門公布。

對農藥、肥料、獸藥、飼料和飼料添加劑等的安全性評估，應當有食品安全風險評估專家委員會的專家參加。

食品安全風險評估不得向生產經營者收取費用，採集樣品應當按照市場價格支付費用。

第十八條　有下列情形之一的，應當進行食品安全風險評估：

（一）通過食品安全風險監測或者接到舉報發現食品、食品添加劑、食品相關產品可能存在安全隱患的；

（二）為制定或者修訂食品安全國家標準提供科學依據需要進行風險評估的；

（三）為確定監督管理的重點領域、重點品種需要進行風險評估的；

（四）發現新的可能危害食品安全因素的；

（五）需要判斷某一因素是否構成食品安全隱患的；

（六）國務院衛生行政部門認為需要進行風險評估的其他情形。

第十九條　國務院食品藥品監督管理、質量監督、農業行政等部門在監督管理工作中發現需要進行食品安全風險評估的，應當向國務院衛生行政部門提出食品安全風險評估的建議，並提供風險來源、相關檢驗數據和結論等信息、資料。屬於本法第十八條規定情形的，國務院衛生行政部門應當及時進行食品安全風險評估，並向國務院有關部門通報評估結果。

第二十條　省級以上人民政府衛生行政、農業行政部門應當及時相互通報食品、食用農產品安全風險監測信息。

國務院衛生行政、農業行政部門應當及時相互通報食品、食用農產品安全風險評估結果等信息。

第二十一條　食品安全風險評估結果是制定、修訂食品安全標準和實施食品安全監督管理的科學依據。

經食品安全風險評估，得出食品、食品添加劑、食品相關產品不安全結論的，國務院食品藥品監督管理、質量監督等部門應當依據各自職責立即向社會公告，告知消費者停止食用或者使用，並採取相應措施，確保該食品、食品添加劑、食品相關產品停止生產經營；需要制定、修訂相關食品安全國家標準的，國務院衛生行政部門應當

會同國務院食品藥品監督管理部門立即制定、修訂。

第二十二條　國務院食品藥品監督管理部門應當會同國務院有關部門，根據食品安全風險評估結果、食品安全監督管理信息，對食品安全狀況進行綜合分析。對經綜合分析表明可能具有較高程度安全風險的食品，國務院食品藥品監督管理部門應當及時提出食品安全風險警示，並向社會公布。

第二十三條　縣級以上人民政府食品藥品監督管理部門和其他有關部門、食品安全風險評估專家委員會及其技術機構，應當按照科學、客觀、及時、公開的原則，組織食品生產經營者、食品檢驗機構、認證機構、食品行業協會、消費者協會以及新聞媒體等，就食品安全風險評估信息和食品安全監督管理信息進行交流溝通。

第三章　食品安全標準

第二十四條　制定食品安全標準，應當以保障公眾身體健康為宗旨，做到科學合理、安全可靠。

第二十五條　食品安全標準是強制執行的標準。除食品安全標準外，不得制定其他食品強制性標準。

第二十六條　食品安全標準應當包括下列內容：

（一）食品、食品添加劑、食品相關產品中的致病性微生物，農藥殘留、獸藥殘留、生物毒素、重金屬等污染物質以及其他危害人體健康物質的限量規定；

（二）食品添加劑的品種、使用範圍、用量；

（三）專供嬰幼兒和其他特定人群的主輔食品的營養成分要求；

（四）對與衛生、營養等食品安全要求有關的標籤、標志、說明書的要求；

（五）食品生產經營過程的衛生要求；

（六）與食品安全有關的質量要求；

（七）與食品安全有關的食品檢驗方法與規程；

（八）其他需要制定為食品安全標準的內容。

第二十七條　食品安全國家標準由國務院衛生行政部門會同國務院食品藥品監督管理部門制定、公布，國務院標準化行政部門提供國家標準編號。

食品中農藥殘留、獸藥殘留的限量規定及其檢驗方法與規程由國務院衛生行政部門、國務院農業行政部門會同國務院食品藥品監督管理部門制定。

屠宰畜、禽的檢驗規程由國務院農業行政部門會同國務院衛生行政部門制定。

第二十八條　制定食品安全國家標準，應當依據食品安全風險評估結果並充分考慮食用農產品安全風險評估結果，參照相關的國際標準和國際食品安全風險評估結果，並將食品安全國家標準草案向社會公布，廣泛聽取食品生產經營者、消費者、有關部門等方面的意見。

食品安全國家標準應當經國務院衛生行政部門組織的食品安全國家標準審評委員會審查通過。食品安全國家標準審評委員會由醫學、農業、食品、營養、生物、環境等方面的專家以及國務院有關部門、食品行業協會、消費者協會的代表組成，對食品

安全國家標準草案的科學性和實用性等進行審查。

第二十九條　對地方特色食品，沒有食品安全國家標準的，省、自治區、直轄市人民政府衛生行政部門可以制定並公布食品安全地方標準，報國務院衛生行政部門備案。食品安全國家標準制定後，該地方標準即行廢止。

第三十條　國家鼓勵食品生產企業制定嚴於食品安全國家標準或者地方標準的企業標準，在本企業適用，並報省、自治區、直轄市人民政府衛生行政部門備案。

第三十一條　省級以上人民政府衛生行政部門應當在其網站上公布制定和備案的食品安全國家標準、地方標準和企業標準，供公眾免費查閱、下載。

對食品安全標準執行過程中的問題，縣級以上人民政府衛生行政部門應當會同有關部門及時給予指導、解答。

第三十二條　省級以上人民政府衛生行政部門應當會同同級食品藥品監督管理、質量監督、農業行政等部門，分別對食品安全國家標準和地方標準的執行情況進行跟蹤評價，並根據評價結果及時修訂食品安全標準。

省級以上人民政府食品藥品監督管理、質量監督、農業行政等部門應當對食品安全標準執行中存在的問題進行收集、匯總，並及時向同級衛生行政部門通報。

食品生產經營者、食品行業協會發現食品安全標準在執行中存在問題的，應當立即向衛生行政部門報告。

第四章　食品生產經營

第一節　一般規定

第三十三條　食品生產經營應當符合食品安全標準，並符合下列要求：

（一）具有與生產經營的食品品種、數量相適應的食品原料處理和食品加工、包裝、貯存等場所，保持該場所環境整潔，並與有毒、有害場所以及其他污染源保持規定的距離；

（二）具有與生產經營的食品品種、數量相適應的生產經營設備或者設施，有相應的消毒、更衣、盥洗、採光、照明、通風、防腐、防塵、防蠅、防鼠、防蟲、洗滌以及處理廢水、存放垃圾和廢棄物的設備或者設施；

（三）有專職或者兼職的食品安全專業技術人員、食品安全管理人員和保證食品安全的規章制度；

（四）具有合理的設備佈局和工藝流程，防止待加工食品與直接入口食品、原料與成品交叉污染，避免食品接觸有毒物、不潔物；

（五）餐具、飲具和盛放直接入口食品的容器，使用前應當洗淨、消毒，炊具、用具用後應當洗淨，保持清潔；

（六）貯存、運輸和裝卸食品的容器、工具和設備應當安全、無害，保持清潔，防止食品污染，並符合保證食品安全所需的溫度、濕度等特殊要求，不得將食品與有毒、有害物品一同貯存、運輸；

（七）直接入口的食品應當使用無毒、清潔的包裝材料、餐具、飲具和容器；

（八）食品生產經營人員應當保持個人衛生，生產經營食品時，應當將手洗淨，穿戴清潔的工作衣、帽等；銷售無包裝的直接入口食品時，應當使用無毒、清潔的容器、售貨工具和設備；

（九）用水應當符合國家規定的生活飲用水衛生標準；

（十）使用的洗滌劑、消毒劑應當對人體安全、無害；

（十一）法律、法規規定的其他要求。

非食品生產經營者從事食品貯存、運輸和裝卸的，應當符合前款第六項的規定。

第三十四條　禁止生產經營下列食品、食品添加劑、食品相關產品：

（一）用非食品原料生產的食品或者添加食品添加劑以外的化學物質和其他可能危害人體健康物質的食品，或者用回收食品作為原料生產的食品；

（二）致病性微生物，農藥殘留、獸藥殘留、生物毒素、重金屬等污染物質以及其他危害人體健康的物質含量超過食品安全標準限量的食品、食品添加劑、食品相關產品；

（三）用超過保質期的食品原料、食品添加劑生產的食品、食品添加劑；

（四）超範圍、超限量使用食品添加劑的食品；

（五）營養成分不符合食品安全標準的專供嬰幼兒和其他特定人群的主輔食品；

（六）腐敗變質、油脂酸敗、霉變生蟲、污穢不潔、混有異物、摻假摻雜或者感官性狀異常的食品、食品添加劑；

（七）病死、毒死或者死因不明的禽、畜、獸、水產動物肉類及其製品；

（八）未按規定進行檢疫或者檢疫不合格的肉類，或者未經檢驗或者檢驗不合格的肉類製品；

（九）被包裝材料、容器、運輸工具等污染的食品、食品添加劑；

（十）標註虛假生產日期、保質期或者超過保質期的食品、食品添加劑；

（十一）無標籤的預包裝食品、食品添加劑；

（十二）國家為防病等特殊需要明令禁止生產經營的食品；

（十三）其他不符合法律、法規或者食品安全標準的食品、食品添加劑、食品相關產品。

第三十五條　國家對食品生產經營實行許可制度。從事食品生產、食品銷售、餐飲服務，應當依法取得許可。但是，銷售食用農產品，不需要取得許可。

縣級以上地方人民政府食品藥品監督管理部門應當依照《中華人民共和國行政許可法》的規定，審核申請人提交的本法第三十三條第一款第一項至第四項規定要求的相關資料，必要時對申請人的生產經營場所進行現場核查；對符合規定條件的，準予許可；對不符合規定條件的，不予許可並書面說明理由。

第三十六條　食品生產加工小作坊和食品攤販等從事食品生產經營活動，應當符合本法規定的與其生產經營規模、條件相適應的食品安全要求，保證所生產經營的食品衛生、無毒、無害，食品藥品監督管理部門應當對其加強監督管理。

縣級以上地方人民政府應當對食品生產加工小作坊、食品攤販等進行綜合治理，

加強服務和統一規劃，改善其生產經營環境，鼓勵和支持其改進生產經營條件，進入集中交易市場、店鋪等固定場所經營，或者在指定的臨時經營區域、時段經營。

食品生產加工小作坊和食品攤販等的具體管理辦法由省、自治區、直轄市制定。

第三十七條　利用新的食品原料生產食品，或者生產食品添加劑新品種、食品相關產品新品種，應當向國務院衛生行政部門提交相關產品的安全性評估材料。國務院衛生行政部門應自收到申請之日起六十日內組織審查；對符合食品安全要求的，準予許可並公布；對不符合食品安全要求的，不予許可並書面說明理由。

第三十八條　生產經營的食品中不得添加藥品，但是可以添加按照傳統既是食品又是中藥材的物質。按照傳統既是食品又是中藥材的物質目錄由國務院衛生行政部門會同國務院食品藥品監督管理部門制定、公布。

第三十九條　國家對食品添加劑生產實行許可制度。從事食品添加劑生產，應當具有與所生產食品添加劑品種相適應的場所、生產設備或者設施、專業技術人員和管理制度，並依照本法第三十五條第二款規定的程序，取得食品添加劑生產許可。

生產食品添加劑應當符合法律、法規和食品安全國家標準。

第四十條　食品添加劑應當在技術上確有必要且經過風險評估證明安全可靠，方可列入允許使用的範圍；有關食品安全國家標準應當根據技術必要性和食品安全風險評估結果及時修訂。

食品生產經營者應當按照食品安全國家標準使用食品添加劑。

第四十一條　生產食品相關產品應當符合法律、法規和食品安全國家標準。對直接接觸食品的包裝材料等具有較高風險的食品相關產品，按照國家有關工業產品生產許可證管理的規定實施生產許可。質量監督部門應當加強對食品相關產品生產活動的監督管理。

第四十二條　國家建立食品安全全程追溯制度。

食品生產經營者應當依照本法的規定，建立食品安全追溯體系，保證食品可追溯。國家鼓勵食品生產經營者採用信息化手段採集、留存生產經營信息，建立食品安全追溯體系。

國務院食品藥品監督管理部門會同國務院農業行政等有關部門建立食品安全全程追溯協作機制。

第四十三條　地方各級人民政府應當採取措施鼓勵食品規模化生產和連鎖經營、配送。

國家鼓勵食品生產經營企業參加食品安全責任保險。

第二節　生產經營過程控制

第四十四條　食品生產經營企業應當建立健全食品安全管理制度，對職工進行食品安全知識培訓，加強食品檢驗工作，依法從事生產經營活動。

食品生產經營企業的主要負責人應當落實企業食品安全管理制度，對本企業的食品安全工作全面負責。

食品生產經營企業應當配備食品安全管理人員，加強對其培訓和考核。經考核不

具備食品安全管理能力的,不得上崗。食品藥品監督管理部門應當對企業食品安全管理人員隨機進行監督抽查考核並公布考核情況。監督抽查考核不得收取費用。

第四十五條　食品生產經營者應當建立並執行從業人員健康管理制度。患有國務院衛生行政部門規定的有礙食品安全疾病的人員,不得從事接觸直接入口食品的工作。

從事接觸直接入口食品工作的食品生產經營人員應當每年進行健康檢查,取得健康證明後方可上崗工作。

第四十六條　食品生產企業應當就下列事項制定並實施控制要求,保證所生產的食品符合食品安全標準:

(一) 原料採購、原料驗收、投料等原料控制;
(二) 生產工序、設備、貯存、包裝等生產關鍵環節控制;
(三) 原料檢驗、半成品檢驗、成品出廠檢驗等檢驗控制;
(四) 運輸和交付控制。

第四十七條　食品生產經營者應當建立食品安全自查制度,定期對食品安全狀況進行檢查評價。生產經營條件發生變化,不再符合食品安全要求的,食品生產經營者應當立即採取整改措施;有發生食品安全事故潛在風險的,應當立即停止食品生產經營活動,並向所在地縣級人民政府食品藥品監督管理部門報告。

第四十八條　國家鼓勵食品生產經營企業符合良好生產規範要求,實施危害分析與關鍵控制點體系,提高食品安全管理水準。

對通過良好生產規範、危害分析與關鍵控制點體系認證的食品生產經營企業,認證機構應當依法實施跟蹤調查;對不再符合認證要求的企業,應當依法撤銷認證,及時向縣級以上人民政府食品藥品監督管理部門通報,並向社會公布。認證機構實施跟蹤調查不得收取費用。

第四十九條　食用農產品生產者應當按照食品安全標準和國家有關規定使用農藥、肥料、獸藥、飼料和飼料添加劑等農業投入品,嚴格執行農業投入品使用安全間隔期或者休藥期的規定,不得使用國家明令禁止的農業投入品。禁止將劇毒、高毒農藥用於蔬菜、瓜果、茶葉和中草藥材等國家規定的農作物。

食用農產品的生產企業和農民專業合作經濟組織應當建立農業投入品使用記錄制度。

縣級以上人民政府農業行政部門應當加強對農業投入品使用的監督管理和指導,建立健全農業投入品安全使用制度。

第五十條　食品生產者採購食品原料、食品添加劑、食品相關產品,應當查驗供貨者的許可證和產品合格證明;對無法提供合格證明的食品原料,應當按照食品安全標準進行檢驗;不得採購或者使用不符合食品安全標準的食品原料、食品添加劑、食品相關產品。

食品生產企業應當建立食品原料、食品添加劑、食品相關產品進貨查驗記錄制度,如實記錄食品原料、食品添加劑、食品相關產品的名稱、規格、數量、生產日期或者生產批號、保質期、進貨日期以及供貨者名稱、地址、聯繫方式等內容,並保存相關憑證。記錄和憑證保存期限不得少於產品保質期滿後六個月;沒有明確保質期的,保

存期限不得少於二年。

第五十一條 食品生產企業應當建立食品出廠檢驗記錄制度，查驗出廠食品的檢驗合格證和安全狀況，如實記錄食品的名稱、規格、數量、生產日期或者生產批號、保質期、檢驗合格證號、銷售日期以及購貨者名稱、地址、聯繫方式等內容，並保存相關憑證。記錄和憑證保存期限應當符合本法第五十條第二款的規定。

第五十二條 食品、食品添加劑、食品相關產品的生產者，應當按照食品安全標準對所生產的食品、食品添加劑、食品相關產品進行檢驗，檢驗合格後方可出廠或者銷售。

第五十三條 食品經營者採購食品，應當查驗供貨者的許可證和食品出廠檢驗合格證或者其他合格證明（以下稱合格證明文件）。

食品經營企業應當建立食品進貨查驗記錄制度，如實記錄食品的名稱、規格、數量、生產日期或者生產批號、保質期、進貨日期以及供貨者名稱、地址、聯繫方式等內容，並保存相關憑證。記錄和憑證保存期限應當符合本法第五十條第二款的規定。

實行統一配送經營方式的食品經營企業，可以由企業總部統一查驗供貨者的許可證和食品合格證明文件，進行食品進貨查驗記錄。

從事食品批發業務的經營企業應當建立食品銷售記錄制度，如實記錄批發食品的名稱、規格、數量、生產日期或者生產批號、保質期、銷售日期以及購貨者名稱、地址、聯繫方式等內容，並保存相關憑證。記錄和憑證保存期限應當符合本法第五十條第二款的規定。

第五十四條 食品經營者應當按照保證食品安全的要求貯存食品，定期檢查庫存食品，及時清理變質或者超過保質期的食品。

食品經營者貯存散裝食品，應當在貯存位置標明食品的名稱、生產日期或者生產批號、保質期、生產者名稱及聯繫方式等內容。

第五十五條 餐飲服務提供者應當制定並實施原料控制要求，不得採購不符合食品安全標準的食品原料。倡導餐飲服務提供者公開加工過程，公示食品原料及其來源等信息。

餐飲服務提供者在加工過程中應當檢查待加工的食品及原料，發現有本法第三十四條第六項規定情形的，不得加工或者使用。

第五十六條 餐飲服務提供者應當定期維護食品加工、貯存、陳列等設施、設備；定期清洗、校驗保溫設施及冷藏、冷凍設施。

餐飲服務提供者應當按照要求對餐具、飲具進行清洗消毒，不得使用未經清洗消毒的餐具、飲具；餐飲服務提供者委託清洗消毒餐具、飲具的，應當委託符合本法規定條件的餐具、飲具集中消毒服務單位。

第五十七條 學校、托幼機構、養老機構、建築工地等集中用餐單位的食堂應當嚴格遵守法律、法規和食品安全標準；從供餐單位訂餐的，應當從取得食品生產經營許可的企業訂購，並按照要求對訂購的食品進行查驗。供餐單位應當嚴格遵守法律、法規和食品安全標準，當餐加工，確保食品安全。

學校、托幼機構、養老機構、建築工地等集中用餐單位的主管部門應當加強對集

中用餐單位的食品安全教育和日常管理，降低食品安全風險，及時消除食品安全隱患。

第五十八條 餐具、飲具集中消毒服務單位應當具備相應的作業場所、清洗消毒設備或者設施，用水和使用的洗滌劑、消毒劑應當符合相關食品安全國家標準和其他國家標準、衛生規範。

餐具、飲具集中消毒服務單位應當對消毒餐具、飲具進行逐批檢驗，檢驗合格後方可出廠，並應當隨附消毒合格證明。消毒後的餐具、飲具應當在獨立包裝上標註單位名稱、地址、聯繫方式、消毒日期以及使用期限等內容。

第五十九條 食品添加劑生產者應當建立食品添加劑出廠檢驗記錄制度，查驗出廠產品的檢驗合格證和安全狀況，如實記錄食品添加劑的名稱、規格、數量、生產日期或者生產批號、保質期、檢驗合格證號、銷售日期以及購貨者名稱、地址、聯繫方式等相關內容，並保存相關憑證。記錄和憑證保存期限應當符合本法第五十條第二款的規定。

第六十條 食品添加劑經營者採購食品添加劑，應當依法查驗供貨者的許可證和產品合格證明文件，如實記錄食品添加劑的名稱、規格、數量、生產日期或者生產批號、保質期、進貨日期以及供貨者名稱、地址、聯繫方式等內容，並保存相關憑證。記錄和憑證保存期限應當符合本法第五十條第二款的規定。

第六十一條 集中交易市場的開辦者、櫃臺出租者和展銷會舉辦者，應當依法審查入場食品經營者的許可證，明確其食品安全管理責任，定期對其經營環境和條件進行檢查，發現其有違反本法規定行為的，應當及時制止並立即報告所在地縣級人民政府食品藥品監督管理部門。

第六十二條 網絡食品交易第三方平臺提供者應當對入網食品經營者進行實名登記，明確其食品安全管理責任；依法應當取得許可證的，還應當審查其許可證。

網絡食品交易第三方平臺提供者發現入網食品經營者有違反本法規定行為的，應當及時制止並立即報告所在地縣級人民政府食品藥品監督管理部門；發現嚴重違法行為的，應當立即停止提供網絡交易平臺服務。

第六十三條 國家建立食品召回制度。食品生產者發現其生產的食品不符合食品安全標準或者有證據證明可能危害人體健康的，應當立即停止生產，召回已經上市銷售的食品，通知相關生產經營者和消費者，並記錄召回和通知情況。

食品經營者發現其經營的食品有前款規定情形的，應當立即停止經營，通知相關生產經營者和消費者，並記錄停止經營和通知情況。食品生產者認為應當召回的，應當立即召回。由於食品經營者的原因造成其經營的食品有前款規定情形的，食品經營者應當召回。

食品生產經營者應當對召回的食品採取無害化處理、銷毀等措施，防止其再次流入市場。但是，對因標籤、標志或者說明書不符合食品安全標準而被召回的食品，食品生產者在採取補救措施且能保證食品安全的情況下可以繼續銷售；銷售時應當向消費者明示補救措施。

食品生產經營者應當將食品召回和處理情況向所在地縣級人民政府食品藥品監督管理部門報告；需要對召回的食品進行無害化處理、銷毀的，應當提前報告時間、地

點。食品藥品監督管理部門認為必要的，可以實施現場監督。

食品生產經營者未依照本條規定召回或者停止經營的，縣級以上人民政府食品藥品監督管理部門可以責令其召回或者停止經營。

第六十四條　食用農產品批發市場應當配備檢驗設備和檢驗人員或者委託符合本法規定的食品檢驗機構，對進入該批發市場銷售的食用農產品進行抽樣檢驗；發現不符合食品安全標準的，應當要求銷售者立即停止銷售，並向食品藥品監督管理部門報告。

第六十五條　食用農產品銷售者應當建立食用農產品進貨查驗記錄制度，如實記錄食用農產品的名稱、數量、進貨日期以及供貨者名稱、地址、聯繫方式等內容，並保存相關憑證。記錄和憑證保存期限不得少於六個月。

第六十六條　進入市場銷售的食用農產品在包裝、保鮮、貯存、運輸中使用保鮮劑、防腐劑等食品添加劑和包裝材料等食品相關產品，應當符合食品安全國家標準。

第三節　標籤、說明書和廣告

第六十七條　預包裝食品的包裝上應當有標籤。標籤應當標明下列事項：

（一）名稱、規格、淨含量、生產日期；

（二）成分或者配料表；

（三）生產者的名稱、地址、聯繫方式；

（四）保質期；

（五）產品標準代號；

（六）貯存條件；

（七）所使用的食品添加劑在國家標準中的通用名稱；

（八）生產許可證編號；

（九）法律、法規或者食品安全標準規定應當標明的其他事項。

專供嬰幼兒和其他特定人群的主輔食品，其標籤還應當標明主要營養成分及其含量。

食品安全國家標準對標籤標註事項另有規定的，從其規定。

第六十八條　食品經營者銷售散裝食品，應當在散裝食品的容器、外包裝上標明食品的名稱、生產日期或者生產批號、保質期以及生產經營者名稱、地址、聯繫方式等內容。

第六十九條　生產經營轉基因食品應當按照規定顯著標示。

第七十條　食品添加劑應當有標籤、說明書和包裝。標籤、說明書應當載明本法第六十七條第一款第一項至第六項、第八項、第九項規定的事項，以及食品添加劑的使用範圍、用量、使用方法，並在標籤上載明「食品添加劑」字樣。

第七十一條　食品和食品添加劑的標籤、說明書，不得含有虛假內容，不得涉及疾病預防、治療功能。生產經營者對其提供的標籤、說明書的內容負責。

食品和食品添加劑的標籤、說明書應當清楚、明顯，生產日期、保質期等事項應當顯著標註，容易辨識。

食品和食品添加劑與其標籤、說明書的內容不符的，不得上市銷售。

第七十二條　食品經營者應當按照食品標籤標示的警示標志、警示說明或者注意事項的要求銷售食品。

第七十三條　食品廣告的內容應當真實合法，不得含有虛假內容，不得涉及疾病預防、治療功能。食品生產經營者對食品廣告內容的真實性、合法性負責。

縣級以上人民政府食品藥品監督管理部門和其他有關部門以及食品檢驗機構、食品行業協會不得以廣告或者其他形式向消費者推薦食品。消費者組織不得以收取費用或者其他牟取利益的方式向消費者推薦食品。

第四節　特殊食品

第七十四條　國家對保健食品、特殊醫學用途配方食品和嬰幼兒配方食品等特殊食品實行嚴格監督管理。

第七十五條　保健食品聲稱保健功能，應當具有科學依據，不得對人體產生急性、亞急性或者慢性危害。

保健食品原料目錄和允許保健食品聲稱的保健功能目錄，由國務院食品藥品監督管理部門會同國務院衛生行政部門、國家中醫藥管理部門制定、調整並公布。

保健食品原料目錄應當包括原料名稱、用量及其對應的功效；列入保健食品原料目錄的原料只能用於保健食品生產，不得用於其他食品生產。

第七十六條　使用保健食品原料目錄以外原料的保健食品和首次進口的保健食品應當經國務院食品藥品監督管理部門註冊。但是，首次進口的保健食品中屬於補充維生素、礦物質等營養物質的，應當報國務院食品藥品監督管理部門備案。其他保健食品應當報省、自治區、直轄市人民政府食品藥品監督管理部門備案。

進口的保健食品應當是出口國（地區）主管部門准許上市銷售的產品。

第七十七條　依法應當註冊的保健食品，註冊時應當提交保健食品的研發報告、產品配方、生產工藝、安全性和保健功能評價、標籤、說明書等材料及樣品，並提供相關證明文件。國務院食品藥品監督管理部門經組織技術審評，對符合安全和功能聲稱要求的，准予註冊；對不符合要求的，不予註冊並書面說明理由。對使用保健食品原料目錄以外原料的保健食品作出准予註冊決定的，應當及時將該原料納入保健食品原料目錄。

依法應當備案的保健食品，備案時應當提交產品配方、生產工藝、標籤、說明書以及表明產品安全性和保健功能的材料。

第七十八條　保健食品的標籤、說明書不得涉及疾病預防、治療功能，內容應當真實，與註冊或者備案的內容相一致，載明適宜人群、不適宜人群、功效成分或者標志性成分及其含量等，並聲明「本品不能代替藥物」。保健食品的功能和成分應當與標籤、說明書相一致。

第七十九條　保健食品廣告除應當符合本法第七十三條第一款的規定外，還應當聲明「本品不能代替藥物」；其內容應當經生產企業所在地省、自治區、直轄市人民政府食品藥品監督管理部門審查批准，取得保健食品廣告批准文件。省、自治區、直轄

市人民政府食品藥品監督管理部門應當公布並及時更新已經批准的保健食品廣告目錄以及批准的廣告內容。

　　第八十條　特殊醫學用途配方食品應當經國務院食品藥品監督管理部門註冊。註冊時，應當提交產品配方、生產工藝、標籤、說明書以及表明產品安全性、營養充足性和特殊醫學用途臨床效果的材料。

　　特殊醫學用途配方食品廣告適用《中華人民共和國廣告法》和其他法律、行政法規關於藥品廣告管理的規定。

　　第八十一條　嬰幼兒配方食品生產企業應當實施從原料進廠到成品出廠的全過程質量控制，對出廠的嬰幼兒配方食品實施逐批檢驗，保證食品安全。

　　生產嬰幼兒配方食品使用的生鮮乳、輔料等食品原料、食品添加劑等，應當符合法律、行政法規的規定和食品安全國家標準，保證嬰幼兒生長發育所需的營養成分。

　　嬰幼兒配方食品生產企業應當將食品原料、食品添加劑、產品配方及標籤等事項向省、自治區、直轄市人民政府食品藥品監督管理部門備案。

　　嬰幼兒配方乳粉的產品配方應當經國務院食品藥品監督管理部門註冊。註冊時，應當提交配方研發報告和其他表明配方科學性、安全性的材料。

　　不得以分裝方式生產嬰幼兒配方乳粉，同一企業不得用同一配方生產不同品牌的嬰幼兒配方乳粉。

　　第八十二條　保健食品、特殊醫學用途配方食品、嬰幼兒配方乳粉的註冊人或者備案人應當對其提交材料的真實性負責。

　　省級以上人民政府食品藥品監督管理部門應當及時公布註冊或者備案的保健食品、特殊醫學用途配方食品、嬰幼兒配方乳粉目錄，並對註冊或者備案中獲知的企業商業秘密予以保密。

　　保健食品、特殊醫學用途配方食品、嬰幼兒配方乳粉生產企業應當按照註冊或者備案的產品配方、生產工藝等技術要求組織生產。

　　第八十三條　生產保健食品，特殊醫學用途配方食品、嬰幼兒配方食品和其他專供特定人群的主輔食品的企業，應當按照良好生產規範的要求建立與所生產食品相適應的生產質量管理體系，定期對該體系的運行情況進行自查，保證其有效運行，並向所在地縣級人民政府食品藥品監督管理部門提交自查報告。

　　第八十四條　食品檢驗機構按照國家有關認證認可的規定取得資質認定後，方可從事食品檢驗活動。但是，法律另有規定的除外。

　　食品檢驗機構的資質認定條件和檢驗規範，由國務院食品藥品監督管理部門規定。

　　符合本法規定的食品檢驗機構出具的檢驗報告具有同等效力。

　　縣級以上人民政府應當整合食品檢驗資源，實現資源共享。

　　第八十五條　食品檢驗由食品檢驗機構指定的檢驗人獨立進行。

　　檢驗人應當依照有關法律、法規的規定，並按照食品安全標準和檢驗規範對食品進行檢驗，尊重科學，恪守職業道德，保證出具的檢驗數據和結論客觀、公正，不得出具虛假檢驗報告。

　　第八十六條　食品檢驗實行食品檢驗機構與檢驗人負責制。食品檢驗報告應當加

蓋食品檢驗機構公章，並有檢驗人的簽名或者蓋章。食品檢驗機構和檢驗人對出具的食品檢驗報告負責。

　　第八十七條　縣級以上人民政府食品藥品監督管理部門應當對食品進行定期或者不定期的抽樣檢驗，並依據有關規定公布檢驗結果，不得免檢。進行抽樣檢驗，應當購買抽取的樣品，委託符合本法規定的食品檢驗機構進行檢驗，並支付相關費用；不得向食品生產經營者收取檢驗費和其他費用。

　　第八十八條　對依照本法規定實施的檢驗結論有異議的，食品生產經營者可以自收到檢驗結論之日起七個工作日內向實施抽樣檢驗的食品藥品監督管理部門或者其上一級食品藥品監督管理部門提出復檢申請，由受理復檢申請的食品藥品監督管理部門在公布的復檢機構名錄中隨機確定復檢機構進行復檢。復檢機構出具的復檢結論為最終檢驗結論。復檢機構與初檢機構不得為同一機構。復檢機構名錄由國務院認證認可監督管理、食品藥品監督管理、衛生行政、農業行政等部門共同公布。

　　採用國家規定的快速檢測方法對食用農產品進行抽查檢測，被抽查人對檢測結果有異議的，可以自收到檢測結果時起四小時內申請復檢。復檢不得採用快速檢測方法。

　　第八十九條　食品生產企業可以自行對所生產的食品進行檢驗，也可以委託符合本法規定的食品檢驗機構進行檢驗。

　　食品行業協會和消費者協會等組織、消費者需要委託食品檢驗機構對食品進行檢驗的，應當委託符合本法規定的食品檢驗機構進行。

　　第九十條　食品添加劑的檢驗，適用本法有關食品檢驗的規定。

第六章　食品進出口

　　第九十一條　國家出入境檢驗檢疫部門對進出口食品安全實施監督管理。

　　第九十二條　進口的食品、食品添加劑、食品相關產品應當符合中國食品安全國家標準。

　　進口的食品、食品添加劑應當經出入境檢驗檢疫機構依照進出口商品檢驗相關法律、行政法規的規定檢驗合格。

　　進口的食品、食品添加劑應當按照國家出入境檢驗檢疫部門的要求隨附合格證明材料。

　　第九十三條　進口尚無食品安全國家標準的食品，由境外出口商、境外生產企業或者其委託的進口商向國務院衛生行政部門提交所執行的相關國家（地區）標準或者國際標準。國務院衛生行政部門對相關標準進行審查，認為符合食品安全要求的，決定暫予適用，並及時制定相應的食品安全國家標準。進口利用新的食品原料生產的食品或者進口食品添加劑新品種、食品相關產品新品種，依照本法第三十七條的規定辦理。

　　出入境檢驗檢疫機構按照國務院衛生行政部門的要求，對前款規定的食品、食品添加劑、食品相關產品進行檢驗。檢驗結果應當公開。

　　第九十四條　境外出口商、境外生產企業應當保證向中國出口的食品、食品添加

劑、食品相關產品符合本法以及中國其他有關法律、行政法規的規定和食品安全國家標準的要求，並對標籤、說明書的內容負責。

進口商應當建立境外出口商、境外生產企業審核制度，重點審核前款規定的內容；審核不合格的，不得進口。

發現進口食品不符合中國食品安全國家標準或者有證據證明可能危害人體健康的，進口商應當立即停止進口，並依照本法第六十三條的規定召回。

第九十五條　境外發生的食品安全事件可能對中國境內造成影響，或者在進口食品、食品添加劑、食品相關產品中發現嚴重食品安全問題的，國家出入境檢驗檢疫部門應當及時採取風險預警或者控制措施，並向國務院食品藥品監督管理、衛生行政、農業行政部門通報。接到通報的部門應當及時採取相應措施。

縣級以上人民政府食品藥品監督管理部門對國內市場上銷售的進口食品、食品添加劑實施監督管理。發現存在嚴重食品安全問題的，國務院食品藥品監督管理部門應當及時向國家出入境檢驗檢疫部門通報。國家出入境檢驗檢疫部門應當及時採取相應措施。

第九十六條　向中國境內出口食品的境外出口商或者代理商、進口食品的進口商應當向國家出入境檢驗檢疫部門備案。向中國境內出口食品的境外食品生產企業應當經國家出入境檢驗檢疫部門註冊。已經註冊的境外食品生產企業提供虛假材料，或者因其自身的原因致使進口食品發生重大食品安全事故的，國家出入境檢驗檢疫部門應當撤銷註冊並公告。

國家出入境檢驗檢疫部門應當定期公布已經備案的境外出口商、代理商、進口商和已經註冊的境外食品生產企業名單。

第九十七條　進口的預包裝食品、食品添加劑應當有中文標籤；依法應當有說明書的，還應當有中文說明書。標籤、說明書應當符合本法以及中國其他有關法律、行政法規的規定和食品安全國家標準的要求，並載明食品的原產地以及境內代理商的名稱、地址、聯繫方式。預包裝食品沒有中文標籤、中文說明書或者標籤、說明書不符合本條規定的，不得進口。

第九十八條　進口商應當建立食品、食品添加劑進口和銷售記錄制度，如實記錄食品、食品添加劑的名稱、規格、數量、生產日期、生產或者進口批號、保質期、境外出口商和購貨者名稱、地址及聯繫方式、交貨日期等內容，並保存相關憑證。記錄和憑證保存期限應當符合本法第五十條第二款的規定。

第九十九條　出口食品生產企業應當保證其出口食品符合進口國（地區）的標準或者合同要求。

出口食品生產企業和出口食品原料種植、養殖場應當向國家出入境檢驗檢疫部門備案。

第一百條　國家出入境檢驗檢疫部門應當收集、匯總下列進出口食品安全信息，並及時通報相關部門、機構和企業：

（一）出入境檢驗檢疫機構對進出口食品實施檢驗檢疫發現的食品安全信息；

（二）食品行業協會和消費者協會等組織、消費者反應的進口食品安全信息；

（三）國際組織、境外政府機構發布的風險預警信息及其他食品安全信息，以及境外食品行業協會等組織、消費者反應的食品安全信息；

（四）其他食品安全信息。

國家出入境檢驗檢疫部門應當對進出口食品的進口商、出口商和出口食品生產企業實施信用管理，建立信用記錄，並依法向社會公布。對有不良記錄的進口商、出口商和出口食品生產企業，應當加強對其進出口食品的檢驗檢疫。

第一百零一條　國家出入境檢驗檢疫部門可以對向中國境內出口食品的國家（地區）的食品安全管理體系和食品安全狀況進行評估和審查，並根據評估和審查結果，確定相應檢驗檢疫要求。

第七章　食品安全事故處置

第一百零二條　國務院組織制定國家食品安全事故應急預案。

縣級以上地方人民政府應當根據有關法律、法規的規定和上級人民政府的食品安全事故應急預案以及本行政區域的實際情況，制訂本行政區域的食品安全事故應急預案，並報上一級人民政府備案。

食品安全事故應急預案應當對食品安全事故分級、事故處置組織指揮體系與職責、預防預警機制、處置程序、應急保障措施等作出規定。

食品生產經營企業應當制訂食品安全事故處置方案，定期檢查本企業各項食品安全防範措施的落實情況，及時消除事故隱患。

第一百零三條　發生食品安全事故的單位應當立即採取措施，防止事故擴大。事故單位和接收病人進行治療的單位應當及時向事故發生地縣級人民政府食品藥品監督管理、衛生行政部門報告。

縣級以上人民政府質量監督、農業行政等部門在日常監督管理中發現食品安全事故或者接到事故舉報，應當立即向同級食品藥品監督管理部門通報。

發生食品安全事故，接到報告的縣級人民政府食品藥品監督管理部門應當按照應急預案的規定向本級人民政府和上級人民政府食品藥品監督管理部門報告。縣級人民政府和上級人民政府食品藥品監督管理部門應當按照應急預案的規定上報。

任何單位和個人不得對食品安全事故隱瞞、謊報、緩報，不得隱匿、偽造、毀滅有關證據。

第一百零四條　醫療機構發現其接收的病人屬於食源性疾病病人或者疑似病人的，應當按照規定及時將相關信息向所在地縣級人民政府衛生行政部門報告。縣級人民政府衛生行政部門認為與食品安全有關的，應當及時通報同級食品藥品監督管理部門。

縣級以上人民政府衛生行政部門在調查處理傳染病或者其他突發公共衛生事件中發現與食品安全相關的信息，應當及時通報同級食品藥品監督管理部門。

第一百零五條　縣級以上人民政府食品藥品監督管理部門接到食品安全事故的報告後，應當立即會同同級衛生行政、質量監督、農業行政等部門進行調查處理，並採取下列措施，防止或者減輕社會危害：

（一）開展應急救援工作，組織救治因食品安全事故導致人身傷害的人員；

（二）封存可能導致食品安全事故的食品及其原料，並立即進行檢驗；對確認屬於被污染的食品及其原料，責令食品生產經營者依照本法第六十三條的規定召回或者停止經營；

（三）封存被污染的食品相關產品，並責令進行清洗消毒；

（四）做好信息發布工作，依法對食品安全事故及其處理情況進行發布，並對可能產生的危害加以解釋、說明。

發生食品安全事故需要啓動應急預案的，縣級以上人民政府應當立即成立事故處置指揮機構，啓動應急預案，依照前款和應急預案的規定進行處置。

發生食品安全事故，縣級以上疾病預防控制機構應當對事故現場進行衛生處理，並對與事故有關的因素開展流行病學調查，有關部門應當予以協助。縣級以上疾病預防控制機構應當向同級食品藥品監督管理、衛生行政部門提交流行病學調查報告。

第一百零六條　發生食品安全事故，設區的市級以上人民政府食品藥品監督管理部門應當立即會同有關部門進行事故責任調查，督促有關部門履行職責，向本級人民政府和上一級人民政府食品藥品監督管理部門提出事故責任調查處理報告。

涉及兩個以上省、自治區、直轄市的重大食品安全事故由國務院食品藥品監督管理部門依照前款規定組織事故責任調查。

第一百零七條　調查食品安全事故，應當堅持實事求是、尊重科學的原則，及時、準確查清事故性質和原因，認定事故責任，提出整改措施。

調查食品安全事故，除了查明事故單位的責任，還應當查明有關監督管理部門、食品檢驗機構、認證機構及其工作人員的責任。

第一百零八條　食品安全事故調查部門有權向有關單位和個人瞭解與事故有關的情況，並要求提供相關資料和樣品。有關單位和個人應當予以配合，按照要求提供相關資料和樣品，不得拒絕。

任何單位和個人不得阻撓、干涉食品安全事故的調查處理。

第八章　監督管理

第一百零九條　縣級以上人民政府食品藥品監督管理、質量監督部門根據食品安全風險監測、風險評估結果和食品安全狀況等，確定監督管理的重點、方式和頻次，實施風險分級管理。

縣級以上地方人民政府組織本級食品藥品監督管理、質量監督、農業行政等部門制訂本行政區域的食品安全年度監督管理計劃，向社會公布並組織實施。

食品安全年度監督管理計劃應當將下列事項作為監督管理的重點：

（一）專供嬰幼兒和其他特定人群的主輔食品；

（二）保健食品生產過程中的添加行為和按照註冊或者備案的技術要求組織生產的情況，保健食品標籤、說明書以及宣傳材料中有關功能宣傳的情況；

（三）發生食品安全事故風險較高的食品生產經營者；
（四）食品安全風險監測結果表明可能存在食品安全隱患的事項。

第一百一十條 縣級以上人民政府食品藥品監督管理、質量監督部門履行各自食品安全監督管理職責，有權採取下列措施，對生產經營者遵守本法的情況進行監督檢查：

（一）進入生產經營場所實施現場檢查；
（二）對生產經營的食品、食品添加劑、食品相關產品進行抽樣檢驗；
（三）查閱、複製有關合同、票據、帳簿以及其他有關資料；
（四）查封、扣押有證據證明不符合食品安全標準或者有證據證明存在安全隱患以及用於違法生產經營的食品、食品添加劑、食品相關產品；
（五）查封違法從事生產經營活動的場所。

第一百一十一條 對食品安全風險評估結果證明食品存在安全隱患，需要制定、修訂食品安全標準的，在制定、修訂食品安全標準前，國務院衛生行政部門應當及時會同國務院有關部門規定食品中有害物質的臨時限量值和臨時檢驗方法，作為生產經營和監督管理的依據。

第一百一十二條 縣級以上人民政府食品藥品監督管理部門在食品安全監督管理工作中可以採用國家規定的快速檢測方法對食品進行抽查檢測。

對抽查檢測結果表明可能不符合食品安全標準的食品，應當依照本法第八十七條的規定進行檢驗。抽查檢測結果確定有關食品不符合食品安全標準的，可以作為行政處罰的依據。

第一百一十三條 縣級以上人民政府食品藥品監督管理部門應當建立食品生產經營者食品安全信用檔案，記錄許可頒發、日常監督檢查結果、違法行為查處等情況，依法向社會公布並即時更新；對有不良信用記錄的食品生產經營者增加監督檢查頻次，對違法行為情節嚴重的食品生產經營者，可以通報投資主管部門、證券監督管理機構和有關的金融機構。

第一百一十四條 食品生產經營過程中存在食品安全隱患，未及時採取措施消除的，縣級以上人民政府食品藥品監督管理部門可以對食品生產經營者的法定代表人或者主要負責人進行責任約談。食品生產經營者應當立即採取措施，進行整改，消除隱患。責任約談情況和整改情況應當納入食品生產經營者食品安全信用檔案。

第一百一十五條 縣級以上人民政府食品藥品監督管理、質量監督等部門應當公布本部門的電子郵件地址或者電話，接受諮詢、投訴、舉報。接到諮詢、投訴、舉報，對屬於本部門職責的，應當受理並在法定期限內及時答覆、核實、處理；對不屬於本部門職責的，應當移交有權處理的部門並書面通知諮詢、投訴、舉報人。有權處理的部門應當在法定期限內及時處理，不得推諉。對查證屬實的舉報，給予舉報人獎勵。

有關部門應當對舉報人的信息予以保密，保護舉報人的合法權益。舉報人舉報所在企業的，該企業不得以解除、變更勞動合同或者其他方式對舉報人進行打擊報復。

第一百一十六條 縣級以上人民政府食品藥品監督管理、質量監督等部門應當加強對執法人員食品安全法律、法規、標準和專業知識與執法能力等的培訓，並組織考

核。不具備相應知識和能力的，不得從事食品安全執法工作。

食品生產經營者、食品行業協會、消費者協會等發現食品安全執法人員在執法過程中有違反法律、法規規定的行為以及不規範執法行為的，可以向本級或者上級人民政府食品藥品監督管理、質量監督等部門或者監察機關投訴、舉報。接到投訴、舉報的部門或者機關應當進行核實，並將經核實的情況向食品安全執法人員所在部門通報；涉嫌違法違紀的，按照本法和有關規定處理。

第一百一十七條　縣級以上人民政府食品藥品監督管理等部門未及時發現食品安全系統性風險，未及時消除監督管理區域內的食品安全隱患的，本級人民政府可以對其主要負責人進行責任約談。

地方人民政府未履行食品安全職責，未及時消除區域性重大食品安全隱患的，上級人民政府可以對其主要負責人進行責任約談。

被約談的食品藥品監督管理等部門、地方人民政府應當立即採取措施，對食品安全監督管理工作進行整改。

責任約談情況和整改情況應當納入地方人民政府和有關部門食品安全監督管理工作評議、考核記錄。

第一百一十八條　國家建立統一的食品安全信息平臺，實行食品安全信息統一公布制度。國家食品安全總體情況、食品安全風險警示信息、重大食品安全事故及其調查處理信息和國務院確定需要統一公布的其他信息由國務院食品藥品監督管理部門統一公布。食品安全風險警示信息和重大食品安全事故及其調查處理信息的影響限於特定區域的，也可以由有關省、自治區、直轄市人民政府食品藥品監督管理部門公布。未經授權不得發布上述信息。

縣級以上人民政府食品藥品監督管理、質量監督、農業行政部門依據各自職責公布食品安全日常監督管理信息。

公布食品安全信息，應當做到準確、及時，並進行必要的解釋說明，避免誤導消費者和社會輿論。

第一百一十九條　縣級以上地方人民政府食品藥品監督管理、衛生行政、質量監督、農業行政部門獲知本法規定需要統一公布的信息，應當向上級主管部門報告，由上級主管部門立即報告國務院食品藥品監督管理部門；必要時，可以直接向國務院食品藥品監督管理部門報告。

縣級以上人民政府食品藥品監督管理、衛生行政、質量監督、農業行政部門應當相互通報獲知的食品安全信息。

第一百二十條　任何單位和個人不得編造、散布虛假食品安全信息。

縣級以上人民政府食品藥品監督管理部門發現可能誤導消費者和社會輿論的食品安全信息，應當立即組織有關部門、專業機構、相關食品生產經營者等進行核實、分析，並及時公布結果。

第一百二十一條　縣級以上人民政府食品藥品監督管理、質量監督等部門發現涉嫌食品安全犯罪的，應當按照有關規定及時將案件移送公安機關。對移送的案件，公安機關應當及時審查；認為有犯罪事實需要追究刑事責任的，應當立案偵查。

公安機關在食品安全犯罪案件偵查過程中認為沒有犯罪事實，或者犯罪事實顯著輕微，不需要追究刑事責任，但依法應當追究行政責任的，應當及時將案件移送食品藥品監督管理、質量監督等部門和監察機關，有關部門應當依法處理。

公安機關商請食品藥品監督管理、質量監督、環境保護等部門提供檢驗結論、認定意見以及對涉案物品進行無害化處理等協助的，有關部門應當及時提供，予以協助。

第九章　法律責任

第一百二十二條　違反本法規定，未取得食品生產經營許可從事食品生產經營活動，或者未取得食品添加劑生產許可從事食品添加劑生產活動的，由縣級以上人民政府食品藥品監督管理部門沒收違法所得和違法生產經營的食品、食品添加劑以及用於違法生產經營的工具、設備、原料等物品；違法生產經營的食品、食品添加劑貨值金額不足一萬元的，並處五萬元以上十萬元以下罰款；貨值金額一萬元以上的，並處貨值金額十倍以上二十倍以下罰款。

明知從事前款規定的違法行為，仍為其提供生產經營場所或者其他條件的，由縣級以上人民政府食品藥品監督管理部門責令停止違法行為，沒收違法所得，並處五萬元以上十萬元以下罰款；使消費者的合法權益受到損害的，應當與食品、食品添加劑生產經營者承擔連帶責任。

第一百二十三條　違反本法規定，有下列情形之一，尚不構成犯罪的，由縣級以上人民政府食品藥品監督管理部門沒收違法所得和違法生產經營的食品，並可以沒收用於違法生產經營的工具、設備、原料等物品；違法生產經營的食品貨值金額不足一萬元的，並處十萬元以上十五萬元以下罰款；貨值金額一萬元以上的，並處貨值金額十五倍以上三十倍以下罰款；情節嚴重的，吊銷許可證，並可以由公安機關對其直接負責的主管人員和其他直接責任人員處五日以上十五日以下拘留：

（一）用非食品原料生產食品、在食品中添加食品添加劑以外的化學物質和其他可能危害人體健康的物質，或者用回收食品作為原料生產食品，或者經營上述食品；

（二）生產經營營養成分不符合食品安全標準的專供嬰幼兒和其他特定人群的主輔食品；

（三）經營病死、毒死或者死因不明的禽、畜、獸、水產動物肉類，或者生產經營其製品；

（四）經營未按規定進行檢疫或者檢疫不合格的肉類，或者生產經營未經檢驗或者檢驗不合格的肉類製品；

（五）生產經營國家為防病等特殊需要明令禁止生產經營的食品；

（六）生產經營添加藥品的食品。

明知從事前款規定的違法行為，仍為其提供生產經營場所或者其他條件的，由縣級以上人民政府食品藥品監督管理部門責令停止違法行為，沒收違法所得，並處十萬元以上二十萬元以下罰款；使消費者的合法權益受到損害的，應當與食品生產經營者承擔連帶責任。

違法使用劇毒、高毒農藥的，除依照有關法律、法規規定給予處罰外，可以由公安機關依照第一款規定給予拘留。

第一百二十四條　違反本法規定，有下列情形之一，尚不構成犯罪的，由縣級以上人民政府食品藥品監督管理部門沒收違法所得和違法生產經營的食品、食品添加劑，並可以沒收用於違法生產經營的工具、設備、原料等物品；違法生產經營的食品、食品添加劑貨值金額不足一萬元的，並處五萬元以上十萬元以下罰款；貨值金額一萬元以上的，並處貨值金額十倍以上二十倍以下罰款；情節嚴重的，吊銷許可證：

（一）生產經營致病性微生物，農藥殘留、獸藥殘留、生物毒素、重金屬等污染物質以及其他危害人體健康的物質含量超過食品安全標準限量的食品、食品添加劑；

（二）用超過保質期的食品原料、食品添加劑生產食品、食品添加劑，或者經營上述食品、食品添加劑；

（三）生產經營超範圍、超限量使用食品添加劑的食品；

（四）生產經營腐敗變質、油脂酸敗、霉變生蟲、污穢不潔、混有異物、摻假摻雜或者感官性狀異常的食品、食品添加劑；

（五）生產經營標註虛假生產日期、保質期或者超過保質期的食品、食品添加劑；

（六）生產經營未按規定註冊的保健食品、特殊醫學用途配方食品、嬰幼兒配方乳粉，或者未按註冊的產品配方、生產工藝等技術要求組織生產；

（七）以分裝方式生產嬰幼兒配方乳粉，或者同一企業以同一配方生產不同品牌的嬰幼兒配方乳粉；

（八）利用新的食品原料生產食品，或者生產食品添加劑新品種，未通過安全性評估；

（九）食品生產經營者在食品藥品監督管理部門責令其召回或者停止經營後，仍拒不召回或者停止經營。

除前款和本法第一百二十三條、第一百二十五條規定的情形外，生產經營不符合法律、法規或者食品安全標準的食品、食品添加劑的，依照前款規定給予處罰。

生產食品相關產品新品種，未通過安全性評估，或者生產不符合食品安全標準的食品相關產品的，由縣級以上人民政府質量監督部門依照第一款規定給予處罰。

第一百二十五條　違反本法規定，有下列情形之一的，由縣級以上人民政府食品藥品監督管理部門沒收違法所得和違法生產經營的食品、食品添加劑，並可以沒收用於違法生產經營的工具、設備、原料等物品；違法生產經營的食品、食品添加劑貨值金額不足一萬元的，並處五千元以上五萬元以下罰款；貨值金額一萬元以上的，並處貨值金額五倍以上十倍以下罰款；情節嚴重的，責令停產停業，直至吊銷許可證：

（一）生產經營被包裝材料、容器、運輸工具等污染的食品、食品添加劑；

（二）生產經營無標籤的預包裝食品、食品添加劑或者標籤、說明書不符合本法規定的食品、食品添加劑；

（三）生產經營轉基因食品未按規定進行標示；

（四）食品生產經營者採購或者使用不符合食品安全標準的食品原料、食品添加劑、食品相關產品。

生產經營的食品、食品添加劑的標籤、說明書存在瑕疵但不影響食品安全且不會對消費者造成誤導的，由縣級以上人民政府食品藥品監督管理部門責令改正；拒不改正的，處二千元以下罰款。

第一百二十六條　違反本法規定，有下列情形之一的，由縣級以上人民政府食品藥品監督管理部門責令改正，給予警告；拒不改正的，處五千元以上五萬元以下罰款；情節嚴重的，責令停產停業，直至吊銷許可證：

（一）食品、食品添加劑生產者未按規定對採購的食品原料和生產的食品、食品添加劑進行檢驗；

（二）食品生產經營企業未按規定建立食品安全管理制度，或者未按規定配備或者培訓、考核食品安全管理人員；

（三）食品、食品添加劑生產經營者進貨時未查驗許可證和相關證明文件，或未按規定建立並遵守進貨查驗記錄、出廠檢驗記錄和銷售記錄制度；

（四）食品生產經營企業未制訂食品安全事故處置方案；

（五）餐具、飲具和盛放直接入口食品的容器，使用前未經洗淨、消毒或者清洗消毒不合格，或者餐飲服務設施、設備未按規定定期維護、清洗、校驗；

（六）食品生產經營者安排未取得健康證明或者患有國務院衛生行政部門規定的有礙食品安全疾病的人員從事接觸直接入口食品的工作；

（七）食品經營者未按規定要求銷售食品；

（八）保健食品生產企業未按規定向食品藥品監督管理部門備案，或者未按備案的產品配方、生產工藝等技術要求組織生產；

（九）嬰幼兒配方食品生產企業未將食品原料、食品添加劑、產品配方、標籤等向食品藥品監督管理部門備案；

（十）特殊食品生產企業未按規定建立生產質量管理體系並有效運行，或者未定期提交自查報告；

（十一）食品生產經營者未定期對食品安全狀況進行檢查評價，或者生產經營條件發生變化，未按規定處理；

（十二）學校、托幼機構、養老機構、建築工地等集中用餐單位未按規定履行食品安全管理責任；

（十三）食品生產企業、餐飲服務提供者未按規定制定、實施生產經營過程控制要求。

餐具、飲具集中消毒服務單位違反本法規定用水，使用洗滌劑、消毒劑，或者出廠的餐具、飲具未按規定檢驗合格並隨附消毒合格證明，或者未按規定在獨立包裝上標註相關內容的，由縣級以上人民政府衛生行政部門依照前款規定給予處罰。

食品相關產品生產者未按規定對生產的食品相關產品進行檢驗的，由縣級以上人民政府質量監督部門依照第一款規定給予處罰。

食用農產品銷售者違反本法第六十五條規定的，由縣級以上人民政府食品藥品監督管理部門依照第一款規定給予處罰。

第一百二十七條　對食品生產加工小作坊、食品攤販等的違法行為的處罰，依照

省、自治區、直轄市制定的具體管理辦法執行。

第一百二十八條　違反本法規定，事故單位在發生食品安全事故後未進行處置、報告的，由有關主管部門按照各自職責分工責令改正，給予警告；隱匿、偽造、毀滅有關證據的，責令停產停業，沒收違法所得，並處十萬元以上五十萬元以下罰款；造成嚴重後果的，吊銷許可證。

第一百二十九條　違反本法規定，有下列情形之一的，由出入境檢驗檢疫機構依照本法第一百二十四條的規定給予處罰：

（一）提供虛假材料，進口不符合中國食品安全國家標準的食品、食品添加劑、食品相關產品；

（二）進口尚無食品安全國家標準的食品，未提交所執行的標準並經國務院衛生行政部門審查，或者進口利用新的食品原料生產的食品或者進口食品添加劑新品種、食品相關產品新品種，未通過安全性評估；

（三）未遵守本法的規定出口食品；

（四）進口商在有關主管部門責令其依照本法規定召回進口的食品後，仍拒不召回。

違反本法規定，進口商未建立並遵守食品、食品添加劑進口和銷售記錄制度、境外出口商或者生產企業審核制度的，由出入境檢驗檢疫機構依照本法第一百二十六條的規定給予處罰。

第一百三十條　違反本法規定，集中交易市場的開辦者、櫃臺出租者、展銷會的舉辦者允許未依法取得許可的食品經營者進入市場銷售食品，或者未履行檢查、報告等義務的，由縣級以上人民政府食品藥品監督管理部門責令改正，沒收違法所得，並處五萬元以上二十萬元以下罰款；造成嚴重後果的，責令停業，直至由原發證部門吊銷許可證；使消費者的合法權益受到損害的，應當與食品經營者承擔連帶責任。

食用農產品批發市場違反本法第六十四條規定的，依照前款規定承擔責任。

第一百三十一條　違反本法規定，網絡食品交易第三方平臺提供者未對入網食品經營者進行實名登記、審查許可證，或者未履行報告、停止提供網絡交易平臺服務等義務的，由縣級以上人民政府食品藥品監督管理部門責令改正，沒收違法所得，並處五萬元以上二十萬元以下罰款；造成嚴重後果的，責令停業，直至由原發證部門吊銷許可證；使消費者的合法權益受到損害的，應當與食品經營者承擔連帶責任。

消費者通過網絡食品交易第三方平臺購買食品，其合法權益受到損害的，可以向入網食品經營者或者食品生產者要求賠償。網絡食品交易第三方平臺提供者不能提供入網食品經營者的真實名稱、地址和有效聯繫方式的，由網絡食品交易第三方平臺提供者賠償。網絡食品交易第三方平臺提供者賠償後，有權向入網食品經營者或者食品生產者追償。網絡食品交易第三方平臺提供者作出更有利於消費者承諾的，應當履行其承諾。

第一百三十二條　違反本法規定，未按要求進行食品貯存、運輸和裝卸的，由縣級以上人民政府食品藥品監督管理等部門按照各自職責分工責令改正，給予警告；拒不改正的，責令停產停業，並處一萬元以上五萬元以下罰款；情節嚴重的，吊銷許

可證。

第一百三十三條　違反本法規定，拒絕、阻撓、干涉有關部門、機構及其工作人員依法開展食品安全監督檢查、事故調查處理、風險監測和風險評估的，由有關主管部門按照各自職責分工責令停產停業，並處二千元以上五萬元以下罰款；情節嚴重的，吊銷許可證；構成違反治安管理行為的，由公安機關依法給予治安管理處罰。

違反本法規定，對舉報人以解除、變更勞動合同或者其他方式打擊報復的，應當依照有關法律的規定承擔責任。

第一百三十四條　食品生產經營者在一年內累計三次因違反本法規定受到責令停產停業、吊銷許可證以外處罰的，由食品藥品監督管理部門責令停產停業，直至吊銷許可證。

第一百三十五條　被吊銷許可證的食品生產經營者及其法定代表人、直接負責的主管人員和其他直接責任人員自處罰決定作出之日起五年內不得申請食品生產經營許可，或者從事食品生產經營管理工作、擔任食品生產經營企業食品安全管理人員。

因食品安全犯罪被判處有期徒刑以上刑罰的，終身不得從事食品生產經營管理工作，也不得擔任食品生產經營企業食品安全管理人員。

食品生產經營者聘用人員違反前兩款規定的，由縣級以上人民政府食品藥品監督管理部門吊銷許可證。

第一百三十六條　食品經營者履行了本法規定的進貨查驗等義務，有充分證據證明其不知道所採購的食品不符合食品安全標準，並能如實說明其進貨來源的，可以免予處罰，但應當依法沒收其不符合食品安全標準的食品；造成人身、財產或者其他損害的，依法承擔賠償責任。

第一百三十七條　違反本法規定，承擔食品安全風險監測、風險評估工作的技術機構、技術人員提供虛假監測、評估信息的，依法對技術機構直接負責的主管人員和技術人員給予撤職、開除處分；有執業資格的，由授予其資格的主管部門吊銷執業證書。

第一百三十八條　違反本法規定，食品檢驗機構、食品檢驗人員出具虛假檢驗報告的，由授予其資質的主管部門或者機構撤銷該食品檢驗機構的檢驗資質，沒收所收取的檢驗費用，並處檢驗費用五倍以上十倍以下罰款，檢驗費用不足一萬元的，並處五萬元以上十萬元以下罰款；依法對食品檢驗機構直接負責的主管人員和食品檢驗人員給予撤職或者開除處分；導致發生重大食品安全事故的，對直接負責的主管人員和食品檢驗人員給予開除處分。

違反本法規定，受到開除處分的食品檢驗機構人員，自處分決定作出之日起十年內不得從事食品檢驗工作；因食品安全違法行為受到刑事處罰或者因出具虛假檢驗報告導致發生重大食品安全事故受到開除處分的食品檢驗機構人員，終身不得從事食品檢驗工作。食品檢驗機構聘用不得從事食品檢驗工作的人員的，由授予其資質的主管部門或者機構撤銷該食品檢驗機構的檢驗資質。

食品檢驗機構出具虛假檢驗報告，使消費者的合法權益受到損害的，應當與食品生產經營者承擔連帶責任。

第一百三十九條　違反本法規定，認證機構出具虛假認證結論，由認證認可監督管理部門沒收所收取的認證費用，並處認證費用五倍以上十倍以下罰款，認證費用不足一萬元的，並處五萬元以上十萬元以下罰款；情節嚴重的，責令停業，直至撤銷認證機構批准文件，並向社會公布；對直接負責的主管人員和負有直接責任的認證人員，撤銷其執業資格。

認證機構出具虛假認證結論，使消費者的合法權益受到損害的，應當與食品生產經營者承擔連帶責任。

第一百四十條　違反本法規定，在廣告中對食品作虛假宣傳，欺騙消費者，或者發布未取得批准文件、廣告內容與批准文件不一致的保健食品廣告的，依照《中華人民共和國廣告法》的規定給予處罰。

廣告經營者、發布者設計、製作、發布虛假食品廣告，使消費者的合法權益受到損害的，應當與食品生產經營者承擔連帶責任。

社會團體或者其他組織、個人在虛假廣告或者其他虛假宣傳中向消費者推薦食品，使消費者的合法權益受到損害的，應當與食品生產經營者承擔連帶責任。

違反本法規定，食品藥品監督管理等部門、食品檢驗機構、食品行業協會以廣告或者其他形式向消費者推薦食品，消費者組織以收取費用或者其他牟取利益的方式向消費者推薦食品的，由有關主管部門沒收違法所得，依法對直接負責的主管人員和其他直接責任人員給予記大過、降級或者撤職處分；情節嚴重的，給予開除處分。

對食品作虛假宣傳且情節嚴重的，由省級以上人民政府食品藥品監督管理部門決定暫停銷售該食品，並向社會公布；仍然銷售該食品的，由縣級以上人民政府食品藥品監督管理部門沒收違法所得和違法銷售的食品，並處二萬元以上五萬元以下罰款。

第一百四十一條　違反本法規定，編造、散布虛假食品安全信息，構成違反治安管理行為的，由公安機關依法給予治安管理處罰。

媒體編造、散布虛假食品安全信息的，由有關主管部門依法給予處罰，並對直接負責的主管人員和其他直接責任人員給予處分；使公民、法人或者其他組織的合法權益受到損害的，依法承擔消除影響、恢復名譽、賠償損失、賠禮道歉等民事責任。

第一百四十二條　違反本法規定，縣級以上地方人民政府有下列行為之一的，對直接負責的主管人員和其他直接責任人員給予記大過處分；情節較重的，給予降級或者撤職處分；情節嚴重的，給予開除處分；造成嚴重後果的，其主要負責人還應當引咎辭職：

（一）對發生在本行政區域內的食品安全事故，未及時組織協調有關部門開展有效處置，造成不良影響或者損失；

（二）對本行政區域內涉及多環節的區域性食品安全問題，未及時組織整治，造成不良影響或者損失；

（三）隱瞞、謊報、緩報食品安全事故；

（四）本行政區域內發生特別重大食品安全事故，或者連續發生重大食品安全事故。

第一百四十三條　違反本法規定，縣級以上地方人民政府有下列行為之一的，對

直接負的主管人員和其他直接責任人員給予警告、記過或者記大過處分；造成嚴重後果的，給予降級或者撤職處分：

（一）未確定有關部門的食品安全監督管理職責，未建立健全食品安全全程監督管理工作機制和信息共享機制，未落實食品安全監督管理責任制；

（二）未制訂本行政區域的食品安全事故應急預案，或者發生食品安全事故後未按規定立即成立事故處置指揮機構、啓動應急預案。

第一百四十四條　違反本法規定，縣級以上人民政府食品藥品監督管理、衛生行政、質量監督、農業行政等部門有下列行為之一的，對直接負責的主管人員和其他直接責任人員給予記大過處分；情節較重的，給予降級或者撤職處分；情節嚴重的，給予開除處分；造成嚴重後果的，其主要負責人還應當引咎辭職：

（一）隱瞞、謊報、緩報食品安全事故；

（二）未按規定查處食品安全事故，或者接到食品安全事故報告未及時處理，造成事故擴大或者蔓延；

（三）經食品安全風險評估得出食品、食品添加劑、食品相關產品不安全結論後，未及時採取相應措施，造成食品安全事故或者不良社會影響；

（四）對不符合條件的申請人準予許可，或者超越法定職權準予許可；

（五）不履行食品安全監督管理職責，導致發生食品安全事故。

第一百四十五條　違反本法規定，縣級以上人民政府食品藥品監督管理、衛生行政、質量監督、農業行政等部門有下列行為之一，造成不良後果的，對直接負責的主管人員和其他直接責任人員給予警告、記過或者記大過處分；情節較重的，給予降級或者撤職處分；情節嚴重的，給予開除處分：

（一）在獲知有關食品安全信息後，未按規定向上級主管部門和本級人民政府報告，或者未按規定相互通報；

（二）未按規定公布食品安全信息；

（三）不履行法定職責，對查處食品安全違法行為不配合，或者濫用職權、玩忽職守、徇私舞弊。

第一百四十六條　食品藥品監督管理、質量監督等部門在履行食品安全監督管理職責過程中，違法實施檢查、強制等執法措施，給生產經營者造成損失的，應當依法予以賠償，對直接負責的主管人員和其他直接責任人員依法給予處分。

第一百四十七條　違反本法規定，造成人身、財產或者其他損害的，依法承擔賠償責任。生產經營者財產不足以同時承擔民事賠償責任和繳納罰款、罰金時，先承擔民事賠償責任。

第一百四十八條　消費者因不符合食品安全標準的食品受到損害的，可以向經營者要求賠償損失，也可以向生產者要求賠償損失。接到消費者賠償要求的生產經營者，應當實行首負責任制，先行賠付，不得推諉；屬於生產者責任的，經營者賠償後有權向生產者追償；屬於經營者責任的，生產者賠償後有權向經營者追償。

生產不符合食品安全標準的食品或者經營明知是不符合食品安全標準的食品，消費者除要求賠償損失外，還可以向生產者或者經營者要求支付價款十倍或者損失三倍

的賠償金；增加賠償的金額不足一千元的，為一千元。但是，食品的標籤、說明書存在不影響食品安全且不會對消費者造成誤導的瑕疵的除外。

第一百四十九條　違反本法規定，構成犯罪的，依法追究刑事責任。

第十章　附　則

第一百五十條　本法下列用語的含義：

食品，指各種供人食用或者飲用的成品和原料以及按照傳統既是食品又是中藥材的物品，但是不包括以治療為目的的物品。

食品安全，指食品無毒、無害，符合應當有的營養要求，對人體健康不造成任何急性、亞急性或者慢性危害。

預包裝食品，指預先定量包裝或者製作在包裝材料、容器中的食品。

食品添加劑，指為改善食品品質和色、香、味以及為防腐、保鮮和加工工藝的需要而加入食品中的人工合成或者天然物質，包括營養強化劑。

用於食品的包裝材料和容器，指包裝、盛放食品或者食品添加劑用的紙、竹、木、金屬、搪瓷、陶瓷、塑料、橡膠、天然纖維、化學纖維、玻璃等製品和直接接觸食品或者食品添加劑的塗料。

用於食品生產經營的工具、設備，指在食品或者食品添加劑生產、銷售、使用過程中直接接觸食品或者食品添加劑的機械、管道、傳送帶、容器、用具、餐具等。

用於食品的洗滌劑、消毒劑，指直接用於洗滌或者消毒食品、餐具、飲具以及直接接觸食品的工具、設備或者食品包裝材料和容器的物質。

食品保質期，指食品在標明的貯存條件下保持品質的期限。

食源性疾病，指食品中致病因素進入人體引起的感染性、中毒性等疾病，包括食物中毒。

食品安全事故，指食源性疾病、食品污染等源於食品，對人體健康有危害或者可能有危害的事故。

第一百五十一條　轉基因食品和食鹽的食品安全管理，本法未作規定的，適用其他法律、行政法規的規定。

第一百五十二條　鐵路、民航營運中食品安全的管理辦法由國務院食品藥品監督管理部門會同國務院有關部門依照本法制定。

保健食品的具體管理辦法由國務院食品藥品監督管理部門依照本法制定。

食品相關產品生產活動的具體管理辦法由國務院質量監督部門依照本法制定。

國境口岸食品的監督管理由出入境檢驗檢疫機構依照本法以及有關法律、行政法規的規定實施。

軍隊專用食品和自供食品的食品安全管理辦法由中央軍事委員會依照本法制定。

第一百五十三條　國務院根據實際需要，可以對食品安全監督管理體製作出調整。

第一百五十四條　本法自 2015 年 10 月 1 日起施行。

二　行政法規

(一)中華人民共和國進出口商品檢驗法實施條例

(國務院 2005 年 8 月 10 日通過，自 2005 年 12 月 1 日起施行。2013 年 7 月 18 日第一次修訂，2016 年 2 月 6 日第二次修訂，2017 年 3 月 1 日第三次修訂)

第一章　總　則
第二章　進口商品的檢驗
第三章　出口商品的檢驗
第四章　監督管理
第五章　法律責任
第六章　附　則

第一章　總　則

第一條　根據《中華人民共和國進出口商品檢驗法》(以下簡稱商檢法)的規定，制定本條例。

第二條　中華人民共和國國家質量監督檢驗檢疫總局(以下簡稱國家質檢總局)主管全國進出口商品檢驗工作。

國家質檢總局設在省、自治區、直轄市以及進出口商品的口岸、集散地的出入境檢驗檢疫局及其分支機構(以下簡稱出入境檢驗檢疫機構)，管理所負責地區的進出口商品檢驗工作。

第三條　國家質檢總局應當依照商檢法第四條規定，制定、調整必須實施檢驗的進出口商品目錄(以下簡稱目錄)並公布實施。

目錄應當至少在實施之日 30 日前公布；在緊急情況下，應當不遲於實施之日公布。

國家質檢總局制定、調整目錄時，應當徵求國務院對外貿易主管部門、海關總署等有關方面的意見。

第四條　出入境檢驗檢疫機構對列入目錄的進出口商品以及法律、行政法規規定須經出入境檢驗檢疫機構檢驗的其他進出口商品實施檢驗(以下稱法定檢驗)。

出入境檢驗檢疫機構對法定檢驗以外的進出口商品，根據國家規定實施抽查檢驗。

第五條　進出口藥品的質量檢驗、計量器具的量值檢定、鍋爐壓力容器的安全監督檢驗、船舶（包括海上平臺、主要船用設備及材料）和集裝箱的規範檢驗、飛機（包括飛機發動機、機載設備）的適航檢驗以及核承壓設備的安全檢驗等項目，由有關法律、行政法規規定的機構實施檢驗。

第六條　進出境的樣品、禮品、暫準進出境的貨物以及其他非貿易性物品，免予檢驗。但是，法律、行政法規另有規定的除外。

列入目錄的進出口商品符合國家規定的免予檢驗條件的，由收貨人、發貨人或者生產企業申請，經國家質檢總局審查批准，出入境檢驗檢疫機構免予檢驗。

免予檢驗的具體辦法，由國家質檢總局商有關部門制定。

第七條　法定檢驗的進出口商品，由出入境檢驗檢疫機構依照商檢法第七條規定實施檢驗。

國家質檢總局根據進出口商品檢驗工作的實際需要和國際標準，可以制定進出口商品檢驗方法的技術規範和標準。

進出口商品檢驗依照或者參照的技術規範、標準以及檢驗方法的技術規範和標準，應當至少在實施之日6個月前公布；在緊急情況下，應當不遲於實施之日公布。

第八條　出入境檢驗檢疫機構根據便利對外貿易的需要，對進出口企業實施分類管理，並按照根據國際通行的合格評定程序確定的檢驗監管方式，對進出口商品實施檢驗。

第九條　出入境檢驗檢疫機構對進出口商品實施檢驗的內容，包括是否符合安全、衛生、健康、環境保護、防止詐欺等要求以及相關的品質、數量、重量等項目。

第十條　出入境檢驗檢疫機構依照商檢法的規定，對實施許可制度和國家規定必須經過認證的進出口商品實行驗證管理，查驗單證，核對證貨是否相符。

實行驗證管理的進出口商品目錄，由國家質檢總局商有關部門後制定、調整並公布。

第十一條　進出口商品的收貨人或者發貨人可以自行辦理報檢手續，也可以委託代理報檢企業辦理報檢手續；採用快件方式進出口商品的，收貨人或者發貨人應當委託出入境快件營運企業辦理報檢手續。

第十二條　進出口商品的收貨人或者發貨人辦理報檢手續，應當依法向出入境檢驗檢疫機構備案。

第十三條　代理報檢企業接受進出口商品的收貨人或者發貨人的委託，以委託人的名義辦理報檢手續的，應當向出入境檢驗檢疫機構提交授權委託書，遵守本條例對委託人的各項規定；以自己的名義辦理報檢手續的，應當承擔與收貨人或者發貨人相同的法律責任。

出入境快件營運企業接受進出口商品的收貨人或者發貨人的委託，應當以自己的名義辦理報檢手續，承擔與收貨人或者發貨人相同的法律責任。

委託人委託代理報檢企業、出入境快件營運企業辦理報檢手續的，應當向代理報檢企業、出入境快件營運企業提供所委託報檢事項的真實情況；代理報檢企業、出入境快件營運企業接受委託人的委託辦理報檢手續的，應當對委託人所提供情況的真實

性進行合理審查。

第十四條 國家質檢總局建立進出口商品風險預警機制，通過收集進出口商品檢驗方面的信息，進行風險評估，確定風險的類型，採取相應的風險預警措施及快速反應措施。

國家質檢總局和出入境檢驗檢疫機構應當及時向有關方面提供進出口商品檢驗方面的信息。

第十五條 出入境檢驗檢疫機構工作人員依法執行職務，有關單位和個人應當予以配合，任何單位和個人不得非法干預和阻撓。

第二章　進口商品的檢驗

第十六條 法定檢驗的進口商品的收貨人應當持合同、發票、裝箱單、提單等必要的憑證和相關批准文件，向海關報關地的出入境檢驗檢疫機構報檢；海關放行後20日內，收貨人應當依照本條例第十八條的規定，向出入境檢驗檢疫機構申請檢驗。法定檢驗的進口商品未經檢驗的，不準銷售，不準使用。

進口實行驗證管理的商品，收貨人應當向海關報關地的出入境檢驗檢疫機構申請驗證。出入境檢驗檢疫機構按照國家質檢總局的規定實施驗證。

第十七條 法定檢驗的進口商品、實行驗證管理的進口商品，海關憑出入境檢驗檢疫機構簽發的貨物通關單辦理海關通關手續。

第十八條 法定檢驗的進口商品應當在收貨人報檢時申報的目的地檢驗。

大宗散裝商品、易腐爛變質商品、可用作原料的固體廢物以及已發生殘損、短缺的商品，應當在卸貨口岸檢驗。

對前兩款規定的進口商品，國家質檢總局可以根據便利對外貿易和進出口商品檢驗工作的需要，指定在其他地點檢驗。

第十九條 除法律、行政法規另有規定外，法定檢驗的進口商品經檢驗，涉及人身財產安全、健康、環境保護項目不合格的，由出入境檢驗檢疫機構責令當事人銷毀，或者出具退貨處理通知單並書面告知海關，海關憑退貨處理通知單辦理退運手續；其他項目不合格的，可以在出入境檢驗檢疫機構的監督下進行技術處理，經重新檢驗合格的，方可銷售或者使用。當事人申請出入境檢驗檢疫機構出證的，出入境檢驗檢疫機構應當及時出證。

出入境檢驗檢疫機構對檢驗不合格的進口成套設備及其材料，簽發不準安裝使用通知書。經技術處理，並經出入境檢驗檢疫機構重新檢驗合格的，方可安裝使用。

第二十條 法定檢驗以外的進口商品，經出入境檢驗檢疫機構抽查檢驗不合格的，依照本條例第十九條的規定處理。

實行驗證管理的進口商品，經出入境檢驗檢疫機構驗證不合格的，參照本條例第十九條的規定處理或者移交有關部門處理。

法定檢驗以外的進口商品的收貨人，發現進口商品質量不合格或者殘損、短缺，申請出證的，出入境檢驗檢疫機構或者其他檢驗機構應當在檢驗後及時出證。

第二十一條　對屬於法定檢驗範圍內的關係國計民生、價值較高、技術複雜的以及其他重要的進口商品和大型成套設備，應當按照對外貿易合同約定監造、裝運前檢驗或者監裝。收貨人保留到貨後最終檢驗和索賠的權利。

出入境檢驗檢疫機構可以根據需要派出檢驗人員參加或者組織實施監造、裝運前檢驗或者監裝。

第二十二條　國家對進口可用作原料的固體廢物的國外供貨商、國內收貨人實行註冊登記制度，國外供貨商、國內收貨人在簽訂對外貿易合同前，應當取得國家質檢總局或者出入境檢驗檢疫機構的註冊登記。國家對進口可用作原料的固體廢物實行裝運前檢驗制度，進口時，收貨人應當提供出入境檢驗檢疫機構或者檢驗機構出具的裝運前檢驗證書。

對價值較高，涉及人身財產安全、健康、環境保護項目的高風險進口舊機電產品，應當依照國家有關規定實施裝運前檢驗，進口時，收貨人應當提供出入境檢驗檢疫機構或者檢驗機構出具的裝運前檢驗證書。

進口可用作原料的固體廢物、國家允許進口的舊機電產品到貨後，由出入境檢驗檢疫機構依法實施檢驗。

第二十三條　進口機動車輛到貨後，收貨人憑出入境檢驗檢疫機構簽發的進口機動車輛檢驗證單以及有關部門簽發的其他單證向車輛管理機關申領行車牌證。在使用過程中發現有涉及人身財產安全的質量缺陷的，出入境檢驗檢疫機構應當及時作出相應處理。

第三章　　出口商品的檢驗

第二十四條　法定檢驗的出口商品的發貨人應當在國家質檢總局統一規定的地點和期限內，持合同等必要的憑證和相關批准文件向出入境檢驗檢疫機構報檢。法定檢驗的出口商品未經檢驗或者經檢驗不合格的，不準出口。

出口商品應當在商品的生產地檢驗。國家質檢總局可以根據便利對外貿易和進出口商品檢驗工作的需要，指定在其他地點檢驗。

出口實行驗證管理的商品，發貨人應當向出入境檢驗檢疫機構申請驗證。出入境檢驗檢疫機構按照國家質檢總局的規定實施驗證。

第二十五條　在商品生產地檢驗的出口商品需要在口岸換證出口的，由商品生產地的出入境檢驗檢疫機構按照規定簽發檢驗換證憑單。發貨人應當在規定的期限內持檢驗換證憑單和必要的憑證，向口岸出入境檢驗檢疫機構申請查驗。經查驗合格的，由口岸出入境檢驗檢疫機構簽發貨物通關單。

第二十六條　法定檢驗的出口商品、實行驗證管理的出口商品，海關憑出入境檢驗檢疫機構簽發的貨物通關單辦理海關通關手續。

第二十七條　法定檢驗的出口商品經出入境檢驗檢疫機構檢驗或者經口岸出入境檢驗檢疫機構查驗不合格的，可以在出入境檢驗檢疫機構的監督下進行技術處理，經重新檢驗合格的，方準出口；不能進行技術處理或者技術處理後重新檢驗仍不合格的，

不準出口。

第二十八條　法定檢驗以外的出口商品，經出入境檢驗檢疫機構抽查檢驗不合格的，依照本條例第二十七條的規定處理。

實行驗證管理的出口商品，經出入境檢驗檢疫機構驗證不合格的，參照本條例第二十七條的規定處理或者移交有關部門處理。

第二十九條　出口危險貨物包裝容器的生產企業，應當向出入境檢驗檢疫機構申請包裝容器的性能鑒定。包裝容器經出入境檢驗檢疫機構鑒定合格並取得性能鑒定證書的，方可用於包裝危險貨物。

出口危險貨物的生產企業，應當向出入境檢驗檢疫機構申請危險貨物包裝容器的使用鑒定。使用未經鑒定或者經鑒定不合格的包裝容器的危險貨物，不準出口。

第三十條　對裝運出口的易腐爛變質食品、冷凍品的集裝箱、船艙、飛機、車輛等運載工具，承運人、裝箱單位或者其代理人應當在裝運前向出入境檢驗檢疫機構申請清潔、衛生、冷藏、密固等適載檢驗。未經檢驗或者經檢驗不合格的，不準裝運。

第四章　監督管理

第三十一條　出入境檢驗檢疫機構根據便利對外貿易的需要，可以對列入目錄的出口商品進行出廠前的質量監督管理和檢驗。

出入境檢驗檢疫機構進行出廠前的質量監督管理和檢驗的內容，包括對生產企業的質量保證工作進行監督檢查，對出口商品進行出廠前的檢驗。

第三十二條　國家對進出口食品生產企業實施衛生註冊登記管理。獲得衛生註冊登記的出口食品生產企業，方可生產、加工、儲存出口食品。獲得衛生註冊登記的進出口食品生產企業生產的食品，方可進口或者出口。

實施衛生註冊登記管理的進口食品生產企業，應當按照規定向國家質檢總局申請衛生註冊登記。

實施衛生註冊登記管理的出口食品生產企業，應當按照規定向出入境檢驗檢疫機構申請衛生註冊登記。

出口食品生產企業需要在國外衛生註冊的，依照本條第三款規定進行衛生註冊登記後，由國家質檢總局統一對外辦理。

第三十三條　出入境檢驗檢疫機構根據需要，對檢驗合格的進出口商品加施商檢標志，對檢驗合格的以及其他需要加施封識的進出口商品加施封識。具體辦法由國家質檢總局制定。

第三十四條　出入境檢驗檢疫機構按照有關規定對檢驗的進出口商品抽取樣品。驗餘的樣品，出入境檢驗檢疫機構應當通知有關單位在規定的期限內領回；逾期不領回的，由出入境檢驗檢疫機構處理。

第三十五條　進出口商品的報檢人對出入境檢驗檢疫機構作出的檢驗結果有異議的，可以自收到檢驗結果之日起15日內，向作出檢驗結果的出入境檢驗檢疫機構或者其上級出入境檢驗檢疫機構以至國家質檢總局申請復驗，受理復驗的出入境檢驗檢疫

機構或者國家質檢總局應當自收到復驗申請之日起 60 日內作出復驗結論。技術複雜，不能在規定期限內作出復驗結論的，經本機構負責人批准，可以適當延長，但是延長期限最多不超過 30 日。

第三十六條　國家質檢總局或者出入境檢驗檢疫機構根據進出口商品檢驗工作的需要，可以指定符合規定資質條件的國內外檢測機構承擔出入境檢驗檢疫機構委託的進出口商品檢測。被指定的檢測機構經檢查不符合規定要求的，國家質檢總局或者出入境檢驗檢疫機構可以取消指定。

第三十七條　在中華人民共和國境內設立從事進出口商品檢驗鑒定業務的檢驗機構，應當依法辦理工商登記，並符合有關法律、行政法規、規章規定的註冊資本、技術能力等條件，經國家質檢總局和有關主管部門審核批准，獲得許可，方可接受委託辦理進出口商品檢驗鑒定業務。

第三十八條　對檢驗機構的檢驗鑒定業務活動有異議的，可以向國家質檢總局或者出入境檢驗檢疫機構投訴。

第三十九條　國家質檢總局、出入境檢驗檢疫機構實施監督管理或者對涉嫌違反進出口商品檢驗法律、行政法規的行為進行調查，有權查閱、複製當事人的有關合同、發票、帳簿以及其他有關資料。出入境檢驗檢疫機構對有根據認為涉及人身財產安全、健康、環境保護項目不合格的進出口商品，經本機構負責人批准，可以查封或者扣押，但海關監管貨物除外。

第四十條　國家質檢總局、出入境檢驗檢疫機構應當根據便利對外貿易的需要，採取有效措施，簡化程序，方便進出口。

辦理進出口商品報檢、檢驗、鑒定等手續，符合條件的，可以採用電子數據文件的形式。

第四十一條　出入境檢驗檢疫機構依照有關法律、行政法規的規定，簽發出口貨物普惠制原產地證明、區域性優惠原產地證明、專用原產地證明。

出口貨物一般原產地證明的簽發，依照有關法律、行政法規的規定執行。

第四十二條　出入境檢驗檢疫機構對進出保稅區、出口加工區等海關特殊監管區域的貨物以及邊境小額貿易進出口商品的檢驗管理，由國家質檢總局商海關總署另行制定辦法。

第五章　　法律責任

第四十三條　擅自銷售、使用未報檢或者未經檢驗的屬於法定檢驗的進口商品，或者擅自銷售、使用應當申請進口驗證而未申請的進口商品的，由出入境檢驗檢疫機構沒收違法所得，並處商品貨值金額5%以上20%以下罰款；構成犯罪的，依法追究刑事責任。

第四十四條　擅自出口未報檢或者未經檢驗的屬於法定檢驗的出口商品，或者擅自出口應當申請出口驗證而未申請的出口商品的，由出入境檢驗檢疫機構沒收違法所得，並處商品貨值金額5%以上20%以下罰款；構成犯罪的，依法追究刑事責任。

第四十五條　銷售、使用經法定檢驗、抽查檢驗或者驗證不合格的進口商品，或者出口經法定檢驗、抽查檢驗或者驗證不合格的商品的，由出入境檢驗檢疫機構責令停止銷售、使用或者出口，沒收違法所得和違法銷售、使用或者出口的商品，並處違法銷售、使用或者出口的商品貨值金額等值以上3倍以下罰款；構成犯罪的，依法追究刑事責任。

第四十六條　進出口商品的收貨人、發貨人、代理報檢企業或者出入境快件營運企業、報檢人員不如實提供進出口商品的真實情況，取得出入境檢驗檢疫機構的有關證單，或者對法定檢驗的進出口商品不予報檢，逃避進出口商品檢驗的，由出入境檢驗檢疫機構沒收違法所得，並處商品貨值金額5%以上20%以下罰款。

進出口商品的收貨人或者發貨人委託代理報檢企業、出入境快件營運企業辦理報檢手續，未按照規定向代理報檢企業、出入境快件營運企業提供所委託報檢事項的真實情況，取得出入境檢驗檢疫機構的有關證單的，對委託人依照前款規定予以處罰。

代理報檢企業、出入境快件營運企業、報檢人員對委託人所提供情況的真實性未進行合理審查或者因工作疏忽，導致騙取出入境檢驗檢疫機構有關證單的結果的，由出入境檢驗檢疫機構對代理報檢企業、出入境快件營運企業處2萬元以上20萬元以下罰款。

第四十七條　偽造、變造、買賣或者盜竊檢驗證單、印章、標志、封識、貨物通關單或者使用偽造、變造的檢驗證單、印章、標志、封識、貨物通關單，構成犯罪的，依法追究刑事責任；尚不夠刑事處罰的，由出入境檢驗檢疫機構責令改正，沒收違法所得，並處商品貨值金額等值以下罰款。

第四十八條　擅自調換出入境檢驗檢疫機構抽取的樣品或者出入境檢驗檢疫機構檢驗合格的進出口商品的，由出入境檢驗檢疫機構責令改正，給予警告；情節嚴重的，並處商品貨值金額10%以上50%以下罰款。

第四十九條　進口或者出口國家實行衛生註冊登記管理而未獲得衛生註冊登記的生產企業生產的食品的，由出入境檢驗檢疫機構責令停止進口或者出口，沒收違法所得，並處商品貨值金額10%以上50%以下罰款。

已獲得衛生註冊登記的進出口食品生產企業，經檢查不符合規定要求的，由國家質檢總局或者出入境檢驗檢疫機構責令限期整改；整改仍未達到規定要求或者有其他違法行為，情節嚴重的，吊銷其衛生註冊登記證書。

第五十條　進口可用作原料的固體廢物，國外供貨商、國內收貨人未取得註冊登記，或者未進行裝運前檢驗的，按照國家有關規定責令退貨；情節嚴重的，由出入境檢驗檢疫機構並處10萬元以上100萬元以下罰款。

已獲得註冊登記的可用作原料的固體廢物的國外供貨商、國內收貨人違反國家有關規定，情節嚴重的，由出入境檢驗檢疫機構撤銷其註冊登記。

進口國家允許進口的舊機電產品未按照規定進行裝運前檢驗的，按照國家有關規定予以退貨；情節嚴重的，由出入境檢驗檢疫機構並處100萬元以下罰款。

第五十一條　提供或者使用未經出入境檢驗檢疫機構鑒定的出口危險貨物包裝容器的，由出入境檢驗檢疫機構處10萬元以下罰款。

提供或者使用經出入境檢驗檢疫機構鑒定不合格的包裝容器裝運出口危險貨物的，由出入境檢驗檢疫機構處 20 萬元以下罰款。

第五十二條　提供或者使用未經出入境檢驗檢疫機構適載檢驗的集裝箱、船艙、飛機、車輛等運載工具裝運易腐爛變質食品、冷凍品出口的，由出入境檢驗檢疫機構處 10 萬元以下罰款。

提供或者使用經出入境檢驗檢疫機構檢驗不合格的集裝箱、船艙、飛機、車輛等運載工具裝運易腐爛變質食品、冷凍品出口的，由出入境檢驗檢疫機構處 20 萬元以下罰款。

第五十三條　擅自調換、損毀出入境檢驗檢疫機構加施的商檢標志、封識的，由出入境檢驗檢疫機構處 5 萬元以下罰款。

第五十四條　從事進出口商品檢驗鑒定業務的檢驗機構超出其業務範圍，或者違反國家有關規定，擾亂檢驗鑒定秩序的，由出入境檢驗檢疫機構責令改正，沒收違法所得，可以並處 10 萬元以下罰款，國家質檢總局或者出入境檢驗檢疫機構可以暫停其 6 個月以內檢驗鑒定業務；情節嚴重的，由國家質檢總局吊銷其檢驗鑒定資格證書。

第五十五條　代理報檢企業、出入境快件營運企業違反國家有關規定，擾亂報檢秩序的，由出入境檢驗檢疫機構責令改正，沒收違法所得，可以處 10 萬元以下罰款，國家質檢總局或者出入境檢驗檢疫機構可以暫停其 6 個月以內代理報檢業務。

第五十六條　出入境檢驗檢疫機構的工作人員濫用職權，故意刁難當事人的，徇私舞弊，偽造檢驗結果的，或者玩忽職守，延誤檢驗出證的，依法給予行政處分；違反有關法律、行政法規規定簽發出口貨物原產地證明的，依法給予行政處分，沒收違法所得；構成犯罪的，依法追究刑事責任。

第五十七條　出入境檢驗檢疫機構對沒收的商品依法予以處理所得價款、沒收的違法所得、收繳的罰款，全部上繳國庫。

第六章　附　則

第五十八條　當事人對出入境檢驗檢疫機構、國家質檢總局作出的復驗結論不服，或者對國家質檢總局、出入境檢驗檢疫機構作出的處罰決定不服的，可以依法申請行政復議，也可以依法向人民法院提起訴訟。

當事人逾期不履行處罰決定，又不申請行政復議或者向人民法院提起訴訟的，作出處罰決定的機構可以申請人民法院強制執行。

第五十九條　出入境檢驗檢疫機構實施法定檢驗、經許可的檢驗機構辦理檢驗鑒定業務，按照國家有關規定收取費用。

第六十條　本條例自 2005 年 12 月 1 日起施行。1992 年 10 月 7 日國務院批准、1992 年 10 月 23 日原國家進出口商品檢驗局發布的《中華人民共和國進出口商品檢驗法實施條例》同時廢止。

(二)中華人民共和國進出境動植物檢疫法實施條例

(國務院 1996 年 12 月 2 日發布,自 1997 年 1 月 1 日起施行)

第一章　總　則
第二章　檢疫審批
第三章　進境檢疫
第四章　出境檢疫
第五章　過境檢疫
第六章　攜帶、郵寄物檢疫
第七章　運輸工具檢疫
第八章　檢疫監督
第九章　法律責任
第十章　附　則

第一章　總　則

第一條　根據《中華人民共和國進出境動植物檢疫法》(以下簡稱進出境動植物檢疫法)的規定,制定本條例。

第二條　下列各物,依照進出境動植物檢疫法和本條例的規定實施檢疫:

(一)進境、出境、過境的動植物、動植物產品和其他檢疫物;

(二)裝載動植物、動植物產品和其他檢疫物的裝載容器、包裝物、鋪墊材料;

(三)來自動植物疫區的運輸工具;

(四)進境拆解的廢舊船舶;

(五)有關法律、行政法規、國際條約規定或者貿易合同約定應當實施進出境動植物檢疫的其他貨物、物品。

第三條　國務院農業行政主管部門主管全國進出境動植物檢疫工作。

中華人民共和國動植物檢疫局(以下簡稱國家動植物檢疫局)統一管理全國進出境動植物檢疫工作,收集國內外重大動植物疫情,負責國際間進出境動植物檢疫的合作與交流。

國家動植物檢疫局在對外開放的口岸和進出境動植物檢疫業務集中的地點設立的口岸動植物檢疫機關,依照進出境動植物檢疫法和本條例的規定,實施進出境動植物檢疫。

第四條　國(境)外發生重大動植物疫情並可能傳入中國時,根據情況採取下列緊急預防措施:

(一)國務院可以對相關邊境區域採取控制措施,必要時下令禁止來自動植物疫區

的運輸工具進境或者封鎖有關口岸；

（二）國務院農業行政主管部門可以公布禁止從動植物疫情流行的國家和地區進境的動植物、動植物產品和其他檢疫物的名錄；

（三）有關口岸動植物檢疫機關可以對可能受病蟲害污染的本條例第二條所列進境各物採取緊急檢疫處理措施；

（四）受動植物疫情威脅地區的地方人民政府可以立即組織有關部門制訂並實施應急方案，同時向上級人民政府和國家動植物檢疫局報告。

郵電、運輸部門對重大動植物疫情報告和送檢材料應當優先傳送。

第五條　享有外交、領事特權與豁免的外國機構和人員公用或者自用的動植物、動植物產品和其他檢疫物進境，應當依照進出境動植物檢疫法和本條例的規定實施檢疫；口岸動植物檢疫機關查驗時，應當遵守有關法律的規定。

第六條　海關依法配合口岸動植物檢疫機關，對進出境動植物、動植物產品和其他檢疫物實行監管，具體辦法由國務院農業行政主管部門會同海關總署制定。

第七條　進出境動植物檢疫法所稱動植物疫區和動植物疫情流行的國家與地區的名錄，由國務院農業行政主管部門確定並公布。

第八條　對貫徹執行進出境動植物檢疫法和本條例做出顯著成績的單位和個人，給予獎勵。

第二章　檢疫審批

第九條　輸入動物、動物產品和進出境動植物檢疫法第五條第一款所列禁止進境物的檢疫審批，由國家動植物檢疫局或者其授權的口岸動植物檢疫機關負責。

輸入植物種子、種苗及其他繁殖材料的檢疫審批，由植物檢疫條例規定的機關負責。

第十條　符合下列條件的，方可辦理進境檢疫審批手續：

（一）輸出國家或者地區無重大動植物疫情；

（二）符合中國有關動植物檢疫法律、法規、規章的規定；

（三）符合中國與輸出國家或者地區簽訂的有關雙邊檢疫協定（含檢疫協議、備忘錄等，下同）。

第十一條　檢疫審批手續應當在貿易合同或者協議簽訂前辦妥。

第十二條　攜帶、郵寄植物種子、種苗及其他繁殖材料進境的，必須事先提出申請，辦理檢疫審批手續；因特殊情況無法事先辦理的，攜帶人或者郵寄人應當在口岸補辦檢疫審批手續，經審批機關同意並經檢疫合格後方準進境。

第十三條　要求運輸動物過境的，貨主或者其代理人必須事先向國家動植物檢疫局提出書面申請，提交輸出國家或者地區政府動植物檢疫機關出具的疫情證明、輸入國家或者地區政府動植物檢疫機關出具的准許該動物進境的證件，並說明擬過境的路線，國家動植物檢疫局審查同意後，簽發（動物過境許可證）。

第十四條　因科學研究等特殊需要，引進進出境動植物檢疫法第五條第一款所列

禁止進境物的，辦理禁止進境物特許檢疫審批手續時，貨主、物主或者其代理人必須提交書面申請，說明其數量、用途、引進方式、進境後的防疫措施，並附具有關口岸動植物檢疫機關簽署的意見。

第十五條 辦理進境檢疫審批手續後，有下列情況之一的，貨主、物主或者其代理人應當重新申請辦理檢疫審批手續：

（一）變更進境物的品種或者數量的；
（二）變更輸出國家或者地區的；
（三）變更進境口岸的；
（四）超過檢疫審批有效期的。

第三章　進境檢疫

第十六條 進出境動植物檢疫法第十一條所稱中國法定的檢疫要求，是指中國的法律、行政法規和國務院農業行政主管部門規定的動植物檢疫要求。

第十七條 國家對向中國輸出動植物產品的國外生產、加工、存放單位，實行註冊登記制度。具體辦法由國務院農業行政主管部門制定。

第十八條 輸入動植物、動植物產品和其他檢疫物的，貨主或者其代理人應當在進境前或者進境時向進境口岸動植物檢疫機關報檢。屬於調離海關監管區檢疫的，運達指定地點時，貨主或者其代理人應當通知有關口岸動植物檢疫機關。屬於轉關貨物的，貨主或者其代理人應當在進境時向進境口岸動植物檢疫機關申報；到達指運地時，應當向指運地口岸動植物檢疫機關報檢。

輸入種畜禽及其精液、胚胎的，應與在進境前30日報檢；輸入其他動物的，應當在進境前15日報檢；輸入植物種子、種苗及其他繁殖材料的，應當在進境前7日報檢。

動植物性包裝物、鋪墊材料進境時，貨主或者其代理人應當及時向口岸動植物檢疫機關申報；動植物檢疫機關可以根據具體情況對申報物實施檢疫。

前款所稱動植物性包裝物、鋪墊材料，是指直接用作包裝物、鋪墊材料的動物產品和植物、植物產品。

第十九條 向口岸動植物檢疫機關報檢時應當填寫報檢單，並提交輸出國家或者地區政府動植物檢疫機關出具的檢疫證書、產地證書和貿易合同、信用證、發票等單證；依法應當辦理檢疫審批手續的，還應當提交檢疫審批單。無輸出國家或者地區政府動植物檢疫機關出具的有效檢疫證書，或者未依法辦理檢疫審批手續的，口岸動植物檢疫機關可以根據具體情況，作退回或者銷毀處理。

第二十條 輸入的動植物、動植物產品和其他檢疫物運達口岸時，檢疫人員可以到運輸工具上和貨物現場實施檢疫，核對貨、證是否相符，並可以按照規定採取樣品。承運人、貨主或者其代理人應當向檢疫人員提供裝載清單和有關資料。

第二十一條 裝載動物的運輸工具抵達口岸時，上下運輸工具或者接近動物的人員，應當接受口岸動植物檢疫機關實施的防疫消毒，並執行其採取的其他現場預防措施。

第二十二條　檢疫人員應當按照下列規定實施現場檢疫：

（一）動物：檢查有無疫病的臨床症狀。發現疑似感染傳染病或者已死亡的動物時，在貨主或者押運人的配合下查明情況，立即處理。動物的鋪墊材料、剩餘飼料和排泄物等，由貨主或者其代理人在檢疫人員的監督下，作除害處理。

（二）動物產品：檢查有無腐敗變質現象，容器、包裝是否完好。符合要求的，允許卸離運輸工具。發現散包、容器破裂的，由貨主或者其代理人負責整理完好，方可卸離運輸工具。根據情況，對運輸工具的有關部位及裝載動物產品的容器、外表包裝、鋪墊材料、被污染場地等進行消毒處理。需要實施實驗室檢疫的，按照規定採取樣品。對易滋生植物害蟲或者混藏雜草種子的動物產品，同時實施植物檢疫。

（三）植物、植物產品：檢查貨物和包裝物有無病蟲害，並按照規定採取樣品。發現病蟲害並有擴散可能時，及時對該批貨物、運輸工具和裝卸現場採取必要的防疫措施。對來自動物傳染病疫區或者易帶動物傳染病和寄生蟲病病原體並用作動物飼料的植物產品，同時實施動物檢疫。

（四）動植物性包裝物、鋪墊材料：檢查是否攜帶病蟲害、混藏雜草種子、沾帶土壤，並按照規定採取樣品。

（五）其他檢疫物：檢查包裝是否完好及是否被病蟲害污染。發現破損或者被病蟲害污染時，作除害處理。

第二十三條　對船舶、火車裝運的大宗動植物產品，應當就地分層檢查；限於港口、車站的存放條件，不能就地檢查的，經口岸動植物檢疫機關同意，也可以邊卸載邊疏運，將動植物產品運往指定的地點存放。在卸貨過程中經檢疫發現疫情時，應當立即停止卸貨，由貨主或有其代理人按照口岸動植物檢疫機關的要求，對已卸和未卸貨物作除害處理，並採取防止疫情擴散的措施；對被病蟲害污染的裝卸工具和場地，也應當作除害處理。

第二十四條　輸入種用大中家畜的，應當在國家動植物檢疫局設立的動物隔離檢疫場所隔離檢疫 45 日；輸入其他動物的，應當在口岸動植物檢疫機關指定的動物隔離檢疫場所隔離檢疫 30 日。動物隔離檢疫場所管理辦法，由國務院農業行政主管部門制定。

第二十五條　進境的同一批動植物產品分港卸貨時，口岸動植物檢疫機關只對本港卸下的貨物進行檢疫，先期卸貨港的口岸動植物檢疫機關應當將檢疫及處理情況及時通知其他分卸港的口岸動植物檢疫機關；需要對外出證的，由卸畢港的口岸動植物檢疫機關匯總後統一出具檢疫證書。

在分卸港實施檢疫中發現疫情並必須進行船上熏蒸、消毒時，由該分卸港的口岸動植物檢疫機關統一出具檢疫證書，並及時通知其他分卸港的口岸動植物檢疫機關。

第二十六條　對輸入的動植物、動植物產品和其他檢疫物，按照中國的國家標準、行業標準以及國家動植物檢疫局的有關規定實施檢疫。

第二十七條　輸入動植物、動植物產品和其他檢廢物，經檢疫合格的，由口岸動植物檢疫機關在報關單上加蓋印章或者簽發《檢疫放行通知單》；需要調離進境口岸海關監管區檢疫的，由進境口岸動植物檢疫機關簽發《檢疫調離通知單》。貨主或者其代

理人憑口岸動植物檢疫機關在報關單上加蓋的印章或者簽發的《檢疫放行通知單》《檢疫調離通知單》辦理報關、運遞手續。海關對輸入的動植物、動植物產品和其他檢疫物，憑口岸動植物檢疫機關在報關單上加蓋的印章或者簽發的《檢疫放行通知單》《檢疫調離通知單》驗放。運輸、郵電部門憑單運遞，運遞期間國內其他檢疫機關不再檢疫。

第二十八條　輸入動植物、動植物產品和其他檢疫物，經檢疫不合格的，由口岸動植物檢疫機關簽發（檢疫處理通知單），通知貨主或者其代理人在口岸動植物檢疫機關的監督和技術指導下，作除害處理；需要對外索賠的，由口岸動植物檢疫機關出具檢疫證書。

第二十九條　國家動植物檢疫局根據檢疫需要，並商輸動植物、動植物產品國家或者地區政府有關機關同意，可以派檢疫人員進行預檢、監裝或者產地疫情調查。

第三十條　海關、邊防等部門截獲的非法進境的動植物、動植物產品和其他檢疫物，應當就近交由口岸動植物檢疫機關檢疫。

第四章　出境檢疫

第三十一條　貨主或者其代理人依法辦理動植物、動植物產品和其他檢疫物的出境報檢的手續時，應當提供貿易合同或者協議。

第三十二條　對輸入國要求中國對向其輸出的動植物、動植物產品和其他檢疫物的生產、加工、存放單位註冊登記的，口岸動植物檢疫機關可以實行註冊登記，並報國家動植物檢疫局備案。

第三十三條　輸出動物，出境前需經隔離檢疫的，在口岸動植物檢疫機關指定的隔離場所檢疫。輸出植物、動植物產品和其他檢疫物的，在倉庫或者貨場實施檢疫；根據需要，也可以在生產、加工過程中實施檢疫。

待檢出境植物、動植物產品和其他檢疫物應當數量齊全，包裝完好，堆放整齊、嘜頭標記明顯。

第三十四條　輸出動植物、動植物產品和其他檢疫物的檢疫依據：

（一）輸入國家或者地區和中國有關動植物檢疫規定；

（二）雙邊檢疫協定；

（三）貿易合同中訂明的檢疫要求。

第三十五條　經營運地口岸動植物檢疫機關檢疫合格的動植物、動植物產品和其他檢疫物，運達出境口岸時，按照下列規定辦理：

（一）動物應當經出境口岸動植物檢疫機關臨床檢疫或者復檢；

（二）植物、動植物產品和其他檢疫物從啟運地隨原運輸工具出境的，由出境口岸動植物檢疫機關驗證放行；改換運輸工具出境的，換證放行；

（三）植物、動植物產品和其他檢疫物到達出境口岸後拼裝的，因變更輸入國家或者地區而有不同檢疫要求的，或者超過規定的檢疫有效期的，應當重新報檢。

第三十六條　輸出動植物、動植物產品和其他檢疫物，經營運地口岸動植物檢疫

機關檢疫合格的，運往出境口岸時，運輸、郵電部門憑啓運地口岸動植物檢疫機關簽發的檢疫單證運遞，國內其他檢疫機關不可檢疫。

第五章　過境檢疫

　　第三十七條　運輸動植物，動植物產品和其他檢疫物過境（含轉運，下同）的，承運人或者押運人應當持貨運單和輸出國家或者地區政府動植物檢疫機關出具的證書，向進境口岸動植物檢疫機關報檢；運輸動物過境的，還應當同時提交國家質檢總局簽發的《動物過境許可證》。

　　第三十八條　過境動物運達進境口岸時，由進境口岸動植物檢疫機關對運輸工具、容器的外表進行消毒並對動物進行臨床檢疫，經檢疫合格的，準予過境。進境口岸動植物檢疫機關可以派檢疫人員監運至出境口岸，出境口岸動植物檢疫機關不再檢疫。

　　第三十九條　裝載過境植物、動植物產品和其他檢疫物的運輸工具和包裝物、裝載容器必須完整。經口岸動植物檢疫機關檢查，發現運輸工具或者包裝物、裝載容器有可能造成途中散漏的，承運人或者押運人應當按照口岸動植物檢疫機關的要求，採取密封措施；無法採取密封措施的，不準過境。

第六章　攜帶、郵寄物檢疫

　　第四十條　攜帶、郵寄植物種子、種苗及其他繁殖材料進境，未依法辦理檢疫審批手續的，由口岸動植物檢疫機關作退回或者銷毀處理。郵件作退回處理的，由口岸動植物檢疫機關在郵件及發遞單上批註退回原因；郵件作銷毀處理的，由口岸動植物檢疫機關簽發通知單，通知寄件人。

　　第四十一條　攜帶動植物、動植物產品和其他檢疫物進境的，進境時必須向海關申報並接受口岸動植物檢疫機關檢疫。海關應當將申報或者查獲的動植物、動植物產品和其他檢疫物及時交由口岸動植物檢疫機關檢疫。未經檢疫的，不得攜帶進境。

　　第四十二條　口岸動植物檢疫機關可以在港口、機場、車站的旅客通道、行李提取處等現場進行檢查，對可能攜帶動植物、動植物產品和其他檢疫物而未申報的，可以進行查詢並抽檢其物品，必要時可以開包（箱）檢查。

　　旅客進出境檢查現場應當設立動植物檢疫臺位和標志。

　　第四十三條　攜帶動物進境的，必須持有輸出動物的國家或者地區政府動植物檢疫機關出具的檢疫證書，經檢疫合格後放行；攜帶犬、貓等寵物進境的，還必須持有疫苗接種證書。沒有檢疫證書、疫苗接種證書的，由口岸動植物檢驗機關作限期退回或者沒收銷毀處理。作限期退回處理的，攜帶人必須在規定的時間內持口岸動植物檢疫機關簽發的截留憑證，領取並攜帶出境；逾期不領取的，作自動放棄處理。

　　攜帶植物、動植物產品和其他檢疫物進境，經現場檢疫合格的，當場放行；需要作實驗室檢疫或者隔離檢疫的，由口岸動植物檢疫機關簽發截留憑證。截留檢疫合格的，攜帶人持截留憑證向口岸動植物檢疫機關領回；逾期不領回的，作自動放棄處理。

禁止攜帶、郵寄進出境動植物檢疫法第二十九條規定的名錄所列動植物、動植物產品和其他檢疫物進境。

第四十四條　郵寄進境的動植物、動植物產品和其他檢疫物，由口岸動植物檢疫機關在國際郵件互換局（含國際郵件快速公司及其他經營國際郵件的單位，以下簡稱郵局）實施檢疫。郵局應當提供必要的工作條件。

經現場檢疫合格的，由口岸動植物檢疫機關加蓋檢疫放行章，交郵局運遞。需要作實驗室檢疫或者隔離檢疫的，口岸動植物檢疫機關應當向郵局辦理交接手續；檢疫合格的，加蓋檢疫放行章，交郵局運遞。

第四十五條　攜帶、郵寄進境的動植物、動植物產品和其他檢疫物，經檢疫不合格又無有效方法作除害處理的，作退回或者銷毀處理，並簽發《檢疫處理通知單》交攜帶人、寄件人。

第七章　運輸工具檢疫

第四十六條　口岸動植物檢疫機關對來自動植物疫區的船舶、飛機、火車，可以登船、登機、登車實施現場檢疫。有關運輸工具負責人應當接受檢疫人員的詢問並在詢問記錄上簽字，提供運行日誌和裝載貨物的情況，開啟艙室接受檢疫。

口岸動植物檢疫機關應當對前款運輸工具可能隱藏病蟲害的餐車、配餐間、廚房、儲藏室、食品艙等動植物產品存放、使用場所和泔水、動植物性廢棄物的存放場所以及集裝箱箱體等區域或者部位，實施檢疫；必要時，作防疫消毒處理。

第四十七條　來自動植物疫區的船舶、飛機、火車，經檢疫發現有進出境動植物檢疫法第十八條規定的名錄所列病蟲害的，必須作熏蒸、消毒或者其他除害處理，發現有禁止進境的動植物、動植物產品和其他檢疫物的，必須作封存或者銷毀處理；作封存處理的，在中國境內停留或者運行期間，未經口岸動植物檢疫機關許可，不得啟封動用。對運輸工具上的泔水、動植物性廢棄物及其存放場所、容器，應當在口岸動植物檢疫機關的監督下作除害處理。

第四十八條　來自動植物疫區的進境車輛，由口岸動植物檢疫機關作防疫消毒處理。裝載進境動植物、動植物產品和其他檢疫物的車輛，經檢疫發現病蟲害的，連同貨物一併作除害處理。裝運供應香港、澳門地區的動物的回空車輛，實施整車防疫消毒。

第四十九條　進境拆解的廢舊船舶，由口岸動植物檢疫機關實施檢疫。發現病蟲害的，在口岸動植物檢疫機關監督下作除害處理。發現有禁止進境的動植物、動植物產品和其他檢疫物的，在口岸動植物檢疫機關的監督下作銷毀處理。

第五十條　來自動植物疫區的進境運輸工具經檢疫或者經消毒處理合格後，運輸工具負責人或者其代理人要求出證的，由口岸動植物檢疫機關簽發《運輸工具檢疫證書》或者《運輸工具消毒證書》。

第五十一條　進境、過境運輸工具在中國境內停留期間，交通員工和其他人員不得將所裝載的動植物、動植物產品和其他檢疫物帶離運輸工具；需要帶離時，應當向

口岸動植物檢疫機關報檢。

第五十二條　裝載動物出境的運輸工具，裝載前應當在口岸動植物檢疫機關監督下進行消毒處理。

裝載植物、動植物產品和其他檢疫物出境的運輸工具，應當符合國家有關動植物防疫和檢疫的規定。發現危險性病蟲害或者超過規定標準的一般性病蟲害的，作除害處理後方可裝運。

第八章　檢疫監督

第五十三條　國家動植物檢疫局和口岸動植物檢疫機關對進出境動植物、動植物產品的生產。加工、存放過程，實行檢疫監督制度。具體辦法由國務院農業行政主管部門制定。

第五十四條　進出境動物和植物種子、種苗及其他繁殖材料，需要隔離飼養、隔離種植的，在隔離期間，應當接受口岸動植物檢疫機關的檢疫監督。

第五十五條　從事進出境動植物檢疫熏蒸、消毒處理業務的單位和人員，必須經口岸動植物檢疫機關考核合格。

口岸動植物檢疫機關對熏蒸、消毒工作進行監督、指導，並負責出具熏蒸、消毒證書。

第五十六條　口岸動植物檢疫機關可以根據需要，在機場、港口、車站、倉庫、加工廠、農場等生產、加工、存放進出境動植物、動植物產品和其他檢疫物的場所實施動植物疫情監測，有關單位應當配合。

未經口岸動植物檢疫機關許可，不得移動或者損壞動植物疫情監測器具。

第五十七條　口岸動植物檢疫機關根據需要，可以對運載進出境動植物、動植物產品和其他檢疫物的運輸工具、裝載容器加施動植物檢疫封識或者標志；未經口岸動植物檢疫機關許可，不得開拆或者損毀檢疫封識、標志。

動植物檢疫封識和標志由國家動植物檢疫局統一制發。

第五十八條　進境動物、動植物產品和其他檢疫物，裝載動植物、動植物產品和其他檢疫物的裝載容器、包裝物，運往保稅區（含保稅工廠、保稅倉庫等）的，在進境口岸依法實施檢疫；口岸動植物檢疫機關可以根據具體情況實施檢疫監督；經加工復運出境的，依照進出境動植物檢疫法和本條例有關出境檢疫的規定辦理。

第九章　法律責任

第五十九條　有下列違法行為之一的，由口岸動植物檢疫機關處 5,000 元以下的罰款：

（一）未報檢或者未依法辦理檢疫審批手續或者未按檢疫審批的規定執行的；

（二）報檢的動植物、動植物產品和其他檢疫物與實際不符。有前款第（二）項所列行為，已取得檢疫單證的，予以吊銷。

第六十條　有下列違法行為之一的，由口岸動植物檢疫機關處3,000元以上3萬元以下的罰款：

（一）未經口岸動植物檢疫機關許可擅自將進境、過境動植物、動植物產品和其他檢疫物卸離運輸工具或者運遞的；

（二）擅自調離或者處理在口岸動植物檢疫機關指定的隔離場所中隔離檢疫的動植物的；

（三）擅自開拆過境動植物、動植物產品和其他檢廢物的包裝，或者擅自開拆、損毀動植物檢疫封識或者標志的；

（四）擅自抛棄過境動物的屍體、排泄物、鋪墊材料或者其他廢棄物，或者未按規定處理運輸工具上的泔水、動植物性廢棄物的。

第六十一條　依照本條例第十六條、第三十二條的規定註冊登記的生產、加工、存放動植物，動植物產品和其他檢疫物的單位，進出境的上述物品經檢疫不合格的，除依照本條例有關規定作退回、銷毀或者除害處理外，情節嚴重的，由口岸動植物檢疫機關注銷註冊登記。

第六十二條　有下列違法行為之一的，依法追究刑事責任；尚不構成犯罪或者犯罪情節顯著輕微依法不需要判處刑罰的，由口岸動植物檢疫機關處2萬元以上5萬元以下的罰款：

（一）引起重大動植物疫情的；

（二）偽造、變造動植物檢疫單證、印章、標志、封識的。

第六十三條　從事進出境動植物檢疫熏蒸、消毒處理業務的單位和人員，不按照規定進行熏蒸和消毒處理的，口岸動植物檢疫機關可以視情節取消其熏蒸、消毒資格。

第十章　附　則

第六十四條　進出境動植物檢疫法和本條例下列用語的含義：

（一）「植物種子、種苗及其他繁殖材料」，是指栽培、野生的可供繁殖的植物全株或者部分，如植株、苗木（含試管苗）、果實、種子、砧木、接穗、插條、葉片、芽體、塊根、塊莖、鱗莖、球莖、花粉、細胞培養材料等；

（二）「裝載容器」，是指可以多次使用、易受病蟲害污染並用於裝載進出境貨物的容器，如籠、箱、桶、筐等；

（三）「其他有害生物」，是指動物傳染病、寄生蟲病和植物危險性病、蟲、雜草以外的各種為害動植物的生物有機體、病原微生物，以及軟體類、嚙齒類、螨類、多足蟲類動物和危險性病蟲的中間寄主、媒介生物等；

（四）「檢疫證書」，是指動植物檢疫機關出具的關開動植物、動植物產品和其他檢疫物健康或者衛生狀況的具有法律效力的文件，如《動物檢疫證書》《植物檢疫證書》《動物健康證書》《獸醫衛生證書》《熏蒸/消毒證書》等。

第六十五條　對進出境動植物、動植物產品和其他檢疫物實施檢疫或者按照規定作熏蒸、消毒、退回、銷毀等處理所需費用或者招致的損失，由貨主、物主或者其代

理人承擔。

第六十六條　口岸動植物檢疫機關依法實施檢疫，需要採取樣品時，應當出具採樣憑單；驗餘的樣品，貨主、物主或者其代理人應當在規定的期限內領回；逾期不領回的，由口岸動植物檢疫機關按照規定處理。

第六十七條　貿易性動物產品出境的檢疫機關，由國務院根據情況規定。

第六十八條　本條例自1997年1月1日起施行。

(三)中華人民共和國食品安全法實施條例

(2009年7月20日中華人民共和國國務院令第557號公布　根據2016年2月6日《國務院關於修改部分行政法規的決定》(國務院令第666號)修訂)

第一章　總　則

第一條　根據《中華人民共和國食品安全法》(以下簡稱食品安全法)，制定本條例。

第二條　縣級以上地方人民政府應當履行食品安全法規定的職責；加強食品安全監督管理能力建設，為食品安全監督管理工作提供保障；建立健全食品安全監督管理部門的協調配合機制，整合、完善食品安全信息網絡，實現食品安全信息共享和食品檢驗等技術資源的共享。

第三條　食品生產經營者應當依照法律、法規和食品安全標準從事生產經營活動，建立健全食品安全管理制度，採取有效管理措施，保證食品安全。

食品生產經營者對其生產經營的食品安全負責，對社會和公眾負責，承擔社會責任。

第四條　食品安全監督管理部門應當依照食品安全法和本條例的規定公布食品安全信息，為公眾諮詢、投訴、舉報提供方便；任何組織和個人有權向有關部門瞭解食品安全信息。

第二章　食品安全風險監測和評估

第五條　食品安全法第十一條規定的國家食品安全風險監測計劃，由國務院衛生行政部門會同國務院質量監督、工商行政管理和國家食品藥品監督管理以及國務院商務、工業和信息化等部門，根據食品安全風險評估、食品安全標準制訂與修訂、食品安全監督管理等工作的需要制訂。

第六條　省、自治區、直轄市人民政府衛生行政部門應當組織同級質量監督、工商行政管理、食品藥品監督管理、商務、工業和信息化等部門，依照食品安全法第十一條的規定，制訂本行政區域的食品安全風險監測方案，報國務院衛生行政部門備案。

國務院衛生行政部門應當將備案情況向國務院質量監督、工商行政管理和國家食品藥品監督管理以及國務院商務、工業和信息化等部門通報。

第七條 國務院衛生行政部門會同有關部門除依照食品安全法第十二條的規定對國家食品安全風險監測計劃作出調整外，必要時，還應當依據醫療機構報告的有關疾病信息調整國家食品安全風險監測計劃。

國家食品安全風險監測計劃作出調整後，省、自治區、直轄市人民政府衛生行政部門應當結合本行政區域的具體情況，對本行政區域的食品安全風險監測方案作出相應調整。

第八條 醫療機構發現其接收的病人屬於食源性疾病病人、食物中毒病人，或者疑似食源性疾病病人、疑似食物中毒病人的，應當及時向所在地縣級人民政府衛生行政部門報告有關疾病信息。

接到報告的衛生行政部門應當匯總、分析有關疾病信息，及時向本級人民政府報告，同時報告上級衛生行政部門；必要時，可以直接向國務院衛生行政部門報告，同時報告本級人民政府和上級衛生行政部門。

第九條 食品安全風險監測工作由省級以上人民政府衛生行政部門會同同級質量監督、工商行政管理、食品藥品監督管理等部門確定的技術機構承擔。

承擔食品安全風險監測工作的技術機構應當根據食品安全風險監測計劃和監測方案開展監測工作，保證監測數據真實、準確，並按照食品安全風險監測計劃和監測方案的要求，將監測數據和分析結果報送省級以上人民政府衛生行政部門和下達監測任務的部門。

食品安全風險監測工作人員採集樣品、搜集相關數據，可以進入相關食用農產品種植養殖、食品生產、食品流通或者餐飲服務場所。採集樣品，應當按照市場價格支付費用。

第十條 食品安全風險監測分析結果表明可能存在食品安全隱患的，省、自治區、直轄市人民政府衛生行政部門應當及時將相關信息通報本行政區域設區的市級和縣級人民政府及其衛生行政部門。

第十一條 國務院衛生行政部門應當搜集、匯總食品安全風險監測數據和分析結果，並向國務院質量監督、工商行政管理和國家食品藥品監督管理以及國務院商務、工業和信息化等部門通報。

第十二條 有下列情形之一的，國務院衛生行政部門應當組織食品安全風險評估工作：

（一）為制定或者修訂食品安全國家標準提供科學依據需要進行風險評估的；

（二）為確定監督管理的重點領域、重點品種需要進行風險評估的；

（三）發現新的可能危害食品安全的因素的；

（四）需要判斷某一因素是否構成食品安全隱患的；

（五）國務院衛生行政部門認為需要進行風險評估的其他情形。

第十三條 國務院農業行政、質量監督、工商行政管理和國家食品藥品監督管理等有關部門依照食品安全法第十五條規定向國務院衛生行政部門提出食品安全風險評

估建議，應當提供下列信息和資料：

（一）風險的來源和性質；
（二）相關檢驗數據和結論；
（三）風險涉及範圍；
（四）其他有關信息和資料。

縣級以上地方農業行政、質量監督、工商行政管理、食品藥品監督管理等有關部門應當協助收集前款規定的食品安全風險評估信息和資料。

第十四條　省級以上人民政府衛生行政、農業行政部門應當及時相互通報食品安全風險監測和食用農產品質量安全風險監測的相關信息。

國務院衛生行政、農業行政部門應當及時相互通報食品安全風險評估結果和食用農產品質量安全風險評估結果等相關信息。

第三章　食品安全標準

第十五條　國務院衛生行政部門會同國務院農業行政、質量監督、工商行政管理和國家食品藥品監督管理以及國務院商務、工業和信息化等部門制定食品安全國家標準規劃及其實施計劃。制定食品安全國家標準規劃及其實施計劃，應當公開徵求意見。

第十六條　國務院衛生行政部門應當選擇具備相應技術能力的單位起草食品安全國家標準草案。提倡由研究機構、教育機構、學術團體、行業協會等單位，共同起草食品安全國家標準草案。

國務院衛生行政部門應當將食品安全國家標準草案向社會公布，公開徵求意見。

第十七條　食品安全法第二十三條規定的食品安全國家標準審評委員會由國務院衛生行政部門負責組織。

食品安全國家標準審評委員會負責審查食品安全國家標準草案的科學性和實用性等內容。

第十八條　省、自治區、直轄市人民政府衛生行政部門應當將企業依照食品安全法第二十五條規定報送備案的企業標準，向同級農業行政、質量監督、工商行政管理、食品藥品監督管理、商務、工業和信息化等部門通報。

第十九條　國務院衛生行政部門和省、自治區、直轄市人民政府衛生行政部門應當會同同級農業行政、質量監督、工商行政管理、食品藥品監督管理、商務、工業和信息化等部門，對食品安全國家標準和食品安全地方標準的執行情況分別進行跟蹤評價，並應當根據評價結果適時組織修訂食品安全標準。

國務院和省、自治區、直轄市人民政府的農業行政、質量監督、工商行政管理、食品藥品監督管理、商務、工業和信息化等部門應當收集、匯總食品安全標準在執行過程中存在的問題，並及時向同級衛生行政部門通報。

食品生產經營者、食品行業協會發現食品安全標準在執行過程中存在問題的，應當立即向食品安全監督管理部門報告。

第四章　食品生產經營

第二十條　食品生產經營者應當依法取得相應的食品生產經營許可。法律、法規對食品生產加工小作坊和食品攤販另有規定的，依照其規定。

食品生產經營許可的有效期為 3 年。

第二十一條　食品生產經營者的生產經營條件發生變化，不符合食品生產經營要求的，食品生產經營者應當立即採取整改措施；有發生食品安全事故的潛在風險的，應當立即停止食品生產經營活動，並向所在地縣級質量監督、工商行政管理或者食品藥品監督管理部門報告；需要重新辦理許可手續的，應當依法辦理。

縣級以上質量監督、工商行政管理、食品藥品監督管理部門應當加強對食品生產經營者生產經營活動的日常監督檢查；發現不符合食品生產經營要求情形的，應當責令立即糾正，並依法予以處理；不再符合生產經營許可條件的，應當依法撤銷相關許可。

第二十二條　食品生產經營企業應當依照食品安全法第三十二條的規定組織職工參加食品安全知識培訓，學習食品安全法律、法規、規章、標準和其他食品安全知識，並建立培訓檔案。

第二十三條　食品生產經營者應當依照食品安全法第三十四條的規定建立並執行從業人員健康檢查制度和健康檔案制度。從事接觸直接入口食品工作的人員患有痢疾、傷寒、甲型病毒性肝炎、戊型病毒性肝炎等消化道傳染病，以及患有活動性肺結核、化膿性或者滲出性皮膚病等有礙食品安全的疾病的，食品生產經營者應當將其調整到其他不影響食品安全的工作崗位。

食品生產經營人員依照食品安全法第三十四條第二款規定進行健康檢查，其檢查項目等事項應當符合所在地省、自治區、直轄市的規定。

第二十四條　食品生產經營企業應當依照食品安全法第三十六條第二款、第三十七條第一款、第三十九條第二款的規定建立進貨查驗記錄制度、食品出廠檢驗記錄制度，如實記錄法律規定記錄的事項，或者保留載有相關信息的進貨或者銷售票據。記錄、票據的保存期限不得少於 2 年。

第二十五條　實行集中統一採購原料的集團性食品生產企業，可以由企業總部統一查驗供貨者的許可證和產品合格證明文件，進行進貨查驗記錄；對無法提供合格證明文件的食品原料，應當依照食品安全標準進行檢驗。

第二十六條　食品生產企業應當建立並執行原料驗收、生產過程安全管理、貯存管理、設備管理、不合格產品管理等食品安全管理制度，不斷完善食品安全保障體系，保證食品安全。

第二十七條　食品生產企業應當就下列事項制定並實施控制要求，保證出廠的食品符合食品安全標準：

（一）原料採購、原料驗收、投料等原料控制；

（二）生產工序、設備、貯存、包裝等生產關鍵環節控制；

（三）原料檢驗、半成品檢驗、成品出廠檢驗等檢驗控制；

（四）運輸、交付控制。

食品生產過程中有不符合控制要求情形的，食品生產企業應當立即查明原因並採取整改措施。

第二十八條　食品生產企業除依照食品安全法第三十六條、第三十七條規定進行進貨查驗記錄和食品出廠檢驗記錄外，還應當如實記錄食品生產過程的安全管理情況。記錄的保存期限不得少於 2 年。

第二十九條　從事食品批發業務的經營企業銷售食品，應當如實記錄批發食品的名稱、規格、數量、生產批號、保質期、購貨者名稱及聯繫方式、銷售日期等內容，或者保留載有相關信息的銷售票據。記錄、票據的保存期限不得少於 2 年。

第三十條　國家鼓勵食品生產經營者採用先進技術手段，記錄食品安全法和本條例要求記錄的事項。

第三十一條　餐飲服務提供者應當制定並實施原料採購控制要求，確保所購原料符合食品安全標準。

餐飲服務提供者在製作加工過程中應當檢查待加工的食品及原料，發現有腐敗變質或者其他感官性狀異常的，不得加工或者使用。

第三十二條　餐飲服務提供企業應當定期維護食品加工、貯存、陳列等設施、設備；定期清洗、校驗保溫設施及冷藏、冷凍設施。

餐飲服務提供者應當按照要求對餐具、飲具進行清洗、消毒，不得使用未經清洗和消毒的餐具、飲具。

第三十三條　對依照食品安全法第五十三條規定被召回的食品，食品生產者應當進行無害化處理或者予以銷毀，防止其再次流入市場。對因標籤、標示或者說明書不符合食品安全標準而被召回的食品，食品生產者在採取補救措施且能保證食品安全的情況下可以繼續銷售；銷售時應當向消費者明示補救措施。

縣級以上質量監督、工商行政管理、食品藥品監督管理部門應當將食品生產者召回不符合食品安全標準的食品的情況，以及食品經營者停止經營不符合食品安全標準的食品的情況，記入食品生產經營者食品安全信用檔案。

第五章　食品檢驗

第三十四條　申請人依照食品安全法第六十條第三款規定向承擔復檢工作的食品檢驗機構（以下稱復檢機構）申請復檢，應當說明理由。

復檢機構名錄由國務院認證認可監督管理、衛生行政、農業行政等部門共同公布。復檢機構出具的復檢結論為最終檢驗結論。

復檢機構由復檢申請人自行選擇。復檢機構與初檢機構不得為同一機構。

第三十五條　食品生產經營者對依照食品安全法第六十條規定進行的抽樣檢驗結論有異議申請復檢，復檢結論表明食品合格的，復檢費用由抽樣檢驗的部門承擔；復檢結論表明食品不合格的，復檢費用由食品生產經營者承擔。

第六章　食品進出口

第三十六條　進口食品的進口商應當持合同、發票、裝箱單、提單等必要的憑證和相關批准文件，向海關報關地的出入境檢驗檢疫機構報檢。進口食品應當經出入境檢驗檢疫機構檢驗合格。海關憑出入境檢驗檢疫機構簽發的通關證明放行。

第三十七條　進口尚無食品安全國家標準的食品，或者首次進口食品添加劑新品種、食品相關產品新品種，進口商應當向出入境檢驗檢疫機構提交依照食品安全法第六十三條規定取得的許可證明文件，出入境檢驗檢疫機構應當按照國務院衛生行政部門的要求進行檢驗。

第三十八條　國家出入境檢驗檢疫部門在進口食品中發現食品安全國家標準未規定且可能危害人體健康的物質，應當按照食品安全法第十二條的規定向國務院衛生行政部門通報。

第三十九條　向中國境內出口食品的境外食品生產企業依照食品安全法第六十五條規定進行註冊，其註冊有效期為4年。已經註冊的境外食品生產企業提供虛假材料，或者因境外食品生產企業的原因致使相關進口食品發生重大食品安全事故的，國家出入境檢驗檢疫部門應當撤銷註冊，並予以公告。

第四十條　進口的食品添加劑應當有中文標籤、中文說明書。標籤、說明書應當符合食品安全法和中國其他有關法律、行政法規的規定以及食品安全國家標準的要求，載明食品添加劑的原產地和境內代理商的名稱、地址、聯繫方式。食品添加劑沒有中文標籤、中文說明書或者標籤、說明書不符合本條規定的，不得進口。

第四十一條　出入境檢驗檢疫機構依照食品安全法第六十二條規定對進口食品實施檢驗，依照食品安全法第六十八條規定對出口食品實施監督、抽檢，具體辦法由國家出入境檢驗檢疫部門制定。

第四十二條　國家出入境檢驗檢疫部門應當建立信息收集網絡，依照食品安全法第六十九條的規定，收集、匯總、通報下列信息：

（一）出入境檢驗檢疫機構對進出口食品實施檢驗檢疫發現的食品安全信息；
（二）行業協會、消費者反應的進口食品安全信息；
（三）國際組織、境外政府機構發布的食品安全信息、風險預警信息，以及境外行業協會等組織、消費者反應的食品安全信息；
（四）其他食品安全信息。

接到通報的部門必要時應當採取相應處理措施。

食品安全監督管理部門應當及時將獲知的涉及進出口食品安全的信息向國家出入境檢驗檢疫部門通報。

第七章　食品安全事故處置

第四十三條　發生食品安全事故的單位對導致或者可能導致食品安全事故的食品

及原料、工具、設備等，應當立即採取封存等控制措施，並自事故發生之時起 2 小時內向所在地縣級人民政府衛生行政部門報告。

　　第四十四條　調查食品安全事故，應當堅持實事求是、尊重科學的原則，及時、準確查清事故性質和原因，認定事故責任，提出整改措施。

　　參與食品安全事故調查的部門應當在衛生行政部門的統一組織協調下分工協作、相互配合，提高事故調查處理的工作效率。

　　食品安全事故的調查處理辦法由國務院衛生行政部門會同國務院有關部門制定。

　　第四十五條　參與食品安全事故調查的部門有權向有關單位和個人瞭解與事故有關的情況，並要求提供相關資料和樣品。

　　有關單位和個人應當配合食品安全事故調查處理工作，按照要求提供相關資料和樣品，不得拒絕。

　　第四十六條　任何單位或者個人不得阻撓、干涉食品安全事故的調查處理。

第八章　監督管理

　　第四十七條　縣級以上地方人民政府依照食品安全法第七十六條規定制訂的食品安全年度監督管理計劃，應當包含食品抽樣檢驗的內容。對專供嬰幼兒、老年人、病人等特定人群的主輔食品，應當重點加強抽樣檢驗。

　　縣級以上農業行政、質量監督、工商行政管理、食品藥品監督管理部門應當按照食品安全年度監督管理計劃進行抽樣檢驗。抽樣檢驗購買樣品所需費用和檢驗費等，由同級財政列支。

　　第四十八條　縣級人民政府應當統一組織、協調本級衛生行政、農業行政、質量監督、工商行政管理、食品藥品監督管理部門，依法對本行政區域內的食品生產經營者進行監督管理；對發生食品安全事故風險較高的食品生產經營者，應當重點加強監督管理。

　　在國務院衛生行政部門公布食品安全風險警示信息，或者接到所在地省、自治區、直轄市人民政府衛生行政部門依照本條例第十條規定通報的食品安全風險監測信息後，設區的市級和縣級人民政府應當立即組織本級衛生行政、農業行政、質量監督、工商行政管理、食品藥品監督管理部門採取有針對性的措施，防止發生食品安全事故。

　　第四十九條　國務院衛生行政部門應當根據疾病信息和監督管理信息等，對發現的添加或者可能添加到食品中的非食品用化學物質和其他可能危害人體健康的物質的名錄及檢測方法予以公布；國務院質量監督、工商行政管理和國家食品藥品監督管理部門應當採取相應的監督管理措施。

　　第五十條　質量監督、工商行政管理、食品藥品監督管理部門在食品安全監督管理工作中可以採用國務院質量監督、工商行政管理和國家食品藥品監督管理部門認定的快速檢測方法對食品進行初步篩查；對初步篩查結果表明可能不符合食品安全標準的食品，應當依照食品安全法第六十條第三款的規定進行檢驗。初步篩查結果不得作為執法依據。

第五十一條　食品安全法第八十二條第二款規定的食品安全日常監督管理信息包括：

（一）依照食品安全法實施行政許可的情況；

（二）責令停止生產經營的食品、食品添加劑、食品相關產品的名錄；

（三）查處食品生產經營違法行為的情況；

（四）專項檢查整治工作情況；

（五）法律、行政法規規定的其他食品安全日常監督管理信息。

前款規定的信息涉及兩個以上食品安全監督管理部門職責的，由相關部門聯合公布。

第五十二條　食品安全監督管理部門依照食品安全法第八十二條規定公布信息，應當同時對有關食品可能產生的危害進行解釋、說明。

第五十三條　衛生行政、農業行政、質量監督、工商行政管理、食品藥品監督管理等部門應當公布本單位的電子郵件地址或者電話，接受諮詢、投訴、舉報；對接到的諮詢、投訴、舉報，應當依照食品安全法第八十條的規定進行答覆、核實、處理，並對諮詢、投訴、舉報和答覆、核實、處理的情況予以記錄、保存。

第五十四條　國務院工業和信息化、商務等部門依據職責制定食品行業的發展規劃和產業政策，採取措施推進產業結構優化，加強對食品行業誠信體系建設的指導，促進食品行業健康發展。

第九章　法律責任

第五十五條　食品生產經營者的生產經營條件發生變化，未依照本條例第二十一條規定處理的，由有關主管部門責令改正，給予警告；造成嚴重後果的，依照食品安全法第八十五條的規定給予處罰。

第五十六條　餐飲服務提供者未依照本條例第三十一條第一款規定制定、實施原料採購控制要求的，依照食品安全法第八十六條的規定給予處罰。

餐飲服務提供者未依照本條例第三十一條第二款規定檢查待加工的食品及原料，或者發現有腐敗變質或者其他感官性狀異常仍加工、使用的，依照食品安全法第八十五條的規定給予處罰。

第五十七條　有下列情形之一的，依照食品安全法第八十七條的規定給予處罰：

（一）食品生產企業未依照本條例第二十六條規定建立、執行食品安全管理制度的；

（二）食品生產企業未依照本條例第二十七條規定制定、實施生產過程控制要求，或者食品生產過程中有不符合控制要求的情形未依照規定採取整改措施的；

（三）食品生產企業未依照本條例第二十八條規定記錄食品生產過程的安全管理情況並保存相關記錄的；

（四）從事食品批發業務的經營企業未依照本條例第二十九條規定記錄、保存銷售信息或者保留銷售票據的；

（五）餐飲服務提供企業未依照本條例第三十二條第一款規定定期維護、清洗、校驗設施、設備的；

（六）餐飲服務提供者未依照本條例第三十二條第二款規定對餐具、飲具進行清洗、消毒，或者使用未經清洗和消毒的餐具、飲具的。

第五十八條　進口不符合本條例第四十條規定的食品添加劑的，由出入境檢驗檢疫機構沒收違法進口的食品添加劑；違法進口的食品添加劑貨值金額不足 1 萬元的，並處 2,000 元以上 5 萬以下罰款；貨值金額 1 萬元以上的，並處貨值金額 2 倍以上 5 倍以下罰款。

第五十九條　醫療機構未依照本條例第八條規定報告有關疾病信息的，由衛生行政部門責令改正，給予警告。

第六十條　發生食品安全事故的單位未依照本條例第四十三條規定採取措施並報告的，依照食品安全法第八十八條的規定給予處罰。

第六十一條　縣級以上地方人民政府不履行食品安全監督管理法定職責，本行政區域出現重大食品安全事故、造成嚴重社會影響的，依法對直接負責的主管人員和其他直接責任人員給予記大過、降級、撤職或者開除的處分。

縣級以上衛生行政、農業行政、質量監督、工商行政管理、食品藥品監督管理部門或者其他有關行政部門不履行食品安全監督管理法定職責、日常監督檢查不到位或者濫用職權、玩忽職守、徇私舞弊的，依法對直接負責的主管人員和其他直接責任人員給予記大過或者降級的處分；造成嚴重後果的，給予撤職或者開除的處分；其主要負責人應當引咎辭職。

第十章　附　則

第六十二條　本條例下列用語的含義：

食品安全風險評估，指對食品、食品添加劑中生物性、化學性和物理性危害對人體健康可能造成的不良影響所進行的科學評估，包括危害識別、危害特徵描述、暴露評估、風險特徵描述等。

餐飲服務，指通過即時製作加工、商業銷售和服務性勞動等，向消費者提供食品和消費場所及設施的服務活動。

第六十三條　食用農產品質量安全風險監測和風險評估由縣級以上人民政府農業行政部門依照《中華人民共和國農產品質量安全法》的規定進行。

國境口岸食品的監督管理由出入境檢驗檢疫機構依照食品安全法和本條例以及有關法律、行政法規的規定實施。

食品藥品監督管理部門對聲稱具有特定保健功能的食品實行嚴格監管，具體辦法由國務院另行制定。

第六十四條　本條例自公布之日起施行。

(四)缺陷汽車產品召回管理條例

(2012年10月10日國務院第219次常務會議通過,現予公布,自2013年1月1日起施行)

第一條　為了規範缺陷汽車產品召回,加強監督管理,保障人身、財產安全,制定本條例。

第二條　在中國境內生產、銷售的汽車和汽車掛車(以下統稱汽車產品)的召回及其監督管理,適用本條例。

第三條　本條例所稱缺陷,是指由於設計、製造、標示等原因導致的在同一批次、型號或者類別的汽車產品中普遍存在的不符合保障人身、財產安全的國家標準、行業標準的情形或者其他危及人身、財產安全的不合理的危險。

本條例所稱召回,是指汽車產品生產者對其已售出的汽車產品採取措施消除缺陷的活動。

第四條　國務院產品質量監督部門負責全國缺陷汽車產品召回的監督管理工作。

國務院有關部門在各自職責範圍內負責缺陷汽車產品召回的相關監督管理工作。

第五條　國務院產品質量監督部門根據工作需要,可以委託省、自治區、直轄市人民政府產品質量監督部門、進出口商品檢驗機構負責缺陷汽車產品召回監督管理的部分工作。

國務院產品質量監督部門缺陷產品召回技術機構按照國務院產品質量監督部門的規定,承擔缺陷汽車產品召回的具體技術工作。

第六條　任何單位和個人有權向產品質量監督部門投訴汽車產品可能存在的缺陷,國務院產品質量監督部門應當以便於公眾知曉的方式向社會公布受理投訴的電話、電子郵箱和通信地址。

國務院產品質量監督部門應當建立缺陷汽車產品召回信息管理系統,收集匯總、分析處理有關缺陷汽車產品信息。

產品質量監督部門、汽車產品主管部門、商務主管部門、海關、公安機關交通管理部門、交通運輸主管部門、工商行政管理部門等有關部門應當建立汽車產品的生產、銷售、進口、登記檢驗、維修、消費者投訴、召回等信息的共享機制。

第七條　產品質量監督部門和有關部門、機構及其工作人員對履行本條例規定職責所知悉的商業秘密和個人信息,不得洩露。

第八條　對缺陷汽車產品,生產者應當依照本條例全部召回;生產者未實施召回的,國務院產品質量監督部門應當依照本條例責令其召回。

本條例所稱生產者,是指在中國境內依法設立的生產汽車產品並以其名義頒發產品合格證的企業。

從中國境外進口汽車產品到境內銷售的企業,視為前款所稱的生產者。

第九條　生產者應當建立並保存汽車產品設計、製造、標示、檢驗等方面的信息記錄以及汽車產品初次銷售的車主信息記錄，保存期不得少於 10 年。

第十條　生產者應當將下列信息報國務院產品質量監督部門備案：

（一）生產者基本信息；

（二）汽車產品技術參數和汽車產品初次銷售的車主信息；

（三）因汽車產品存在危及人身、財產安全的故障而發生修理、更換、退貨的信息；

（四）汽車產品在中國境外實施召回的信息；

（五）國務院產品質量監督部門要求備案的其他信息。

第十一條　銷售、租賃、維修汽車產品的經營者（以下統稱經營者）應當按照國務院產品質量監督部門的規定建立並保存汽車產品相關信息記錄，保存期不得少於 5 年。

經營者獲知汽車產品存在缺陷的，應當立即停止銷售、租賃、使用缺陷汽車產品，並協助生產者實施召回。

經營者應當向國務院產品質量監督部門報告和向生產者通報所獲知的汽車產品可能存在缺陷的相關信息。

第十二條　生產者獲知汽車產品可能存在缺陷的，應當立即組織調查分析，並如實向國務院產品質量監督部門報告調查分析結果。

生產者確認汽車產品存在缺陷的，應當立即停止生產、銷售、進口缺陷汽車產品，並實施召回。

第十三條　國務院產品質量監督部門獲知汽車產品可能存在缺陷的，應當立即通知生產者開展調查分析；生產者未按照通知開展調查分析的，國務院產品質量監督部門應當開展缺陷調查。

國務院產品質量監督部門認為汽車產品可能存在會造成嚴重後果的缺陷的，可以直接開展缺陷調查。

第十四條　國務院產品質量監督部門開展缺陷調查，可以進入生產者、經營者的生產經營場所進行現場調查，查閱、複製相關資料和記錄，向相關單位和個人瞭解汽車產品可能存在缺陷的情況。

生產者應當配合缺陷調查，提供調查需要的有關資料、產品和專用設備。經營者應當配合缺陷調查，提供調查需要的有關資料。

國務院產品質量監督部門不得將生產者、經營者提供的資料、產品和專用設備用於缺陷調查所需的技術檢測和鑒定以外的用途。

第十五條　國務院產品質量監督部門調查認為汽車產品存在缺陷的，應當通知生產者實施召回。

生產者認為其汽車產品不存在缺陷的，可以自收到通知之日起 15 個工作日內向國務院產品質量監督部門提出異議，並提供證明材料。國務院產品質量監督部門應當組織與生產者無利害關係的專家對證明材料進行論證，必要時對汽車產品進行技術檢測或者鑒定。

生產者既不按照通知實施召回又不在本條第二款規定期限內提出異議的，或者經國務院產品質量監督部門依照本條第二款規定組織論證、技術檢測、鑒定確認汽車產品存在缺陷的，國務院產品質量監督部門應當責令生產者實施召回；生產者應當立即停止生產、銷售、進口缺陷汽車產品，並實施召回。

第十六條　生產者實施召回，應當按照國務院產品質量監督部門的規定制訂召回計劃，並報國務院產品質量監督部門備案。修改已備案的召回計劃應當重新備案。

生產者應當按照召回計劃實施召回。

第十七條　生產者應當將報國務院產品質量監督部門備案的召回計劃同時通報銷售者，銷售者應當停止銷售缺陷汽車產品。

第十八條　生產者實施召回，應當以便於公眾知曉的方式發布信息，告知車主汽車產品存在的缺陷、避免損害發生的應急處置方法和生產者消除缺陷的措施等事項。

國務院產品質量監督部門應當及時向社會公布已經確認的缺陷汽車產品信息以及生產者實施召回的相關信息。

車主應當配合生產者實施召回。

第十九條　對實施召回的缺陷汽車產品，生產者應當及時採取修正或者補充標示、修理、更換、退貨等措施消除缺陷。

生產者應當承擔消除缺陷的費用和必要的運送缺陷汽車產品的費用。

第二十條　生產者應當按照國務院產品質量監督部門的規定提交召回階段性報告和召回總結報告。

第二十一條　國務院產品質量監督部門應當對召回實施情況進行監督，並組織與生產者無利害關係的專家對生產者消除缺陷的效果進行評估。

第二十二條　生產者違反本條例規定，有下列情形之一的，由產品質量監督部門責令改正；拒不改正的，處5萬元以上20萬元以下的罰款：

（一）未按照規定保存有關汽車產品、車主的信息記錄；

（二）未按照規定備案有關信息、召回計劃；

（三）未按照規定提交有關召回報告。

第二十三條　違反本條例規定，有下列情形之一的，由產品質量監督部門責令改正；拒不改正的，處50萬元以上100萬元以下的罰款；有違法所得的，並處沒收違法所得；情節嚴重的，由許可機關吊銷有關許可：

（一）生產者、經營者不配合產品質量監督部門缺陷調查；

（二）生產者未按照已備案的召回計劃實施召回；

（三）生產者未將召回計劃通報銷售者。

第二十四條　生產者違反本條例規定，有下列情形之一的，由產品質量監督部門責令改正，處缺陷汽車產品貨值金額1%以上10%以下的罰款；有違法所得的，並處沒收違法所得；情節嚴重的，由許可機關吊銷有關許可：

（一）未停止生產、銷售或者進口缺陷汽車產品；

（二）隱瞞缺陷情況；

（三）經責令召回拒不召回。

第二十五條　違反本條例規定，從事缺陷汽車產品召回監督管理工作的人員有下列行為之一的，依法給予處分：

（一）將生產者、經營者提供的資料、產品和專用設備用於缺陷調查所需的技術檢測和鑒定以外的用途；

（二）洩露當事人商業秘密或者個人信息；

（三）其他玩忽職守、徇私舞弊、濫用職權行為。

第二十六條　違反本條例規定，構成犯罪的，依法追究刑事責任。

第二十七條　汽車產品出廠時未隨車裝備的輪胎存在缺陷的，由輪胎的生產者負責召回。具體辦法由國務院產品質量監督部門參照本條例制定。

第二十八條　生產者依照本條例召回缺陷汽車產品，不免除其依法應當承擔的責任。

汽車產品存在本條例規定的缺陷以外的質量問題的，車主有權依照產品質量法、消費者權益保護法等法律、行政法規和國家有關規定以及合同約定，要求生產者、銷售者承擔修理、更換、退貨、賠償損失等相應的法律責任。

第二十九條　本條例自 2013 年 1 月 1 日起施行。

三　部門規章

(一)中華人民共和國國境衛生檢疫法實施細則

(衛生部1989年3月6日發布，2010年4月24日和2016年2月6日兩次修訂)

第一章　一般規定
第二章　疫情通報
第三章　衛生檢疫機關
第四章　海港檢疫
第五章　航空檢疫
第六章　陸地邊境檢疫
第七章　衛生處理
第八章　檢疫傳染病管理
第九章　傳染病監測
第十章　衛生監督
第十一章　罰　則
第十二章　附　則

第一章　一般規定

第一條　根據《中華人民共和國國境衛生檢疫法》(以下稱《國境衛生檢疫法》)的規定，制定本細則。

第二條　《國境衛生檢疫法》和本細則所稱：

「查驗」指國境衛生檢疫機關(以下稱衛生檢疫機關)實施的醫學檢查和衛生檢查。

「染疫人」指正在患檢疫傳染病的人，或者經衛生檢疫機關初步診斷，認為已經感染檢疫傳染病或者已經處於檢疫傳染病潛伏期的人。

「染疫嫌疑人」指接觸過檢疫傳染病的感染環境，並且可能傳播檢疫傳染病的人。

「隔離」指將染疫人收留在指定的處所，限制其活動並進行治療，直到消除傳染病傳播的危險。

「留驗」指將染疫嫌疑人收留在指定的處所進行診察和檢驗。

「就地診驗」指一個人在衛生檢疫機關指定的期間，到就近的衛生檢疫機關或者其他醫療衛生單位去接受診察和檢驗；或者衛生檢疫機關、其他醫療衛生單位到該人員的居留地，對其進行診察和檢驗。

「運輸設備」指貨物集裝箱。

「衛生處理」指隔離、留驗和就地診驗等醫學措施，以及消毒、除鼠、除蟲等衛生措施。

「傳染病監測」指對特定環境、人群進行流行病學、血清學、病原學、臨床症狀以及其他有關影響因素的調查研究，預測有關傳染病的發生、發展和流行。

「衛生監督」指執行衛生法規和衛生標準所進行的衛生檢查、衛生鑒定、衛生評價和採樣檢驗。

「交通工具」指船舶、航空器、列車和其他車輛。

「國境口岸」指國際通航的港口、機場、車站、陸地邊境和國界江河的關口。

第三條　衛生檢疫機關在國境口岸工作的範圍，是指為國境口岸服務的涉外賓館、飯店、俱樂部，為入境、出境交通工具提供飲食、服務的單位和對入境、出境人員、交通工具、集裝箱和貨物實施檢疫、監測、衛生監督的場所。

第四條　入境、出境的人員、交通工具和集裝箱，以及可能傳播檢疫傳染病的行李、貨物、郵包等，均應當按照本細則的規定接受檢疫，經衛生檢疫機關許可，方准入境或者出境。

第五條　衛生檢疫機關發現染疫人時，應當立即將其隔離，防止任何人遭受感染，並按照本細則第八章的規定處理。

衛生檢疫機關發現染疫嫌疑人時，應當按照本細則第八章的規定處理。但對第八章規定以外的其他病種染疫嫌疑人，可以從該人員離開感染環境的時候算起，實施不超過該傳染病最長潛伏期的就地診驗或者留驗以及其他的衛生處理。

第六條　衛生檢疫機關應當阻止染疫人、染疫嫌疑人出境，但是對來自國外並且在到達時受就地診驗的人，本人要求出境的，可以准許出境；如果乘交通工具出境，檢疫醫師應當將這種情況在出境檢疫證上簽註，同時通知交通工具負責人採取必要的預防措施。

第七條　在國境口岸以及停留在該場所的入境、出境交通工具上，所有非因意外傷害而死亡並死因不明的屍體，必須經衛生檢疫機關查驗，並簽發屍體移運許可證後，方準移運。

第八條　來自國內疫區的交通工具，或者在國內航行中發現檢疫傳染病、疑似檢疫傳染病，或者有人非因意外傷害而死亡並死因不明的，交通工具負責人應當向到達的國境口岸衛生檢疫機關報告，接受臨時檢疫。

第九條　在國內或者國外檢疫傳染病大流行的時候，國務院衛生行政部門應當立即報請國務院決定採取下列檢疫措施的一部或者全部：

（一）下令封鎖陸地邊境、國界江河的有關區域；

（二）指定某些物品必須經過消毒、除蟲，方準由國外運進或者由國內運出；

（三）禁止某些物品由國外運進或者由國內運出；

（四）指定第一入境港口、降落機場。對來自國外疫區的船舶、航空器，除因遇險或者其他特殊原因外，沒有經第一入境港口、機場檢疫的，不準進入其他港口和機場。

第十條　入境、出境的集裝箱、貨物、廢舊物等物品在到達口岸的時候，承運人、代理人或者貨主，必須向衛生檢疫機關申報並接受衛生檢疫。對來自疫區的、被傳染病污染的以及可能傳播檢疫傳染病或者發現與人類健康有關的嚙齒動物和病媒昆蟲的集裝箱、貨物、廢舊物等物品，應當實施消毒、除鼠、除蟲或者其他必要的衛生處理。

集裝箱、貨物、廢舊物等物品的貨主要求在其他地方實施衛生檢疫、衛生處理的，衛生檢疫機關可以給予方便，並按規定辦理。

海關憑衛生檢疫機關簽發的衛生處理證明放行。

第十一條　入境、出境的微生物、人體組織、生物製品、血液及其製品等特殊物品的攜帶人、托運人或者郵遞人，必須向衛生檢疫機關申報並接受衛生檢疫，未經衛生檢疫機關許可，不准入境、出境。

海關憑衛生檢疫機關簽發的特殊物品審批單放行。

第十二條　入境、出境的旅客、員工個人攜帶或者托運可能傳播傳染病的行李和物品，應當接受衛生檢查。衛生檢疫機關對來自疫區或者被傳染病污染的各種食品、飲料、水產品等應當實施衛生處理或者銷毀，並簽發衛生處理證明。

海關憑衛生檢疫機關簽發的衛生處理證明放行。

第十三條　衛生檢疫機關對應當實施衛生檢疫的郵包進行衛生檢查和必要的衛生處理時，郵政部門應予配合。未經衛生檢疫機關許可，郵政部門不得運遞。

第十四條　衛生檢疫單、證的種類、式樣和簽發辦法，由國務院衛生行政部門規定。

第二章　疫情通報

第十五條　在國境口岸以及停留在國境口岸的交通工具上，發現檢疫傳染病、疑似檢疫傳染病，或者有人非因意外傷害而死亡並死因不明時，國境口岸有關單位以及交通工具的負責人，應當立即向衛生檢疫機關報告。

第十六條　衛生檢疫機關發現檢疫傳染病、監測傳染病、疑似檢疫傳染病時，應當向當地衛生行政部門和衛生防疫機構通報；發現檢疫傳染病時，還應當用最快的辦法向國務院衛生行政部門報告。

當地衛生防疫機構發現檢疫傳染病、監測傳染病時，應當向衛生檢疫機關通報。

第十七條　在國內或者國外某一地區發生檢疫傳染病流行時，國務院衛生行政部門可以宣布該地區為疫區。

第三章　衛生檢疫機關

第十八條　衛生檢疫機關根據工作需要，可以設立派出機構。衛生檢疫機關的設立、合併或者撤銷，由國務院衛生行政部門決定。

第十九條　衛生檢疫機關的職責：
（一）執行《國境衛生檢疫法》及其實施細則和國家有關衛生法規；
（二）收集、整理、報告國際和國境口岸傳染病的發生、流行和終息情況；
（三）對國境口岸的衛生狀況實施衛生監督；對入境、出境的交通工具、人員、集裝箱、屍體、骸骨以及可能傳播檢疫傳染病的行李、貨物、郵包等實施檢疫查驗、傳染病監測、衛生監督和衛生處理；
（四）對入境、出境的微生物、生物製品、人體組織、血液及其製品等特殊物品以及能傳播人類傳染病的動物，實施衛生檢疫；
（五）對入境、出境人員進行預防接種、健康檢查、醫療服務、國際旅行健康諮詢和衛生宣傳；
（六）簽發衛生檢疫證件；
（七）進行流行病學調查研究，開展科學實驗；
（八）執行國務院衛生行政部門指定的其他工作。
第二十條　國境口岸衛生監督員的職責：
（一）對國境口岸和停留在國境口岸的入境、出境交通工具進行衛生監督和衛生宣傳；
（二）在消毒、除鼠、除蟲等衛生處理方面進行技術指導；
（三）對造成傳染病傳播、齧齒動物和病媒昆蟲擴散、食物中毒、食物污染等事故進行調查，並提出控制措施。
第二十一條　衛生檢疫機關工作人員、國境口岸衛生監督員在執行任務時，應當穿著檢疫制服，佩戴檢疫標志；衛生檢疫機關的交通工具在執行任務期間，應當懸掛檢疫旗幟。
檢疫制服、標志、旗幟的式樣和使用辦法由國務院衛生行政部門會同有關部門制定，報國務院審批。

第四章　海港檢疫

第二十二條　船舶的入境檢疫，必須在港口的檢疫錨地或者經衛生檢疫機關同意的指定地點實施。
檢疫錨地由港務監督機關和衛生檢疫機關會商確定，報國務院交通和衛生行政部門備案。
第二十三條　船舶代理應當在受入境檢疫的船舶到達以前，盡早向衛生檢疫機關通知下列事項：
（一）船名、國籍、預定到達檢疫錨地的日期和時間；
（二）發航港、最後寄港；
（三）船員和旅客人數；
（四）貨物種類。
港務監督機關應當將船舶確定到達檢疫錨地的日期和時間盡早通知衛生檢疫機關。

第二十四條　受入境檢疫的船舶，在航行中，發現檢疫傳染病、疑似檢疫傳染病，或者有人非因意外傷害而死亡並死因不明的，船長必須立即向實施檢疫港口的衛生檢疫機關報告下列事項：
（一）船名、國籍、預定到達檢疫錨地的日期和時間；
（二）發航港、最後寄港；
（三）船員和旅客人數；
（四）貨物種類；
（五）病名或者主要症狀、患病人數、死亡人數；
（六）船上有無船醫。

第二十五條　受入境檢疫的船舶，必須按照下列規定懸掛檢疫信號等候查驗，在衛生檢疫機關發給入境檢疫證前，不得降下檢疫信號。

晝間在明顯處所懸掛國際通語信號旗：
（一）「Q」字旗表示：本船沒有染疫，請發給入境檢疫證；
（二）「QQ」字旗表示：本船有染疫或者染疫嫌疑，請即刻實施檢疫。

夜間在明顯處所垂直懸掛燈號：
（一）紅燈三盞表示：本船沒有染疫，請發給入境檢疫證；
（二）紅、紅、白、紅燈四盞表示：本船有染疫或者染疫嫌疑，請即刻實施檢疫。

第二十六條　懸掛檢疫信號的船舶，除引航員和經衛生檢疫機關許可的人員外，其他人員不準上船，不準裝卸行李、貨物、郵包等物品，其他船舶不準靠近；船上的人員，除因船舶遇險外，未經衛生檢疫機關許可，不準離船；引航員不得將船引離檢疫錨地。

第二十七條　申請電訊檢疫的船舶，首先向衛生檢疫機關申請衛生檢查，合格者發給衛生證書。該證書自簽發之日起 12 個月內可以申請電訊檢疫。

第二十八條　持有效衛生證書的船舶在入境前 24 小時，應當向衛生檢疫機關報告下列事項：
（一）船名、國籍、預定到達檢疫錨地的日期和時間；
（二）發航港、最後寄港；
（三）船員和旅客人數及健康狀況；
（四）貨物種類；
（五）船舶衛生證書的簽發日期和編號、除鼠證書或者免予除鼠證書的簽發日期和簽發港，以及其他衛生證件。

經衛生檢疫機關對上述報告答覆同意後，即可進港。

第二十九條　對船舶的入境檢疫，在日出後到日落前的時間內實施；凡具備船舶夜航條件，夜間可靠離碼頭和裝卸作業的港口口岸，應實行 24 小時檢疫。對來自疫區的船舶，不實行夜間檢疫。

第三十條　受入境檢疫船舶的船長，在檢疫醫師到達船上時，必須提交由船長簽字或者有船醫附簽的航海健康申報書、船員名單、旅客名單、載貨申報單，並出示除鼠證書或者免予除鼠證書。

在查驗中，檢疫醫師有權查閱航海日志和其他有關證件；需要進一步瞭解船舶航行中衛生情況時，檢疫醫師可以向船長、船醫提出詢問，船長、船醫必須如實回答。用書面回答時，須經船長簽字和船醫附簽。

第三十一條　船舶實施入境查驗完畢以後，對沒有染疫的船舶，檢疫醫師應當立即簽發入境檢疫證；如果該船有受衛生處理或者限制的事項，應當在入境檢疫證上簽註，並按照簽註事項辦理。對染疫船舶、染疫嫌疑船舶，除通知港務監督機關外，對該船舶還應當發給衛生處理通知書，該船舶上的引航員和經衛生檢疫機關許可上船的人員應當視同員工接受有關衛生處理，在衛生處理完畢以後，再發給入境檢疫證。

船舶領到衛生檢疫機關簽發的入境檢疫證後，可以降下檢疫信號。

第三十二條　船舶代理應當在受出境檢疫的船舶啓航以前，盡早向衛生檢疫機關通知下列事項：

（一）船名、國籍、預定開航的日期和時間；
（二）目的港、最初寄港；
（三）船員名單和旅客名單；
（四）貨物種類。

港務監督機關應當將船舶確定開航的日期和時間盡早通知衛生檢疫機關。

船舶的入境、出境檢疫在同一港口實施時，如果船員、旅客沒有變動，可以免報船員名單和旅客名單；有變動的，報變動船員、旅客名單。

第三十三條　受出境檢疫的船舶，船長應當向衛生檢疫機關出示除鼠證書或者免予除鼠證書和其他有關檢疫證件。檢疫醫師可以向船長、船醫提出有關船員、旅客健康情況和船上衛生情況的詢問，船長、船醫對上述詢問應當如實回答。

第三十四條　對船舶實施出境檢疫完畢以後，檢疫醫師應當按照檢疫結果立即簽發出境檢疫證，如果因衛生處理不能按原定時間啓航，應當及時通知港務監督機關。

第三十五條　對船舶實施出境檢疫完畢以後，除引航員和經衛生檢疫機關許可的人員外，其他人員不準上船，不準裝卸行李、貨物、郵包等物品。如果違反上述規定，該船舶必須重新實施出境檢疫。

第五章　航空檢疫

第三十六條　航器器在飛行中，不得向下投擲或者任其墜下能傳播傳染病的任何物品。

第三十七條　實施衛生檢疫機場的航空站，應當在受入境檢疫的航空器到達以前，盡早向衛生檢疫機關通知下列事項：

（一）航空器的國籍、機型、號碼、識別標志、預定到達時間；
（二）出發站、經停站；
（三）機組和旅客人數。

第三十八條　受入境檢疫的航空器，如果在飛行中發現檢疫傳染病、疑似檢疫傳染病，或者有人非因意外傷害而死亡並死因不明時，機長應當立即通知到達機場的航

空站，向衛生檢疫機關報告下列事項：
（一）航空器的國籍、機型、號碼、識別標志、預定到達時間；
（二）出發站、經停站；
（三）機組和旅客人數；
（四）病名或者主要症狀、患病人數、死亡人數。

第三十九條　受入境檢疫的航空器到達機場以後，檢疫醫師首先登機。機長或者其授權的代理人，必須向衛生檢疫機關提交總申報單、旅客名單、貨物倉單和有效的滅蚊證書，以及其他有關檢疫證件；對檢疫醫師提出的有關航空器上衛生狀況的詢問，機長或者其授權的代理人應當如實回答。在檢疫沒有結束之前，除經衛生檢疫機關許可外，任何人不得上下航空器，不準裝卸行李、貨物、郵包等物品。

第四十條　入境旅客必須在指定的地點，接受入境查驗，同時用書面或者口頭回答檢疫醫師提出的有關詢問。在此期間，入境旅客不得離開查驗場所。

第四十一條　對入境航空器查驗完畢以後，根據查驗結果，對沒有染疫的航空器，檢疫醫師應當簽發入境檢疫證；如果該航空器有受衛生處理或者限制的事項，應當在入境檢疫證上簽註，由機長或者其授權的代理人負責執行；對染疫或者有染疫嫌疑的航空器，除通知航空站外，對該航空器應當發給衛生處理通知單，在規定的衛生處理完畢以後，再發給入境檢疫證。

第四十二條　實施衛生檢疫機場的航空站，應當在受出境檢疫的航空器起飛以前，盡早向衛生檢疫機關提交總申報單、貨物倉單和其他有關檢疫證件，並通知下列事項：
（一）航空器的國籍、機型、號碼、識別標志、預定起飛時間；
（二）經停站、目的站；
（三）機組和旅客人數。

第四十三條　對出境航空器查驗完畢以後，如果沒有染疫，檢疫醫師應當簽發出境檢疫證或者在必要的衛生處理完畢以後，再發給出境檢疫證；如果該航空器因衛生處理不能按原定時間起飛，應當及時通知航空站。

第六章　陸地邊境檢疫

第四十四條　實施衛生檢疫的車站，應當在受入境檢疫的列車到達之前，盡早向衛生檢疫機關通知下列事項：
（一）列車的車次，預定到達的時間；
（二）始發站；
（三）列車編組情況。

第四十五條　受入境檢疫的列車和其他車輛到達車站、關口後，檢疫醫師首先登車，列車長或者其他車輛負責人，應當口頭或者書面向衛生檢疫機關申報該列車或者其他車輛上人員的健康情況，對檢疫醫師提出有關衛生狀況和人員健康的詢問，應當如實回答。

第四十六條　受入境檢疫的列車和其他車輛到達車站、關口，在實施入境檢疫而

未取得入境檢疫證以前，未經衛生檢疫機關許可，任何人不準上下列車或者其他車輛，不準裝卸行李、貨物、郵包等物品。

第四十七條　實施衛生檢疫的車站，應當在受出境檢疫列車發車以前，盡早向衛生檢疫機關通知下列事項：

（一）列車的車次，預定發車的時間；

（二）終到站；

（三）列車編組情況。

第四十八條　應當受入境、出境檢疫的列車和其他車輛，如果在行程中發現檢疫傳染病、疑似檢疫傳染病，或者有人非因意外傷害而死亡並死因不明的，列車或者其他車輛到達車站、關口時，列車長或者其他車輛負責人應當向衛生檢疫機關報告。

第四十九條　受入境、出境檢疫的列車，在查驗中發現檢疫傳染病或者疑似檢疫傳染病，或者因受衛生處理不能按原定時間發車，衛生檢疫機關應當及時通知車站的站長。如果列車在原停車地點不宜實施衛生處理，站長可以選擇站內其他地點實施衛生處理。在處理完畢之前，未經衛生檢疫機關許可，任何人不準上下列車，不準裝卸行李、貨物、郵包等物品。

為了保證入境直通列車的正常運輸，衛生檢疫機關可以派員隨車實施檢疫，列車長應當提供方便。

第五十條　對列車或者其他車輛實施入境、出境檢疫完畢後，檢疫醫師應當根據檢疫結果分別簽發入境、出境檢疫證，或者在必要的衛生處理完畢後，再分別簽發入境、出境檢疫證。

第五十一條　徒步入境、出境的人員，必須首先在指定的場所接受入境、出境查驗，未經衛生檢疫機關許可，不準離開指定的場所。

第五十二條　受入境、出境檢疫的列車以及其他車輛，載有來自疫區、有染疫或者染疫嫌疑或者夾帶能傳播傳染病的病媒昆蟲和嚙齒動物的貨物，應當接受衛生檢查和必要的衛生處理。

第七章　衛生處理

第五十三條　衛生檢疫機關的工作人員在實施衛生處理時，必須注意下列事項：

（一）防止對任何人的健康造成危害；

（二）防止對交通工具的結構和設備造成損害；

（三）防止發生火災；

（四）防止對行李、貨物造成損害。

第五十四條　入境、出境的集裝箱、行李、貨物、郵包等物品需要衛生處理的，由衛生檢疫機關實施。

入境、出境的交通工具有下列情形之一的，應當由衛生檢疫機關實施消毒、除鼠、除蟲或者其他衛生處理：

（一）來自檢疫傳染病疫區的；

（二）被檢疫傳染病污染的；
（三）發現有與人類健康有關的嚙齒動物或者病媒昆蟲，超過國家衛生標準的。

第五十五條　由國外起運經過中華人民共和國境內的貨物，如果不在境內換裝，除發生在流行病學上有重要意義的事件，需要實施衛生處理外，在一般情況下不實施衛生處理。

第五十六條　衛生檢疫機關對入境、出境的廢舊物品和曾行駛於境外港口的廢舊交通工具，根據污染程度，分別實施消毒、除鼠、除蟲，對污染嚴重的實施銷毀。

第五十七條　入境、出境的屍體、骸骨托運人或者代理人應當申請衛生檢疫，並出示死亡證明或者其他有關證件，對不符合衛生要求的，必須接受衛生檢疫機關實施的衛生處理。經衛生檢疫機關簽發屍體、骸骨入境、出境許可證後，方準運進或者運出。

對因患檢疫傳染病而死亡的病人屍體，必須就近火化，不準移運。

第五十八條　衛生檢疫機關對已在到達本口岸前的其他口岸實施衛生處理的交通工具不再重複實施衛生處理。但有下列情形之一的，仍需實施衛生處理：
（一）在原實施衛生處理的口岸或者該交通工具上，發生流行病學上有重要意義的事件，需要進一步實施衛生處理的；
（二）在到達本口岸前的其他口岸實施的衛生處理沒有實際效果的。

第五十九條　在國境口岸或者交通工具上發現嚙齒動物有反常死亡或者死因不明的，國境口岸有關單位或者交通工具的負責人，必須立即向衛生檢疫機關報告，迅速查明原因，實施衛生處理。

第六十條　國際航行船舶的船長，必須每隔6個月向衛生檢疫機關申請一次鼠患檢查，衛生檢疫機關根據檢查結果實施除鼠或者免予除鼠，並且分別發給除鼠證書或者免予除鼠證書。該證書自簽發之日起6個月內有效。

第六十一條　衛生檢疫機關只有在下列之一情況下，經檢查確認船舶無鼠害的，方可簽發免予除鼠證書：
（一）空艙；
（二）艙內雖然裝有壓艙物品或者其他物品，但是這些物品不引誘鼠類，放置情況又不妨礙實施鼠患檢查。

對油輪在實艙時進行檢查，可以簽發免予除鼠證書。

第六十二條　對船舶的鼠患檢查或者除鼠，應當盡量在船舶空艙的時候進行。如果船舶因故不宜按期進行鼠患檢查或者蒸熏除鼠，並且該船又開往便於實施鼠患檢查或者蒸熏除鼠的港口，可以准許該船原有的除鼠證書或者免予除鼠證書的有效期延長1個月，並簽發延長證明。

第六十三條　對國際航行的船舶，按照國家規定的標準，應當用蒸熏的方法除鼠時，如果該船的除鼠證書或者免予除鼠證書尚未失效，除該船染有鼠疫或者鼠疫嫌疑外，衛生檢疫機關應當將除鼠理由通知船長。船長應當按照要求執行。

第六十四條　船舶在港口停靠期間，船長應當負責採取下列的措施：
（一）纜繩上必須使用有效的防鼠板，或者其他防鼠裝置；

（二）夜間放置扶梯、橋板時，應當用強光照射；
（三）在船上發現死鼠或者捕獲到鼠類時，應當向衛生檢疫機關報告。

第六十五條　在國境口岸停留的國內航行的船舶如果存在鼠患，船方應當進行除鼠。根據船方申請，也可由衛生檢疫機關實施除鼠。

第六十六條　國務院衛生行政部門認為必要時，可以要求來自國外或者國外某些地區的人員在入境時，向衛生檢疫機關出示有效的某種預防接種證書或者健康證明。

第六十七條　預防接種的有效期如下：
（一）黃熱病疫苗自接種後第 10 日起，10 年內有效。如果前次接種不滿 10 年又經復種，自復種的當日起，10 年內有效；
（二）其他預防接種的有效期，按照有關規定執行。

第八章　檢疫傳染病管理

第一節　鼠　疫

第六十八條　鼠疫的潛伏期為 6 日。

第六十九條　船舶、航空器在到達時，有下列情形之一的，為染有鼠疫：
（一）船舶、航空器上有鼠疫病例的；
（二）船舶、航空器上發現有感染鼠疫的嚙齒動物的；
（三）船舶上曾經有人在上船 6 日以後患鼠疫的。

第七十條　船舶在到達時，有下列情形之一的，為染有鼠疫嫌疑：
（一）船舶上沒有鼠疫病例，但曾經有人在上船後 6 日以內患鼠疫的；
（二）船上嚙齒動物有反常死亡，並且死因不明的。

第七十一條　對染有鼠疫的船舶、航空器應當實施下列衛生處理：
（一）對染疫人實施隔離。
（二）對染疫嫌疑人實施除蟲，並且從到達時算起，實施不超過 6 日的就地診驗或者留驗。在此期間，船上的船員除因工作需要並且經衛生檢疫機關許可外，不準上岸。
（三）對染疫人、染疫嫌疑人的行李、使用過的其他物品和衛生檢疫機關認為有污染嫌疑的物品，實施除蟲，必要時實施消毒。
（四）對染疫人占用過的部位和衛生檢疫機關認為有污染嫌疑的部位，實施除蟲，必要時實施消毒。
（五）船舶、航空器上有感染鼠疫的嚙齒動物，衛生檢疫機關必須實施除鼠。如果船舶上發現只有未感染鼠疫的嚙齒動物，衛生檢疫機關也可以實施除鼠。實施除鼠可以在隔離的情況下進行。對船舶的除鼠應當在卸貨以前進行。
（六）卸貨應當在衛生檢疫機關的監督下進行，並且防止卸貨的工作人員遭受感染，必要時，對卸貨的工作人員從卸貨完畢時算起，實施不超過 6 日的就地診驗或者留驗。

第七十二條　對染有鼠疫嫌疑的船舶，應當實施本細則第七十一條第（二）至第

(六)項規定的衛生處理。

第七十三條 對沒有染疫的船舶、航空器,如果來自鼠疫疫區,衛生檢疫機關認為必要時,可以實施下列衛生處理:

(一)對離船、離航空器的染疫嫌疑人,從船舶、航空器離開疫區的時候算起,實施不超過6日的就地診驗或者留驗;

(二)在特殊情況下,對船舶、航空器實施除鼠。

第七十四條 對到達的時候載有鼠疫病例的列車和其他車輛,應當實施下列衛生處理:

(一)本細則第七十一條第(一)、第(三)、第(四)、第(六)項規定的衛生處理;

(二)對染疫嫌疑人實施除蟲,並且從到達時算起,實施不超過6日的就地診驗或者留驗;

(三)必要時,對列車和其他車輛實施除鼠。

第二節 霍 亂

第七十五條 霍亂潛伏期為5日。

第七十六條 船舶在到達的時候載有霍亂病例,或者在到達前5日以內,船上曾經有霍亂病例發生,為染有霍亂。

船舶在航行中曾經有霍亂病例發生,但是在到達前5日以內,沒有發生新病例,為染有霍亂嫌疑。

第七十七條 航空器在到達的時候載有霍亂病例,為染有霍亂。

航空器在航行中曾經有霍亂病例發生,但在到達以前該病員已經離去,為染有霍亂嫌疑。

第七十八條 對染有霍亂的船舶、航空器,應當實施下列衛生處理:

(一)對染疫人實施隔離;

(二)對離船、離航空器的員工、旅客,從衛生處理完畢時算起,實施不超過5日的就地診驗或者留驗;從船舶到達時算起5日內,船上的船員除因工作需要,並且經衛生檢疫機關許可外,不準上岸;

(三)對染疫人、染疫嫌疑人的行李,使用過的其他物品和有污染嫌疑的物品、食品實施消毒;

(四)對染疫人占用的部位,污染嫌疑部位,實施消毒;

(五)對污染或者有污染嫌疑的飲用水,應當實施消毒後排放,並在儲水容器消毒後再換清潔飲用水;

(六)人的排泄物、垃圾、廢水、廢物和裝自霍亂疫區的壓艙水,未經消毒,不準排放和移下;

(七)卸貨必須在衛生檢疫機關監督下進行,並且防止工作人員遭受感染,必要時,對卸貨工作人員從卸貨完畢時算起,實施不超過5日的就地診驗或者留驗。

第七十九條 對染有霍亂嫌疑的船舶、航空器應當實施下列衛生處理:

（一）本細則第七十八條第（二）至第（七）項規定的衛生處理；

（二）對離船、離航空器的員工、旅客從到達時算起，實施不超過 5 日的就地診驗或者留驗。在此期間，船上的船員除因工作需要，並經衛生檢疫機關許可外，不準離開口岸區域；或者對離船、離航空器的員工、旅客，從離開疫區時算起，實施不超過 5 日的就地診驗或者留驗。

第八十條　對沒有染疫的船舶、航空器，如果來自霍亂疫區，衛生檢疫機關認為必要時，可以實施下列衛生處理：

（一）本細則第七十八條第（五）、第（六）項規定的衛生處理；

（二）對離船、離航空器的員工、旅客，從離開疫區時算起，實施不超過 5 日的就地診驗或者留驗。

第八十一條　對到達時載有霍亂病例的列車和其他車輛應當實施下列衛生處理：

（一）按本細則第七十八條第（一）、第（三）、第（四）、第（五）、第（七）項規定的衛生處理；

（二）對染疫嫌疑人從到達時算起，實施不超過 5 日的就地診驗或者留驗。

第八十二條　對來自霍亂疫區的或者染有霍亂嫌疑的交通工具，衛生檢疫機關認為必要時，可以實施除蟲、消毒；如果交通工具載有水產品、水果、蔬菜、飲料及其他食品，除裝在密封容器內沒有被污染外，未經衛生檢疫機關許可，不準卸下，必要時可以實施衛生處理。

第八十三條　對來自霍亂疫區的水產品、水果、蔬菜、飲料以及裝有這些製品的郵包，衛生檢疫機關在查驗時，為了判明是否被污染，可以抽樣檢驗，必要時可以實施衛生處理。

第三節　黃熱病

第八十四條　黃熱病的潛伏期為 6 日。

第八十五條　來自黃熱病疫區的人員，在入境時，必須向衛生檢疫機關出示有效的黃熱病預防接種證書。

對無有效的黃熱病預防接種證書的人員，衛生檢疫機關可以從該人員離開感染環境的時候算起，實施 6 日的留驗，或者實施預防接種並留驗到黃熱病預防接種證書生效時為止。

第八十六條　航空器到達時載有黃熱病病例，為染有黃熱病。

第八十七條　來自黃熱病疫區的航空器，應當出示在疫區起飛前的滅蚊證書；如果在到達時不出示滅蚊證書，或者衛生檢疫機關認為出示的滅蚊證書不符合要求，並且在航空器上發現活蚊，為染有黃熱病嫌疑。

第八十八條　船舶在到達時載有黃熱病病例，或者在航行中曾經有黃熱病病例發生，為染有黃熱病。

船舶在到達時，如果離開黃熱病疫區沒有滿 6 日，或者沒有滿 30 日並且在船上發現埃及伊蚊或者其他黃熱病媒介，為染有黃熱病嫌疑。

第八十九條　對染有黃熱病的船舶、航空器，應當實施下列衛生處理：

（一）對染疫人實施隔離；
（二）對離船、離航空器又無有效的黃熱病預防接種證書的員工、旅客，實施本細則第八十五條規定的衛生處理；
（三）徹底殺滅船舶、航空器上的埃及伊蚊及其蟲卵、幼蟲和其他黃熱病媒介，並且在沒有完成滅蚊以前限制該船與陸地和其他船舶的距離不少於400米；
（四）卸貨應當在滅蚊以後進行，如果在滅蚊以前卸貨，應當在衛生檢疫機關監督下進行，並且採取預防措施，使卸貨的工作人員免受感染，必要時，對卸貨的工作人員，從卸貨完畢時算起，實施6日的就地診驗或者留驗。

第九十條 對染有黃熱病嫌疑的船舶、航空器，應當實施本細則第八十九條第（二）至第（四）項規定的衛生處理。

第九十一條 對沒有染疫的船舶、航空器，如果來自黃熱病疫區，衛生檢疫機關認為必要時，可以實施本細則第八十九條第（三）項規定的衛生處理。

第九十二條 對到達的時候載有黃熱病病例的列車和其他車輛，或者來自黃熱病疫區的列車和其他車輛，應當實施本細則第八十九條第（一）、第（四）項規定的衛生處理；對列車、車輛徹底殺滅成蚊及其蟲卵、幼蟲；對無有效黃熱病預防接種證書的員工、旅客，應當實施本細則第八十五條規定的衛生處理。

第四節 就地診驗、留驗和隔離

第九十三條 衛生檢疫機關對受就地診驗的人員，應當發給就地診驗記錄簿，必要的時候，可以在該人員出具履行就地診驗的保證書以後，再發給其就地診驗記錄簿。

受就地診驗的人員應當攜帶就地診驗記錄簿，按照衛生檢疫機關指定的期間、地點，接受醫學檢查；如果就地診驗的結果沒有染疫，就地診驗期滿的時候，受就地診驗的人員應當將就地診驗記錄簿退還衛生檢疫機關。

第九十四條 衛生檢疫機關應當將受就地診驗人員的情況，用最快的方法通知受就地診驗人員的旅行停留地的衛生檢疫機關或者其他醫療衛生單位。

衛生檢疫機關、醫療衛生單位遇有受就地診驗的人員請求醫學檢查時，應當視同急診給予醫學檢查，並將檢查結果在就地診驗記錄簿上簽註；如果發現其患檢疫傳染病或者監測傳染病、疑似檢疫傳染病或者疑似監測傳染病時，應當立即採取必要的衛生措施，將其就地診驗記錄簿收回存查，並且報告當地衛生防疫機構和簽發就地診驗記錄簿的衛生檢疫機關。

第九十五條 受留驗的人員必須在衛生檢疫機關指定的場所接受留驗；但是有下列情形之一的，經衛生檢疫機關同意，可以在船上留驗：
（一）船長請求船員在船上留驗的；
（二）旅客請求在船上留驗，經船長同意，並且船上有船醫和醫療、消毒設備的。

第九十六條 受留驗的人員在留驗期間如果出現檢疫傳染病的症狀，衛生檢疫機關應當立即對該人員實施隔離，對與其接觸的其他受留驗的人員，應當實施必要的衛生處理，並且從衛生處理完畢時算起，重新計算留驗時間。

244

第九章　傳染病監測

第九十七條　入境、出境的交通工具、人員、食品、飲用水和其他物品以及病媒昆蟲、動物，均為傳染病監測的對象。

第九十八條　傳染病監測內容是：

（一）首發病例的個案調查；

（二）暴發流行的流行病學調查；

（三）傳染源調查；

（四）國境口岸內監測傳染病的回顧性調查；

（五）病原體的分離、鑒定、人群、有關動物血清學調查以及流行病學調查；

（六）有關動物、病媒昆蟲、食品、飲用水和環境因素的調查；

（七）消毒、除鼠、除蟲的效果觀察與評價；

（八）國境口岸以及國內外監測傳染病疫情的收集、整理、分析和傳遞；

（九）對監測對象開展健康檢查和對監測傳染病病人、疑似病人、密切接觸人員的管理。

第九十九條　衛生檢疫機關應當阻止患有嚴重精神病、傳染性肺結核病或者有可能對公共衛生造成重大危害的其他傳染病的外國人入境。

第一百條　受入境、出境檢疫的人員，必須根據檢疫醫師的要求，如實填報健康申明卡，出示某種有效的傳染病預防接種證書、健康證明或者其他有關證件。

第一百零一條　衛生檢疫機關對國境口岸的涉外賓館、飯店內居住的入境、出境人員及工作人員實施傳染病監測，並區別情況採取必要的預防、控制措施。

對來自檢疫傳染病和監測傳染病疫區的人員，檢疫醫師可以根據流行病學和醫學檢查結果，發給就診方便卡。

衛生檢疫機關、醫療衛生單位遇到持有就診方便卡的人員請求醫學檢查時，應當視同急診給予醫學檢查；如果發現其患檢疫傳染病或者監測傳染病，疑似檢疫傳染病或者疑似監測傳染病，應當立即實施必要的衛生措施，並且將情況報告當地衛生防疫機構和簽發就診方便卡的衛生檢疫機關。

第一百零二條　凡申請出境居住 1 年以上的中國籍人員，必須持有衛生檢疫機關簽發的健康證明。中國公民出境、入境管理機關憑衛生檢疫機關簽發的健康證明辦理出境手續。

凡在境外居住 1 年以上的中國籍人員，入境時必須向衛生檢疫機關申報健康情況，並在入境後 1 個月內到就近的衛生檢疫機關或者縣級以上的醫院進行健康檢查。公安機關憑健康證明辦理有關手續。健康證明的副本應當寄送到原入境口岸的衛生檢疫機關備案。

國際通行交通工具上的中國籍員工，應當持有衛生檢疫機關或者縣級以上醫院出具的健康證明。健康證明的項目、格式由國務院衛生行政部門統一規定，有效期為 12 個月。

第一百零三條　衛生檢疫機關在國境口岸內設立傳染病監測點時，有關單位應當給予協助並提供方便。

第十章　衛生監督

第一百零四條　衛生檢疫機關依照《國境衛生檢疫法》第十八條、第十九條規定的內容，對國境口岸和交通工具實施衛生監督。

第一百零五條　對國境口岸的衛生要求是：

（一）國境口岸和國境口岸內涉外的賓館、生活服務單位以及候船、候車、候機廳（室）應當有健全的衛生制度和必要的衛生設施，並保持室內外環境整潔、通風良好。

（二）國境口岸有關部門應當採取切實可行的措施，控制嚙齒動物、病媒昆蟲，使其數量降低到不足為害的程度。倉庫、貨場必須具有防鼠設施。

（三）國境口岸的垃圾、廢物、污水、糞便必須進行無害化處理，保持國境口岸環境整潔衛生。

第一百零六條　對交通工具的衛生要求是：

（一）交通工具上的宿艙、車廂必須保持清潔衛生，通風良好；

（二）交通工具上必須備有足夠的消毒、除鼠、除蟲藥物及器械，並備有防鼠裝置；

（三）交通工具上的貨艙、行李艙、貨車車廂在裝貨前或者卸貨後應當進行徹底清掃，有毒物品和食品不得混裝，防止污染；

（四）對不符合衛生要求的入境、出境交通工具，必須接受衛生檢疫機關的督導立即進行改進。

第一百零七條　對飲用水、食品及從業人員的衛生要求是：

（一）國境口岸和交通工具上的食品、飲用水必須符合有關的衛生標準；

（二）國境口岸內的涉外賓館，以及向入境、出境的交通工具提供飲食服務的部門，營業前必須向衛生檢疫機關申請衛生許可證；

（三）國境口岸內涉外的賓館和入境、出境交通工具上的食品、飲用水從業人員應當持有衛生檢疫機關簽發的健康證書。該證書自簽發之日起 12 個月內有效。

第一百零八條　國境口岸有關單位和交通工具負責人應當遵守下列事項：

（一）遵守《國境衛生檢疫法》和本細則及有關衛生法規的規定；

（二）接受衛生監督員的監督和檢查，並為其工作提供方便；

（三）按照衛生監督員的建議，對國境口岸和交通工具的衛生狀況及時採取改進措施。

第十一章　罰　則

第一百零九條　《國境衛生檢疫法》和本細則所規定的應當受行政處罰的行為是指：

（一）應當受入境檢疫的船舶，不懸掛檢疫信號的；

（二）入境、出境的交通工具，在入境檢疫之前或者在出境檢疫之後，擅自上下人員，裝卸行李、貨物、郵包等物品的；

（三）拒絕接受檢疫或者抵制衛生監督，拒不接受衛生處理的；

（四）偽造或者塗改檢疫單、證、不如實申報疫情的；

（五）瞞報攜帶禁止進口的微生物、人體組織、生物製品、血液及其製品或者其他可能引起傳染病傳播的動物和物品的；

（六）未經檢疫的入境、出境交通工具，擅自離開檢疫地點，逃避查驗的；

（七）隱瞞疫情或者偽造情節的；

（八）未經衛生檢疫機關實施衛生處理，擅自排放壓艙水，移下垃圾、污物等控制的物品的；

（九）未經衛生檢疫機關實施衛生處理，擅自移運屍體、骸骨的；

（十）廢舊物品、廢舊交通工具，未向衛生檢疫機關申報，未經衛生檢疫機關實施衛生處理和簽發衛生檢疫證書而擅自入境、出境或者使用、拆卸的；

（十一）未經衛生檢疫機關檢查，從交通工具上移下傳染病病人造成傳染病傳播危險的。

第一百一十條　具有本細則第一百零九條所列第（一）至第（五）項行為的，處以警告或者100元以上5,000元以下的罰款；

具有本細則第一百零九條所列第（六）至第（九）項行為的，處以1,000元以上1萬元以下的罰款；

具有本細則第一百零九條所列第（十）、第（十一）項行為的，處以5,000元以上3萬元以下的罰款。

第一百一十一條　衛生檢疫機關在收取罰款時，應當出具正式的罰款收據。罰款全部上交國庫。

第十二章　附　則

第一百一十二條　國境衛生檢疫機關實施衛生檢疫的收費標準，由國務院衛生行政部門會同國務院財政、物價部門共同制定。

第一百一十三條　本細則由國務院衛生行政部門負責解釋。

第一百一十四條　本細則自發布之日起施行。

(二) 出入境檢驗檢疫報檢企業管理辦法

(國家質量監督檢驗檢疫總局 2015 年 2 月 15 日發布，自 2015 年 4 月 1 日起施行)

第一章　總　則
第二章　備案管理
第三章　報檢業務
第四章　監督管理
第五章　法律責任
第六章　附　則

第一章　總　則

第一條　為加強對出入境檢驗檢疫報檢企業的監督管理，規範報檢行為，維護正常的檢驗檢疫工作秩序，促進對外貿易健康發展，根據《中華人民共和國進出口商品檢驗法》及其實施條例、《中華人民共和國進出境動植物檢疫法》及其實施條例、《中華人民共和國國境衛生檢疫法》及其實施細則、《中華人民共和國食品安全法》及其實施條例等法律法規規定，制定本辦法。

第二條　國家質量監督檢驗檢疫總局（以下簡稱國家質檢總局）主管全國報檢企業的管理工作。

國家質檢總局設在各地的出入境檢驗檢疫部門（以下簡稱檢驗檢疫部門）負責所轄區域報檢企業的日常監督管理工作。

第三條　本辦法所稱報檢企業，包括自理報檢企業和代理報檢企業。

自理報檢企業，是指向檢驗檢疫部門辦理本企業報檢業務的進出口貨物收發貨人。出口貨物的生產、加工單位辦理報檢業務的，按照本辦法有關自理報檢企業的規定管理。

代理報檢企業，是指接受進出口貨物收發貨人（以下簡稱委託人）委託，為委託人向檢驗檢疫部門辦理報檢業務的境內企業。

第四條　本辦法所稱報檢人員，是指負責向檢驗檢疫部門辦理所在企業報檢業務的人員。

報檢企業對其報檢人員的報檢行為承擔相應的法律責任。

第二章　備案管理

第五條　報檢企業辦理報檢業務應當向檢驗檢疫部門備案，備案時應當提供以下材料：

（一）《報檢企業備案表》；
（二）營業執照複印件；
（三）組織機構代碼證書複印件；
（四）《報檢人員備案表》及報檢人員的身分證複印件；
（五）企業的公章印模；
（六）使用報檢專用章的，應當提交報檢專用章印模；
（七）出入境快件營運企業應當提交國際快遞業務經營許可證複印件。
以上材料應當加蓋企業公章，提交複印件的應當同時交驗原件。

第六條　材料齊全、符合要求的，檢驗檢疫部門應當為報檢企業辦理備案手續，核發報檢企業及報檢人員備案號。

第七條　鼓勵報檢企業在報檢前向檢驗檢疫部門辦理備案。已經辦理備案手續的報檢企業，再次報檢時可以免予提交本辦法第五條所列材料。

第八條　已備案報檢企業向檢驗檢疫部門辦理報檢業務，應當由該企業在檢驗檢疫部門備案的報檢人員辦理。

報檢人員辦理報檢業務時應當提供備案號及報檢人員身分證明。

第三章　報檢業務

第九條　報檢企業可以向檢驗檢疫部門辦理下列報檢業務：
（一）辦理報檢手續；
（二）繳納出入境檢驗檢疫費；
（三）聯繫和配合檢驗檢疫部門實施檢驗檢疫；
（四）領取檢驗檢疫證單。

第十條　報檢企業應當在中華人民共和國境內口岸或者檢驗檢疫監管業務集中的地點向檢驗檢疫部門辦理本企業的報檢業務。

自理報檢企業可以委託代理報檢企業，代為辦理報檢業務。

第十一條　代理報檢企業辦理報檢業務時，應當向檢驗檢疫部門提交委託人授權的代理報檢委託書，委託書應當列明貨物信息、具體委託事項、委託期限等內容，並加蓋委託人的公章。

代理報檢企業應當在委託人授權範圍內從事報檢業務，並對委託人所提供材料的真實性進行合理審查。

第十二條　代理報檢企業代繳出入境檢驗檢疫費的，應當將出入境檢驗檢疫收費情況如實告知委託人，不得假借檢驗檢疫部門名義向委託人收取費用。

第四章　監督管理

第十三條　報檢企業辦理報檢業務應當遵守國家有關法律、行政法規和檢驗檢疫規章的規定，承擔相應的法律責任。

第十四條　報檢企業辦理備案手續時，應當對所提交的材料以及所填報信息內容的真實性負責且承擔法律責任。

第十五條　檢驗檢疫部門對報檢企業的報檢業務進行監督檢查，報檢企業應當積極配合，如實提供有關情況和材料。

代理報檢企業應當在每年 3 月底前提交上一年度的《代理報檢業務報告》，主要內容包括企業基本信息、遵守檢驗檢疫法律法規情況、報檢業務管理制度建設情況、報檢人員管理情況、報檢檔案管理情況、報檢業務情況及分析、報檢差錯及原因分析、自我評估等。

第十六條　檢驗檢疫部門對報檢企業實施信用管理和分類管理，對報檢人員實施報檢差錯記分管理。報檢人員的差錯記分情況列入報檢企業的信用記錄。

檢驗檢疫部門可以公布報檢企業的信用等級、分類管理類別和報檢差錯記錄情況。

第十七條　《報檢企業備案表》《報檢人員備案表》中載明的備案事項發生變更的，企業應當自變更之日起 30 日內持變更證明文件等相關材料向備案的檢驗檢疫部門辦理變更手續。

第十八條　報檢企業可以向備案的檢驗檢疫部門申請註銷報檢企業或者報檢人員備案信息。報檢企業註銷備案信息的，報檢企業的報檢人員備案信息一併註銷。

第十九條　因未及時辦理備案變更、註銷而產生的法律責任由報檢企業承擔。

第二十條　鼓勵報檢協會等行業組織實施報檢企業行業自律管理，開展報檢人員能力水準認定和報檢業務培訓等，促進報檢行業的規範化、專業化，防止惡性競爭。

第二十一條　檢驗檢疫部門應當加強對報檢協會等行業組織的指導，充分發揮行業組織的預警、組織、協調作用，推動其建立和完善行業自律制度。

第五章　法律責任

第二十二條　代理報檢企業違反規定擾亂報檢秩序，有下列行為之一的，由檢驗檢疫部門按照《中華人民共和國進出口商品檢驗法實施條例》的規定進行處罰：

（一）假借檢驗檢疫部門名義向委託人收取費用的；

（二）拒絕配合檢驗檢疫部門實施檢驗檢疫，拒不接受檢驗檢疫部門監督管理，或者威脅、賄賂檢驗檢疫工作人員的；

（三）其他擾亂報檢秩序的行為。

第二十三條　報檢企業有其他違反出入境檢驗檢疫法律法規規定行為的，檢驗檢疫部門按照相關法律法規規定追究其法律責任。

第六章　附　則

第二十四條　檢驗檢疫部門按照「出入境檢驗檢疫企業信用信息採集條目」對報檢人員的報檢差錯進行計分。

第二十五條　出入境快件營運企業代理委託人辦理出入境快件報檢業務的，免予

提交報檢委託書。檢驗檢疫部門參照代理報檢企業進行管理。

第二十六條 機關單位、事業單位、社會團體等非企業單位按照國家有關規定需要從事非貿易性進出口活動的，憑有效證明文件可以直接辦理報檢手續。

第二十七條 本辦法所稱「以上」包含本數，「以下」不含本數。「年度」指1個公曆年度。

第二十八條 本辦法由國家質檢總局負責解釋。

第二十九條 本辦法自2015年4月1日起施行。國家質檢總局《出入境檢驗檢疫報檢員管理規定》（國家質檢總局令第33號）、《出入境檢驗檢疫代理報檢管理規定》（國家質檢總局令第128號）同時廢止。《出入境快件檢驗檢疫管理辦法》（國家質檢總局令第3號）、《出入境檢驗檢疫報檢規定》（國家檢驗檢疫局令第16號）與本辦法不一致的，以本辦法為準。

(三)出入境快件檢驗檢疫管理辦法

（國家質檢總局令第3號，2001年9月5日通過，2001年9月17日發布，自2001年11月15日起施行）

第一章 總 則
第二章 備案登記
第三章 報 檢
第四章 檢驗檢疫及處理
第五章 附 則

第一章 總 則

第一條 為加強出入境快件的檢驗檢疫管理，根據《中華人民共和國進出口商品檢驗法》《中華人民共和國進出境動植物檢疫法》《中華人民共和國國境衛生檢疫法》《中華人民共和國食品衛生法》等有關法律法規的規定，制定本辦法。

第二條 本辦法所稱出入境快件，是指依法經營出入境快件的企業（以下簡稱快件營運人），在特定時間內以快速的商業運輸方式承運的出入境貨物和物品。

第三條 依據本辦法規定應當實施檢驗檢疫的出入境快件包括：

（一）根據《中華人民共和國進出境動植物檢疫法》及其實施條例和《中華人民共和國國境衛生檢疫法》及其實施細則以及有關國際條約、雙邊協議規定應當實施動植物檢疫和衛生檢疫的；

（二）列入《出入境檢驗檢疫機構實施檢驗檢疫的進出境商品目錄》內的；

（三）屬於實施進口安全質量許可制度、出口質量許可制度以及衛生註冊登記制度管理的；

（四）其他有關法律法規規定應當實施檢驗檢疫的。

第四條　國家質量監督檢驗檢疫總局（以下簡稱國家質檢總局）統一管理全國出入境快件的檢驗檢疫工作。

國家質檢總局設在各地的出入境檢驗檢疫機構（以下簡稱檢驗檢疫機構）負責所轄地區出入境快件的檢驗檢疫和監督管理工作。

第五條　檢驗檢疫機構對快件營運人實行備案登記制度。

第六條　檢驗檢疫機構根據工作需要，可以在出入境快件的存放倉庫、海關監管倉庫或者快件集散地設立辦事機構或者定期派人到現場實施檢驗檢疫。

第七條　快件營運人不得承運國家有關法律法規規定禁止出入境的貨物或物品。

第八條　對應當實施檢驗檢疫的出入境快件，未經檢驗檢疫或者經檢驗檢疫不合格的，不得運遞。

第二章　備案登記

第九條　快件營運人應當向所在地檢驗檢疫機構申請辦理備案登記，並提交下列資料：

（一）備案登記申請書；
（二）企業法人營業執照；
（三）海關核發的《出入境快件營運人登記備案證書》；
（四）檢驗檢疫機構要求提供的其他資料。

第十條　檢驗檢疫機構對快件營運人所提交的有關資料進行審核，符合要求的，予以簽發《出入境快件營運人檢驗檢疫備案登記證書》

第十一條　快件營運人取得《出入境快件營運人檢驗檢疫備案登記證書》後，方可按照有關規定辦理出入境快件的報檢手續。

第十二條　快件營運人如需變更備案登記的內容，應申請辦理變更手續。

第三章　報　檢

第十三條　快件營運人應按有關規定向檢驗檢疫機構辦理報檢手續，憑檢驗檢疫機構簽發的通關單向海關辦理報關。

第十四條　快件營運人在申請辦理出入境快件報檢時，應提供報檢單、總運單、每一快件的分運單、發票等有關單證。屬於下列情形之一的，還應向檢驗檢疫機構提供有關文件：

（一）輸入動物、動物產品、植物種子、種苗及其他繁殖材料的，應提供相應的檢疫審批許可證和檢疫證明；

（二）因科研等特殊需要，輸入禁止進境物的，應提供國家質檢總局簽發的特許審批證明；

（三）屬於微生物、人體組織、生物製品、血液及其製品等特殊物品的，應提供有

關部門的審批文件；

（四）屬於實施進口安全質量許可制度、出口質量許可證制度和衛生註冊登記制度管理的，應提供有關證明；

（五）其他法律法規或者有關國際條約、雙邊協議有規定的，應提供相應的審批證明文件。

第十五條　入境快件到達海關監管區時，快件營運人應及時向所在地檢驗檢疫機構辦理報檢手續。

出境快件在其運輸工具離境4小時前，快件營運人應向離境口岸檢驗檢疫機構辦理報檢手續。

第十六條　快件營運人可以通過電子數據交換（EDI）的方式申請辦理報檢，檢驗檢疫機構對符合條件的，應予受理。

第四章　檢驗檢疫及處理

第十七條　檢驗檢疫機構對出入境快件應以現場檢驗檢疫為主，特殊情況的，可以取樣作實驗室檢驗檢疫。

第十八條　檢驗檢疫機構對出入境快件實行分類管理：

A類：國家法律法規規定應當辦理檢疫許可證的快件。

B類：屬於實施進口安全質量許可制度、出口質量許可制度以及衛生註冊登記制度管理的快件。

C類：樣品、禮品、非銷售展品和私人自用物品。

D類：以上三類以外的貨物和物品。

第十九條　入境快件的檢驗檢疫：

（一）對A類快件，按照國家法律法規和國家質檢總局規定的檢疫要求實施檢疫。

（二）對B類快件，實施重點檢驗，審核進口安全質量許可證或者衛生註冊證，查看有無進口安全質量許可認證標志或者衛生註冊標志。無進口安全質量許可證、衛生註冊證或者無進口安全質量許可標志或者衛生註冊標志的，作暫扣或退貨處理，必要時進行安全、衛生檢測。

（三）對C類快件，免予檢驗，應實施檢疫的，按有關規定實施檢疫。

（四）對D類快件，按1%～3%的比例進行抽查檢驗。

第二十條　出境快件的檢驗檢疫：

（一）對A類快件，依據輸入國家或者地區和中國有關檢驗規定實施檢疫。

（二）對B類快件，實施重點檢驗，審核出口質量許可證或者衛生註冊證，查看有無相關檢驗檢疫標志、封識。無出口質量許可證、衛生註冊證或者相關檢驗檢疫標志、封識的，不得出境。

（三）對C類快件，免予檢驗，物主有檢疫要求的，實施檢疫。

（四）對D類快件，按1%～3%的比例進行抽查檢驗。

第二十一條　入境快件經檢疫發現被檢疫傳染病病原體污染的或者帶有動植物檢

疫危險性病蟲害的以及根據法律法規規定須作檢疫處理的，檢驗檢疫機構應當按規定實施衛生、除害處理。

第二十二條 入境快件經檢驗不符合法律、行政法規規定的強制性標準或者其他必須執行的檢驗標準的，必須在檢驗檢疫機構的監督下進行技術處理。

第二十三條 入境快件經檢驗檢疫合格的，簽發有關單證，予以放行；經檢驗檢疫不合格但經實施有效檢驗檢疫處理，符合要求的，簽發有關單證，予以放行。

第二十四條 入境快件有下列情形之一的，由檢驗檢疫機構作退回或者銷毀處理，並出具有關證明：

（一）未取得檢疫審批並且未能按規定要求補辦檢疫審批手續的；

（二）按法律法規或者有關國際條約、雙邊協議的規定，須取得輸出國官方出具的檢疫證明文件或者有關聲明，而未能取得的；

（三）經檢疫不合格又無有效方法處理的；

（四）本辦法第二十二條所述的入境快件不能進行技術處理或者經技術處理後，重新檢驗仍不合格的；

（五）其他依據法律法規的規定須作退回或者銷毀處理的。

第二十五條 出境快件經檢驗檢疫合格的，簽發有關單證，予以放行。經檢驗檢疫不合格的，不準出境。

第二十六條 檢驗檢疫機構對出入境快件需作進一步檢驗檢疫處理的，可以予以封存，並與快件營運人辦理交接手續。封存期一般不得超過45日。

第二十七條 對出入境快件作出退回或者銷毀處理的，檢驗檢疫機構應當辦理有關手續並通知快件營運人。

第二十八條 快件營運人應當配合檢驗檢疫工作，向檢驗檢疫機構提供有關資料和必要的工作條件、工作用具等，必要時應當派出人員協助工作。

第五章 附　則

第二十九條 對通過郵政出入境的郵寄物的檢疫管理適用《進出境郵寄物檢疫管理辦法》。

第三十條 對違反本辦法規定的，依照有關法律法規的規定予以處罰。

第三十一條 本辦法由國家質檢總局負責解釋。

第三十二條 本辦法自2001年11月15日起施行。

（四）出入境檢驗檢疫報檢規定

（國家質量監督檢驗檢疫總局令第 16 號，自 2000 年 1 月 1 日起施行）

第一章　總　則
第二章　報檢資格
第三章　入境報檢
第四章　出境報檢
第五章　報檢及證單的更改
第六章　報檢時限和地點
第七章　附　則

第一章　總　則

第一條　為加強出入境檢驗檢疫報檢管理，規範報檢行為，根據《中華人民共和國進出口商品檢驗法》及其實施條例、《中華人民共和國進出境動植物檢疫法》及其實施條例、《中華人民共和國國境衛生檢疫法》及其實施細則、《中華人民共和國食品衛生法》等法律法規的有關規定，制定本規定。

第二條　根據法律法規規定辦理出入境檢驗檢疫報檢/申報的行為均適用本規定。

第三條　報檢範圍

（一）國家法律法規規定必須由出入境檢驗檢疫機構（以下簡稱檢驗檢疫機構）檢驗檢疫的；

（二）輸入國家或地區規定必須憑檢驗檢疫機構出具的證書方准入境的；

（三）有關國際條約規定須經檢驗檢疫的；

（四）申請簽發原產地證明書及普惠制原產地證明書的。

第四條　報檢人在報檢時應填寫規定格式的報檢單，提供與出入境檢驗檢疫有關的單證資料，按規定交納檢驗檢疫費。

第五條　報檢單填製要求為：

（一）報檢人須按要求填寫報檢單所列內容；書寫工整、字跡清晰，不得塗改；報檢日期按檢驗檢疫機構受理報檢日期填寫。

（二）報檢單必須加蓋報檢單位印章。

第二章　報檢資格

第六條　報檢單位首次報檢時須持本單位營業執照和政府批文辦理登記備案手續，取得報檢單位代碼。其報檢人員經檢驗檢疫機構培訓合格後領取「報檢員證」，憑證

報檢。

第七條　代理報檢單位須按規定辦理註冊登記手續，其報檢人員經檢驗檢疫機構培訓合格後領取「代理報檢員證」，憑證辦理代理報檢手續。

第八條　代理報檢的，須向檢驗檢疫機構提供委託書，委託書由委託人按檢驗檢疫機構規定的格式填寫。

第九條　非貿易性質的報檢行為，報檢人憑有效證件可直接辦理報檢手續。

第三章　入境報檢

第十條　入境報檢時，應填寫入境貨物報檢單並提供合同、發票、提單等有關單證。

第十一條　下列情況報檢時除按第十條規定辦理外，還應按要求提供有關文件。

（一）凡實施安全質量許可、衛生註冊、或其他需審批審核的貨物，應提供有關證明。

（二）品質檢驗的還應提供國外品質證書或質量保證書、產品使用說明書及有關標準和技術資料；憑樣成交的，須加附成交樣品；以品級或公量計價結算的，應同時申請重量鑒定。

（三）報檢入境廢物時，還應提供國家環保部門簽發的《進口廢物批准證書》和經認可的檢驗機構簽發的裝運前檢驗合格證書等。

（四）申請殘損鑒定的還應提供理貨殘損單、鐵路商務記錄、空運事故記錄或海事報告等證明貨損情況的有關單證。

（五）申請重（數）量鑒定的還應提供重量明細單，理貨清單等。

（六）貨物經收、用貨部門驗收或其他單位檢測的，應隨附驗收報告或檢測結果以及重量明細單等。

（七）入境的國際旅行者，應填寫入境檢疫申明卡。

（八）入境的動植物及其產品，在提供貿易合同、發票、產地證書的同時，還必須提供輸出國家或地區官方的檢疫證書；需辦理入境檢疫審批手續的，還應提供入境動植物檢疫許可證。

（九）過境動植物及其產品報檢時，應持貨運單和輸出國家或地區官方出具的檢疫證書；運輸動物過境時，還應提交國家檢驗檢疫局簽發的動植物過境許可證。

（十）報檢入境運輸工具、集裝箱時，應提供檢疫證明，並申報有關人員健康狀況。

（十一）入境旅客、交通員工攜帶伴侶動物的，應提供入境動物檢疫證書及預防接種證明。

（十二）因科研等特殊需要，輸入禁止入境物的，必須提供國家檢驗檢疫局簽發的特許審批證明。

（十三）入境特殊物品的，應提供有關的批件或規定的文件。

第四章　出境報檢

第十二條　出境報檢時，應填寫出境貨物報檢單並提供對外貿易合同（售貨確認書或函電）、信用證、發票、裝箱單等必要的單證。

第十三條　下列情況報檢時除按第十二條規定辦理外，還應按要求提供有關文件。

（一）凡實施質量許可、衛生註冊或需經審批的貨物，應提供有關證明。

（二）出境貨物須經生產者或經營者檢驗合格並加附檢驗合格證或檢測報告；申請重量鑒定的，應加附重量明細單或磅碼單。

（三）憑樣成交的貨物，應提供經買賣雙方確認的樣品。

（四）出境人員應向檢驗檢疫機構申請辦理國際旅行健康證明書及國際預防接種證書。

（五）報檢出境運輸工具、集裝箱時，還應提供檢疫證明，並申報有關人員健康狀況。

（六）生產出境危險貨物包裝容器的企業，必須向檢驗檢疫機構申請包裝容器的性能鑒定。

生產出境危險貨物的企業，必須向檢驗檢疫機構申請危險貨物包裝容器的使用鑒定。

（七）報檢出境危險貨物時，必須提供危險貨物包裝容器性能鑒定結果單和使用鑒定結果單。

（八）申請原產地證明書和普惠制原產地證明書的，應提供商業發票等資料。

（九）出境特殊物品的，根據法律法規規定應提供有關的審批文件。

第五章　報檢及證單的更改

第十四條　報檢人申請撤銷報檢時，應書面說明原因，經批准後方可辦理撤銷手續。

第十五條　報檢後 30 天內未聯繫檢驗檢疫事宜的，作自動撤銷報檢處理。

第十六條　有下列情況之一的應重新報檢：

（一）超過檢驗檢疫有效期限的；

（二）變更輸入國家或地區，並又有不同檢驗檢疫要求的；

（三）改換包裝或重新拼裝的；

（四）已撤銷報檢的。

第十七條　報檢人申請更改證單時，應填寫更改申請單，交附有關函電等證明單據，並交還原證單，經審核同意後方可辦理更改手續。

品名、數（重）量、檢驗檢疫結果、包裝、發貨人、收貨人等重要項目更改後與合同、信用證不符的，或者更改後與輸出、輸入國家或地區法律法規規定不符的，均不能更改。

第六章　報檢時限和地點

第十八條　對入境貨物，應在入境前或入境時向入境口岸、指定的或到達站的檢驗檢疫機構辦理報檢手續；入境的運輸工具及人員應在入境前或入境時申報。

第十九條　入境貨物需對外索賠出證的，應在索賠有效期前不少於 20 天內向到貨口岸或貨物到達地的檢驗檢疫機構報檢。

第二十條　輸入微生物、人體組織、生物製品、血液及其製品或種畜、禽及其精液、胚胎、受精卵的，應當在入境前 30 天報檢。

第二十一條　輸入其他動物的，應當在入境前 15 天報檢。

第二十二條　輸入植物、種子、種苗及其他繁殖材料的，應當在入境前 7 天報檢。

第二十三條　出境貨物最遲應於報關或裝運前 7 天報檢，對於個別檢驗檢疫週期較長的貨物，應留有相應的檢驗檢疫時間。

第二十四條　出境的運輸工具和人員應在出境前向口岸檢驗檢疫機構報檢或申報。

第二十五條　需隔離檢疫的出境動物在出境前 60 天預報，隔離前 7 天報檢。

第二十六條　報檢人對檢驗檢疫證單有特殊要求的，應在報檢單上註明並交附相關文件。

第七章　附　則

第二十七條　報檢單位和報檢人偽造、買賣、變造、塗改、盜用檢驗檢疫機構的證單、印章的，按有關法律法規予以處罰。

第二十八條　司法鑒定業務、行政機關委託及其他委託檢驗和鑒定業務，參照本規定執行。

第二十九條　本規定由國家出入境檢驗檢疫局負責解釋。

第三十條　本規定自 2000 年 1 月 1 日起施行，原國家商檢局發布的《進出口商品報驗規定》和原國家衛生檢疫局發布的《關於對入、出境集裝箱、貨物實行報檢制度的通知》同時廢止。

（五）出入境檢驗檢疫企業信用管理辦法

（國家質檢總局 2013 年 7 月 16 日發布，自 2014 年 1 月 1 日施行）

第一章　總　則
第二章　信用信息採集
第三章　信用等級評定
第四章　信用信息的使用和公開

第五章　動態管理
第六章　監督管理
第七章　附　則

第一章　總　則

第一條　為推進社會信用體系建設，規範出入境檢驗檢疫企業信用管理，增強企業誠信意識，促進對外貿易健康發展，根據出入境檢驗檢疫相關法律法規的規定，制定本辦法。

第二條　本辦法所稱信用管理是指出入境檢驗檢疫機構對企業的信用信息開展的記錄、處理、使用和公開等活動。

第三條　企業信用信息包括企業基本信息、企業守法信息、企業質量管理能力信息、產品質量信息、檢驗檢疫監管信息、社會對企業信用評價信息以及其他相關信息。

（一）企業基本信息包括企業名稱、組織機構代碼、法定代表人、地址、備案/註冊登記號等信息。

（二）企業守法信息包括企業遵守檢驗檢疫法律法規及相關違法、違規等情況。

（三）企業質量管理能力信息包括企業質量管理體系的建立及運行等情況。

（四）產品質量信息包括企業產品檢驗檢疫合格率、國外通報、退運、召回、索賠等情況。

（五）檢驗檢疫監管信息包括企業遵守檢驗檢疫相關管理規定、執行技術規範和標準等情況。

（六）社會對企業信用評價信息包括政府管理部門情況通報、媒體報導及社會公眾舉報投訴等情況。

第四條　本辦法適用於出入境檢驗檢疫機構依法實施監督管理的對象，包括：

（一）出口企業、進口企業（如進口食品境外出口商、代理商及境內進口商、出口食品生產企業及出口商、進口化妝品境內收貨人、出口化妝品生產企業及發貨人等）；

（二）代理報檢企業、出入境快件營運企業、檢疫處理單位；

（三）口岸食品生產經營單位、監管場庫、檢驗鑒定機構；

（四）其他需實施信用管理的檢驗檢疫監督管理對象。

第五條　國家質量監督檢驗檢疫總局（以下簡稱國家質檢總局）主管全國出入境檢驗檢疫企業信用管理工作。國家質檢總局設在各地的出入境檢驗檢疫機構（以下簡稱檢驗檢疫機構）負責所轄地區出入境檢驗檢疫企業信用管理工作的組織實施及管理工作。

第六條　出入境檢驗檢疫企業信用管理遵循依法實施、客觀公正、統一標準、科學分類、動態管理的原則。

第七條　檢驗檢疫機構建立統一的信用管理平臺，通過信用管理平臺對企業信用信息進行記錄、處理、使用和公開形成的數據，共同構成企業的質量信用檔案。

第八條　信用信息採集條目和信用等級評定規則由國家質檢總局統一制定並對外公布。

第二章 信用信息採集

第九條 信用信息採集是指檢驗檢疫機構對企業信用信息進行記錄的過程。

第十條 本辦法第三條第（一）項信息由檢驗檢疫機構在企業辦理備案/註冊登記手續時採集；第（二）至（五）項信息由檢驗檢疫機構依照信用信息採集條目的規定採集；第（六）項信息由檢驗檢疫機構徵詢地方政府、相關部門或核實媒體報導、社會公眾舉報投訴後，依照信用信息採集條目的規定採集。

第十一條 企業基本信息發生變化的，企業應當向檢驗檢疫機構申請變更。企業其他信用信息發生變化的，檢驗檢疫機構應當在變化後的15個工作日內，將經過審核批准的信息予以更新。

第三章 信用等級評定

第一節 一般規定

第十二條 信用等級評定是指檢驗檢疫機構對記錄的企業信用信息進行匯總審核並賦予企業相應信用等級的過程。

第十三條 企業信用等級分為AA、A、B、C、D五級。

AA級企業：信用風險極小。嚴格遵守法律法規，高度重視企業信用，嚴格履行承諾，具有健全的質量管理體系，產品或服務質量長期穩定，具有較強的社會責任感和信用示範引領作用。

A級企業：信用風險很小。遵守法律法規，重視企業信用管理工作，嚴格履行承諾，具有較健全的質量管理體系，產品或服務質量穩定。

B級企業：信用風險較小。遵守法律法規，較好履行承諾，具有較健全的質量管理體系，產品或服務質量基本穩定。

C級企業：信用風險較大。有一定的產品或服務質量保證能力，履行承諾能力一般，產品或服務質量不穩定或者有違法違規行為，但尚未造成重大危害或損失。

D級企業：信用風險很大。存在嚴重違法違規行為，或者因企業產品質量給社會、消費者及進出口貿易造成重大危害和損失。

第二節 A、B、C、D級的評定

第十四條 A、B、C、D級的評定，一般以一年為一個評定週期。因信用管理工作的需要，檢驗檢疫機構也可按照企業類型、產品類型等屬性對企業另行設置評定週期。

檢驗檢疫機構應在每年的10月份完成企業當年度評定週期的信用評定。同一企業適用多個評定週期的，按照最短的評定週期參加信用評定。

有下列情況的，不參加本週期的評定：

（一）納入信用管理的時間不足一個評定週期的；

（二）本評定週期內無檢驗檢疫相關業務的。

第十五條　A、B、C、D 級的評定根據信用分值和信用等級評定規則綜合評定。

信用分值是企業初始信用分值減去信用信息記分所得的分值。初始信用分值是企業在信用等級評定週期開始時的分值，統一為 100 分。

第十六條　信用分值在 89 分以上，且符合信用等級評定規則（A 級）的，評為 A 級。

第十七條　信用分值在 77 分以上、89 分以下的，評為 B 級。

信用分值在 89 分以上，但不符合信用等級評定規則（A 級）的，評為 B 級。

第十八條　信用分值在 65 分以上、77 分以下的，評為 C 級。

第十九條　信用分值在 65 分以下的，評為 D 級。

存在信用等級評定規則（D 級）規定情形的，直接評為 D 級。

第三節　AA 級的評定

第二十條　信用 AA 級企業應當符合以下條件：

（一）當前信用等級為 A 級，且適用 A 級管理 1 年以上；

（二）積極支持配合檢驗檢疫工作，進出口貨物質量或服務長期穩定，連續 3 年內未發生過質量安全問題、質量索賠和爭議；

（三）上一年度報檢差錯率 1% 以下；

（四）在商務、人民銀行、海關、稅務、工商、外匯等相關部門 1 年內沒有失信或違法違規記錄。

第二十一條　AA 級企業的評定，由企業提出申請，企業所在地檢驗檢疫機構受理，直屬檢驗檢疫局審核，國家質檢總局核准並統一對外公布。

第二十二條　AA 級企業按照本辦法第十四條的規定參加週期評定，並按以下規定向所在地檢驗檢疫機構提交材料：

（一）本評定週期內的產品、服務質量情況；

（二）本評定週期內企業經營管理狀況報告。

在週期評定中發現企業不再符合 AA 級條件的，按照本辦法第三章第二節的規定管理。對在日常監管中發現企業不再符合 AA 級條件的，按照本辦法第五章的規定管理。對不再符合 AA 級條件的企業，直屬檢驗檢疫局應即時取消相應資質並報國家質檢總局，國家質檢總局定期更新 AA 級企業名單。

第四章　信用信息的使用和公開

第二十三條　檢驗檢疫機構按「守信便利，失信懲戒」的原則，將企業信用等級作為開展檢驗檢疫監督管理工作的基礎，對不同信用等級的企業分別實施相應的檢驗檢疫監管措施。

（一）對 AA 級企業大力支持，在享受 A 級企業鼓勵政策的基礎上，可優先辦理進出口貨物報檢、查驗和放行手續；優先安排辦理預約報檢手續；優先辦理備案、註冊等手續；優先安排檢驗檢疫優惠政策的先行先試。

（二）對 A 級企業積極鼓勵，給予享受檢驗檢疫鼓勵政策，優先推薦實施一類管理、綠色通道、直通放行等檢驗檢疫措施。

（三）對 B 級企業積極引導，在日常監管、報檢、檢驗檢疫、放行等環節可結合相關規定實施相應的鼓勵措施。

（四）對 C 級企業加強監管，在日常監管、報檢、檢驗檢疫、放行等環節可結合相關規定實施較嚴格的管理措施。

（五）對 D 級企業重點監管，實行限制性管理措施，依據相關法律、法規、規章、規範性文件的規定重新評定企業已取得的相關資質。

第二十四條　檢驗檢疫機構可針對不同的信用等級制定和完善符合實際管理需要的監管措施。

第二十五條　除法律法規另有規定外，檢驗檢疫機構可以公布履職過程形成的企業信用信息。檢驗檢疫機構公布企業信用信息應符合法律、法規和規章的規定。以下信息不得向社會公布和披露：

（一）涉及國家秘密、商業秘密和個人隱私的信息；

（二）來源於其他行政機關、司法機關和仲裁機構，且還未對社會公開的信息；

（三）法律、法規和規章明確規定不得公開的信息。

檢驗檢疫機構應當建立信用信息發布的保密審查機制和管理制度，採取必要的信息安全措施，保障信息安全。

第二十六條　檢驗檢疫機構可根據社會信用體系建設的需要，與地方政府以及商務、人民銀行、海關、稅務、工商、外匯等部門建立合作機制。

第五章　動態管理

第一節　一般規定

第二十七條　動態管理是指在評定週期內，檢驗檢疫機構對企業的失信行為採取的即時管理措施。

動態管理的措施包括布控、即時降級和列入嚴重失信企業名單（黑名單）等。

第二十八條　「布控」指檢驗檢疫機構對在一個評定週期內失信計分累計 12 分以上，但尚未達到即時降級程度的企業，採取加嚴監管的措施。

布控的期限應不少於 30 天、不多於 90 天。檢驗檢疫機構可以根據情況設定具體的布控期限。企業在布控期限內未再次發生失信行為的，期滿後布控措施自動取消，否則順延。

第二十九條　「即時降級」指檢驗檢疫機構對在一個評定週期內失信計分累計 24 分以上，但尚未達到列入嚴重失信企業名單的企業，根據設定規則在評定週期內予以信用等級調整並加嚴監管的措施。

被即時降級的企業應同時採取布控措施。

第三十條　「列入嚴重失信企業名單」指檢驗檢疫機構對在一個評定週期內因嚴

重違法違規行為受行政處罰計分累計 36 分以上的企業，採取向社會公布並加嚴監管的措施。

列入嚴重失信企業名單的企業，直接降為信用 D 級，同時採取布控措施。

第三十一條　檢驗檢疫機構應當對實施動態管理的企業實施限制性的管理措施。

第二節　嚴重失信企業的管理

第三十二條　檢驗檢疫機構對符合本辦法第三十條規定的企業，按照以下程序進行嚴重失信企業的審核認定：

（一）各地檢驗檢疫機構負責對轄區內企業違法違規事實材料的收集。

（二）對擬列入嚴重失信企業名單的企業，由企業所在地檢驗檢疫機構報直屬檢驗檢疫局審核，上報直屬檢驗檢疫局前，應至少提前 20 日書面告知當事企業。

（三）企業如有異議，自接到書面告知材料之日起 10 日內，向告知的檢驗檢疫機構提交書面申辯材料。

（四）企業所在地檢驗檢疫機構對申辯材料進行評議，自受理申辯材料之日起 10 日內將評議意見告知企業。

（五）各直屬檢驗檢疫局對擬列入嚴重失信企業名單的企業進行審核，並於每月 10 日前上報國家質檢總局，由國家質檢總局核准並對外公布。

第三十三條　列入嚴重失信企業名單的企業，依法整改並符合法定要求後，可向所在地檢驗檢疫機構申請從嚴重失信企業名單中刪除。自檢驗檢疫機構受理申請之日起，企業在 6 個月內未發生違法違規行為的，由企業所在地檢驗檢疫機構確認、經直屬檢驗檢疫局審核後報國家質檢總局，將其從嚴重失信企業名單中刪除，但其列入嚴重失信企業名單的記錄將永久保存。

第六章　監督管理

第三十四條　企業弄虛作假、偽造信用信息，影響信用等級評定結果的，按照本辦法第五章的有關規定處理。

第三十五條　檢驗檢疫機構工作人員因失職瀆職、徇私舞弊、濫用職權等行為，影響企業信用等級評定結果的，依法追究行政責任。

第三十六條　企業認為其信用信息不準確的，可以向所在地檢驗檢疫機構提出變更或撤銷的申請。對信息確有錯誤的，相關檢驗檢疫機構應當及時予以更正。

第七章　附　則

第三十七條　本辦法所稱「以上」包含本數，「以下」不含本數。

第三十八條　本辦法由國家質檢總局負責解釋。

第三十九條　本辦法自 2014 年 1 月 1 日起施行。《出入境檢驗檢疫企業信用管理工作規範（試行）》（國質檢通函〔2009〕118 號）同時廢止。

（六）國境口岸衛生處理監督管理辦法

（國家質檢總局 2013 年 10 月 18 日公布，自 2013 年 11 月 18 日起施行）

第一章　總　則
第二章　過程監管
第三章　責任及後續監管
第四章　附　則

第一章　總　則

第一條　為規範國境口岸衛生處理工作，保障衛生處理工作依法、有效、安全實施，防止傳染病、醫學媒介生物和其他有毒有害物質的傳入、傳出，保護口岸衛生安全和公眾生命健康，根據《中華人民共和國國境衛生檢疫法》及其實施細則等法律法規的有關規定，制定本辦法。

第二條　本辦法所稱衛生處理是指為控制、殺滅、消除對人體有害的因子而實施的消毒、除鼠、除蟲、除污等衛生措施。

第三條　本辦法適用於對出入境交通工具、集裝箱、貨物（包括廢舊物品、廢舊交通工具等）、行李、郵包、屍體、骸骨以及國境口岸區域等實施衛生處理工作的監督管理。

第四條　國家質量監督檢驗檢疫總局（以下簡稱質檢總局）主管全國國境口岸衛生處理監督管理工作，各級檢驗檢疫部門負責所轄區域內衛生處理監督管理工作。

第二章　過程監管

第五條　具有下列情況之一的，應當實施衛生處理：
1. 質檢總局發布的公告和通報等文件中有明確要求的；
2. 發現存在與人類健康有關的醫學媒介生物或有毒有害物質的交通工具、集裝箱、貨物、行李、郵包等物品的；
3. 法律法規規定的其他應當實施衛生處理的。

第六條　需要實施衛生處理時，檢驗檢疫部門向當事人出具《檢疫處理通知書》，內容應當包括衛生處理的原因、對象、數（重）量、方式等。各種檢疫對象的衛生處理指徵和衛生處理方式見附件 1，《檢疫處理通知書》的基本項目和填寫要求見附件 2。

第七條　企業或代理報檢單位應當委託具有有效資質的衛生處理單位實施衛生處理。

第八條　實施衛生處理前，受委託的衛生處理單位應當根據不同類型的處理任務

準備相關的人員、藥品、器械以及防護用品等，並提出具體的實施方案報當地檢驗檢疫部門備案。

第九條　衛生處理單位應當按照經檢驗檢疫部門備案的實施方案實施衛生處理。

衛生處理單位實施衛生處理工作應當符合有關法律法規和標準等的要求，並接受檢驗檢疫部門的監督管理。

第十條　衛生處理完成後，衛生處理單位應當填寫衛生處理原始記錄，並按要求出具衛生處理報告單。具體填寫要求見附件3和附件4。

第十一條　需出具檢驗檢疫證書的，檢驗檢疫部門應當審核衛生處理單位提供的相關資料，審核合格的按照《出入境檢驗檢疫證單填寫規範》出具相應檢驗檢疫證書。

第十二條　各級檢驗檢疫部門均應建立衛生處理效果評價制度，定期對以下內容進行檢查和評價：

1. 衛生處理藥品器械的使用是否符合相關規定和要求。
2. 衛生處理現場操作是否符合相關規範和要求。
3. 衛生處理的效果是否符合相關衛生要求。

第十三條　檢驗檢疫部門和衛生處理單位應妥善保存衛生處理記錄、單證、其他相關資料，保存期限為三年。

發生衛生處理事故或其他重大質量安全問題時，衛生處理記錄、單證、其他相關資料保存期限為十年。

第三章　責任及後續監管

第十四條　衛生處理單位應嚴格抓好內部管理，按照有關規定和要求實施衛生處理工作，確保口岸衛生處理工作的質量安全。要積極接受檢驗檢疫部門的業務培訓，主動配合檢驗檢疫部門的監督檢查。實施口岸衛生處理工作時應優先使用經質檢總局評審通過的藥品、器械。

第十五條　各級檢驗檢疫部門負責本轄區口岸衛生處理監督管理工作，組織對轄區分支機構和衛生處理單位衛生處理工作的監督檢查，組織開展對轄區衛生處理監管人員和衛生處理從業人員的培訓，組織開展轄區衛生處理工作質量分析和衛生處理效果評價工作。

第十六條　在監督管理檢查中發現的問題，相關責任單位應及時整改，並將整改情況書面報告上級部門。

第四章　附　則

第十七條　本辦法由質檢總局負責解釋。

第十八條　本辦法自2013年11月18日起施行。此前相關規定與本辦法不一致的，以本辦法為準。

（七）出入境人員攜帶物檢疫管理辦法

（2012年6月27日國家質量監督檢驗檢疫總局局務會議審議通過，現予公布，自2012年11月1日起施行）

第一章　總　則
第二章　檢疫審批
第三章　申報與現場檢疫
第四章　檢疫處理
第五章　法律責任
第六章　附　則

第一章　總　則

第一條　為了防止人類傳染病及其醫學媒介生物、動物傳染病、寄生蟲病和植物危險性病、蟲、雜草以及其他有害生物經國境傳入、傳出，保護人體健康和農、林、牧、漁業以及環境安全，依據《中華人民共和國進出境動植物檢疫法》及其實施條例、《中華人民共和國國境衛生檢疫法》及其實施細則、《農業轉基因生物安全管理條例》《中華人民共和國瀕危野生動植物進出口管理條例》等法律法規的規定，制定本辦法。

第二條　本辦法所稱出入境人員，是指出入境的旅客（包括享有外交、領事特權與豁免權的外交代表）和交通工具的員工以及其他人員。

本辦法所稱攜帶物，是指出入境人員隨身攜帶以及隨所搭乘的車、船、飛機等交通工具托運的物品和分離運輸的物品。

第三條　國家質量監督檢驗檢疫總局（以下簡稱「國家質檢總局」）主管全國出入境人員攜帶物檢疫和監督管理工作。

國家質檢總局設在各地的出入境檢驗檢疫機構（以下簡稱「檢驗檢疫機構」）負責所轄地區出入境人員攜帶物檢疫和監督管理工作。

第四條　出入境人員攜帶下列物品，應當申報並接受檢驗檢疫機構檢疫：

（一）入境動植物、動植物產品和其他檢疫物；

（二）出入境生物物種資源、瀕危野生動植物及其產品；

（三）出境的國家重點保護的野生動植物及其產品；

（四）出入境的微生物、人體組織、生物製品、血液及血液製品等特殊物品（以下簡稱「特殊物品」）；

（五）出入境的屍體、骸骨等；

（六）來自疫區、被傳染病污染或者可能傳播傳染病的出入境的行李和物品；

（七）國家質檢總局規定的其他應當向檢驗檢疫機構申報並接受檢疫的攜帶物。

第五條　出入境人員禁止攜帶下列物品進境：
（一）動植物病原體（包括菌種、毒種等）、害蟲及其他有害生物；
（二）動植物疫情流行的國家或者地區的有關動植物、動植物產品和其他檢疫物；
（三）動物屍體；
（四）土壤；
（五）《中華人民共和國禁止攜帶、郵寄進境的動植物及其產品名錄》所列各物；
（六）國家規定禁止進境的廢舊物品、放射性物質以及其他禁止進境物。
第六條　經檢驗檢疫機構檢疫，發現攜帶物存在重大檢疫風險的，檢驗檢疫機構應當啟動風險預警及快速反應機制。

第二章　檢疫審批

第七條　攜帶動植物、動植物產品入境需要辦理檢疫審批手續的，應當事先向國家質檢總局申請辦理動植物檢疫審批手續。
第八條　攜帶植物種子、種苗及其他繁殖材料入境，因特殊情況無法事先辦理檢疫審批的，應當按照有關規定申請補辦。
第九條　因科學研究等特殊需要，攜帶本辦法第五條第一項至第四項規定的物品入境的，應當事先向國家質檢總局申請辦理動植物檢疫特許審批手續。
第十條　《中華人民共和國禁止攜帶、郵寄進境的動植物及其產品名錄》所列各物，經國家有關行政主管部門審批許可，並具有輸出國家或者地區官方機構出具的檢疫證書的，可以攜帶入境。
第十一條　攜帶特殊物品出入境，應當事先向直屬檢驗檢疫局辦理衛生檢疫審批手續。

第三章　申報與現場檢疫

第十二條　攜帶本辦法第四條所列各物入境的，入境人員應當按照有關規定申報，接受檢驗檢疫機構檢疫。
第十三條　檢驗檢疫機構可以在交通工具、人員出入境通道、行李提取或者托運處等現場，對出入境人員攜帶物進行現場檢查，現場檢查可以使用 X 光機、檢疫犬以及其他方式進行。
對出入境人員可能攜帶本辦法規定應當申報的攜帶物而未申報的，檢驗檢疫機構可以進行查詢並抽檢其物品，必要時可以開箱（包）檢查。
第十四條　出入境人員應當接受檢查，並配合檢驗檢疫人員工作。
享有外交、領事特權與豁免權的外國機構和人員公用或者自用的動植物、動植物產品和其他檢疫物入境，應當接受檢驗檢疫機構檢疫；檢驗檢疫機構查驗，須有外交代表或者其授權人員在場。
第十五條　對申報以及現場檢查發現的本辦法第四條所列各物，檢驗檢疫機構應

當進行現場檢疫。

第十六條 攜帶植物種子、種苗及其他繁殖材料入境的，攜帶人應當向檢驗檢疫機構提供《引進種子、苗木檢疫審批單》或者《引進林木種子、苗木和其他繁殖材料檢疫審批單》。

攜帶除本條第一款之外的其他應當辦理檢疫審批的動植物、動植物產品和其他檢疫物以及應當辦理動植物檢疫特許審批的禁止進境物入境的，攜帶人應當向檢驗檢疫機構提供國家質檢總局簽發的《中華人民共和國進境動植物檢疫許可證》（以下簡稱「檢疫許可證」）和其他相關單證。

檢驗檢疫機構按照《引進種子、苗木檢疫審批單》《引進林木種子、苗木和其他繁殖材料檢疫審批單》、檢疫許可證和其他相關單證的要求以及有關規定對本條第一、二款規定的動植物和動植物產品及其他檢疫物實施現場檢疫。

第十七條 攜帶入境的活動物僅限犬或者貓（以下稱「寵物」），並且每人每次限帶 1 只。

攜帶寵物入境的，攜帶人應當向檢驗檢疫機構提供輸出國家或者地區官方動物檢疫機構出具的有效檢疫證書和疫苗接種證書。寵物應當具有芯片或者其他有效身分證明。

第十八條 攜帶農業轉基因生物入境的，攜帶人應當向檢驗檢疫機構提供《農業轉基因生物安全證書》和輸出國家或者地區官方機構出具的檢疫證書。列入農業轉基因生物標示目錄的進境轉基因生物，應當按照規定進行標示，攜帶人還應當提供國務院農業行政主管部門出具的農業轉基因生物標示審查認可批准文件。

第十九條 攜帶特殊物品出入境的，攜帶人應當向檢驗檢疫機構提供《入/出境特殊物品審批單》並接受衛生檢疫。

攜帶供移植用器官、骨髓干細胞出入境，因特殊原因未辦理衛生檢疫審批手續的，出境、入境時檢驗檢疫機構可以先予放行，貨主或者其代理人應當在放行後 10 個工作日內申請補辦衛生檢疫審批手續。

攜帶自用且僅限於預防或者治療疾病用的血液製品或者生物製品出入境的，不需辦理衛生檢疫審批手續，但需出示醫院的有關證明；允許攜帶量以處方或者說明書確定的一個療程為限。

第二十條 攜帶屍體、骸骨等出入境的，攜帶人應當按照有關規定向檢驗檢疫機構提供死者的死亡證明以及其他相關單證。

檢驗檢疫機構依法對出入境屍體、骸骨等實施衛生檢疫。

第二十一條 攜帶瀕危野生動植物及其產品進出境或者攜帶國家重點保護的野生動植物及其產品出境的，應當在《中華人民共和國瀕危野生動植物進出口管理條例》規定的指定口岸進出境，攜帶人應當向檢驗檢疫機構提供進出口證明書。

第二十二條 檢驗檢疫機構對攜帶人提供的檢疫許可證以及其他相關單證進行核查，核查合格的，應當在現場實施檢疫。現場檢疫合格且無需作進一步實驗室檢疫、隔離檢疫或者其他檢疫處理的，可以當場放行。

攜帶物與提交的檢疫許可證或者其他相關單證不符的，作限期退回或者銷毀處理。

第二十三條　攜帶物有下列情形之一的，檢驗檢疫機構依法予以截留：
（一）需要做實驗室檢疫、隔離檢疫的；
（二）需要作檢疫處理的；
（三）需要作限期退回或者銷毀處理的；
（四）應當提供檢疫許可證以及其他相關單證，不能提供的；
（五）需要移交其他相關部門的。
檢驗檢疫機構應當對依法截留的攜帶物出具截留憑證，截留期限不超過 7 天。
第二十四條　攜帶動植物、動植物產品和其他檢疫物出境，依法需要申報的，攜帶人應當按照規定申報並提供有關證明。
輸入國家或者地區、攜帶人對出境動植物、動植物產品和其他檢疫物有檢疫要求的，由攜帶人提出申請，檢驗檢疫機構依法實施檢疫並出具有關單證。
第二十五條　檢驗檢疫機構對入境中轉人員攜帶物實行檢疫監督管理。
航空公司對運載的入境中轉人員攜帶物應當單獨打板或者分艙運載，並在入境中轉人員攜帶物外包裝上加施明顯標志。檢驗檢疫機構必要時可以在國內段實施隨航監督。

第四章　檢疫處理

第二十六條　截留的攜帶物應當在檢驗檢疫機構指定的場所封存或者隔離。
第二十七條　攜帶物需要做實驗室檢疫、隔離檢疫的，經檢驗檢疫機構截留檢疫合格的，攜帶人應當持截留憑證在規定期限內領取，逾期不領取的，作自動放棄處理；截留檢疫不合格又無有效處理方法的，作限期退回或者銷毀處理。
逾期不領取或者出入境人員書面聲明自動放棄的攜帶物，由檢驗檢疫機構按照有關規定處理。
第二十八條　入境寵物應當隔離檢疫 30 天（截留期限計入在內）。
來自狂犬病發生國家或者地區的寵物，應當在檢驗檢疫機構指定的隔離場隔離檢疫 30 天。
來自非狂犬病發生國家或者地區的寵物，應當在檢驗檢疫機構指定隔離場隔離 7 天，其餘 23 天在檢驗檢疫機構指定的其他場所隔離。
攜帶寵物屬於工作犬，如導盲犬、搜救犬等，攜帶人提供相應專業訓練證明的，可以免予隔離檢疫。
檢驗檢疫機構對隔離檢疫的寵物實行監督檢查。
第二十九條　攜帶寵物入境，攜帶人不能向檢驗檢疫機構提供輸出國家或者地區官方動物檢疫機構出具的檢疫證書和疫苗接種證書或者超過限額的，由檢驗檢疫機構作限期退回或者銷毀處理。
對僅不能提供疫苗接種證書的工作犬，經攜帶人申請，檢驗檢疫機構可以對工作犬接種狂犬病疫苗。
作限期退回處理的，攜帶人應當在規定的期限內持檢驗檢疫機構簽發的截留憑證，

領取並攜帶寵物出境；逾期不領取的，作自動放棄處理。

第三十條 因不能提供檢疫許可證以及其他相關單證被截留的攜帶物，攜帶人應當在截留期限內補交單證，檢驗檢疫機構對單證核查合格，無需作進一步實驗室檢疫、隔離檢疫或者其他檢疫處理的，予以放行；未能補交有效單證的，作限期退回或者銷毀處理。

攜帶農業轉基因生物入境，不能提供農業轉基因生物安全證書和相關批准文件的，或者攜帶物與證書、批准文件不符的，作限期退回或者銷毀處理。進口農業轉基因生物未按照規定標示的，重新標示後方可入境。

第三十一條 攜帶物有下列情況之一的，按照有關規定實施除害處理或者衛生處理：

（一）入境動植物、動植物產品和其他檢疫物發現有規定病蟲害的；

（二）出入境的屍體、骸骨不符合衛生要求的；

（三）出入境的行李和物品來自傳染病疫區、被傳染病污染或者可能傳播傳染病的；

（四）其他應當實施除害處理或者衛生處理的。

第三十二條 攜帶物有下列情況之一的，檢驗檢疫機構按照有關規定予以限期退回或者銷毀處理，法律法規另有規定的除外：

（一）有本辦法第二十二條、第二十七條、第二十九條和第三十條所列情形的；

（二）法律法規及國家其他規定禁止入境的；

（三）其他應當予以限期退回或者作銷毀處理的。

第五章 法律責任

第三十三條 攜帶動植物、動植物產品和其他檢疫物入境有下列行為之一的，由檢驗檢疫機構處以 5,000 元以下罰款：

（一）應當向檢驗檢疫機構申報而未申報的；

（二）申報的動植物、動植物產品和其他檢疫物與實際不符的；

（三）未依法辦理檢疫審批手續的；

（四）未按照檢疫審批的規定執行的。

有前款第二項所列行為，已取得檢疫單證的，予以吊銷。

第三十四條 有下列違法行為之一的，由檢驗檢疫機構處以警告或者 100 元以上 5,000 元以下罰款：

（一）拒絕接受檢疫，拒不接受衛生處理的；

（二）偽造、變造衛生檢疫單證的；

（三）瞞報攜帶禁止進口的微生物、人體組織、生物製品、血液及其製品或者其他可能引起傳染病傳播的動物和物品的；

（四）未經檢驗檢疫機構許可，擅自裝卸行李的；

（五）承運人對運載的入境中轉人員攜帶物未單獨打板或者分艙運載的。

第三十五條　未經檢驗檢疫機構實施衛生處理，擅自移運屍體、骸骨的，由檢驗檢疫機構處以 1,000 元以上 1 萬元以下罰款。

第三十六條　有下列行為之一的，由檢驗檢疫機構處以 3,000 元以上 3 萬元以下罰款：

（一）未經檢驗檢疫機構許可擅自將進境、過境動植物、動植物產品和其他檢疫物卸離運輸工具或者運遞的；

（二）未經檢驗檢疫機構許可，擅自調離或者處理在檢驗檢疫機構指定的隔離場所中截留隔離的攜帶物的；

（三）擅自開拆、損毀動植物檢疫封識或者標志的。

第三十七條　偽造、變造動植物檢疫單證、印章、標志、封識的，應當依法移送公安機關；尚不構成犯罪或者犯罪情節顯著輕微依法不需要判處刑罰的，由檢驗檢疫機構處以 2 萬元以上 5 萬元以下罰款。

第三十八條　攜帶廢舊物品，未向檢驗檢疫機構申報，未經檢驗檢疫機構實施衛生處理並簽發有關單證而擅自入境、出境的，由檢驗檢疫機構處以 5,000 元以上 3 萬元以下罰款。

第三十九條　買賣動植物檢疫單證、印章、標志、封識或者買賣偽造、變造的動植物檢疫單證、印章、標志、封識的，有違法所得的，由檢驗檢疫機構處以違法所得 3 倍以下罰款，最高不超過 3 萬元；無違法所得的，由檢驗檢疫機構處以 1 萬元以下罰款。

買賣衛生檢疫單證或者買賣偽造、變造的衛生檢疫單證的，有違法所得的，由檢驗檢疫機構處以違法所得 3 倍以下罰款，最高不超過 5,000 元；無違法所得的，由檢驗檢疫機構處以 100 元以上 5,000 元以下罰款。

第四十條　有下列行為之一的，由檢驗檢疫機構處以 1,000 元以下罰款：

（一）盜竊動植物檢疫單證、印章、標志、封識或者使用偽造、變造的動植物檢疫單證、印章、標志、封識的；

（二）盜竊衛生檢疫單證或者使用偽造、變造的衛生檢疫單證的；

（三）使用偽造、變造的國外官方機構出具的檢疫證書的。

第四十一條　出入境人員拒絕、阻礙檢驗檢疫機構及其工作人員依法執行職務的，依法移送有關部門處理。

第四十二條　檢驗檢疫機構工作人員應當秉公執法、忠於職守，不得濫用職權、玩忽職守、徇私舞弊；違法失職的，依法追究責任。

第六章　附　則

第四十三條　本法所稱分離運輸的物品是指出入境人員在其入境後或者出境前 6 個月內（含 6 個月），以托運方式運進或者運出的本人行李物品。

第四十四條　需要收取費用的，檢驗檢疫機構按照有關規定執行。

第四十五條　違反本辦法規定，構成犯罪的，依法追究刑事責任。

第四十六條　本辦法由國家質檢總局負責解釋。

第四十七條　本辦法自 2012 年 11 月 1 日起施行。國家質檢總局 2003 年 11 月 6 日發布的《出入境人員攜帶物檢疫管理辦法》（國家質檢總局令第 56 號）同時廢止。

（八）進出口乳品檢驗檢疫監督管理辦法

（國家質量監督檢驗檢疫總局令第 152 號，2013 年 1 月 24 日公布，自 2013 年 5 月 1 日起施行）

第一章　總　則
第二章　乳品進口
第三章　乳品出口
第四章　風險預警
第五章　法律責任
第六章　附　則

第一章　總　則

第一條　為了加強進出口乳品檢驗檢疫監督管理，根據《中華人民共和國食品安全法》（以下簡稱食品安全法）及其實施條例、《中華人民共和國進出口商品檢驗法》及其實施條例、《中華人民共和國進出境動植物檢疫法》及其實施條例、《國務院關於加強食品等產品安全監督管理的特別規定》（以下簡稱特別規定）、《乳品質量安全監督管理條例》等法律法規規定，制定本辦法。

第二條　本辦法所稱乳品包括初乳、生乳和乳製品。

本辦法所稱初乳是指奶畜產犢後 7 天內的乳。

本辦法所稱生乳是指從符合中國有關要求的健康奶畜乳房中擠出的無任何成分改變的常乳。奶畜初乳、應用抗生素期間和休藥期間的乳汁、變質乳不得用作生乳。

本辦法所稱乳製品是指由乳為主要原料加工而成的食品，如：巴氏殺菌乳、滅菌乳、調制乳、發酵乳、干酪及再制干酪、稀奶油、奶油、無水奶油、煉乳、乳粉、乳清粉、乳清蛋白粉和乳基嬰幼兒配方食品等。其中，由生乳加工而成、加工工藝中無熱處理殺菌過程的產品為生乳製品。

第三條　國家質量監督檢驗檢疫總局（以下簡稱國家質檢總局）主管全國進出口乳品檢驗檢疫監督管理工作。

國家質檢總局設在各地的出入境檢驗檢疫機構（以下簡稱檢驗檢疫機構）負責所轄地區進出口乳品檢驗檢疫監督管理工作。

第四條　進出口乳品生產經營者應當依法從事生產經營活動，對社會和公眾負責，保證食品安全，誠實守信，接受社會監督，承擔社會責任。

第二章 乳品進口

第五條 國家質檢總局依據中國法律法規規定對向中國出口乳品的國家或者地區的食品安全管理體系和食品安全狀況進行評估，並根據進口乳品安全狀況及監督管理需要進行回顧性審查。

首次向中國出口乳品的國家或者地區，其政府主管部門應當向國家質檢總局提供獸醫衛生和公共衛生的法律法規體系、組織機構、獸醫服務體系、安全衛生控制體系、殘留監控體系、動物疫病的檢測監控體系及擬對中國出口的產品種類等資料。

國家質檢總局依法組織評估，必要時，可以派專家組到該國家或者地區進行現場調查。經評估風險在可接受範圍內的，確定相應的檢驗檢疫要求，包括相關證書和出證要求，允許其符合要求的相關乳品向中國出口。雙方可以簽署議定書確認檢驗檢疫要求。

第六條 國家質檢總局對向中國出口乳品的境外食品生產企業（以下簡稱境外生產企業）實施註冊制度，註冊工作按照國家質檢總局相關規定執行。

境外生產企業應當經出口國家或者地區政府主管部門批准設立，符合出口國家或者地區法律法規相關要求。

境外生產企業應當熟悉並保證其向中國出口的乳品符合中國食品安全國家標準和相關要求，並能夠提供中國食品安全國家標準規定項目的檢測報告。境外生產企業申請註冊時應當明確其擬向中國出口的乳品種類、品牌。

獲得註冊的境外生產企業應當在國家質檢總局網站公布。

第七條 向中國出口的乳品，應當附有出口國家或者地區政府主管部門出具的衛生證書。證書應當證明下列內容：

（一）乳品原料來自健康動物；
（二）乳品經過加工處理不會傳帶動物疫病；
（三）乳品生產企業處於當地政府主管部門的監管之下；
（四）乳品是安全的，可供人類食用。

證書應當有出口國家或者地區政府主管部門印章和其授權人簽字，目的地應當標明為中華人民共和國。

證書樣本應當經國家質檢總局確認，並在國家質檢總局網站公布。

第八條 需要辦理檢疫審批手續的進口乳品，應當在取得《中華人民共和國進境動植物檢疫許可證》後，方可進口。

國家質檢總局可以依法調整並公布實施檢疫審批的乳品種類。

第九條 向中國境內出口乳品的出口商或者代理商應當向國家質檢總局備案。申請備案的出口商或者代理商應當按照備案要求提供備案信息，對信息的真實性負責。

備案名單應當在國家質檢總局網站公布。

第十條 檢驗檢疫機構對進口乳品的進口商實施備案管理。進口商應當有食品安

全專業技術人員、管理人員和保證食品安全的規章制度，並按照國家質檢總局規定，向其工商註冊登記地檢驗檢疫機構申請備案。

第十一條　進口乳品的進口商或者其代理人，應當持下列材料向海關報關地的檢驗檢疫機構報檢：

（一）合同、發票、裝箱單、提單等必要憑證。

（二）符合本辦法第七條規定的衛生證書。

（三）首次進口的乳品，應當提供相應食品安全國家標準中列明項目的檢測報告。首次進口，指境外生產企業、產品名稱、配方、境外出口商、境內進口商等信息完全相同的乳品從同一口岸第一次進口。

（四）非首次進口的乳品，應當提供首次進口檢測報告的複印件以及國家質檢總局要求項目的檢測報告。非首次進口檢測報告項目由國家質檢總局根據乳品風險監測等有關情況確定並在國家質檢總局網站公布。

（五）進口乳品安全衛生項目（包括致病菌、真菌毒素、污染物、重金屬、非法添加物）不合格，再次進口時，應當提供相應食品安全國家標準中列明項目的檢測報告；連續5批次未發現安全衛生項目不合格，再次進口時提供相應食品安全國家標準中列明項目的檢測報告複印件和國家質檢總局要求項目的檢測報告。

（六）進口預包裝乳品的，應當提供原文標籤樣張、原文標籤中文翻譯件、中文標籤樣張等資料。

（七）進口需要檢疫審批的乳品，應當提供進境動植物檢疫許可證。

（八）進口尚無食品安全國家標準的乳品，應當提供國務院衛生行政部門出具的許可證明文件。

（九）涉及有保健功能的，應當提供有關部門出具的許可證明文件。

（十）標註獲得獎項、榮譽、認證標志等內容的，應當提供經外交途徑確認的有關證明文件。

第十二條　進口乳品的進口商應當保證其進口乳品符合中國食品安全國家標準，並公布其進口乳品的種類、產地、品牌。

進口尚無食品安全國家標準的乳品，應當符合國務院衛生行政部門出具的許可證明文件中的相關要求。

第十三條　進口乳品的包裝和運輸工具應當符合安全衛生要求。

第十四條　進口預包裝乳品應當有中文標籤、中文說明書，標籤、說明書應當符合中國有關法律法規規定和食品安全國家標準。

第十五條　進口乳品在取得入境貨物檢驗檢疫證明前，應當存放在檢驗檢疫機構指定或者認可的監管場所，未經檢驗檢疫機構許可，任何單位和個人不得擅自動用。

第十六條　檢驗檢疫機構應當按照《中華人民共和國進出口商品檢驗法》規定的方式對　進口乳品實施檢驗；進口乳品存在動植物疫情疫病傳播風險的，應當按照《中華人民共和國進出境動植物檢疫法》規定實施檢疫。

第十七條　進口乳品經檢驗檢疫合格，由檢驗檢疫機構出具入境貨物檢驗檢疫證明後，方可銷售、使用。

進口乳品入境貨物檢驗檢疫證明中應當列明產品名稱、品牌、出口國家或者地區、規格、數/重量、生產日期或者批號、保質期等信息。

第十八條　進口乳品經檢驗檢疫不合格的，由檢驗檢疫機構出具不合格證明。涉及安全、健康、環境保護項目不合格的，檢驗檢疫機構責令當事人銷毀，或者出具退貨處理通知單，由進口商辦理退運手續。其他項目不合格的，可以在檢驗檢疫機構監督下進行技術處理，經重新檢驗合格後，方可銷售、使用。

進口乳品銷毀或者退運前，進口乳品進口商應當將不合格乳品自行封存，單獨存放於檢驗檢疫機構指定或者認可的場所，未經檢驗檢疫機構許可，不得擅自調離。

進口商應當在 3 個月內完成銷毀，並將銷毀情況向檢驗檢疫機構報告。

第十九條　進口乳品的進口商應當建立乳品進口和銷售記錄制度，如實記錄進口乳品的入境貨物檢驗檢疫證明編號、名稱、規格、數量、生產日期或者批號、保質期、出口商和購貨者名稱及聯繫方式、交貨日期等內容。記錄應當真實，記錄保存期限不得少於 2 年。

檢驗檢疫機構應當對本轄區內進口商的進口和銷售記錄進行檢查。

第二十條　進口乳品原料全部用於加工後復出口的，檢驗檢疫機構可以按照出口目的國家或者地區的標準或者合同要求實施檢驗，並在出具的入境貨物檢驗檢疫證明上註明「僅供出口加工使用」。

第二十一條　檢驗檢疫機構應當建立進口乳品進口商信譽記錄。

檢驗檢疫機構發現不符合法定要求的進口乳品時，可以將不符合法定要求的進口乳品進口商、報檢人、代理人列入不良記錄名單；對有違法行為並受到處罰的，可以將其列入違法企業名單並對外公布。

第三章　乳品出口

第二十二條　國家質檢總局對出口乳品生產企業實施備案制度，備案工作按照國家質檢總局相關規定執行。

出口乳品應當來自備案的出口乳品生產企業。

第二十三條　出口生乳的奶畜養殖場應當向檢驗檢疫機構備案。檢驗檢疫機構在風險分析的基礎上對備案養殖場進行動物疫病、農獸藥殘留、環境污染物及其他有毒有害物質的監測。

第二十四條　出口生乳奶畜養殖場應當建立奶畜養殖檔案，載明以下內容：

（一）奶畜的品種、數量、繁殖記錄、標示情況、來源和進出場日期；

（二）飼料、飼料添加劑、獸藥等投入品的來源、名稱、使用對象、時間和用量；

（三）檢疫、免疫、消毒情況；

（四）奶畜發病、死亡和不合格生乳的處理情況；

（五）生乳生產、貯存、檢驗、銷售情況。

記錄應當真實，保存期限不得少於 2 年。

第二十五條　出口生乳奶畜養殖不得使用中國及進口國家或者地區禁用的飼料、

飼料添加劑、獸藥以及其他對動物和人體具有直接或者潛在危害的物質。禁止出口奶畜在規定用藥期和休藥期內產的乳。

第二十六條　出口乳品生產企業應當符合良好生產規範要求，建立並實施危害分析與關鍵控制點體系（HACCP），並保證體系有效運行。

第二十七條　出口乳製品生產企業應當建立下列制度：

（一）原料、食品添加劑、食品相關產品進貨查驗制度，如實記錄其名稱、規格、數量、供貨者名稱及聯繫方式、進貨日期等；

（二）生產記錄制度，如實記錄食品生產過程的安全管理情況；

（三）出廠檢驗制度，對出廠的乳品逐批檢驗，並保存檢驗報告，留取樣品；

（四）乳品出廠檢驗記錄制度，查驗出廠乳品檢驗合格證和質量安全狀況，如實記錄產品的名稱、規格、數量、生產日期、保質期、生產批號、檢驗合格證號、購貨者名稱及聯繫方式、銷售日期等。

上述記錄應當真實，保存期不得少於2年。

第二十八條　出口乳品生產企業應當對出口乳品加工用原輔料及成品進行檢驗或者委託有資質的檢驗機構檢驗，並出具檢驗報告。

第二十九條　出口乳品的包裝和運輸方式應當符合安全衛生要求。

對裝運出口易變質、需要冷凍或者冷藏乳品的集裝箱、船艙、飛機、車輛等運載工具，承運人、裝箱單位或者其代理人應當按照規定對運輸工具和裝載容器進行清洗消毒並做好記錄，在裝運前向檢驗檢疫機構申請清潔、衛生、冷藏、密固等適載檢驗；未經檢驗或者經檢驗不合格的，不準裝運。

第三十條　出口乳品的出口商或者其代理人應當按照國家質檢總局的報檢規定，向出口乳品生產企業所在地檢驗檢疫機構報檢。

第三十一條　檢驗檢疫機構根據出口乳品的風險狀況、生產企業的安全衛生質量管理水準、產品安全衛生質量記錄、既往出口情況、進口國家或者地區要求等，制訂出口乳品抽檢方案，按照下列要求對出口乳品實施檢驗：

（一）雙邊協議、議定書、備忘錄確定的檢驗檢疫要求；

（二）進口國家或者地區的標準；

（三）貿易合同或者信用證註明的檢驗檢疫要求。

均無上述標準或者要求的，按照中國法律法規及相關食品安全國家標準規定實施檢驗。

出口乳品的生產企業、出口商應當保證其出口乳品符合上述要求。

第三十二條　出口乳品經檢驗檢疫符合相關要求的，檢驗檢疫機構出具《出境貨物通關單》或者《出境貨物換證憑單》，並出具檢驗檢疫證書；經檢驗檢疫不合格的，出具《出境貨物不合格通知單》，不得出口。

第三十三條　出口乳品出境口岸檢驗檢疫機構按照出境貨物換證查驗的相關規定，檢查貨證是否相符。查驗合格的，憑產地檢驗檢疫機構出具的《出境貨物換證憑單》換發《出境貨物通關單》；查驗不合格的，由口岸檢驗檢疫機構出具不合格證明，不準出口。

產地檢驗檢疫機構與口岸檢驗檢疫機構應當建立信息交流機制，及時通報出口乳品在檢驗檢疫過程中發現的衛生安全問題，並按照規定上報。

第三十四條　出口乳品生產經營者應當建立產品追溯制度，建立相關記錄，保證追溯有效性。記錄保存期限不得少於 2 年。

第三十五條　出口乳品生產企業應當建立樣品管理制度，樣品保管的條件、時間應當適合產品本身的特性，數重量應當滿足檢驗要求。

第三十六條　檢驗檢疫機構發現不符合法定要求的出口乳品時，可以將其生產經營者列入不良記錄名單；對有違法行為並受到處罰的，可以將其列入違法企業名單並對外公布。

第四章　風險預警

第三十七條　國家質檢總局和檢驗檢疫機構應當收集和整理主動監測、執法監管、實驗室檢驗、境外通報、國內機構組織通報、媒體網絡報導、投訴舉報以及相關部門轉辦等乳品安全信息。

第三十八條　進出口乳品生產經營者應當建立風險信息報告制度，制定乳品安全風險信息應急方案，並配備應急聯絡員；設立專職的風險信息報告員，對已發現的進出口乳品召回和處理情況等風險信息及時報告檢驗檢疫機構。

第三十九條　檢驗檢疫機構應當對經核准、整理的進出口乳品安全信息提出初步處理意見，並按照規定的要求和程序向國家質檢總局報告，向地方政府、有關部門通報。

第四十條　國家質檢總局和直屬檢驗檢疫局應當根據進出口乳品安全風險信息的級別發布風險預警通報。國家質檢總局視情況可以發布風險預警通告，並決定採取以下措施：

（一）有條件地限制進出口，包括嚴密監控、加嚴檢驗、責令召回等；

（二）禁止進出口，就地銷毀或者作退運處理；

（三）啓動進出口乳品安全應急處置預案。

檢驗檢疫機構負責組織實施風險預警及控制措施。

第四十一條　向中國出口乳品的國家或者地區發生可能影響乳品安全的動物疫病或者其他重大食品安全事件時，國家質檢總局可以根據中國法律法規規定，對進口乳品採取本辦法第四十條規定的風險預警及控制措施。

國家質檢總局可以依據疫情變化、食品安全事件處置情況、出口國家或者地區政府主管部門和乳品生產企業提供的相關資料，經評估後調整風險預警及控制措施。

第四十二條　進出口乳品安全風險已不存在或者已降低到可接受的程度時，應當及時解除風險預警通報和風險預警通告及控制措施。

第四十三條　進口乳品存在安全問題，已經或者可能對人體健康和生命安全造成損害的，進口乳品進口商應當主動召回並向所在地檢驗檢疫機構報告。進口乳品進口商應當向社會公布有關信息，通知批發、銷售者停止批發、銷售，告知消費者停止使

用，做好召回乳品情況記錄。

檢驗檢疫機構接到報告後應當進行核查，根據進口乳品影響範圍按照規定上報。

進口乳品進口商不主動實施召回的，由直屬檢驗檢疫局向其發出責令召回通知書並報告國家質檢總局。必要時，國家質檢總局可以責令召回。國家質檢總局可以發布風險預警通報或者風險預警通告，並採取本辦法第四十條規定的措施以及其他避免危害發生的措施。

第四十四條　發現出口的乳品存在安全問題，已經或者可能對人體健康和生命安全造成損害的，出口乳品生產經營者應當採取措施，避免和減少損害的發生，並立即向所在地檢驗檢疫機構報告。

第四十五條　檢驗檢疫機構在依法履行進出口乳品檢驗檢疫監督管理職責時有權採取下列措施：

（一）進入生產經營場所實施現場檢查；

（二）查閱、複製、查封、扣押有關合同、票據、帳簿以及其他有關資料；

（三）查封、扣押不符合法定要求的產品，違法使用的原料、輔料、添加劑、農業投入品以及用於違法生產的工具、設備；

（四）查封存在危害人體健康和生命安全重大隱患的生產經營場所。

第四十六條　檢驗檢疫機構應當按照有關規定將採取的控制措施向國家質檢總局報告並向地方政府、有關部門通報。

國家質檢總局按照有關規定將相關進出口乳品安全信息及採取的控制措施向有關部門通報。

第五章　法律責任

第四十七條　進口乳品經檢驗檢疫不符合食品安全國家標準，擅自銷售、使用的，由檢驗檢疫機構按照食品安全法第八十五條、第八十九條的規定，沒收違法所得、違法生產經營的乳品和用於違法生產經營的工具、設備、原料等物品；違法生產經營的乳品貨值金額不足1萬元的，並處2,000元以上5萬元以下罰款；貨值金額1萬元以上的，並處貨值金額5倍以上10倍以下罰款；情節嚴重的，吊銷許可證。

第四十八條　進口乳品進口商有下列情形之一，由檢驗檢疫機構依照食品安全法第八十七條、第八十九條的規定，責令改正，給予警告；拒不改正的，處2,000元以上2萬元以下罰款；情節嚴重的，取消備案：

（一）未建立乳品進口、銷售記錄制度的；

（二）進口、銷售記錄制度不全面、不真實的；

（三）進口、銷售記錄保存期限不足2年的；

（四）記錄發生塗改、損毀、滅失或者有其他情形無法反應真實情況的；

（五）偽造、變造進口、銷售記錄的。

第四十九條　進口乳品進口商有本辦法第四十八條所列情形以外，其他弄虛作假行為的，由檢驗檢疫機構按照特別規定第八條規定，沒收違法所得和乳品，並處貨值

金額 3 倍的罰款；構成犯罪的，依法追究刑事責任。

第五十條　出口乳品出口商有下列情形之一，未遵守食品安全法規定出口乳品的，由檢驗檢疫機構按照食品安全法第八十五條、第八十九條的規定，沒收違法所得、違法生產經營的乳品和用於違法生產經營的工具、設備、原料等物品；違法生產經營的乳品貨值金額不足 1 萬元的，並處 2,000 元以上 5 萬元以下罰款；貨值金額 1 萬元以上的，並處貨值金額 5 倍以上 10 倍以下罰款；情節嚴重的，取消出口乳品生產企業備案：

（一）未報檢或者未經監督、檢驗合格擅自出口的；
（二）出口乳品經檢驗不合格，擅自出口的；
（三）擅自調換經檢驗檢疫機構監督、抽檢並已出具檢驗檢疫證明的出口乳品的；
（四）出口乳品來自未經檢驗檢疫機構備案的出口乳品生產企業的。

第五十一條　出口乳品生產經營者有本辦法第五十條所列情形以外，其他弄虛作假行為的，由檢驗檢疫機構按照特別規定第七條規定，沒收違法所得和乳品，並處貨值金額 3 倍的罰款；構成犯罪的，依法追究刑事責任。

第五十二條　有下列情形之一的，由檢驗檢疫機構責令改正，有違法所得的，處以違法所得 3 倍以下罰款，最高不超過 3 萬元；沒有違法所得的，處 1 萬元以下罰款。

（一）進口乳品進口商未在規定的期限內按照檢驗檢疫機構要求處置不合格乳品的；
（二）進口乳品進口商違反本辦法第十八條規定，在不合格進口乳品銷毀或者退運前，未採取必要措施進行封存並單獨存放的；
（三）進口乳品進口商將不合格進口乳品擅自調離檢驗檢疫機構指定或者認可的場所的；
（四）出口生乳的奶畜養殖場奶畜養殖過程中違規使用農業化學投入品的；
（五）出口生乳的奶畜養殖場相關記錄不真實或者保存期少於 2 年的；
（六）出口乳品生產經營者未建立追溯制度或者無法保證追溯制度有效性的；
（七）出口乳品生產企業未建立樣品管理制度，或者保存的樣品與實際不符的；
（八）出口乳品生產經營者違反本辦法關於包裝和運輸相關規定的。

第五十三條　進出口乳品生產經營者、檢驗檢疫機構及其工作人員有其他違法行為的，按照相關法律法規的規定處理。

第六章　附　則

第五十四條　進出口乳品進出口商對檢驗檢疫結果有異議的，可以按照《進出口商品復驗管理辦法》的規定申請復驗。

第五十五條　飼料用乳品、其他非食用乳品以及以快件、郵寄或者旅客攜帶方式進出口的乳品，按照國家有關規定辦理。

第五十六條　本辦法由國家質檢總局負責解釋。

第五十七條　本辦法自 2013 年 5 月 1 日起施行。

（九）進口棉花檢驗監督管理辦法

（2012年6月27日國家質量監督檢驗檢疫總局局務會議審議通過，現予公布，自2013年2月1日起施行）

第一章　總　則
第二章　境外供貨企業登記管理
第三章　質量信用管理
第四章　進口檢驗
第五章　監督管理
第六章　法律責任
第七章　附　則

第一章　總　則

第一條　為了加強進口棉花檢驗監督管理，提高進口棉花質量，維護正常貿易秩序，根據《中華人民共和國進出口商品檢驗法》（以下簡稱商檢法）及其實施條例的規定，制定本辦法。

第二條　本辦法適用於進口棉花的檢驗監督管理。

第三條　國家質量監督檢驗檢疫總局（以下簡稱國家質檢總局）主管全國進口棉花的檢驗監督管理工作。

國家質檢總局設在各地的出入境檢驗檢疫機構（以下簡稱檢驗檢疫機構）負責所轄地區進口棉花的檢驗監督管理工作。

第四條　國家對進口棉花的境外供貨企業（以下簡稱境外供貨企業）實施質量信用管理，對境外供貨企業可以實施登記管理。

第五條　檢驗檢疫機構依法對進口棉花實施到貨檢驗。

第二章　境外供貨企業登記管理

第六條　為了便利通關，境外供貨企業按照自願原則向國家質檢總局申請登記。

第七條　申請登記的境外供貨企業（以下簡稱申請人）應當具備以下條件：
（一）具有所在國家或者地區合法經營資質；
（二）具有固定經營場所；
（三）具有穩定供貨來源，並有相應質量控制體系；
（四）熟悉中國進口棉花檢驗相關規定。

第八條　申請人申請登記時應當向國家質檢總局提交下列書面材料：

（一）進口棉花境外供貨企業登記申請表（以下簡稱登記申請表）；
（二）合法商業經營資質證明文件複印件；
（三）組織機構圖及經營場所平面圖；
（四）質量控制體系的相關材料；
（五）質量承諾書。

以上材料應當提供中文或者中外文對照文本。

第九條　境外供貨企業可以委託代理人申請登記。代理人申請登記時，應當提交境外供貨企業的委託書。

第十條　國家質檢總局對申請人提交的申請，應當根據下列情形分別作出處理：

（一）申請材料不齊全或者不符合法定形式的，應當當場或者自收到申請材料之日起5個工作日內一次告知申請人需要補正的全部內容；逾期不告知的，自收到申請材料之日起即為受理；

（二）申請材料齊全、符合規定形式，或者申請人按照國家質檢總局的要求提交全部補正材料的，應當受理；

（三）申請人自被告知之日起20個工作日內未補正申請材料，視為撤銷申請；申請人提供的補正材料仍不符合要求的，不予受理，並書面告知申請人。

第十一條　受理當事人提交的申請後，國家質檢總局應當組成評審組，開展書面評審，必要時開展現場評審。上述評審應當自受理之日起3個月內完成。

第十二條　經審核合格的，國家質檢總局應當對境外供貨企業予以登記，頒發《進口棉花境外供貨企業登記證書》（以下簡稱登記證書）並對外公布。

第十三條　經審核不合格的，國家質檢總局對境外供貨企業不予登記，並書面告知境外供貨企業。

第十四條　登記證書有效期為3年。

第十五條　不予登記的境外供貨企業自不予登記之日起2個月後方可向國家質檢總局重新申請登記。

第十六條　已登記境外供貨企業的名稱、經營場所或者法定代表人等登記信息發生變化的，應當及時向國家質檢總局申請變更登記，提交本辦法第八條規定的登記申請表及變更事項的證明材料，國家質檢總局應當自收到變更登記材料之日起30個工作日內作出是否予以變更登記的決定。

第十七條　需要延續有效期的，已登記境外供貨企業應當在登記證書有效期屆滿3個月前向國家質檢總局申請復查換證，復查換證時提交本辦法第八條規定的材料，國家質檢總局應當在登記證書有效期屆滿前作出是否準予換證的決定。

到期未申請復查換證的，國家質檢總局予以註銷。

第三章　質量信用管理

第十八條　國家質檢總局對境外供貨企業實行質量信用管理。直屬檢驗檢疫局根據進口棉花的實際到貨質量和境外供貨企業的履約情況，對境外供貨企業的質量信用

進行評估，並上報國家質檢總局。

第十九條　按照質量信用，境外供貨企業分為 A、B、C 三個層級：

（一）A 級：境外供貨企業自獲得國家質檢總局登記後即列為 A 級。

（二）B 級：A 級境外供貨企業發生本辦法第二十條所列情形之一的降為 B 級。

（三）C 級：未獲得國家質檢總局登記的境外供貨企業默認為 C 級；B 級境外供貨企業發生本辦法第二十條所列情形之一的降為 C 級。

第二十條　登記境外供貨企業進口的同合同、同發票、同規格的棉花發生下列情形之一的，檢驗檢疫機構應當對該境外供貨企業的質量信用進行評估並作相應調整：

（一）等級降級幅度在 2 級及以上的棉包數量超過總包數 20% 的；

（二）長度降級幅度在 1/16 英吋（約 1.58 毫米）及以上的棉包數量超過總包數 20% 的；

（三）馬克隆值不合格的棉包數量超過總包數 60% 的；

（四）到貨重量短少率超過 3%，未及時賠償的；

（五）貨物中發生嚴重油污、水漬、霉變、板結的棉包數量超過總包數的 5% 的；

（六）貨物包裝發生影響運輸、搬運、裝卸的嚴重破損，破損棉包數量超過總包數 20% 的；

（七）混有異性纖維、棉短絨、廢棉和危害性雜物，經核查對企業造成嚴重損失的。

第二十一條　進口棉花發生本辦法第二十條所列情形時，檢驗檢疫機構應當將有關檢驗結果告知收貨人，收貨人應當及時書面通知境外供貨企業。未經檢驗檢疫機構允許，收貨人不得銷售、使用該批進口棉花。檢驗檢疫機構應當及時將進口棉花的檢驗情況及相關證明材料上報直屬檢驗檢疫局。

第二十二條　直屬檢驗檢疫局對檢驗情況及相關證明材料進行審核，初步評估確定境外供貨企業的質量信用層級，並將評估結果及理由書面告知境外供貨企業。

第二十三條　境外供貨企業對初步評估結果有異議的，應當自收到書面通知之日起 15 個工作日內，向作出評估結果的直屬檢驗檢疫局提出書面申辯，並提交相關證明材料。經復核，原評估結果有誤的，予以更正。

無異議或者期限屆滿未申辯的，直屬檢驗檢疫局確定最終評估結果，書面告知境外供貨企業，同時上報國家質檢總局。

第二十四條　國家質檢總局根據評估結果及時調整境外供貨企業質量信用層級，並通知檢驗檢疫機構及相關單位。

第二十五條　實施質量信用評估過程中發生復驗、行政復議或者行政訴訟的，應當暫停評估。待復驗、行政復議或者行政訴訟結束後，繼續組織評估。

第二十六條　國家質檢總局對獲得登記的境外供貨企業質量信用層級按下列方式進行動態調整：

（一）A 級境外供貨企業進口的棉花發生本辦法第二十條所列情形的，境外供貨企業的質量信用層級由 A 級降為 B 級；

（二）自直屬檢驗檢疫局書面通知境外供貨企業質量信用層級之日起 5 個月內，從

B级境外供货企业进口的棉花发生本办法第二十条所列情形的，境外供货企业的质量信用层级由 B 级降为 C 级；如未发生本办法第二十条所列情形的，质量信用层级由 B 级升为 A 级；

（三）自直属检验检疫局书面通知境外供货企业质量信用层级之日起 5 个月内，从 C 级境外供货企业进口的棉花未发生本办法第二十条所列情形的，境外供货企业（不含未在国家质检总局登记的企业）的质量信用层级由 C 级升为 B 级。

第四章　进口检验

第二十七条　进口棉花的收货人或者其代理人应当向入境口岸检验检疫机构报检。报检时，除提供规定的报检单证外，已登记境外供货企业应当提供《进口棉花境外供货企业登记证书》（复印件）。

第二十八条　检验检疫机构根据境外供货企业的质量信用层级，按照下列方式对进口棉花实施检验：

（一）对 A 级境外供货企业的棉花，应当在收货人报检时申报的目的地检验，由目的地检验检疫机构按照国家质检总局制定的检验检疫行业标准实施抽样检验；

（二）对 B 级境外供货企业的棉花，应当在收货人报检时申报的目的地检验，由目的地检验检疫机构实施两倍抽样量的加严检验；

（三）对 C 级境外供货企业的棉花，检验检疫机构在入境口岸实施两倍抽样量的加严检验。

第二十九条　实施进口棉花现场检验工作的场所应当具备以下条件：

（一）具有适合棉花存储的现场检验场地；

（二）配备开箱、开包、称重、取样等所需的设备和辅助人员；

（三）其他检验工作所需的通用现场设施。

第三十条　检验检疫机构对进口棉花实施现场查验。查验时应当核对进口棉花批次、规格、标记等，确认货证相符；查验包装是否符合合同等相关要求，有无包装破损；查验货物是否存在残损、异性纤维、以次充好、掺杂掺假等情况。对集装箱装载的，检查集装箱铅封是否完好。

第三十一条　检验检疫机构按照国家质检总局的相关规定对进口棉花实施数重量检验、品质检验和残损鉴定，并出具证书。

第三十二条　进口棉花的收货人或者发货人对检验检疫机构出具的检验结果有异议的，可以按照《进出口商品复验办法》的规定申请复验。

第五章　监督管理

第三十三条　境外供货企业质量控制体系应当持续有效。
国家质检总局可以依法对境外供货企业实施现场核查。

第三十四条　收货人应当建立进口棉花销售、使用记录以及索赔记录，检验检疫

機構可以對其記錄進行檢查，發現未建立記錄或者記錄不完整的，書面通知收貨人限期整改。

第三十五條　檢驗檢疫機構應當建立質量信用評估和檢驗監管工作檔案。國家質檢總局對質量信用評估和檢驗監管工作進行監督檢查。

第三十六條　已登記境外供貨企業發生下列情形之一的，國家質檢總局撤銷其登記。境外供貨企業自撤銷之日起 6 個月後方可向國家質檢總局重新申請登記。

（一）提供虛假材料獲取登記證書的；

（二）在國家質檢總局組織的現場檢查中被發現其質量控制體系無法保證棉花質量的；

（三）C 級已登記境外供貨企業發生本辦法第二十條所列情形的；

（四）不接受監督管理的。

第六章　法律責任

第三十七條　收貨人發生下列情形之一的，有違法所得的，由檢驗檢疫機構處違法所得 3 倍以下罰款，最高不超過 3 萬元；沒有違法所得的，處 1 萬元以下罰款：

（一）書面通知限期整改仍未建立進口棉花銷售或者使用記錄以及索賠記錄的；

（二）不如實提供進口棉花的真實情況造成嚴重後果的；

（三）不接受監督管理的。

第三十八條　有其他違反相關法律、行政法規行為的，檢驗檢疫機構依照相關法律、行政法規追究其法律責任。

第三十九條　檢驗檢疫機構的工作人員濫用職權，故意刁難當事人，徇私舞弊，偽造檢驗檢疫結果的，或者玩忽職守，延誤出證的，按照《中華人民共和國進出口商品檢驗法實施條例》第五十九條規定依法給予行政處分；構成犯罪的，依法追究刑事責任。

第七章　附　則

第四十條　進口棉花的動植物檢疫、衛生檢疫按照法律法規及相關規定執行。

第四十一條　香港、澳門和臺灣地區的棉花供貨企業的登記管理和質量信用評估管理按照本辦法執行。

第四十二條　從境外進入保稅區、出口加工區等海關特殊監管區域的進口棉花，按照相關規定執行。

第四十三條　本辦法由國家質檢總局負責解釋。

第四十四條　本辦法自 2013 年 2 月 1 日起施行。

四　部分公告

（一）質檢總局關於發布
《平潭綜合實驗區出入境檢驗檢疫監督管理辦法》公告

（2013年第98號）

第一章　總　則
第二章　「一線」檢驗檢疫監管
第三章　「二線」檢驗檢疫監管
第四章　轉口或過境應檢物檢驗檢疫監管
第五章　監督管理
第六章　附　則

第一章　總　則

第一條　為促進平潭綜合實驗區開放開發，規範平潭綜合實驗區出入境檢驗檢疫和監督管理工作，根據《中華人民共和國進出口商品檢驗法》及其實施條例、《中華人民共和國進出境動植物檢疫法》及其實施條例、《中華人民共和國國境衛生檢疫法》及其實施細則、《中華人民共和國食品安全法》及其實施條例以及其他相關法律法規和《平潭綜合實驗區總體發展規劃》，制定本辦法。

第二條　本辦法適用於進出平潭綜合實驗區（以下簡稱「平潭」）的人員及其攜帶物、貨物、交通運輸工具等出入境檢驗檢疫和監督管理。

平潭與境外的口岸（含對臺小額貿易點、臺輪停泊點）設定為「一線」管理，平潭與內地之間設定為「二線」管理。

第三條　國家質量監督檢驗檢疫總局（以下簡稱「國家質檢總局」）主管「一線」口岸、「二線」通道和平潭的出入境檢驗檢疫和監督管理工作。

福建出入境檢驗檢疫局及其設在平潭的出入境檢驗檢疫機構（以下簡稱平潭檢驗檢疫機構）負責「一線」口岸、「二線」通道和平潭的出入境檢驗檢疫和監督管理工作。

第四條　平潭檢驗檢疫機構按照風險評估、分類管理和先行先試的原則，開展平潭的出入境檢驗檢疫和監督管理工作。

第五條　平潭檢驗檢疫機構建立物流信息的檢驗檢疫電子放行系統，對進出平潭

的進出口貨物實施電子監管。

第六條　平潭檢驗檢疫機構應注重創新通關制度和措施，建立通關最便捷、監管最有效、服務最優質的通關模式。

第二章　「一線」檢驗檢疫監管

第七條　平潭檢驗檢疫機構依法對經平潭「一線」口岸進出境的人員及其攜帶物、貨物、交通運輸工具等實施衛生檢疫、動植物檢疫及檢疫處理。

第八條　經「一線」口岸進出平潭的人員及其攜帶物通關按現行檢疫模式管理。出入境人員衛生檢疫實行常態下無症狀快速通關和有症狀主動口岸申報制度。境外發生國際關注突發公共衛生事件，進入應急狀態時，按國家質檢總局應急處置有關要求執行。

前款所稱有症狀是指進入平潭的人員有發熱、咳嗽、呼吸困難、嘔吐、腹瀉等症狀，或者患有嚴重精神病、傳染性肺結核病，或者患有可能對公共衛生造成重大危害的其他傳染病。

第九條　經「一線」口岸進出平潭的兩岸直航交通運輸工具、對臺小額貿易船舶，常態下實行低風險管理，實施電訊檢疫和衛生監督。其他進出境船舶按現行模式管理。

對臺小額貿易船舶、臺灣漁船等船舶應在指定港區停靠接受檢疫。經常往來臺灣的船舶可採用檢疫監管本管理，簡化申報手續。臺輪上下人員，裝卸行李、貨物、郵包等物品應向檢驗檢疫申報，辦理相關手續。

第十條　臺灣地區機動車進出平潭，允許由船方或其代理進行統一申報，辦理檢疫手續，進行檢疫處理。經常往來車輛可以採用機動車檢疫監管本管理，簡化申報手續。

第十一條　經「一線」口岸進出平潭的貨物，其收發貨人或者代理人應當向平潭檢驗檢疫機構備案，接受檢驗檢疫監督管理。平潭檢驗檢疫機構按照有關規定出具通關證明。

第十二條　進口貨物在「一線」口岸按規定實施衛生檢疫、動植物檢疫和放射性檢測。

對進口食品、化妝品、舊機電、強制性產品認證目錄內產品、可用作原料的固體廢物、危險化學品及其包裝、入區後無法分清批次的散裝應檢物、成套設備按現行模式管理。對其他貨物實施備案管理，其中原產於臺灣的法檢貨物在平潭生產加工使用的免於實施檢驗。

第十三條　平潭企業生產加工的貨物由平潭「一線」口岸或經其他口岸出口的，按現有模式管理。

平潭企業生產加工的出口工業品，除輸入國家（地區）要求提供出口國證明，或輸入國家（地區）、貿易合同有約定需要作裝船前檢驗的，可免予實施檢驗。

第十四條　內地生產的貨物由平潭「一線」口岸出口的，按產地檢驗、口岸查驗的制度實施管理。

第三章　「二線」檢驗檢疫監管

第十五條　實施備案管理的進口法定檢驗貨物，從「二線」通道進入內地，應按規定報檢並依法實施檢驗，檢驗合格的允許進入內地銷售、使用。

其他實施備案管理的貨物從「二線」通道進入內地，在「二線」實施核銷。

第十六條　在「一線」已經實施檢驗檢疫的進口貨物，「二線」直通放行。

第十七條　內地生產的出口貨物由「二線」通道輸入平潭，平潭檢驗檢疫機構免於檢驗檢疫。直接經「一線」口岸出口的，在產地實施檢驗，在「二線」查驗放行。

第十八條　平潭企業生產加工的貨物經「二線」通道輸往內地，平潭檢驗檢疫機構免於檢驗檢疫。原產於臺灣的法檢貨物在平潭只經過簡單加工的除外。

第四章　轉口或過境應檢物檢驗檢疫監管

第十九條　從平潭入境的轉口或過境應檢物，入境時應在「一線」實施檢疫，免予實施檢驗，免於強制性產品認證。

對經平潭中轉的臺灣入境食品實施備案管理。

第二十條　以原包裝轉口或過境並且包裝密封狀況良好無破損、撒漏的，平潭檢驗檢疫機構僅實施外包裝檢疫，必要時進行檢疫處理。

第二十一條　經平潭轉口或過境的應檢物，因包裝不良或其他原因需要在平潭分級、挑選、刷貼標籤、改換包裝等形式加工後再出境的，平潭檢驗檢疫機構應在「一線」按規定實施衛生檢疫、動植物檢疫以及食品檢驗。危險化學品按規定實施檢驗監管。

第二十二條　轉口或過境應檢物從平潭「一線」出境時，除法律法規另有規定和輸入國家或地區政府要求出具中國檢驗檢疫機構簽發的檢疫證書或檢疫處理證書外，不再實施檢疫和檢疫處理。

第五章　監督管理

第二十三條　平潭進出口企業（含對臺小額貿易企業）、與檢驗檢疫相關的其他組織應按有關規定向檢驗檢疫機構辦理相關註冊備案手續。

第二十四條　對平潭已經獲得危害分析與關鍵控制點（HACCP）體系驗證、食品安全管理體系認證或 HACCP 認證的生產企業，除進口國（地區）有特殊註冊要求外，申請出口食品生產企業備案時，可以根據認證監管和具體風險分析情況簡化備案程序。

第二十五條　原產於臺灣輸往平潭且在平潭銷售使用的預包裝食品、化妝品，允許採用繁體中文標籤。

第二十六條　平潭用於設計、研發、產品測試、產品返修、設備租賃等業務的進口舊機電產品，經平潭檢驗檢疫局核准，免予進口舊機電產品裝運前檢驗。

第二十七條　列入強制性產品認證目錄的商品經「一線」口岸輸入平潭時，用於科研、測試等符合免於辦理強制性產品認證條件的，可採取便捷措施及時辦理免辦證明，並實施快速驗放；從平潭經「二線」通道輸入內地時，按強制性產品認證規定執行。

第二十八條　兩岸間緊急用於人道主義捐贈、救助等非商業用途的少量醫用特殊物品，可在口岸現場先實施監管放行，後補辦審批手續。

第二十九條　質檢總局授權福建檢驗檢疫局在平潭試點開展對臺灣方面認證認可結果和檢測結果的採信工作，制定採信進口臺灣產品目錄。具體實施辦法由福建檢驗檢疫局制定。

第三十條　對臺小額貿易和交易市場監管按國家質檢總局相關規定執行。

第三十一條　平潭檢驗檢疫機構按照檢驗檢疫法律法規開展口岸衛生監督和疫病疫情監測。

第六章　附　則

第三十二條　平潭「一線」口岸和「二線」通道檢驗檢疫設施應當符合國家對外開放口岸檢驗檢疫設施建設管理的相關規定，並與開放口岸同步規劃、同步設計、同步建設、同步驗收。

第三十三條　本辦法由國家質檢總局負責解釋。

第三十四條　本辦法自「一線」、「二線」檢驗檢疫監管查驗設施驗收合格之日起實行。本辦法未盡事宜，適用現行檢驗檢疫管理模式。

（二）質檢總局關於代理報檢企業和報檢人員管理有關問題的公告

（2013 年 142 號）

根據《國務院關於廢止和修改部分行政法規的決定》（國務院令第 638 號）和《國務院關於取消和下放一批行政審批項目等事項的決定》（國發〔2013〕19 號）的要求，現就代理報檢企業和報檢人員管理有關問題公告如下：

一、代理報檢企業（含從事報檢業務的快件營運企業）首次辦理報檢手續時，應當向檢驗檢疫機構提供以下材料：

（一）代理報檢企業備案表。

（二）《企業法人營業執照》複印件；以分公司名義申請的，需同時提交《營業執照》複印件、總公司授權書。

（三）《組織機構代碼證》複印件。

（四）企業的印章印模。

材料應當加蓋企業公章，提交複印件的應當同時交驗原件。

二、報檢人員首次為所屬企業辦理報檢手續時，所屬企業應當向檢驗檢疫機構提供以下材料：

（一）報檢人員備案表。

（二）所屬單位報檢備案證書。

（三）報檢人員與報檢企業簽訂的有效勞動合同。

（四）報檢人員的身分證件。

（五）報檢業務能力水準的證明材料。

材料（除第五項外）應當加蓋企業公章，提交複印件的應當同時交驗原件。

三、各級檢驗檢疫機構按照法律法規、國家質檢總局規章等規定加強對代理報檢企業和報檢人員的日常監督管理，維護正常的外貿秩序和檢驗檢疫工作秩序。重點加強對代理報檢企業的檢驗檢疫信用管理和報檢人員的報檢差錯登記管理，對違反法律法規和規章的，按規定進行處罰。

四、充分發揮行業組織的作用。國家質檢總局對報檢行業組織的行業管理工作進行監督管理和指導，各級檢驗檢疫機構對當地報檢行業組織的行業管理工作進行監督管理和指導。中國出入境檢驗檢疫協會報檢分會應當加強行業自律，建立行業規範，強化行業單位和人員的監督管理，組織報檢從業人員報檢業務能力水準培訓。

五、鼓勵報檢人員系統學習從事報檢工作應具備的檢驗檢疫基礎知識、國際貿易知識、有關法律法規知識和基礎英語等報檢基本知識和技能，積極參加報檢從業人員報檢業務能力水準培訓，提高報檢工作效率。

六、為保證相關工作的連續性，備案表暫用現行相關申請書，持有報檢員資格證書的視同具有報檢業務能力水準證明材料。代理報檢企業、報檢人員管理的具體辦法由國家質檢總局另行制定。

國家圖書館出版品預行編目（CIP）資料

中國報關報檢法律法規規章彙編 / 喻智成 編. -- 第一版.
-- 臺北市：崧博出版：財經錢線文化發行, 2019.05
　　面；　公分
POD版

ISBN 978-957-735-854-7(平裝)

1.報關 2.檢疫 3.法規 4.中國

568.723　　　　　　　　　　　　　　　108006578

書　　名：中國報關報檢法律法規規章彙編
作　　者：喻智成 編
發 行 人：黃振庭
出 版 者：崧博出版事業有限公司
發 行 者：財經錢線文化事業有限公司
E - m a i l：sonbookservice@gmail.com
粉 絲 頁：　　　　　　　網　址：
地　　址：台北市中正區重慶南路一段六十一號八樓 815 室
8F.-815, No.61, Sec. 1, Chongqing S. Rd., Zhongzheng
Dist., Taipei City 100, Taiwan (R.O.C.)
電　　話：(02)2370-3310　傳　真：(02) 2370-3210
總 經 銷：紅螞蟻圖書有限公司
地　　址：台北市內湖區舊宗路二段 121 巷 19 號
電　　話:02-2795-3656 傳真:02-2795-4100　網址：
印　　刷：京峯彩色印刷有限公司（京峰數位）

　　本書版權為西南財經大學出版社所有授權崧博出版事業股份有限公司獨家發行電子
書及繁體書繁體字版。若有其他相關權利及授權需求請與本公司聯繫。

定　　價：580元
發行日期：2019 年 05 月第一版
◎ 本書以 POD 印製發行